凹

OWN

历史，是昨天

U0557146

量化经济史经典译丛　　　　　　总主编　曾咏梅　白彩全　冯晨

〔美〕乔尔·莫克尔（Joel Mokyr）　著

Why Ireland Starved

白彩全　赵雨潼　冯晨　译

A Quantitative and Analytical History of the Irish Economy, 1800-1850

饥饿的爱尔兰
1800~1850年历史解读

社会科学文献出版社
SOCIAL SCIENCES ACADEMIC PRESS (CHINA)

OWN
历史，是昨天的事实

© Joel Mokyr,1983,1985

Authorized translation from the English language edition published by Routlege, a member of the Taylor & Francis Group.
本书原版由Taylor & Francis出版集团旗下,Routledge出版公司出版,并经其授权翻译出版。版权所有,侵权必究。

Social Sciences Academic Press(CHINA) is authorized to publish and distribute exclusively the Chinese (Simplified Characters) language edition. This edition is authorized for sale throughout Mainland of China. No part of the publication may be reproduced or distributed by any means, or stored in a database or retrieval system, without the prior written permission of the publisher.
本书中文简体翻译版授权由社会科学文献出版社独家出版并仅限在中国大陆地区销售,未经出版者书面许可,不得以任何方式复制或发行本书的任何部分。

Copies of this book sold without a Taylor & Francis sticker on the cover are unauthorized and illegal.
本书贴有Taylor & Francis公司防伪标签,无标签者不得销售。

献给

NACHUM T. GROSS

WILLIAM N. PARKER

和

JONATHAN R.T. HUGHES

也献给我的导师、同事和朋友们

饥饿显露在你的脸颊上

匮乏和压迫流露在你眼中

轻蔑和卑劣压着你的脊背

世界不是你的朋友，世界的律法也不是你的朋友

世界没有任何法律可以让你变得富有

——《罗密欧与朱丽叶》

作者简介

乔尔·莫克尔（Joel Mokyr），美国西北大学经济系教授，耶鲁大学博士。其主攻方向为西欧经济史，曾担任 *Explorations in Economic History, Journal of Economic History* 等顶尖经济史杂志编委。在 *American Economic Review (P & P), Journal of Economic History, Economic History Review, Explorations in Economic History* 等杂志上发表论文多篇。

译者简介

白彩全，甘肃兰州人，山东大学经济研究院博士研究生，主要从事环境经济学、能源经济学和经济史研究。

赵雨潼，女，江西宜春人，中国人民大学法学院硕士研究生，主要从事证据法学研究。

冯晨，陕西延安人，上海财经大学公共经济与管理学院博士研究生，主要从事财政学、经济史与环境经济学的研究。

前言（修订版）

我非常感谢彼得·索尔（Peter Solar）先生，他在阅读于 1984 年第一次出版的《爱尔兰经济和社会史》（*Irish Economic and Social History*）时指出了我在收入数据计算上的一个错误。在他提出了批评建议后，我将这部分的估计数从头到尾修正了一遍，最终表 2-1 和表 2-6 中的数据，以及第 3 章和第 9 章中的回归结果发生了一些变化。收入在第 3 章中作为独立变量出现，不是所有第 3 章中的回归结果都受这个错误的影响：收入对人口变化的影响不受这些数据的影响，因此相关表格没有更改。虽然修改后的收入估计值比之前的要低得多，但收入与人口变化之间仍然具有非常强的相关性。尽管进行了修改，但主要结论没有改变。此外，除了第 2 章中的几段内容以外，其他地方也没有改动。

目 录

1 引言 —————————————————————— *001*

2 贫穷的爱尔兰? —————————————————— *011*

3 人口问题:马尔萨斯是对的吗? ————————————— *043*

4 土地、租约和租期 ————————————————— *113*

5 农村冲突与动荡的经济学解释 ————————————— *155*

6 资本 —————————————————————— *205*

7 人的因素:地主与土地劳动者 ————————————— *265*

8 移民与饥荒前的爱尔兰 ——————————————— *307*

9 大饥荒：脆弱性的经济学含义 —————————— *349*

10 有关爱尔兰贫穷问题的总结与反思 —————————— *371*

参考文献 ————————————————————— *393*

索　引 ————————————————————— *438*

致　谢 ————————————————————— *452*

1 引言

1 引言

这不是一本围绕大不列颠及北爱尔兰联合王国和饥荒来探究爱尔兰经济发展史的书籍。这不是我写书的原意，因此我希望读者们也不要把它当作这类题材的书籍。的确，在同样主题的研究上，奥布莱恩（O'Brien，1921）的著作几乎成为通用一时的教科书，没有任何新兴的研究成果可以取代奥布莱恩的地位。原因也许是：现代学者批评并推翻了很多19世纪和20世纪早期学者的研究结果，但是学者之间也没有达成统一意见，很多现代学者自己也遭受着如同此前一般程度的批判。在争论还未尘埃落定前，也许推迟更多综合现代研究的权威性著作的面世是不二之选。

我写这本书的目的是想要回答一个对于爱尔兰经济史研究至关重要的问题：为什么历史上爱尔兰会那样贫穷？我可没有夸下海口要在此书中从各个方面全面地展现饥荒之前爱尔兰的经济情况。实际上在饥荒爆发之前，除了贫困问题以外还有很多其他有趣的研究课题，例如贝尔法斯特亚麻产业的兴起、爱尔兰农产品销入英国的商品经济兴起，还有少数城市中产阶级的缓慢崛起。但是关于这个国家，最引人注目的话题还是：大多数生活于此的人们都很贫穷，比其他欧洲国家都要穷。贫穷并不只限于众所周知的环境恶劣的爱尔兰西部，甚至阿尔马农舍，中部的牧场和威克洛山区都是一样糟糕。在爱尔兰，贫穷几乎是生活的同义词。但这一切究竟是为什么？

在经济史范畴内对一种现象的起因给出回答总是一件充满争议的事情。除了合理的怀疑外，不可能证明任何事情。我们能做的只是运用先验推理法（a priori）来设定假设，然后尽最大的努力来检验这些假设。整个过程都将引来争议。首先，这些待验的假设要么来源于其他某种演绎经济推理（新古典主义或其他）的结论，要么就是一些同类研究所得出的结论或观点。这一过程的缺陷是十分明显的：演绎经济推理做出了诸如"存在一个阶级结构"或"总生产函数属于科布－道格拉斯（Cobb-Douglas）类型"之类的先验假设，如果这些假设被接受，就可能产生可测试的假设。但是这样的假设应该被接受吗？如果一个基于荒谬假设的观点得到了数据的支撑，那就足以说明我们找到了真正的答案吗？其次，这种检验过程从定义上来说也是存在缺陷的。在一个严密的统计检验中，假设与数据结果是一致的。这说明偶然获得的数据生成的检验统计量小于某个临界值的可能性。受数据约束，在经济史范畴内，是无法对许多因果关系假设进行非常复杂严密的检验的。由于历史数据经常能支撑一系列假设，因此就更难区分一个合理的模型与另一个合理的模型了。这种方法虽有不足，但也是最可行的方法了。

本书所采用的方法很简单：根据当时学者的观察、历史学家提出的理论或基于现代经济分析和社会思想的模型，可以对爱尔兰的贫困做出一系列可能的解释。一旦做出了所有可能的解释，人们就会开始对其中的每一个解释进行批判性检验。针对其中的一些假设，将主要采用先验法来进行检验，但有时也会用非常明确的方法去检验一些明显可以证伪的假设。那些无论如何都不能证伪的假设将不被分析，因为毫无意义。最后可能会存在一系列解释是成立的：有一些假设可能以微弱的形式被拒绝，因为其中的"因素"可能被证明有影响，但影响相对不重要。我们将尝试评估这些因素在爱尔兰经济史上的相对重要性。要检验的重要因素可以分为以下几组，它们在某种程度上会存在重合。

（一）地理因素

爱尔兰缺乏两种关键的资源，即煤和铁。这两种资源在英国和比利时的工业革命中都发挥了至关重要的作用。爱尔兰的土壤质量，尤其是西部地区的土壤，有着严重的先天不足。可以认为，这些自然资源的短缺削弱了爱尔兰摆脱前工业经济贫困陷阱的能力。

（二）政治和制度因素

许多历史学家总是直接或间接地将爱尔兰经济的落后归咎于英国。英国政府在17世纪大规模没收爱尔兰土地，最终导致爱尔兰的土地问题成为19世纪末期英国政府最头疼的政治问题。在饥荒开始的几十年前，爱尔兰土地问题的性质演变成了经济问题，而非政治问题。属于这一类别的其他观点还包括1667~1705年的重商主义和刑法的影响，以及《1800年联合法案》[①]的影响。

（三）社会和民族因素

很多当代研究者认为"一般"爱尔兰人的生活状况与经济增长的要求是不一致的。虽然其中一些说法反映了种族和宗教偏见，但不同区域、不同国家乃至不同宗教在口味、态度和习俗上的差异也可能影响经济发展的这一观点是成立的。

（四）人口因素

古典政治经济学认为爱尔兰是人口过剩的典型。这种观点被现代历史学家普遍接受，这相当于在现代经济史的研究过程中运用了马尔萨斯模型。

---

① 《1800年联合法案》(*Act of Union 1800*) 于1800年8月1日经王室同意通过，于1801年1月1日联合爱尔兰王国和大不列颠王国（根据《1707年联合法案》合并英格兰王国和苏格兰王国而成）成立了大不列颠和爱尔兰联合王国。

（五）资本形成因素

工业、农业、交通运输以及其他社会管理资本的积累对于19世纪欧洲的经济发展来说是一种战略要素。资本积累速度的决定性因素有两种：一种是决定储蓄率的因素，另一种是决定多少储蓄可被用来助推现代化进程的因素。如果爱尔兰经济缺乏资本支持，那就有必要审视储蓄的总供给和投资形式。

（六）创业因素

这一类别中的假设认为，爱尔兰的经济落后是因为缺乏会善用机遇的经济主体而不是缺乏机遇本身。许多学者提出的"地主缺位"就属于这一类，尽管我们并不只聚焦于爱尔兰的农业经济。

（七）移民因素

在大饥荒爆发的半个世纪前，爱尔兰就出现了大规模移民的现象。因此，爱尔兰的历史实际上只是剩余人口的历史。历史学家尚未充分承认移民对剩余人口造成了影响，但是爱尔兰却与那些移民接受国或移民现象很少见的国家在经济发展模式上存在很大不同，通常情况下爱尔兰在遵循这些国家的经济模式时遇到了极大的阻碍，这足以说明移民因素的确对爱尔兰经济造成了影响。

我将在接下来的章节中对这七类因素一一进行分析。它们之间存在一种共性：乍看上去都是对爱尔兰经济落后合理而明智的解释，但并不是每种解释都是必然重要的。我们研究的是什么是正确的，而不是什么可能是正确的。虽然历史学家从来无法给出确定的因果关系，但新经济史要迎接的挑战就在于分辨"可能"和"很可能"。

严谨的实验需要数据，需要理论上合理且连贯一致的推理。本书的大部分内容致力于进行量化分析，试图建立一个数据库，以便在检验过程中可以使用。然而，由于计量史学的局限性，在这项研究中我们不可避免地要用到半定量和定性证据。我将非常关注其他学者的著作和提供的证据，以及他们对于爱尔兰经济状况产生根源的看法。定量和定性证据服务于不同的目的，因此应当被视为互补的而非相互替代的。它们结合起来，又可以为定性信息提供具有启发意义的定量指标，尽管不总是准确无误的。在研究爱尔兰的贫困根源时，有时候我们也要诉诸定性分析，因为爱尔兰的数据自然而然地会引导我们这么做。比起引用一个孤立的论点，并让所有人相信，支持一个已经被大多数学者提出的论点会更加有说服力。当然，有一些假设是没办法用定量分析方法来检验的。想一想，比如，人们普遍认为爱尔兰人是懒惰的（或者，用更现代一点的说法，对休闲有很高的追求）。虽然不是没有一点儿办法来验证这个假设，只是量化分析这个办法确实不太行得通。

克拉克森（1980）在近期的一篇文章中委婉地指出，目前关于爱尔兰经济史的研究"总是老生常谈，社会科学的声音变得不再迷人，统计也变得不再是犹如魔法一般的存在了。尽管目前的研究缺乏了些深远的意义，但通常具有可读性"。且不说魔法，没有了社会科学和统计的经济史研究变得越来越不可理喻。格拉达、阿尔奎斯特和克拉克森以及其他学者在他们近期的著作中，都做到了在保证可读性的同时将复杂严密的量化分析和合理的社会理论结合在了一起。我理解克拉克森这番含蓄的劝导之辞：为增强著作的可读性，在本书中，我将把对数据的详细推导和复杂的技巧性论证放到附录中。

本书并不是在对爱尔兰19世纪上半叶的全部经济史资料进行详尽的调查。这项研究所涉时期较长和研究对象是整个经济体而不是其中的一部分都使得上述这种"详尽的调查"变得不可能。用于检验假设的数据资料主要是英国议会文件提供的。任何对爱尔兰饥荒前历史的研究，都有三个重要的数据来源：1841年人口普查（Great Britain, 1843）、济贫法委员会报告（*The Poor Law Commission Report*）（Great Britain, 1836b）和德文郡委员会报告（*The Devon Commission Report*）（Great Britain, 1845a; Kennedy, 1847）。其他议会报告和调查补充了这三种主要的数据信息。此外，那个时代的学者也提供了非常好的有关经济和社会历史方面的信息，有助于早期阶段的研究。由梅森（Mason,1814-1819）编辑的《教区调查》（*The Parochial Survey*），都柏林协会委托制作的《统计调查》（*The Statistical Survey*），还有像韦克菲尔德（Wakefileld, 1812）、霍尔夫妇（Hall and Hall, 1825-1840）、凯恩（Kane, 1845）和福斯特（Foster, 1847）这些为此做出巨大贡献的人，以及许多来到爱尔兰旅游的外国游客，都提供了大量相关且有效的数据信息。

本书没有故意使用一些未公开发表的数据信息。只是，一些历史学家认为，像议会文件这种印刷材料载有的可用信息不多，因此优先从一些手稿文件中找寻资料，我认为这是特别荒谬的。遗产文件、私人信件、公司账目等类似的材料都没有被充分地挖掘过，大量的信息资料仍然等待众多历史学家去证实或否定我依据这些资料在本书中得出的结论。我没有从大量的手稿材料中选取样本[1]，除非这些手稿来源与所研究的问题有直接而密切的关联。例如，第8章中的移民样本来源于纽约港的乘客名单，第4章中有关土地租期（land tenure）的数据来源于奥布莱恩的租金收入账簿（O'Brien Rentals），诸如此类的数据信息来源还包括陆地调查报告（The Ordnance Survey）、1846年警署报告（The Constabulary Survey）和都柏林国家图书馆收录的爱尔兰教区记录（Irish Parish Records）。之所以选择这些来源，是因为它们提供了直接的数据资料，或因为它们提供的数据足够完整，可以避免数据缺乏代表性的问题，而这种问题总是现存数据的主要弊端。

第 2 章更详细地描述了爱尔兰的贫困现象以及它是如何产生的（区别于"为什么"）。第 3 章围绕人口过剩进行分析。第 4 章对土地租期假设进行了更深入的研究。第 5 章试图解释社会冲突的经济背景以及农业暴动（agrarian unrest）与贫困之间的联系。第 6 章论述了资源和资本的短缺问题。第 7 章论述了与"人"相关的因素，即劳动力素质和企业家精神对爱尔兰经济落后的影响。第 8 章考察了移民对爱尔兰经济的影响。第 9 章研究了爱尔兰落后的后果。第 10 章对经济史学家"解释"爱尔兰贫困问题的能力进行了总结和反思。

注释

1　例如，想想看唐纳利（Donnelly，1975）列出的未发表材料的数量，他只研究了一个郡——科克郡（就发现了大量可靠的未公开发表过的数据资料）。

2 贫穷的爱尔兰?

史学家弗里曼（1957）写道："在某种程度上，饥荒前的爱尔兰历史已几近一场悲剧的高潮了。"回想一下，在饥荒前四五十年的爱尔兰经济史似乎就不可避免地导致了灾难。人们会不由自主地认为大饥荒是由贫困、人口过剩和过度依赖土豆这一种粮食导致的惨剧。但是，正如我在其他地方指出的（Mokyr，1980c），这样的推断是错误的。贫穷并不会不可避免地引发这场灾难，而这场灾难的发生也从不需要"贫穷"这个先决条件。最多，我们只能假定贫穷会弱化经济的复原力并使得它在面对外来冲击时更加脆弱。然而，贫穷与脆弱性之间的关系并非显而易见，因此需要谨慎地看待这一问题。

当代作家们对大饥荒之前爱尔兰的贫穷状况进行了淋漓尽致的描述。科尔（1844）、沃尔特·斯科特（1935）、博蒙特（1839）、德·托克维尔（de Tocqueville，1958）、拉韦涅（1855）、福斯特（1847）、英格利斯（1835）等都认为爱尔兰是非常贫穷的，他们像伯克利（1953）一样毫不客气地将爱尔兰的农民与黑奴、俄罗斯农民、印度野蛮人混为一谈，并且非常确信爱尔兰的物质条件远不如他们自己的国家。爱尔兰西部地区的确非常贫穷，这是不争的事实，但是在这样的评价中，并没有地域分别，整个爱尔兰都是贫困的。例如，科尔（1844）写道："只有当一个人目睹过爱尔兰的西部后，他才会知道人还可以生活在一个充满痛苦的地方，而不是只能活在都柏林的优渥土壤上，也才会知道在米斯郡、基尔代尔郡和韦斯特米斯郡的丰硕的玉米地外，还有一个野蛮荒芜的世界。"偶尔去到国外的爱尔兰人也有同感。林奇（A.H.Lynch，1839）写道："一个途经比利时的爱尔兰人不能不问自己，为什么比利时那样的富庶，可自己的国家却那样贫穷？"英国政府也非常清楚爱尔兰不利的经济状况。在1801~1845年，英国政府对爱尔兰的贫困问题开展了大量重要调查。当然，其中有一些调查也源于一些具体问题，比如爱尔兰缺乏济贫法。然而，英国越来越认识到爱尔兰并没有受到英国经济发展的辐射，并且反复提出了旨在扭转这一现状的意见。

尽管当时的人们一致认为爱尔兰是欧洲最贫困的国家,但是这种结论也不能无依无凭。过于悲观地评定爱尔兰经济将招致严重的反对。显然,这些人对消费模式的先入之见影响了他们的判断。对于爱尔兰人民住房水平和服装质量低下的描述往往言过其实。例如,福斯特(1847)坚持认为,2/3的爱尔兰男人从不穿鞋。"猪和人共同挤在一间肮脏不堪的乌烟瘴气的小屋里",诸如此类的描述在当时的读物中简直随处可见。但是,这些观察结果可能掩盖了一个巨大的"指数基准问题"(index-number problem),因为爱尔兰农村居民仅仅从法国人、德国人和都柏林居民那里消费了不同组合的物品。将两个有着截然不同的消费品组合的社会经济形态放在一起比较时,几乎不可能确定到底是下面三个潜在原因中的哪一个导致了它们二者之间如此巨大的差异:收入水平差异、相对价格差异还是品位差异。因此,对贫困等级或富裕等级进行评判可能无从说起。

就能源供给而言,爱尔兰看起来似乎是富裕的。爱尔兰人的饮食,也许单调或无味,但可能比除欧洲最发达的地区以外的其他地区都要多样化。尽管土豆的收成在1810年后就变得更加不稳定,甚至在1845年前比谷物的收成还要不稳定,但在1750~1845年,爱尔兰也没有爆发过真正的大饥荒。

爱尔兰经济的第一个能源来源是土豆,土豆是爱尔兰人的主食。在大饥荒爆发前夕,土豆的总种植面积约为210万法定英亩(Mokyr, 1981a)。假设平均每英亩的总产量为6吨,我们就可以计算出全部土豆可以产生的总能量(Bourke, 1986, 1969; O′Gra′da, 1980c)。1磅土豆约含317卡路里[①](Burton, 1968),对此克劳福德(Crawford, 1978)给出了更高的估值,因此,每年产出的总热量约为8947×10⁹卡路里。据伯尔克估计,约47%的土豆被人类直接食用。除此之外,我们还应该加上依赖土豆喂养的牲畜间接消耗的能量,但由于大多数爱尔兰农民的日常食物不是猪肉等肉类,因此用以喂养

---

① 1卡路里=4.1858518208455焦耳。

牲畜的 33% 中的大部分土豆应当被看作饲料。总之，可以合理假设，仅土豆一种作物，每年就为爱尔兰人提供了 4200×109 卡路里热量，相当于每人每天 1400 卡路里。这一均值可能掩盖了部分地区对土豆存在更高的依赖性，但它的确充分说明土豆为爱尔兰提供了巨大能量。伯尔克（Bourke，1968）认为，一个成年男性每天至少要吃 12 磅土豆，意味着要摄取至少 3800 卡路里热量，这一热量可以满足除干体力活的人以外的所有人的需求（Davidson and Passmore，1965）。除了土豆，爱尔兰人还会吃一些奶制品、燕麦片，有些地区的人还吃一些鱼肉和鸡蛋。康奈尔（1950a）、伯顿（1968）和克劳福德（1978）都认为饥荒前，爱尔兰人的饮食富含维生素、蛋白质和矿物质。戴维逊和帕斯莫尔（Davidson and Passmore，1965）认为土豆是唯一能够养活人且便宜的主食。但是，在 1815~1845 年，爱尔兰下层阶级的饮食发生了恶化。

爱尔兰经济的第二个能源来源是泥炭，泥炭是每一个爱尔兰家庭取暖和烹饪所必需且最常见的燃料。它的存在，也许是爱尔兰人的房屋脏乱和衣着邋遢的原因。那时就有人指出，家庭的泥炭用量是非常大的，人们对此也是见怪不怪。韦尔德（1832）发现人们要是在远离泥炭源仅 4 英里的地方生活，就会感到生活非常不便。安特里姆南部和利默里克等地在逐渐耗尽泥炭储备，这导致人口急剧下降。但是在爱尔兰的大多数地区，这种燃料都是充足的，尽管很少有地区的泥炭资源能像克莱尔郡那样富足，那儿的劳动者在两天内就能获取全家一年所需的泥炭块，并将它带回家（Dutton，1808）。在别的地区，切割和搬运泥炭块是一项耗时的劳动，却像收割玉米一样重要（Wakefield，1812）。

大量高热量的食物和其他几种能量来源部分导致了爱尔兰独特的消费品组合。爱尔兰的消费模式不同于大多数西欧国家。这种理解可以部分地解释前文所述的人们对于爱尔兰经济充满夸张和戏剧化的描述，但是还有更多原因。用人均国民收入来代表一个国家的富裕程度是具有误导性的；休闲消费和家庭规模也不能作为衡量标准。将两个在休闲消费水平和平均家庭规模方面存在显著差异的经济体放在一起比较可能带来较严重的误导。有作家指出，劳动穷人的状况看似悲惨，但他们既没有不满足，也没有不开心，这种简单的生活方式使他们能"体验到一种上层阶级所无法感知到的快乐"（Townsend，1815）。福斯特（1847）说："凯尔特农民心满意足于他们有可以栖身的房屋、有可以生火的泥炭、有可以充饥的土豆和水……并且只要能得到这些，他们就很高兴，无意追求更多。"博蒙特（1839）发现，爱尔兰人"看起来非常满足于这种不幸的现状，并且几乎察觉不到任何额外的需求"。

爱尔兰不同于当时其他的西方经济体，但又不一定比它们更穷的一个体现在于，爱尔兰人有着非常健壮的体魄和良好的健康状况。相关证据并不好找。高出生率和高婴儿死亡率往往会使得存活下来的成年人群更有韧性，对疾病的抵抗力更强。此外，1841年，有6/7的爱尔兰人生活在农村，这也是一个原因。很显然，土豆也是一个主要原因。亚瑟·杨格（Arthur Young）在1779年写道，土豆是影响爱尔兰健康的一大主要原因："当我看到他们发育良好的身体……男人们体格健硕，女人们面容姣好，我不知道该如何相信他们竟然靠一种不健康的食物生存了下来。"早些年，亚当·史密斯也发现了同样的现象，他写下有关土豆营养价值的名句，并据此认为，伦敦最强壮的男人和最美丽的女人，放在爱尔兰充其量也只能算是劣等人群。半个世纪以后，梅森（1814~1819）编写的绝大多数教区调查都反映爱尔兰的原居民是健康、有活力而且强健的。在这79份调查报告中，42份与居民健康有关，其中39份报告表明爱尔兰人很健康，或差不多这个意思。霍尔夫妇（1825~1840）和史密斯（1844~1849）认为，在世界上找不到比爱尔兰人更出色或更强壮的种族了，这一切都归功于土豆。凯恩（1845）说，爱尔兰人的平均身高为70英寸，英国人的平均身高为68.5英寸，比利时为68英寸。通过弹簧测力计测量得出，爱尔兰人的平均拉力为432磅，英国人为403磅，比利时人为

339 磅。这些是 19 世纪 70 年代的实验结果，并且实验对象是大学生，而且凯恩是以伦敦非熟练工人为实验对象获得的数据，因此我们应当谨慎看待这些数据所指的结论。

爱尔兰的食物和燃料供给不仅是充足的，而且是相对稳定和可靠的。鉴于 1845~1850 年爆发的灾难，这句话看似很难相信，却是事实，因为爱尔兰人在 1740~1845 年的确没有任何理由遭遇饥荒。当时有人在 1802 年写道："年景大好，马铃薯的生产非常稳定，而且收成几乎不可能会受损，并且小麦是种商品而不是食物"（Tighe，1802）。在 19 世纪二三十年代，这种情况几乎发生了天翻地覆的变化（Mokyr，1981b），在大饥荒爆发的 10 年前，就有人向济贫法委员会强烈表示，在某些地区，每年中总有那么几个月土豆供应不足，但是收成不好的原因未知（Great Britain，1836b）。土豆匮乏和饥荒是季节性现象：夏初后，土豆就不够吃了，可是新作物要到 9 月份才能成熟。一位利特里姆人解释说："我们从来没有经历过在康诺特①西部经常发生那种苦难，在那里，苦难和饥饿程度取决于新旧土豆间隔时间的长短。"土豆对那些依赖它生存的人产生了复杂的影响，其中一些影响在别处讨论过（Mokyr，1981；Hoffman and Mokyr，1981）。

根据研究者们的描述，爱尔兰并不像一个传统意义上的贫穷社会，相反，是一个食物和供暖都相对充足的社会，只是人们住得很差，穿得也很差。在第 6 章我们也会讨论到，与大多数其他欧洲人相比，爱尔兰人的受教育程度并不特别差，这体现出爱尔兰人在"黄油与大炮"这一对矛盾中已经做出了自己的选择。这看起来似乎与我在前文中说过的话——总收入数据很难解释爱尔兰贫困问题——非常不一致，因此非常需要构建一组能够反映爱尔兰

---

① 爱尔兰省名，古王国名，位于爱尔兰西部，约当今梅奥、斯莱戈、利特里姆、戈尔韦和罗斯昆芒等郡。除康诺特省（Connaught）以外，还有伦斯特省（Leinster）、明斯特省（Munster）和阿尔斯特省（Ulster）。

各郡收入水平的数据。在对国家内部情况进行对比研究时，这样的数据非常有效。

收入估计的数据来源于1836年济贫法委员会提供的工资数据（Great Britain，1836b）。1841年人口普查用"Ⅲ级家庭"指代爱尔兰人口中最贫穷的那部分人群，这一人群占爱尔兰总人口的2/3（见表2-3）。委员会集中调查了这些人的收入，而不是调查那些专业人士、商人、工匠、土地代理人、上流人士等其他人群的收入。

表2-1中：（1）的数据是通过被调查者提供的其所在地区的工资水平数据得出的。这个估计方法也许远不完美，但是似乎也没有更好的办法了。[1] 关于这一栏数据的估计过程将附注在这一章节的附录中。[2] 表2-1中（1）的数据将在后文中被用作工资变量。

表2-1 爱尔兰穷人的个人收入（人均值）

单位：英镑

省份/国家	（1）劳动收入	（2）种植土豆收入	（3）养猪收入	（4）总收入
阿尔斯特	2.67	1.40	0.12	4.19
伦斯特	2.88	1.44	0.19	4.51
明斯特	2.11	1.87	0.22	4.20
康诺特	1.84	1.73	0.12	3.69
爱尔兰	2.42	1.61	0.16	4.19

资料来源：见前文和第2章附录。

爱尔兰穷困人口的收入由两类组成：从事农业或非农业活动的劳动收入（无论支付形式是金钱还是土地），以及种植的土豆和豢养的猪的总价值。表2-1中的数据所依据的假设是，被调查者只报告了第一类收入，没有报告第二类收入。假设最穷的这2/3的人口刚好有等量的猪和土豆，那么他们的收入就很好推算了。关于猪的价值，1841年人口普查提供了非常确切的数字，猪的周转期差不多是一年，所以猪的价值大约等于这一年的收入流。至于土豆，我们假设，每英亩地的产出为6英镑（Great Britain，1836b）。这相当于每英石土豆的价值为1.5便士，这意味着土豆年净产值为1200万~1300万英镑。

总收入不包括挖取泥炭、钓鱼之类的活动带来的收入。这2/3的底层人民的总收入为2300万~2500万英镑。如果爱尔兰的收入分配和19世纪的其他经济体的差别不是太大，2/3的底层人民的收入占总收入的1/3，就意味着全国个人总收入为7500万~8500万英镑，即人均9~10.5英镑。[3] 这个数字与迪恩和科尔（Deane and Cole，1969）对英国人均收入的估计值24.4英镑相比，确实显得爱尔兰要穷得多，但是这个数字也还不至于到博蒙特所描述的那种"不幸"的程度。

一些人认为，爱尔兰在饥荒前夕的贫困程度并不像人们想象的那么严重，但是我们不能据此否认，1845年爱尔兰的经济地位严重落后于其他欧洲国家。这种观点基于两个论点。首先，爱尔兰的经济本质上没有改善，并且在1815~1845年还有极大可能下滑过。其次，传统的贫穷定义似乎不适用于爱尔兰这个完全未工业化的国家，一个恰当的对于"贫穷"的定义将有助于我们进一步研究饥荒前爱尔兰的经济状况。

回到第一个论点，我们遇到的困难是，缺乏拿破仑战争结束后有关爱尔兰经济状况的真实有效的定量信息，使我们无法对1815~1845年爱尔兰的经济状况做出任何合理的判断。相关的文学依据极具误导性。例如，沃特·斯考特爵士在1825年拜访爱尔兰时写道：

> 在这个时候谈论爱尔兰的苦痛，就像是在谈论莫须有的疾病。好吧，也许她实际上还不好，但是她在急速变得好起来……一切，一切都在恢

复，这个国家在迅速强大，年轻的人们都穿得更加体面了，新建的小屋看起来比旧猪圈好多了（Scott，1935）。

但是有些间接性的依据与上述这一好景相冲突。19世纪上半叶，很显然，爱尔兰的饮食正在经历深刻的变化。在18世纪的饮食中，尽管土豆日益变得重要起来，但似乎越来越被各种蔬菜、乳制品，甚至是猪肉和鱼类取代（Cullen，1981a）。然而有关18世纪爱尔兰饮食的光鲜报道被认为是不具代表性的，因为这一切是属于日益萎缩的富裕农民阶层的，事实上到了19世纪饮食情况明显在恶化。由于奶制品、鱼类和蔬菜供给的下降，饮食上出现了全面的恶化，但引起这种变化最主要的原因是，消费得起这些食物的人相对减少了。虽然所有阶级都依赖土豆，但是收入较低的这2/3的人对于土豆的依赖性绝对是最高的。土豆的种类也很丰富，例如有口感较好的苹果土豆、黄皮土豆和红皮土豆，但它们正在逐渐被丰富而又富含水分的"块根作物"①取代。尽管梅森在1814~1819年的调研报告中表明，人们整体上对食物是呈满意态度的，但在20年后，大部分将块根作物作为主食的人做出了如下评论，例如"只要吃了6个月，你就不会想要再多吃一个"（Great Britain，1836b）。

有关人们对大饥荒前爱尔兰经济变化感知的证据可以从济贫法委员会提供的附表中获取，所有被调查者都被明确地问到：自1815年来，穷人们的处境是改善了还是恶化了。尽管这种主观的评价只有一些影射作用，但它与"爱尔兰人的物质条件正在恶化"这个假设是不冲突的。在1590个回答中，有1394个回答是有效的。那些明确表示自己没有亲身经历的被调查者被排除在外，但是很明显，许多人并没有承认这一点，他们的判断来自传闻，

---

① 土豆属块根植物，常见的块根植物有甘薯、萝卜。

而不是亲眼所见。尽管如此，这一分析仍然具有启发意义。如果采用一个简单的评分法，"严重恶化"为 -2，"恶化"为 -1，0 代表"没有变化"，"提升"为 1，"提升很多"为 2，我们就能得到一个指标，我们把这一指标叫作"主观经济变化指数"。爱尔兰的这一指标的均值为 -0.43。有且仅有韦克斯福德和威克洛这两个郡的指标呈现正值。梅奥郡是最糟糕的（-1.02），这个郡的个人收入也是最低的。但是除了梅奥郡，其他郡的"主观经济变化指数"和个人收入之间都没有相关性，例如阿尔斯特省整体的得分是最差的（-0.65），同时明斯特省（-0.22）的恶化程度是最低的。康诺特省的表现几乎和阿尔斯特省一样糟糕，但是康诺特省中的个别郡，例如戈尔韦和利特里姆，得分却相对较高。基于这种主观指数的数据分析具有一定风险，但即便如此，"主观经济变化指数"还是体现了衡量家庭手工业（domestic industry）水平的重要指标之间存在着显著的负相关关系（相关系数约为 -0.50 且在 1% 的水平上显著）。

爱尔兰经济出现问题的迹象还存在于非农业部门。乡村家庭手工业举步维艰。1815~1845 年，整个欧洲的纺纱工、织布工、钉匠、刀匠以及从事类似工作的人无一幸免地因为手工产品价值的下滑而遭遇了经济困难。但是，一些其他行业兴起了，这些行业虽然无法吸收所有的被取代的家庭手工业工人，但至少也为他们年轻力壮的子女提供了工作岗位。这一困难有时候就像灾难一样，尽管如此，一个强大的现代工业部门还是兴起了，以它为核心的持续的资本积累促进了经济繁荣。然而，这一现代工业仅在贝尔法斯特郡及其周边的小部分地区崭露头角。由于几乎找不到任何相关的定量数据，因此整体状况不易判断。1815~1845 年是欧洲工业化进程的关键时期，但这一切怎么也不像是爱尔兰工业化该有的模样。在这段关键时期内，英国全速推进工业革命进程，比利时、瑞士、法国的阿尔萨斯和弗兰德斯地区、德国的莱茵兰地区都为工业繁荣奠定了基础。

在19世纪上半叶，爱尔兰是否进行了工业化这一问题，仍然处于争议当中，并且尚未产生相关的权威研究结果。卡伦（Cullen，1972）曾有意最小化这种困境的严重性，声称工业危机仅限于除亚麻纺织以外的纺织行业，在纺织业之外的其他领域更不存在任何危机。卡伦的这个结论，主要基于1831~1841年越来越多的人认为自己是制造业工人。比较1831年和1841年这两次人口普查报告是毫无意义的。十分确定的是，主要供职于"制造业、贸易等"的家庭比例在1831~1841年从18%上升至24%，但正如1841年人口普查声明的那样，两次普查的分类方式是不同的。因此，供职于"其他行业"的人数比例从1831年的18%下降为1841年的10%。由于"其他行业"多半指的是非农业部门，因此制造业工人人数的上升只是一种统计意义上的"海市蜃楼"。1821年、1831年和1841年这三次普查提供的就业数据见表2-2。即便这些数据是以一致的统计方法收集的，也很难从经济学角度给出相关解释。这三次普查之间的可比性还有待考察，其中1831年人口普查的数据是最不具实用性的。对比1821年和1841年的数据，我们可以很肯定地说，它们反映出爱尔兰的工业在这些年内并没有突飞猛进的变化。它们是否证实了未工业化的假设，完全取决于我们给1821年数据赋予多高的可信度。很显然，我们也绝不可依据1821年的数据，得出工商业活动减少了这样的结论。

其他的大量证据中，大多数是间接且偶然性的证据，似乎支持这样的观点，除少数地区外，未工业化是很普遍的，并且不单局限于亚麻纺织以外的纺织行业。铁路委员会（The Railroad Commission）报告说，在出口奖励和保护关税制度下，许多行业"不是在有利于它们的自然环境中成长……这种激励政策一撤销，这个行业就可能立马消失"（Great Britain，1837-1838）。

表 2-2　爱尔兰人的职业数据（1821~1841 年）

单位：人，%

	1821 年		1831 年		1841 年	
	总人数	比例	总人数	比例	总人数	比例
农业	1138069	40.1	1226887	65.7	1854141	52.8
工业	1170044	41.2	640711	34.3	1071303	30.5
商业贸易					44269	1.3
其他	528702	18.6			542147	15.4
职业人口	2836815	100.0	1867598	100.0	3511860	100.0
总人口	6801827		7767401	100.0	8175124	
职业人口比例	41.7		24.0		43.0	

资料来源：1821：Great Britain（1824）；1831：Great Britain（1833）；1841：Great Britain（1843）。

委员会指出食品加工业是爱尔兰的比较优势所在，且"全国各地，各处都可以看到逐步改善的迹象"。部分历史学家对此表示怀疑（O'Brien, 1921; Green, 1969）。我们尚不清楚，加工食品的出口增长是否可以弥补 1815 年后科克郡粮食行业产量下滑和缓解 1825 年后爱尔兰对外出口活畜（牛和猪）增加这一问题。蒸馏酒厂和啤酒厂则相对好得多，但是在 19 世纪 30 年代后期，马修神父的禁酒运动使得这些行业也步履维艰（Donnelly, 1975; Lynch and Vaisey, 1960）。1815 年后，都柏林的制造业进入了寒冬时期。马车制造业、玻璃行业和皮革厂出现严重下滑，造船厂和丝绸厂几乎完全消失（Webb, 1913）。在 1821~1836 年，都柏林的羊毛生产减少过半。其他地区——阿尔斯特除外——几乎和都柏林无异。1830 年，一个特别委员会得出结论，"来自农业和利润削减的制造业的贫民大量涌入"，都柏林和其他一些城镇出现了最严重的困境（Great Britain, 1830）。乡村、小城镇的工匠和手艺人很可能是在这场经济下滑中受损较小的人群，运输成本和贸易网络（只在当地进行贸易活动）的原因，他们与外界保持着相对的独立性。

工业化失败和明显的经济下滑使我们不得不承认，饥荒前的爱尔兰经济一片凋零。这一结论可以用下文的第二个论点进行进一步论证，经济状况不应该完全由消费品篮子的水平决定，也应该考虑到经济体面对外部冲击的韧性。正是基于这一论点，爱尔兰经济处于相对劣势的地位。

最严重的外部冲击当属爱尔兰大饥荒。在何种情况下，我们可以说，饥荒前的爱尔兰是贫困的，并且可以说这种贫困导致了"饥饿四十年"（The Hungry Forties）的惨状？根据贫困的传统定义，即根据人均消费水平，爱尔兰并不像其他大多数国家那般富裕，但是差距也不大，并且只要克服指数基准问题，就能对两个经济体进行比较。但是，爱尔兰的确很贫困。我们必须重新定义贫困这一概念，并且不能独立于大饥荒来定义，才能真正明白这种贫困的本质。它完全改变了爱尔兰的历史轨迹，并在爱尔兰人的精神、态度和信念上留下了不可磨灭的印记。它使爱尔兰经历了人口的异常变动，这在整个现代欧洲史上都是罕见的。

如果采用一个新概念来定义贫困，我们的论点将更加清晰。这个新的定义是围绕饥荒以及饥荒对人口造成的影响这两个方面来设定的。尽管人均实际收入在对外部性和非金钱项目进行了适当修正后对于许多目的来说是一个合理的指标，但显然还是不足的（Sen，1981）。其中一个被广泛指出的原因是，人均实际收入的上升，如果伴随着收入分配不平等的加剧，那么这种上升对于大多数穷人来说都是无济于事的。然而，即使对这种分配不平等进行修正，也仍然无法控制所有其他类似的因素。1740年以后，欧洲的经济增长也许没能提升平均消费水平，但它通过逐步消除工业革命之前和早期阶段存在的巨大生存危机和困境，改变了普通人的生活。

我提议用一种新的定义方式来取代贫困的传统定义：以随机个体在随机时点的收入低于生存水平以下的概率来度量贫困。因此，生存危机的严重程度和出现频率成为度量贫困的核心因子，在这种定义下，生存危机的消除就意味着不再贫困。

　　接下来逐一谈谈人们对于这种新定义的看法。首先,"无法直接且准确地量化最低生存水平"的这种反驳是不太必要的。人均收入,更不要说还有外部性问题,也都不能被准确地度量,但是大多数国家的死亡率数据是可以获取的,死亡率急剧地上升("超额死亡率")就和生存危机相关。其次,还有人说这个新定义下的变量与传统定义下的变量是正相关的。传统定义下,假设其他变量不变,人均收入下降或收入不平等加剧,贫困就会加剧。但是,新定义下的变量还考虑了收入的面板数据方差,以及面板数据方差与任何给定时间点的截面数据方差之间的相互作用。

　　假定我们用新定义比较两种情景:第一种情景下,一场危机使每个人的收入都减少了10%;第二种情景下,一场危机使最穷的人的收入减少了30%,而这直接导致国家收入减少了10%,我们会认为第二种情景更糟糕。或者,我们也可以假设两个新的情景,假设人口中最穷的30%的人失去了所有的财富,第一种情景下,剩下的70%的人贡献了自身的资源阻止最坏的情况发生,而另一种情景下穷人救济机制没有发挥应有的作用或政府没有克服"搭便车"问题而导致政府救济的失败。在我们看来,第二种情景下国家会更穷。[4] 上述这个新定义有助于实现爱尔兰和其他经济体之间的比较。不同国家的人口数据也是可比的,但收入数据却不尽然。森(Sen, 1981)最近强调过必须给贫困一个明确的定义;否则,对比是没有意义的。本书提出的定义虽然与森提出的不同,但也能满足研究要求。

　　在明确了经济体受生存危机影响的决定因素后,我们也不能只盯着大量的死亡率数据看,不然就会陷入一个逻辑循环:爱尔兰饥荒是贫困引起的,而贫困又源于饥荒。因此,现在的关键是,要找到并度量那些使爱尔兰变得相对脆弱的因素。因此,光凭借饥荒期间的死亡率数据,就断定梅奥郡在经济上落后于威克洛郡是不太严谨的,因为那相当于只是重申了一遍定义。我们要了解这种差异背后的原因,应该要发现,威克洛郡有着更高的收入、更多的资本,经济是更加多元化的,并从这些事实中,我们可以总结得出,威克洛郡对抗外部冲击的能力更强——这才是一个值得进一步检验的假设。

我们在研究一个怎样的经济体呢?饥荒前的爱尔兰农村占主体,平均每7个人中就有6个生活在农村(农村是指居民不足2000人的地方)。正如我们所指出的那样,爱尔兰的农村社会在1850年之前正在失去非农业生产的支撑,自给自足的经济越是发达,爱尔兰工商业化进程就越是曲折。爱尔兰各地具有一个共性,所有的农民都没有土地所有权。地主,约有8000人(Pim, 1848),很难算是一个阶级。大多数爱尔兰人在土地上劳作,却没有土地所有权。

在经济地理学上,我们习惯将爱尔兰划分为三个主要区域。东部、中部和东南部地区,包括伦斯特省和明斯特省的东部,在这里大部分土地是大型租地农场,在租地农场干活的都是无地农民和佃农。爱尔兰北部,包括阿尔斯特省的大部分和康诺特省北部,在这里,农业和手工业相结合,佃农持有大部分土地。西部和西南部地区,同时具有上述两个地区的一些特点,但是这里更加落后。在这三个区域,土豆都是主要食物(东北部地区对土豆的依赖性相对较低),不同的是,各个区域在销售和出口的作物方面不尽相同。北部主要销售和出口手工制品,南部出口大量的乳制品和粮食。西部出口肥美的牲畜。但我们不应该过分强调地区经济专业化,毕竟这是19世纪下半叶才出现的事物(Kennedy, 1981)。

当谈起要素市场和社会阶级化时,我们就要开始讨论爱尔兰社会构成最复杂的部分了。复杂性的主要来源就在于租户之间相互转租土地,互为彼此"打工"。大多数贫穷的农民和佃农不是没有土地,他们在一小块土地上耕作,培育庄稼。他们有时直接从地主那里租地,有时从土地租赁中介那里租地,还有些时候则是向另一个佃户租地。在爱尔兰,不论贫富,都可以拥有土地,这使得"农民"和"农场主"往往变得很难区分。1821年人口普查调查员指出，农民和农场主之间的界线非常难以划分，因为"大多数雇农也有一小块土地，因此他们也共享着'农场主'这一头衔"（Great Britain，1824）。克拉克（Clark，1979）指出，这样的租佃制使得区分"农民"和"农场主"这两个概念毫无意义，因为人们都觉得"很难把自己要么划分为地主，要么划分为佃户，因为自己似乎两者都是"。在饥荒前的爱尔兰，阶级结构由此就很难明确界定了，尽管根据定义，显然大多数老百姓还是属于乡村无产阶级。1841年人口普查中的职业数据显示，110万大于15岁的男性将他们自己界定为"生产食物的雇农或佃农"。如果我们再加上10万织布工，那么在报告了职业的男性中，应当有约55%的人被视为无产阶级（Great Britain，1843）。1831年人口普查数据虽有缺陷，但也表明了类似的现象。[5]

可以用来分析饥荒前的爱尔兰的社会经济结构的资料之一是1841年人口普查中"根据财产"划分的家庭分类报告。调查员（Great Britain，1843）分别对三种家庭类别进行了以下解释。类别Ⅰ是指一些专业人士或财产足以使其不需要为别人打工的人。在乡村地区，这一类别就包括那些拥有至少50英亩土地的农场主。类别Ⅱ包含擅长某种技能并有稳定工作的技师，或拥有5~50英亩地的小农。类别Ⅲ包括雇农、佃农和其他"没有资本、土地或知识技能"的人。人口普查的结果如表2-3所示。

表2-3 1841年各家庭类别比例

单位：%

地区	类别Ⅰ	类别Ⅱ	类别Ⅲ	其他	汇总
阿尔斯特（农村）	1.8	32.9	64.1	1.2	100.0
伦斯特（农村）	2.6	31.6	63.2	2.6	100.0
明斯特（农村）	1.6	28.0	68.3	2.1	100.0
康诺特（农村）	1.6	17.5	79.0	1.9	100.0

续表

地区	类别 I	类别 II	类别 III	其他	汇总
农村	1.9	28.3	67.9	1.9	100.0
城市	6.6	49.9	36.4	7.1	100.0
其他	2.6	31.8	62.9	2.7	100.0

资料来源：转载于 Great Britain (1843)。

表 2-3 表明，根据人口普查的分类标准，大约 2/3 的乡村爱尔兰家庭属于无产阶级。人口普查专员设计的类别大致反映了各类别人口的贫富程度、社会声望以及生活质量。但是很显然，在乡村社会，拥有多少土地就是决定你分属于哪一类别的主要因素。饥荒前农场面积的数据可以从两个相互独立的渠道获得。1841 年人口普查在"乡村经济"表中列出了各个郡的农场数，其中以 5 英亩、15 英亩、50 英亩三个规模作为农场规模大小的分割点。伯尔克（Bourke，1965b）批判性地指出，这些表格所用的"英亩"这个单位被一些人口调查员理解为"法定英亩"，与此同时却被另一些调查员理解为"爱尔兰英亩"。然而二者之间的换算比为 1∶1.64，由此导致的误差是很大的。此外，这份调查完全忽略了规模不足 1 英亩（如果按照博尔克的论断，即 1.64 爱尔兰英亩）的农场。另一份数据是在英国上议院的要求下由爱尔兰 132 个济贫联盟提供的。数据可见于德文郡委员会报告的附录 94（Great Britain，1845）。这份数据则包含了规模不足 1 英亩的农场，并注明了单位为法定英亩。这份数据是按济贫联盟而非按照各个郡整理编排的，可以用 1848 年农业普查转化为各个郡的数据（Great Britain，1849a）。1848 年农业普查提供了每个郡的每个联盟的农场情况。这样一来，这一份数据从表面上看起来几乎无可挑剔。关于农场规模大小的数据总结在表 2-4 中。

表 2-4 表明这两种数据体现的情况是大致吻合的。1841 年人口普查数据忽略了规模不足 1 英亩的农场，使伦斯特省的数据看起来格外离谱，因为

在这个省，小型农场的数量十分庞大。在都柏林，55.3%的农场规模都不足1英亩，但其中有很多农场已经被当地居民装饰为小型花园，却也被当成微型农场而囊括了进来。剔除都柏林，整体的情况没有发生重大变化，规模不足1英亩的农场比例仅从22.5%降到了19.2%，这一数字仍然显著高于国家平均水平（14.8%）。在伦斯特省的一些郡中，微型农场的比例出奇地高：在韦斯特省米斯郡、女王郡、基尔代尔郡和卡尔洛郡，超过1/4的人持有不足1英亩的土地。实证分析显示，爱尔兰的所有土地存在两种截然不同的模式。康诺特省和阿尔斯特省的农场要比明斯特省和伦斯特省的农场小。阿尔斯特省和康诺特省呈现单峰分布，而明斯特省和伦斯特省呈现双峰分布，既有大量的中型农场也有大量的小型农场。接下来我们将接着说这个发现的意义。

表2-4 饥荒前爱尔兰的农场规模

	阿尔斯特省	伦斯特省	明斯特省	康诺特省	爱尔兰
（a）人口普查数据					
农场数量（个）	234999	133220	162386	155204	685309
平均农场规模（英亩）	14.48	29.73	23.86	14.31	19.63
小型农场（5英亩以下）比例（%）	43.0	36.9	35.1	64.4	44.8
中型农场（5~15英亩）比例（%）	42.2	34.2	37.8	29.1	36.6
小中型农场（不足15英亩）比例（%）	85.2	71.1	72.9	93.5	81.4
（b）济贫法委员会数据					
农场数量（个）	287909	195412	211438	210754	915513
平均农场规模（英亩）	11.79	20.27	17.50	10.54	14.69
不足1英亩农场比例（%）	12.6	22.5	16.2	9.2	14.8
1~5英亩农场比例（%）	18.6	21.5	16.5	23.1	19.7
5~10英亩农场比例（%）	24.0	14.8	13.9	28.3	20.5
小型农场（10英亩以下）比例（%）	55.2	58.8	46.6	60.6	55.0
中型农场（10~20英亩）比例（%）	30.4	15.9	17.4	20.8	20.2
小中型农场（不足20英亩）比例（%）	85.6	74.7	64.0	81.4	75.2

资料来源：原始数据来源于Great Britain (1843, 1845a)。

林奇和韦西（1960）提供了另一种研究饥荒前经济的方法。他们从地理经济学的角度，将爱尔兰经济分为两个部分，位于东部沿海地区的现代货币经济和位于其他地区的相对落后的自给自足的传统农业经济。在这个方法中作者沿用了发展经济学的观念：许多发展中国家都表现为"二元"结构，也就是上述两种经济共存并相互影响的结构。尽管发展经济学的二元论对于研究欧洲现代史的经济历史学家们来说是有所帮助的，但是将这一理论运用在爱尔兰身上被认为是荒谬的（Lee，1966，1971；Johnson，1970）。林奇和韦西的"二元论"之所以很难被认同，是因为他们赋予传统经济的一些特征同时也是现代货币经济的核心特征。此外，商业化农业、专业化零售贸易和积极进取的地主在林奇和韦西指出的依赖传统农业经济的地区中也非常常见。对于他们提出的二元论的批判之一在于，林奇和韦西在划分时不够清晰，尽管他们在文章中用了一个比喻委婉地表达了这一点："货币经济将触角延伸到传统的农业经济地区，但是渗透得既不深入也不广泛"（Lynch and Vaisey，1960）。很显然，在自给自足式的经济图景中，佃农用自己的劳动换来收入并支付土地租金，种植自己的土豆，和别人鲜有经济往来，这样的描述并不完全准确。自给自足的传统农业经济和现代货币经济在整个爱尔兰是以不同的比例结合在一起的。从爱尔兰东部到西部，现代货币经济的相对重要性在下降，事实上在东部或西部地区内部，它的相对重要性也是不同的。东部地区也不只有货币经济，西部地区也不只有传统的农业经济。林奇和韦西的观点并不是毫无意义的，相反，对于爱尔兰经济构成的认知，正是由于意识到了商业化程度是一个持续性变量而非二分变量才有了进一步拓展。

二元经济这个概念是有用的，但是它应当被重构。爱尔兰确实可分为两部分，但不是像林奇和韦西那样从地理上进行划分。这两种经济的联系是，在商业化程度、经济态度、农业技术等方面截然不同，却又你中有我，我中有你，相互依存（Gibbon，1975，观点类似）。其中一种经济有着经济作物和商业化农业，有着相对大型的农业生产单位，要么是牧场要么是混合农场。这种经济为爱尔兰提供了大量可用于出口的牲畜和粮食。正是由于这批牧场主和农场主，爱尔兰才拥有 5000 个牲畜交易市场。这些集市大部分分布在西部，包括巴利纳斯洛和斯莱戈的大集市（Ó Gráda，1980；Freeman，1957）。货币经济的存在与大多数人赖以生活的另一种经济的存在毫不冲突。与货币经济绝缘的人少到几乎可以忽略不计。[6] 实际上每个人平均每年都会发生一些不可避免的现金交易：在土豆丰收前那几个月必须要购买其他粮食；一些衣服和鞋子也需要购买；烟草、烈酒、茶叶，有些时候连啤酒也要从当地的商贩那里购买；天主教神父的宗教服务也要付钱。

然而，自给自足的农业经济则是另一番景象。佃农和雇农基本可以自给自足。许多佃农每年完成一次易货交易，即用自己的劳动力向农场主换得一间小屋和一块土地，在这块土地上他们可以种土豆，养奶牛或绵羊。在这种交易中，货币通常是扮演价值尺度的角色，没有用于实在的交易。劳动力以预先确定的价格估价并从付给地主的租金中扣除。如果二者之间还有差额，那通常用现金结算。但有时候，尤其是在中型农场（10~20 英亩大的农场）中，租金都是用现金结算的。因此佃农多多少少会有一些现金收入。到了劳动力报酬可以用现金结算时，劳动力市场就可以为土地市场服务了。贩卖猪、蛋和黄油是另一种获得现金收入的渠道。在爱尔兰北部地区，家庭手工业也可以创造一些现金收入，而随着家庭手工业的衰退，越来越多的爱尔兰人就季节性移民到英格兰或苏格兰（来平衡现金收入）（Johnson，1970）。除了支付土地租金和用于一些偶发性交易，在传统的农业经济中，现金没有更多的用武之地了，因此这样的农业经济并没有更多的商业化特征。此外，除了富裕的农场主，其他阶级使用现金的现象并不常见。

这两种经济由此得以区分，但是无论是在地理意义上还是在经济意义上，它们都不是完全独立的。现代经济从传统的农业经济中获取劳动力，并将土地租赁给这部分劳动者。这种描述尽管不完全准确,但也对这两个经济部门之间的关系做出了较为恰当的判断。任何一个地区或任意一个郡的这两种经济构成都不完全相同。畜牧业和传统农业共存使得农场规模呈现双峰分布。大牧场放牧业是一种规模经济。在牧场放牧、制备干草之类的农民用劳动力报酬向牧场主租借土地,或者是租借土豆地(conacre land)①(只在土豆种植季节被租赁出去的土地)。相较于阿尔斯特省和康诺特省,这些牧场在中部和南部更为常见。在阿尔斯特和康诺特两省,家庭手工业和养猪才是获取现金的首要来源。表2-4中农场规模大小的数据证实了伦斯特和明斯特两省的农场大小存在双峰分布的假设,既有大量的中型农场,也有大量的小型农场,而在阿尔斯特和康诺特两省,中型农场的数量则更多。

在林奇和韦西(1960)之后,许多文学作品中也多次强调了爱尔兰易货经济的程度问题(Barrow,1970;Lee,1971;Cullen,1982)。林奇和韦西从地理角度对爱尔兰经济进行划分时并没有严格遵循历史事实。表2-3显示,1/3的爱尔兰家庭属于类别Ⅰ和类别Ⅱ。总体上说,农场主大致对应于表2-3中的类别Ⅱ,佃农和雇农们则属于类别Ⅲ。农场主和非农产业的乡村家庭显然经常要使用现金。在梅奥郡,接近16%的人口都属于这些类别。类别Ⅲ的农村家庭是一些佃户(小私有者)和没有土地的雇农,这些人的总数超2/3的农村人口(见表2-3)。在都柏林、韦克斯福德和威克洛郡的农村地区——爱尔兰农业最发达的地区,类别Ⅲ的家庭比例分别为49.8%、57.5%和61.5%。甚至在沿海地区,大多数人口都能做到自给自足。[7] 对比全欧洲的一般水平,这部分人的确很少使用现金。

要检验底层人民的现金使用率较低这一假设,就必须知道全国的数据资料。单一的人口普查数据不足以让我们判断出在土地市场和劳动力市场,货

---

① 在爱尔兰,这种土地的租期一般为一个季度或11个月,主要用于种植土豆。租金可以以劳动力、现金或二者结合的形式给付。

币交易和易货交易二者之间的相对程度。幸运的是，有了济贫法委员会提供的 1590 份样本数据，我们得以在这项研究上做到更加精确。济贫法委员会的主要关注对象是底层人民，即收入水平最低的 2/3 人口。委员会成员询问了被调查对象两个有关要素市场的问题，"劳动薪酬的结算形式是现金、土地，还是土地租赁权或其他方式"和"在什么条件下，雇农和佃农能拥有小屋和土地？要获得小屋和土地，农场主是否通常要求用义务劳动来代替租金或交租后还要提供额外的义务劳动"（Great Britain，1836b）。针对第二个问题的有效回答非常少，原因主要在于这个问题表达的意思相对模糊。义务劳动相当于封建经济下的剥削，爱尔兰没有这样的传统。很多被调查者表示，除了租金，地主没有要求其他任何形式的补偿，却并没有说明租金是以现金还是以提供劳动力的方式给付。

他们的回答证实了自然经济和商品经济以一种复杂交错的形式共存着。农场主和佃户之间存在最为频繁的有关劳动力和土地的易货交易。佃户被视为长期雇农，地主也会用土地和小屋结算。经济地位和社会地位都低于佃农的雇农（Thompson，1802），则更常用现金结算，尽管有时也会用土豆、泥炭和其他"生存必需品"结算。交易方式也取决于雇主的身份：富绅、当地地主和非农行业的雇主常常用现金结算劳动报酬，而农场主常常用土地租赁权或生活用品结算。那些公职人员、家仆之类的劳动者收到的报酬也是现金形式的。总的看来，现金在城市地区还是占主导地位的，但是在更偏远的农村地区，雇农们还是坚持让地主用实物或土豆地来结算报酬。许多农场主和其他被调查者表示，最终还是由劳动者决定结算形式。[8]

爱尔兰的货币化程度是一个复杂而重要的爱尔兰经济问题，解决这个问题的一个办法是给提供了有效回答的被调查者赋分。具体来说，就是给每个被调查者 3 分。如果受访者只提到了一种结算形式，那么他得到满分。如果受访者提到了两种及以上的结算形式，就要根据具体的回答内容来分配分值。比如说，如果有人针对第一个问题的回答是"大多数时候是现金，偶尔也会用一些生活必需品结算"，那么"现金"给2分，"生活必需品"给1分。当然了，这样的计分法非常简单，而且样本数目太少以致无法呈现每个郡的"货币化指数"得分。尽管如此，表2-5还是呈现了各省的总体状况。

表2-5　要素市场的货币化程度

(a) 土地市场（3=完全货币化；0=完全易货贸易）

省份/国家	受访者人数	总得分	平均值
阿尔斯特	308	346	1.12
伦斯特	187	191	1.02
明斯特	239	243	1.02
康诺特	82	85	1.04
爱尔兰	816	865	1.06

(b) 劳动力市场（总分=3）

省份/国家	受访者人数	现金报酬	实物报酬	土豆地租赁权代替报酬	其他土地租赁权代替报酬	合计
阿尔斯特	488	1.92	0.75	0.26	0.07	3.00
伦斯特	409	1.65	0.63	0.55	0.17	3.00
明斯特	364	1.24	0.46	0.85	0.45	3.00
康诺特	148	1.31	0.62	0.73	0.34	3.00
爱尔兰	1409	1.60	0.63	0.55	0.22	3.00

资料来源：原始数据来源于Great Britain（1836b）；见上文。

表2-5表明，实际上各省的差异并不像林奇和韦西说的那样明显。尽管在阿尔斯特省内部，指标数据的差异较大，但总体看来，阿尔斯特省的货币化程度比爱尔兰的其他地区都要高。卡文郡、弗马纳郡和莫纳亨郡的

货币化程度比沿海地区低很多。两个货币化程度最高的郡无疑是有着两个最大城市的郡：安特里姆，租金的货币化指数为1.43，劳动报酬的货币化指数为2.23；都柏林，两个指数分别为1.46和2.69。在伦斯特省，位于中南部地区的郡的货币化水平都很低：基尔肯尼、卡洛和女王郡的两个指标值都低于全国平均水平。林奇和韦西的东西部二元论显然过于简单。根据我们的度量，康诺特省要比明斯特省的货币化水平低。梅奥郡——通常被认为是爱尔兰最落后的郡——在两个指标上的表现比科克郡、朗福德郡和卡洛郡都好。爱尔兰的中南部地区是农牧混合的地区，相较于西北部，这里的货币化程度较低。

在解释土地市场上相对较低的货币化程度时，我们应该严谨一些。爱尔兰地主的租金收入都是现金。在爱尔兰，几乎没有领主制农业，大量的地主是缺位的，即不居住在本地。因此用劳动力换取土地的易货交易并没有多大的存在必要，但表2-5也没有表明土地市场没有发生货币化。表格数据显示土地市场的货币化程度相对劳动力市场较低的原因是，被调查者的回答中的土地市场主要是指"第二"土地市场。直到1836年，越来越多的普通农民和佃农从地主那里直接获得土地，但很多人依旧是通过各种各样的土地租赁中介获得土地。大多数情况下，土地不是直接租借给普通农民的，而是给了大量的佃农，佃农并不在济贫法委员会的提问范围内。正是由于设问的不合理，使得那些和问题无关或是模糊不清的回答被剔除了，这一定程度上使得数据表现出的货币化程度偏低。

尽管这是一个十分简陋的统计方法，但是数据结果却与经济事实一致，在农民和农场主之间至少有一半的交易是易货交易。在没有其他国家的数据做参考时，很难对这一发现做出评估，但是如果我们认为都柏林和阿特里姆是爱尔兰"商业化"程度最高，并且已经是最接近英格兰、比利时和德国的两个郡，那么从整体上来说，爱尔兰其实在商业化和金融发展方面是严重落后于欧洲的其他国家的。从某种意义上说，这一落后并不绝对意味着爱尔兰比其他国家更贫穷（在人均收入的定义下）。但是这一落后确实弱化了爱尔兰抵抗外来冲击的能力。

附录：个人收入的计算

估计饥荒前爱尔兰的个人收入的关键数据来自济贫法委员会收集的与收入相关的信息。济贫法委员会报告中的附录 D（Great Britain，1836b）包含了约 1590 份针对"比较爱尔兰农业劳动者状况"的反馈。两个和男性劳动者收入估计相关的问题分别是问题 9 和问题 13。问题 9 是"在你所在的教区，劳动者的日薪是多少，是否提供食物（指明是冬季还是夏季）？"。问题 13 是"在一年的工作中，包括日常工作和打零工，也包括种植收割或其他营生，年收入一般是多少？"。根据问题 9 的回答很难得到年收入数据，因为没有考虑到季节性失业，也没有对实物或土地这种形式的报酬进行调整。[9]此外，许多针对问题 9 的回答也没有指明报酬中是否包含食宿。问题 13 试图将以上问题考虑进来，并且在计算中也将上述因素纳入了考虑。问题 9 回答数据也被用于参考。通常，年工作天数为 230~250 天。这一数字表明，也许爱尔兰并不像许多人（Foster，1847）抱怨的那样存在非常严重的失业现象。一些研究者估计的年劳动收入高得离谱。最终我们通过问题 9 的回答，假定年工作日为 300 天，取夏季和冬季总收入（不含餐饮）的平均值得出了年收入的估计值。

其他家庭成员的收入更难以估计。与这一估计相关的提问有"农民的妻子和 4 个到了劳动年龄的孩子（最大的不超过 16 岁）一年能挣多少？"（问题 14）和"妇女和孩子也会被雇用吗？他们的劳动报酬是怎样的？"（问题 11）。在一个家庭中 4 个小孩都到了工作年龄是非常少见的。这两个问题的回答体现出非常严重的矛盾。[10]此外，很多针对问题 14 的回答都是日收入而非年收入，这表明在农忙时，妇女和孩子的就业非常不稳定。其他家庭成员的收入将采取下列计算方法：（1）如果回答是日收入的，则将日收入数乘以一系列就业系数，就业系数指的是问题 11 的出工频率（frequency of employment）。这个系数的值在 0（"没有工作"）到 300（"总是在工作"）之间。（2）如果回答是年收入的，如果年收入不超过 7 英镑，则是有效且合理的数据。（3）如果回答是年收入的且超过了 7 英镑，据推测，被调查者应该没有考虑到季节性失业的问题，而是直接将妇女和孩子的收入乘以 300 或 312，因此这样的回答还要用出工频率进行修改。

在1590位受访者中，1285 份关于男性劳动者的收入数据和超过 643 份的其他家庭成员的收入数据是有效的。这表明，这份调查的覆盖率不足一半，因为爱尔兰有 2422 个教区，有些教区不止一位受访者参与了调查。几乎所有的受访者都对地方的情况非常熟悉。60% 的受访者是牧师（要么来自天主教要么来自爱尔兰教会），35% 是从事法院工作的绅士。因此，尽管统计方法十分粗糙，且基于大量过于简陋的假设之上，但是统计结果仍然是对现实收入水平的合理反映。其中，有且仅有两个郡的估计结果是基于 20 位以下的受访者回答得出的：利特里姆（12 名）和斯莱戈（18 名）。平均每个康诺特省的郡都提供了 27 名受访者，其人均覆盖率约为整个国家的覆盖率的 2/3（康诺特省为 0.97/1000，全国为 1.57/1000）。样本覆盖率是可观的，但是利用这样的样本来估计国家总体还是不可避免地存在不准确性。用教区人口进行加权，可以在一定程度上减少这种误差。[11]

为了对饥荒前爱尔兰的收入情况有更加全面的了解，我们需要获得那 1/3 收入最高的人的收入或爱尔兰人口收入的分布情况。这部分人既有劳动收入，也有资本和土地收入。我们只能估计出这些收入的个别部分，尽管这些可以帮助我们对爱尔兰不同地方的经济状况有一个基本的评估，但由于我们可以掌握到的数据实在有限，因此可以做出的估计充其量只能算是非常初步的猜测。相关数据总结在表 2-6 中。

表2-6　1840年爱尔兰人均收入及收入组成

单位：英镑

省份	（1）底层2/3的人均收入	（2）上层1/3的平均收入	（3）养殖收入 10%	（3）养殖收入 20%	（4）人均土地租金	（5）人均房租	（6）合计[（3）取20%]
阿尔斯特	2.81	3.18	0.21	0.42	1.30	0.31	8.02
伦斯特	3.01	3.42	0.27	0.54	2.34	0.42	9.73
明斯特	2.80	2.81	0.23	0.46	1.55	0.26	7.88
康诺特	2.46	2.45	0.22	0.44	1.16	0.18	6.69
爱尔兰	2.80	3.01	0.23	0.46	1.60	0.30	8.17

注：（1）数据：表2-1中（4）的数据乘以2/3；

（2）数据：假设1/3收入最高的人的劳动收入是收入最低的2/3的人总收入的3倍，且种植土豆和养猪的收入是一样的；

（3）数据：马、骡子、驴、牛和羊的价值来源于Great Britain（1843）；

（4）数据：见下文。

（5）数据可利用下列价格进行估计：一级房屋，200英镑；二级，40英镑；三级，8英镑；四级，4英镑；详细内容见下文。假设回报率为10%。

对表2-6中的数据进行求和，爱尔兰的年人均收入仅约为8.2英镑，估算这一数值时已经乐观假设养牲畜的回报率为20%。但这些数据也存在被低估的地方，尤其是在非劳动收入这一部分（利息收入和利润收入）。表2-6显示，劳动收入占总收入的70%，这一比例似乎过高。而大不列颠在1801年的劳动收入仅占国民总收入的44%。如果我们加上"混合收入"中劳动收入的部分，60%这一比例才显得相对合理。在20世纪，"混合收入"变得相对微不足道。因此，我们可以认为表2-6中（6）中的总收入数额被低估了15%~20%，因此爱尔兰的人均年收入应该在9.5~10.5磅。

另外两种个人收入的组成部分是租金收入和资本收入。有三种不同的租金收入估计方式：济贫法委员会估值法（PLV）、政府估值法（GV）和克罗蒂在他的一个兼具开拓性和争议性的研究中提出的方法。这三种方法都无法被直接采用，但是可以将它们三者结合使用，提出一个更具说服力的估计方法。

济贫法委员会估值法显然是一种有问题的方法。这项工作由每个济贫法联盟（Poor Law Union）的监护委员会负责，而监护委员会的成员都是地方的显要人物（Nicholls，1856）。大多数受访者向德文郡委员会谴责了这项调查是不准确的，甚至是欺诈性的。克罗蒂设计了一个能够"修正"济贫法委员会估值法的方法，即给受访者关于真实收入与PLV值之间关系的陈述分配数值。

政府估值法，是在一位能力超群的政府委员——里查德·格里菲斯——的监督下开展的，总体上误差小很多。这种估计方法的不足之处在于它是不完整的，1845年前，32个郡中，只有20个郡参与了调查。此外，尽管这种估计方法的标准误差要比PLV更小，但很显然，用这种方法得出的结果明显偏低。在这种估计法中，所有租金少于5英镑的房屋收入都被排除在外，其他的房屋收入也仅是按照其年租金收入的2/3来计算。德文郡委员会指出，虽然GV的结果存在偏差，但是它也呈现了"相对准确的结果"（Kennedy，1847）。克罗蒂从德文郡委员会收集了所有评价GV与真实租金之间关系的评论，并用与修正PLV相同的方法对GV进行了修正。

第三种度量方法是克罗蒂直接从德文郡委员会那里提取出来的。在1117名受访者中，557名直接提供了他们所在地的租金水平，其中295人的回答证明真实租金与PLV值存在差异，这说明德文郡委员会报告与PLV是相互独立的两份数据来源。同样地，GV调查了来自20个郡的316名受访者，其中，有186个人针对GV值与真实租金之间的关系给出了评价（大多数人认为GV值低于实际租金），并且有249个人提供了有关真实租金的估计值。因此，我们也有理由将克罗蒂的估计方法作为独立于前两种方法的第三种方法。

要在这三种方法中选择一种，有一个粗暴但是有效的方法，即观察原始相关系数（raw correlation coefficient）。如果所有三个变量都是独立测量的，并且三个变量都是用其他的非直观的变量代替，那么如果两个变量彼此紧密相关但不与第三个紧密相关,那么真实变量可能更接近两个相关变量。通过20次观察,克罗蒂测量值与调整后的 PLV 和调整后的 GV 之间的相关系数分别为 0.8235 和 0.8391,而后两者之间的相关系数为 0.9453。我们不能排除克罗蒂值才更接近真实值,而 PLV 和 GV 值都是不准确的这种可能,但是统计结果还是显示,新估计值应当主要建立在 PLV 和 GV 之上。尽管 PLV 有着很明显的误差,但是这种估计是全面的,且不像 GV 那样低估了租金值。因此,我们采取的办法是将 GV 法用于可用的 20 个国家,并通过简单的最小二乘法生成其余 12 个县的数值。然后通过将所有县的数值乘以基于 PLV 的修正因子来降低 GV 中的向下偏差。各省的新租金值汇总计算列于表 2-7 中,并与其他的一些估算值进行比较。

表 2-7 反映出克罗蒂估计法存在的一些问题:由于他处理的是租金样本,他必须通过将样本均值乘以一个种植面积数来产生总租金。令人不解的是,他将每英亩的租金乘以每个郡的总面积,而非种植面积,由此他的计算结果是高估的。"克罗蒂估值Ⅱ"是修正后的估计值。我们可以暂时得出一个结论,即这三种估值或多或少是等价的,并且收入数据对租金的定义不会非常敏感。

表 2-7 饥荒前的租金

单位:英镑

省份/国家	总计	最新估计			济贫法估值	克罗蒂估值Ⅰ	克罗蒂估值Ⅱ
		每英亩土地	每英亩耕地	人均	每英亩土地	每英亩土地	每英亩土地
阿尔斯特	3097760	0.57	0.91	1.30	0.61	0.82	0.55
伦斯特	4614176	0.95	1.16	2.34	0.94	1.05	0.82
明斯特	3721088	0.62	0.96	1.55	0.62	1.02	0.63
康诺特	1641408	0.37	0.74	1.16	0.33	0.82	0.46
爱尔兰	13074432	0.63	0.97	1.60	0.63	0.93	0.62

注释

1. 迄今为止，关于19世纪爱尔兰国民收入的唯一数据是由拉金（1967）提供的。拉金假设1801年爱尔兰的国民收入为英国国民收入的15%，此后每十年（相对于英国）逐步下降1个百分点，直到1901年，这一比例为5%。然后，他利用迪恩和科尔（1969）对英国国民收入的估值，并将这一估值除以总人口。作者自己承认他的方法有些粗糙，但认为这一方法"仍然会被广泛接受"。

2. 在整个研究过程中，各郡的结果都将汇总为按省或区域的形式呈现。更加细分的数据可以从数据来源处取得。

3. 根据库兹涅茨收集的数据，在19世纪末20世纪初的欧洲经济体中，收入最低的60%的人所占的比例在26%~40%（Kuznets, 1966）。

4. 如果我们在讨论工业化国家的生活水平时，也使用这一定义，那么伦敦的兽皮和兽皮消费税等证据就显得无关紧要了（Hobsbawm, 1975）。我对这一问题进行了较为详细的解释（Mokyr, 1980）。

5. 1831年人口普查涉及的1226887个家庭中，只有7.8%的家庭雇用劳动者，46.0%的家庭为"不雇用劳动力的土地所有者"，46.2%的家庭为"被雇用者"。

6. 福斯特（1847）提及一位戈尔韦农民为了用一张面值为10英镑的钞票换取先令的轶事。历史学家们（O'Brien, 1921; Lynch and Vaisey, 1960）并没有将这一轶事作为历史证据而合法化。在卡伦（1981）近期的著作中，卡伦主张另一种极端的立场，他认为爱尔兰贫穷但高度商业化，例如，爱尔兰的商业化程度比苏格兰或法国还高。这一论点十分缺乏说服力。

7. 考虑一下相对富裕的韦克斯福德郡。在报告了职业的年龄在15岁以上的6750名男性中，只有461人真正在贩卖消费品，比如屠夫、烟贩等。多尼哥，毫无疑问是爱尔兰最贫困的地区之一，78531名从业者当中只有301人出售食品或相关产品。在韦克斯福德郡，盖茅草屋顶的人和瓦匠共有197名；而多尼哥有74名。

8　一些受访者（Great Britain，1836b）声称：单身男性更倾向于现金结算，而已婚男性更倾向于易货交易。

9　同一附录中的问题 10 专门询问了在一年中的什么时期男性的就业率最低。回答表明，一年中有两个阶段：一个在冬季（大约 12 月初至 2 月底）；另一个在春末夏初。很难确定在这两个时期，经济活动放缓到何种程度。

10　例如，基罗蒙韦斯特教区（梅奥郡）的受访者在回答问题 11 时说，妇女和孩子是没有工作的，但在回答问题 14 时又表示，妇女和孩子每年的收入为 20~24 英镑，是男性劳动者年收入的两倍多。

11　收入估计是本研究中唯一对济贫法委员会提供的数据进行加权的地方。使用这份数据的所有其他估计数都是未加权的。

3 人口问题：
马尔萨斯是对的吗？

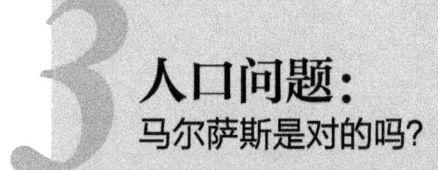

爱尔兰的历史是关于人口的历史。没有一个欧洲国家像爱尔兰这样如此关注人口增长、婚姻模式（marriage pattern）、出生率这些因素。20世纪，有关饥荒前爱尔兰经济史的最著名的著作一定是《爱尔兰人口》（Connell，1950a），这本书是将人口历史与经济史结合的成功研究实践之一。在它出版之后，又不断涌现一批新的著作，对康奈尔的这本开创之作提出了意见和补充。学者们之所以对人口学有着如此强烈的兴趣，其中的原因显而易见：饥荒前，爱尔兰保持着奇高的人口增长率；饥荒期间，人口发生了堪称灾难性的下降；饥荒后，人口持续下降了80年，并在1926年到达了人口数量的谷值，这样独特的人口增长模式，外加异常低的结婚倾向与极高的已婚生育率（marital fertility rates），以及移民对爱尔兰人口造成的巨大影响。所有的这一切都是人口史学家感兴趣的话题。

在这里，一份完整的饥荒前爱尔兰人口统计数据报告是不必要的。即使我们可以做出这样一份人口统计报告，那也超出了这本书的研究范围。在这本书中，我只想研究一个根本性的问题，即如果爱尔兰的贫困与人口之间存在任何关系，那究竟是什么样的关系。为了能够在这个问题的研究上取得进展，有必要再次对可用数据进行检验并探究它们可以证明什么。在具备这些数据后，我将对马尔萨斯假设进行一系列检验。

（一）重新审视饥荒前的人口统计数据

所有有关人口的宏观统计数据中，饥荒前的三次人口普查，尤其是1841年人口普查数据（Great Britain，1843）是非常重要的。人口普查遭到了严厉的批判，使得人们开始对它的实用性产生怀疑。例如，伍德汉姆·史密斯（1962）认为，1841年人口普查严重低估了人口数量。尽管1841年人口普查或多或少地存在低估问题，但研究者和历史学家们都一致认为，1841年人口普查是一批训练有素且严谨细致的人口调查员在警方的协助下积极努力产生的工作结果（Connell，1950a；Royle，1978）。虽然，还是有历史学家，将其批判为"统计陷阱"，并认为应该采用其他数据来替代使用人口普查数据，或至少不能只依赖人口普查数据进行研究（Lee，1968a）。当然，也有学者（Tucker，1970）对此进行反驳：其他数据，主要是由教区记录的家庭重建数据，就算有效，要获得它也是非常耗时且成本昂贵的。

下文将基于的假设是，1821年和1841年人口普查报告提供的总人口数是准确的，1831年人口普查数据则另当别论。托马斯·拉尔科恩是1841年人口普查的总负责人，他认为1831年人口普查的人口调查员们以为他们的报酬与调查人数是挂钩的，因此他们在调查的过程中往往会高报人数（Great Britain，1843）。1821~1831年人口的年增长率为1.33%，而1831~1841年为0.51%。[1] 从这两个阶段的增速落差来看，我们似乎有理由相信这种做法是真实存在的。众所周知，爱尔兰的人口增长在1790年后就放缓了。单从这三份人口普查数据的表面来看，1821~1831年，爱尔兰的人口增速是整个欧洲最高的（甚至高于1791~1821年的增速），而在1831~1841年，爱尔兰的人口增速又变得和法国一样慢。1834年宗教普查也对1831年人口普查数据的真实性提出了挑战（Great Britain，1835d）。1834年宗教普查以1831年人口普查的调查结果为基础，因此它得出的总人口数与1831年人口普查相近（1834年宗教普查报告的人口总数为7943940，1831年人口普查报告的为7767401）。许多教区都参与了一项"新调查"，其中许多教区的人数在1831~1834年发生了不可思议的下降。例如卡尔洛郡的坦普尔皮特（Templepeter），人数就从349下降为284，再如卡范郡的基尔德谢丹（Kildersherdan），1831年报告显示人口为6997，到了1834年人口仅有6202；科克郡的拉百里（Rathbarry），人口也从1831年的2748变为1834年的2533；多尼哥郡的戴瑟泰格尼（Desertegney）的人口也从1890下降为1779。

这一系列的发现证实了拉尔科恩指出的 1831 年人口普查存在虚高的问题，尽管我们很难明确计算出到底高估了多少。忽略 1831 年普查数据，我们得到，1821~1841 年的人口平均年增长率为 0.92%。

人们总说，1821 年人口普查和 1841 年人口普查都存在严重的低估问题，因此，相对来说，也许 1831 年人口普查的虚高结果反而"更加接近实际人口状况"（Ó Gráda，1980b）。约瑟夫·李（1981b）在他最近的论文中也强调了这一观点。李强烈批判 1821 年人口普查，并强调了 1831 年人口普查数据的可用性。的确，1821 年人口普查存在严重低估，这是普遍存在于所有欧洲国家的人口普查中的问题。李认为，1821 年的实际人口应该有 720 万那么多（而不是 1821 年人口普查报告的 6801827，低估了近 6%）。他对其他两次普查的数据进行了修正，将两次人口普查之间的人口增长率修正到更合理的水平（19 世纪 20 年代年增长率为 0.93%，30 年代年增长率为 0.61%），但是这表示过去的 30 年，人口都保持着不可思议的高增长率。道奇等（1981）对康奈尔在 1950 年估计的 1791 年总人口数（440 万）进行了修正，并认为在接下来的 30 年里，人口都将保持 1.4% 的年增长率。李修改后的数据显示，年增长率为 1.6%，与 1753~1791 年的高增长率是相近的（Daultrey et al.，1981）。由于李并没有在他的论文中说明他是如何得到 720 万这个估计数的——只是提及 5% 的低估"完全是可以接受的"（实际上，他的估值存在 5.6% 的低估）——他的批判不足以使人相信 1821 年人口普查数据是无用的。

此外，1821 年人口普查中存在的问题也对 1841 年人口普查结果造成了影响，因此，在比较这两次普查的结果时，并不会受到低估问题的严重影响。现代人口普查数据（包括 1980 年美国人口普查和 1971 年爱尔兰共和国人口普查），都存在和上述一样的低估问题。事实上，即便 1821 年人口普查和 1841 年人口普查存在低估问题，而 1831 年人口普查数据是相对准确的，学者们也认为，大多数统计工作还是应当建立在 1821 年和 1841 年人口普查的数据基础上，因为1831年人口普查数据并不能用于计算诸如人口增长这样的变量。针对我们现在的研究目的，我们仅仅需要假设1821年、1841年、1851年这三次人口普查的低估程度是相当的。此外，我们还需要假设各个地区的低估程度也是相当的，并且随着时间的推移，波动是随机的。基于这些假设——一些显得不太实际的假设——这些人口普查的数据才可被使用。对于任何一份过去的或者现在的人口普查数据，由于缺乏替代数据，研究者们也只能依据它们进行研究。

1821年前的情况更加难以被探明。康奈尔（1950）用壁炉税（hearth-tax）[1]收入来估计1821年之前的爱尔兰人口。据他估计，1971~1821年人口的年均增长率约为1.2%，略低于道奇等人的估计值。参照这三个年份——1791年、1821年和1841年——的数据，人口增长率缓慢下降了。应该加以说明的是，道奇等人对康奈尔的人口估计值进行了修正，因此他们所计算出来的1753~1791年的年增长率更高，这进一步证实了，饥荒前，爱尔兰的人口保持着正在逐渐放缓的高增速。克拉克森（1981）用了一种不同的统计方法，认为1971~1821年的增长率更高，但是他的研究同样表明在1791年以后，人口增速放缓了。但是，卡内（1975）的结论——在饥荒前夕，爱尔兰人口增长停滞了，甚至发生了下降——无法被其他数据证实。

人口增速是最简单的人口指标之一。尤其在爱尔兰，这一指标几乎说明不了什么，因为1845年前爱尔兰的移民比例是欧洲国家中最高的。康奈尔（1950a）对1780~1845年爱尔兰的移民人数进行了估计，约为175万人。为了将增长率分解为出生率、死亡率和移民率，同时为了获得更加精确的人口指标，例如已婚生育率、特定年龄死亡率和婴儿死亡率，我们可以利用两份数据：全国范围的人口普查或大量的地方人口普查数据（主要是教区记录）。

---

[1] 窗户税的前身，税款以每户的壁炉数量来衡量，1969年以后被窗户税取代。

我们尽可能从人口普查中提取出有效信息,并用地方人口普查数据来检验从全国人口普查数据中提炼出来的假设。

根据定义,我们知道1821~1841年人口变动来源于三个部分:出生率、死亡率、净迁移率。如果我们知道其中的两个,就足以计算出第三个。我将先使用相对复杂的程序估算出生率。有了出生率,进一步估计死亡率,就能对饥荒前的人口状况有相对完整的掌握了。

人口调查报告指出爱尔兰的出生率约为33‰。历史学家们对这个结果表示将信将疑。但很显然,这个结果其实很有问题。通过一个简单的计算表明,我们知道如果出生率为33‰,死亡率就大概为17‰。[2] 将这个数据与其他更为发达的欧洲国家相比,很显然是不对的。在比利时,1840~1845年,每年的死亡率为23‰,荷兰为24‰,英国为22‰,甚至在丹麦——这个以低死亡率闻名的国家,死亡率也大约在20‰。爱尔兰的出生率和死亡率都要再高一些才对。出现这样的问题,不是因为受访者谎报,而是因为调查员并没有直接询问受访者出生率,取而代之的是通过计算得出出生率的。调查员用了令人不解的方法来计算出生率并且方法也不统一,即从现有儿童人数中减去已报告死亡的人数来计算出生率,同时忽略了移民人数,混淆了日历年和自然年。塔克(1970)一一指出了这些错误,故我没有必要在此重申了。我有充分的理由接受塔克的结论——1841年人口普查报告的出生率数据不能用于研究。

尽管人口普查报告提供的出生率数据不能用,但是我们还是可以通过人口普查数据来计算出生率的。计算的详细过程,我已附注在了本章的附录A中。计算结果显示,饥荒前,爱尔兰平均每年的出生率为38‰~40‰,与此同时,死亡率为22‰~23‰,相比之前的统计结果,这一结果要让人信服得多。其他与出生人口相关的数据已经列在表3-1中。

表 3-1 出生率、总生育率和已婚生育率

单位：‰

省份	出生率 最大值	出生率 最小值	总生育率* 最大值	总生育率* 最小值	已婚生育率† 最大值	已婚生育率† 最小值
阿尔斯特						
农村	38.3	37.3	187	183	382	373
城市	47.6	47.2	201	200	413	410
合计	39.1	38.2	189	185	386	377
伦斯特						
农村	35.8	33.3	169	157	375	349
城市	43.1	40.1	162	151	364	339
合计	37.4	34.8	167	155	372	346
明斯特						
农村	41.9	40.2	203	194	396	379
城市	37.2	35.8	143	138	315	303
合计	41.1	39.5	191	183	381	366
康诺特						
农村	40.8	38.0	202	189	365	340
城市	41.1	38.3	168	157	347	323
合计	40.8	38.0	200	186	364	339
爱尔兰						
农村	39.2	37.4	190	181	381	363
城市	41.8	39.9	163	156	356	339
合计	39.9	37.8	186	177	377	360

注：* 指每1000名年龄在17岁至44岁的妇女生育的子女数量。
† 指每1000名年龄在17岁至44岁的已婚妇女（不包括寡妇）生育的子女数量。
资料来源：Great Britain（1843）。

一旦我们估计出了出生率，就可以接着估计死亡率，但是计算每个郡的死亡率是一件非常困难的事情。正如附录 A 中解释的那样，我们得到了两组

估计数。表 3-2 依次展示了构成爱尔兰人口变动的三个部分的数据。就出生率而言，省与省之间的差距非常小：康诺特省除外，其他省之间的差距都在 1 个千分点以内。将各个变量与人口变动进行回归分析时，我们发现死亡率的相关系数是 0.638，迁移率的相关系数是 0.643。[3]

表 3-2　1821~1841 年死亡率和年迁移率

单位：‰

省份	人口变化率	出生率	死亡率（组Ⅰ）	迁移率（组Ⅰ*）	死亡率（组Ⅱ*）	迁移率（组Ⅱ）
阿尔斯特	8.9	39.1	21.7	8.5	21.8	8.4
伦斯特	5.8	37.4	25.5	6.1	25.1	6.5
明斯特	10.7	41.1	24.2	6.2	24.6	5.8
康诺特	12.3	41.2	23.6	5.3	22.4	6.5
爱尔兰	9.2	39.9	23.8	6.9	23.7	7.0

注：* 表示计算有残差值。

由于结婚倾向和婴儿死亡率对饥荒前爱尔兰的人口结构也有非常重要的影响，因此我们也将这两个变量进行了估计。结婚倾向反映了两个独立的变量，即结婚率（结婚人口比例）和结婚年龄（结婚时的年龄）。和结婚倾向有关的四个度量指标见表 3-3。四个指标分别为：μ（结过婚的成年人比例，根据不同年龄层进行了修正）；HSM（利用哈吉纳尔统计的平均结婚年龄）；结婚年龄的中位数（median age at marriage）（利用科尔的婚姻率计算公式）；对 HSM 修正后的指标 HCA（High Celibacy Age）。

计算出科尔（1967）提出的已婚生育率、结婚率（nuptiality）和总生育率这些指标，有助于将爱尔兰与其他欧洲国家进行比较。其他欧洲国家的这些指标已经通过借鉴其他研究者发现的最大生育率数据（hutterite fertility）计算得出。利用我们得出的生育率上下限，和人口普查报告提供的特定年龄人口的结婚比例数据，就可以计算得出上述三个指标 I_g（已婚生育率）、I_m（结婚倾向）和 I_f（总生育率），参见表3-4。

表 3-3 饥荒前爱尔兰人口的结婚倾向

	μ 男性	μ 女性	HSM 男性	HSM 女性	结婚年龄的中位数 男性	结婚年龄的中位数 女性	HCA 男性	HCA 女性
阿尔斯特								
农村	0.571	0.605	29.79	27.10	27.73	25.18	30.18	27.96
城市	0.607	0.607	28.25	26.46	26.26	24.81	28.32	27.00
伦斯特								
农村	0.513	0.586	31.40	27.69	39.32	25.93	31.79	28.48
城市	0.571	0.588	28.82	27.14	26.65	25.16	28.86	27.61
明斯特								
农村	0.553	0.631	30.09	25.17	28.35	24.59	30.50	26.34
城市	0.584	0.594	28.05	26.08	26.61	24.79	28.19	26.78
康诺特								
农村	0.591	0.669	29.16	24.79	27.46	24.01	29.45	25.78
城市	0.589	0.636	28.84	26.38	26.63	24.62	28.86	26.78
爱尔兰								
农村	0.557	0.620	30.11	26.25	28.23	24.88	30.49	27.19
城市	0.584	0.597	28.44	26.59	25.14	24.90	28.52	27.15

资料来源：Great Britain (1843)。

和其他欧洲国家相比，饥荒前，爱尔兰的结婚倾向并没有特别高，但的确高于比利时（1846年，全国平均结婚倾向为0.375）（Lesthaeghe，1977）。与此同时，爱尔兰的 I_m 值，即使是康诺特的 I_m 值，都要低于法国（19世纪40年代，在0.520左右）的结婚倾向（Van De Walle，1974）。德国的结婚倾向统计最早发生在1865年，那时的结婚倾向为0.454。英格兰、威尔士还有苏格兰的 I_m 值，在 1851 年和 1861 年分别为 0.4876 和 0.5830（根据 Mitchell 和 Deane 提供的原始数据计算得出）。爱尔兰和其他欧洲国家最大的差别体现在已婚生育率上，而不是在结婚倾向上。爱尔兰的婚育率 I_g 为 0.80~0.84，1845 年比利时为 0.757，同年法国为 0.531，1851 年英格兰和威尔士为 0.649。总生育率 I_f 是婚育率（不考虑非婚生）和结婚倾向的产物，爱尔兰的高生育率主要是因为婚育率相对较高。由于没有相关的数据材料，我们难以比较各国的平均结婚年龄。将表 3-3 中的结果与家庭重建研究（family reconstitution studies）中统计的第一次结婚时的平均年龄进行比较，比较结果表明爱尔兰在大饥荒之前的几十年与欧洲其他地区没有显著差异。贾斯金（1978）对其他欧洲国家的平均结婚年龄研究进行了汇总发现，女性第一次结婚的平均年龄在 25.7 岁（s.d.=2），男性为 28.1 岁（s.d.=2.16）。而爱尔兰女性第一次结婚的平均年龄为 26.3 岁，男性为 29.9 岁。由此看来，我们无法拒绝"爱尔兰和欧洲其他国家的结婚倾向是相同的"的原假设。

表 3-4 I_m，I_g 和 I_f 的统计结果

		I_m	I_f 最大值	I_f 最小值	I_g 最大值	I_g 最小值
阿尔斯特	农村	0.4446	0.3796	0.3705	0.8538	0.8333
	城市	0.4271	0.3896	0.3865	0.9122	0.9048
	合计	0.4427	0.3807	0.3723	0.8600	0.8411
伦斯特	农村	0.4027	0.3397	0.3163	0.8336	0.7855
	城市	0.4033	0.3251	0.3027	0.8062	0.7507
	合计	0.4028	0.3358	0.3126	0.8336	0.7762
明斯特	农村	0.4633	0.4068	0.3901	0.8780	0.8419
	城市	0.4199	0.2931	0.2819	0.6981	0.6714
	合计	0.4550	0.3850	0.3693	0.8461	0.8117

续表

		I_m	I_f 最大值	I_f 最小值	I_g 最大值	I_g 最小值
康诺特	农村	0.5058	0.4086	0.3809	0.8078	0.7530
	城市	0.4456	0.3389	0.3158	0.7607	0.7087
	合计	0.5027	0.4038	0.3764	0.8049	0.7503
爱尔兰	农村	0.4519	0.3838	0.3659	0.8493	0.8096
	城市	0.4163	0.3275	0.3125	0.7867	0.7507
	合计	0.4460	0.3744	0.3569	0.8395	0.8004

注：I_m 定义为 $\sum m_i F_i / \sum w_i F_i$，其中 m_i 是在年龄组 i 中结婚的女性人数，w_i 是这一年龄组中女性的总人数。F_i 是 Hutterite 生育率。I_f 是总生育率，定义为每年的总出生率除以 $\sum w_i F_i$，和 I_g 已婚生育率等于出生率 / $\sum m_i F_i$。假定不考虑非婚生因素。

资料来源：所有的原始数据均来自 Great Britain（1843）；最大生育力数据为伊顿和迈耶（1953）提供的数据。

另一个更难以解释的是，爱尔兰早婚现象。皮姆和福斯特是两位很了解当时情况的学者，他们一致认为爱尔兰存在严重的早婚现象。但是现在看来，他们的观点有失偏颇。例如，一名负责调查多尼哥郡戴瑟泰格尼教区的调查员回忆说，该教区的女性"普遍"在 16 岁时就结婚了（OSM）。1841 年人口普查反映，多尼哥郡的 42945 名已婚女性中，年龄未满 17 岁的仅有 20%。据"婚姻表"（tables of marriages）显示，在整个爱尔兰，只有 3.3% 的新娘是未满 17 岁的。在 1841 年，高龄结婚看起来像是近期才兴起的现象，但其实是在 19 世纪 30 年代，这种现象就有苗头了。哈吉纳尔公式是基于截面数据的，用以计算已婚人士的结婚年龄。因此，计算结果反映的是，在人口普查之前的 30 年或更早以前就已经结婚的女性结婚年龄。

最后，我们再来谈一谈婴儿死亡率。婴儿死亡率，要比死亡率包含更多有趣的信息，反映了社会人口的动态变化。1841 年人口普查在其附录中题为"死亡表"的表格中提供了大量特定年龄死亡率数据，1830~1840 年每一年的数据都按性别、郡、城镇分类呈现。然而这些数据不能直接转化为婴儿死亡率。我在本章的附录 A 中附上了详细的转化过程。表 3-5 为最后的结果。

表 3-5 各省婴儿死亡率

单位：‰

省份/国家	农村 A	农村 B	城市 A	城市 B	合计 A	合计 B
阿尔斯特	100	179	301	291	300	189
伦斯特	200	194	321	324	231	227
明斯特	225	225	293	310	239	240
康诺特	244	235	373	355	253	243
爱尔兰	213	207	313	315	224	223

注：A 组数据的计算基于 1840 年的人口死亡率；B 组数据的计算基于 1838~1840 年的平均死亡率；
资料来源：Great Britain（1843）。

婴儿死亡率可以反映爱尔兰落后的程度。将其与其他欧洲国家相比，很明显，爱尔兰有着很高的婴儿死亡率。1840 年，英国的婴儿死亡率为 15%，法国为 16%（婴儿死亡率低的国家大抵如此）。同期死亡率更低的国家位于斯堪的纳维亚半岛上，例如丹麦（13.7%）、挪威（12.2%）。奥地利（24.6%）和德国（29.8%）的婴儿死亡率偏高。光凭这几个数字下结论未免有些武断，尤其德国的数据看起来意外的高（所有数据来自 Mitchell, 1975）。然而，家庭重建研究证实了这一结论，该研究表明，英法和瑞典在 1780~1820 年婴儿死亡率较低（德国的死亡率的确更高）。但是，由于家庭重建数据所涉及的研究对象都是小社区，不具代表性，因此光凭家庭重建数据得出这一结论，似乎也差强人意（Flinn, 1981）。然而，大量此类研究却回避了这个问题。[4]

（二）人口过剩争议

上一部分中这些数据主要是为了对饥荒前爱尔兰经济史上最有趣和争论

最广泛的问题之一做出解释,即爱尔兰贫穷是不是由人口过剩造成的?众所周知,人口过剩很难被定义。格里格(1980)给出了三种定义:(1)当人口压力使人口增长率为零时,存在人口过剩现象;(2)人口规模已远远高于人均收入最优时的人口总量时,存在人口过剩现象;(3)当劳动力的边际生产力为零时,人口是过剩的。定义(1)和(3)明显与爱尔兰的实际情况不一致,下面的讨论将基于定义(2),尽管这三种定义并非毫无联系[注意,定义(3)其实是定义(2)的一种特殊情况]。由于最优人口水平(人均收入最优时的人口总量)无法直接计算得出,我们将采用比较法进行代替:爱尔兰是否因为人口密度较高,导致其收入(或部分地区的收入)低于其他国家?

那时,有很多人坚持爱尔兰存在人口过剩,因此大力提倡以各种措施鼓励移民来缓释人口压力。1817年,马尔萨斯在一封写给里卡多(Ricardo)的信中写道:"爱尔兰的人口密度比英格兰要高得多,为了使爱尔兰的资源能得到最大效用,大部分人口应该离开这片土地"(Ricardo,1952)。在他的代表作《人口原则》(*Essay on the Principle of Population*)一文中,他重申了这一立场。后来,马尔萨斯对爱尔兰又有了新的看法。在他的《政治经济学原理》(*Principles of Political Economy*)一书中,他承认,假设有充足的资本、需求,并且财产安全可以得到保障的情况下,爱尔兰可以产生"惊人"的财富,甚至变得比英国还要富裕。

但是,英国的政治经济学家们普遍认同马尔萨斯的早期观点。奥布莱恩(1921)认为,马尔萨斯主义特别适用于爱尔兰,"两位伟大的经济学家——亚当·斯密和马尔萨斯——的思想在很大程度上造就了19世纪早期爱尔兰的命运,其中后者的影响可能更为显著"。正如萨拉曼(1949)所说的那样,受马尔萨斯影响的结果就是,"政治家和公职人员无一例外地听任于这个被新哲理包装的政策,而马尔萨斯就是这一政策的提倡者。所有的经济问题都源于人口过剩，难道还有人不认同这一观点吗？"铁路委员会提供的报告就体现了马尔萨斯的影响，该报告指出："（劳动人民）可以得到的（产品）太少了，这根本不是一个健康的社会该有的样子。人口过剩……正在对他们进行着持续性地、残酷地压迫"（Great Britain，1837–1838）。

研究饥荒前爱尔兰的现代历史学家接受了人口过剩的理论。康奈尔（1950a）评论说，"马尔萨斯有着非常敏锐的洞察力……粮食供应是人口增长的约束因素，这再明显不过"。近来社会学历史也推崇马尔萨斯主义，认为："灾前的爱尔兰是一个极度贫穷的国家，在这里有太多饥渴的灵魂向往着富饶的土地。"[5]

对人口过剩理论的批评是各种各样的。在以马克思为代表的学者眼里，任何来自马尔萨斯及其人口理论的观点都是荒谬的。乔治·奥布莱恩是20世纪20年代最重要的民族主义经济史学家，他针对这一假说进行了十分犀利的批判（O'Brien，1921）。[6] 但是，最有力的批判还是来自大量的学者、时评作家和爱尔兰政治经济学家。例如，萨德勒（1829）对马尔萨斯进行了一次激烈的攻击，强烈否认"考虑到爱尔兰的生产潜力和实际生产力，其存在人口过剩"。土地代理商和农业专家威廉·布莱克尔（William Blacker）的观点是"许多原因都能导致爱尔兰的贫困，但是人口的增加绝不是这些原因的其中之一"，他估计爱尔兰实际上可以支撑2.5倍的现有人口，并据此认为"所有对爱尔兰人口过剩的担忧完全是空想"（Blacker，1846；Kane，1845）。卓越的政治经济学家乔治·波利特·斯克洛普（George Poulett Scrope，1833，1848）在撰写时评文章时重申了他的观点，即移民现象存在于人口过剩的国家是完全合理的，但爱尔兰是个特例。相反，爱尔兰贫困的根源是"农业生产的瘫痪和对自然资源的忽视与浪费"（Scrope，1848）。这些学者持有一个共同的观点，即爱尔兰拥有充足的未开垦的可优化土地，这使任何有关土地－劳动比率的粗浅观点不攻自破。

因此，争议双方一目了然。到目前为止，人口过剩的争议可以说是完全处于实证检验真空的环境中。双方都没有试图利用过1841年人口普查或其他任何大样本的数据来支撑自己的观点。因此，本章将对马尔萨斯假说进行检验。原则上要做三项检验。第一项，研究灾后爱尔兰的经济表现。如果人口下降之后，人均收入明显上升，则马尔萨斯假说得到验证。第二项，比较爱尔兰与其他欧洲国家的土地-劳动比率，探究爱尔兰的这一比率是否真的存在异常。第三项，利用爱尔兰内部各地区的差别来检验马尔萨斯模型。最后一项检验是主要的检验程序，我将在下文中对这一部分进行详细介绍。在此之前，我们先简要讨论前两个。

由于饥荒之后的这一时期超出了本书的时间范围，因此无法对前文中提到的第一项检验做出公允的判断。但是一些观察结果就足以让人对马尔萨斯假说产生怀疑。首先，如果马尔萨斯假说对于灾前爱尔兰的描述是恰当的，那么人口出现剧烈的下降必然导致耕地面积减少，因为一部分土地被荒废了。但是这一切并没有发生。由于定义不同，我们很难得出确切的相关数据，但是耕地面积从1841年的135万英亩上升至1871年的157万英亩。其次，饥荒减少了实际的农业产出和农业劳动力。格拉达（1980）估计在1845～1854年，农业产出价值下降了约17%，男性劳动力下降了24%，他的观点似乎"反驳了所谓的劳动力边际生产力为零"。劳动力的边际生产力为零是人口过剩假说中的一种特殊情况。据格拉达的观察，爱尔兰的劳动力弹性为0.71，仍然与马尔萨斯假说相矛盾。[7] 这些观察掩盖了一个更复杂的事实，这场饥荒消除了许多阻碍爱尔兰由种植业转为发展畜牧业的限制因素。但尽管如此，马尔萨斯假说似乎仍然不适用于爱尔兰。此外，没有太多证据表明饥荒之后，幸存者的生活水平明显提高。虽然1850～1875年人们的收入有所增加，但格拉达认为这种增长很大程度上是行业变化带来的收入转移，收入在整体上并没有提升（Ó Gráda，1973）。此外，在1877年之前，爱尔兰受益于农产品价格的上涨。一旦考虑到这两种效果，就没有太多证据可以支持马尔萨斯的观点了。尽管如此，关于这个问题的讨论绝不可能就此停止，关于灾荒以后那段时间的研究将变得尤为必要。[8]

由于缺乏可以用来对比的相关数据，爱尔兰与其他欧洲国家的比较在19世纪中叶差点儿就陷入了困境。与人口密度相关的数据受这一影响相对小一些。但是，"耕地"的定义还是非常模糊，以至于表3-6中的数据除了用于简单排名以外，无法对任何现象做出解释。一些耕地的数据是19世纪的，鉴于大多数国家的耕地变化在1850年以后就不是很显著了，因此采用这一数据可能不会过于扭曲结果。

表3-6显示，爱尔兰不可能存在严重的人口过剩。（1）数据表明它的人口密度高于法国和普鲁士，而且远高于苏格兰和丹麦。荷兰、英格兰和威尔士与爱尔兰不相上下，比利时人口密度更大一些。在耕地人口密度（population per cultivated acre）方面，整体情况和上述类似，除了苏格兰、瑞典和法国在这一密度上与爱尔兰相当以外。但是在农村人口和农业人口的人均种植面积（culticated acres per agricultural or rural population）方面，情况就大有不同了。然而，（3）和（4）中的指标并不能真正度量出人口压力，却度量了贫困或落后程度。这里唯一的矛盾在于前者不能对后者做出合理解释。即便我们把注意力集中在最贫穷的省——康诺特省上，我们也会非常惊讶地发现，该省的人均种植面积并不低于那些相对富庶地区的人均耕地面积。

表3-6不是对马尔萨斯假说的有力检验。首先，耕地面积的定义是模棱两可的，土地质量因土壤类型、地形和气候而异。此外，人口压力也对土地质量有影响。人口压力越大，贫瘠土地被作为耕种使用的现象就越严重，因此实际的土地-人口比率在人口过剩严重的地区要明显偏高。其次，即使我们对土地质量进行修正，土地-人口比率和收入之间不存在相关性，也只

能反驳弱式人口过剩假说。弱式马尔萨斯假说是在只考虑两个变量——收入（或任何代表收入的变量）和自然资源人均占有量——的情况下对零阶相关系数的判断。强式马尔萨斯假说是关于偏相关系数的，由此看来，强式假说确实不应该存在争议。它研究的具体内容是，假定其他对收入有影响的变量保持不变，如果自然资源人均占有量增加，收入是否会增加。

表3-6 19世纪中期欧洲的人口密度

省份/国家	（1）土地面积/总人口	（2）耕地面积/总人口	（3）耕地面积/农业人口	（4）耕地面积/农村人口
阿尔斯特	2.29	1.43	2.34	1.58
伦斯特	2.47	2.01	3.39	2.59
明斯特	2.53	1.62	2.29	1.93
康诺特	3.10	1.56	2.01	1.66
爱尔兰	2.55	1.65	2.49	1.91
比利时（1846）	1.70	1.02	1.99	1.37
法国（1856）	3.70	1.94	3.76	2.57
普鲁士（1850）	4.58	2.80	—	3.75
荷兰（1849）	2.55	1.63	3.93	—
英格兰和威尔士（1841）	2.35	1.50	6.82	2.71
苏格兰（1841）	7.40	1.56	—	—
丹麦（1850）	6.55	4.82	9.77	—
瑞典（1840）	31.85	1.54	—	—

资料来源：Great Britain（1843）；Statistique Générale de la Belguque（1852）；Mitchell（1975）；Mitchell & Deane（1971）；Mulhall（1899）；McCulloch（1866）.

方法和数据缺陷使在国际范围内对强式人口过剩假说进行检验变得不可能。在下一部分中，对这一假说的检验将局限在爱尔兰国内，以爱尔兰的 32 个郡为观察样本。该检验基于的假设是，如果爱尔兰存在人口过剩，人口过剩对于各个地区的影响不是等同的。粗略地浏览一下各个郡的统计数据，就足以发现，在表 3-6 中使用的四个指标确实体现出较大的不同。（32 个郡的）四项指标的均值（标准误差）：人口算术密度（population per total acre）为 0.435（0.262）；总人口生理密度（population per cultivated acre）为 0.630（0.269）；农村人口生理密度为 0.530（0.131）；农业人口生理密度为 0.425（0.135）。

（三）检验马尔萨斯假设

对马尔萨斯假说进行检验需要非常特定的模型。马尔萨斯系统实际上由两个独立的方程组成。第一个方程刻画的是不可再生资源的收益递减，这在第 2 部分中有所提及。第二个方程刻画的是人口变动率与经济变量的关系。具体而言，假设人口增长率是关于实际收入水平与"保障生存"的最低收入水平之差的函数。可以用当前人口规模和劳动力对自然资源的人均占有量与过去的人口增长率来拟合这个模型。Lee（1978）提出了一个与马尔萨斯动态模型相似的模型。

在这两个马尔萨斯方程组中，第一个反映了饥荒前爱尔兰的贫困程度。第二个反映了经济变化和人口增长之间的长期动态关系。这两个方程式如下，其中，L 代表总人口规模，Y 代表总收入，R 代表土地或自然资源的总量。

第一个方程写作：

$$\frac{Y}{L}=f\left(\frac{L}{R}\right) \quad f'<0 \qquad (3.1)$$

第二个方程写作：

$$\frac{\mathrm{d}Y}{\mathrm{d}t}=g\left(\frac{Y}{L}\right) \quad g'>0 \qquad (3.2)$$

理论上，这个马尔萨斯模型可能得出下列四种结果。

（1）如果上述两个方程都得到了满足，就得到了经典的马尔萨斯模型。那么，从某种意义上说，饥荒并不一定会阻止爱尔兰的人口增长。如果没有发生饥荒，那么人口总数应当和1845年的人口总数相当，或者相比之下有轻微的下降。在这种情况下，国家经济落后是由人口过剩导致的。经济水平持续下滑，人口增长也会慢慢减少直至趋近零。

（2）如果只有第一个方程得到了满足。这意味着，爱尔兰是因为人口过剩才如此贫穷的。但由于人口增长与贫困是相互独立的，因此人口会一直增长，直到某种灾难降临。这种不够稳健的马尔萨斯模型意味着，大饥荒是对爱尔兰人口过剩的无情惩罚。人口的暴增，加剧了爱尔兰的贫穷，这使得灾难成了唯一的救赎。在饥荒来到之前，就有人表达出对于这场灾难的忧虑。托马斯·卡莱尔于1839年写道："这一切必将终结，天堂将它拒之门外，地狱也不想收留它；只有将爱尔兰烧成无人问津的灰烬之地，这一切才能继续下去，是时候对爱尔兰人口进行优化了，或者干脆让它彻底消失。"

（3）如果只有第二个方程得到了满足。这种情况下，如果收入水平使得人口增长率维持在高位，并且人口增长不受控制，除非某种外在原因使人口增长率降低。无论如何，人口增长不可能是永续的，第一个方程迟早会被满足。尽管马尔萨斯模型始终有局限性，但很明显这些局限不总是具有约束作用。荷兰在1849年有31万人，到了1920年有69万人。如果没有遭遇饥荒，如果经济条件进一步提升，在19世纪末，爱尔兰肯定可以支撑至少17万人口（Blacker, 1834），尽管34万人会有些困难。

（4）如果两个方程式都没有得到满足。除去非经济因素对人口增长的影响，这种情况与（3）在本质上没有区别。除爱尔兰外的欧洲国家的经历可以被视为从情况（3）到情况（4）的一种过渡，尽管像法国这样的国家可能较早地就到了（4）这种阶段。在这些情况下，人口增长与收入没有关系，这两个变量被视作相互独立的。当下，西欧大多数都是"非马尔萨斯"经济体。

下文首先以收入为因变量，对含人口压力在内的大量外生变量进行回归。其次对第二个方程进行回归检验，主要观察人口变化的影响因素。这样的检验程序是有问题的。原因有二，其一，人口变量是该模型的外生变量；其二，使用截面数据解决动态问题略有不妥。在这两个问题中，后者相较前者要更严重一些。先来讨论外生变量的问题。在第一次回归中，土地－劳动比率是收入的外生变量。在第二次回归中，收入是人口变化率的外生变量。该模型仅在人口变化率、结婚倾向率、生育率等其他变量同时对人口产生影响时，才受到外生性影响。在面板模型中，根据定义：现在的人口等于过去所有增量的总和。但在一个研究饥荒前10年的经济状况的截面模型中，人口水平与人口变化率之间的独立性假设是可以接受的。

再来看看使用截面数据的问题。这一检验程序直接将截面数据当成面板数据使用。换句话说，在饥荒前夕，爱尔兰的几个郡处于不同的发展水平。使用截面数据之所以不妥，是因为劳动力的内部流动将启动动态平衡机制来消除地区之间的劳动力数量差异。这种流动从长期来看是不存在的。而爱尔兰人的内部流动量是非常大的，因此，采用截面数据是不对的。根据1841年人口普查数据（Great Britain，1843），不在出生地居住的爱尔兰成年男性数量为405365人（约占总人口的4.96%），然而其中有273258人（占总人口的3.34%）住在出生地邻郡，统计数据中必然包括一些外来者，因为1841年人口普查是在一个星期天进行的，那一天刚好是爱尔兰的"伟大访问日"（Great Visiting Day）。内部的人口流动居然足以使处于不同发展水平的郡的人口数量趋于相同。外来移民，如果有充足的样本数据，理论上可以造成同样的效果，但实际上却不能，原因在于饥荒前的移民者并不是来自爱尔兰最贫困的郡。

对第一个方程进行检验，以收入为因变量，以自然资源的农民人均占有量等为解释变量，进行回归分析。马尔萨斯对爱尔兰贫困的解释取决于系数的符号：如果爱尔兰的贫困取决于人口压力，那么这个系数应该为正，且人口压力越大，收入越高。

表3-7为第一个方程的弱检验和强检验的结果。弱检验（a）研究的是收入、土地－劳动比率的相关系数。强检验（b）检验的是上文所期望的正相关性是否存在。然而结果表明，马尔萨斯模型的第一个方程无法得到实证检验。弱检验中，相关系数的符号的确为正，但是并不显著，因此整个模型的解释能力非常弱。强检验中，结果非常让人意外，结果表示，这个模型的解释能力非常好，回归系数的符号为正，且通过了显著性检验。要注意土地－劳动比率这个变量。LANLAB（农村人口生理密度）这个变量的系数符号不正确，且并没有通过显著性检验。用人口算术密度或人口生理密度替换这个变量，得到的结果也是一样的。

表3-7 马尔萨斯假说的强检验与弱检验回归结果

			(a) 弱检验		
因变量	人均收入	人均收入	薪酬	薪酬	薪酬
常数项	9.91 (13.34)	5.43 (6.08)	3.13 (8.02)	2.27 (4.72)	0.27 (0.94)
人口压力	土地总面积/ 居民	总耕地面积/ 农村居民	土地总面积/ 居民	总耕地面积/ 农村居民	土地总面积/ 居民
	−0.67 (−2.41)	1.44 (3.19)	−0.44 (−1.91)	0.08 (0.32)	0.77 (5.00)
F值	5.80	10.18	3.66	0.10	25.02
（自由度）	(1, 30)	(1, 30)	(1, 30)	(1, 30)	(1, 30)

续表

(b) 强检验

因变量	收入	薪酬	人均租金	收入	薪酬	收入
常数项	5.61 (4.31)	1.94 (3.34)	−0.64 (−0.69)	5.29 (4.58)	1.62 (2.91)	6.49 (7.33)
人口压力*	−0.20 (−0.49)	−0.47 (−2.49)	0.50 (1.65)	−0.16 (−0.41)	−0.38 (−2.08)	0.45 (−1.43)
资本−劳动力比率	1.12 (5.25)	0.45 (4.70)	0.32 (2.05)	1.16 (5.38)	0.43 (4.69)	1.15 (5.56)
识字率	0.75 (0.38)	0.99 (1.12)	0.40 (0.28)	0.24 (0.12)	0.83 (1.00)	1.24 (0.68)
住房质量**	−4.11 (−3.03)	−2.34 (3.87)	−0.35 (−0.34)	−3.70 (−2.63)	−1.94 (−3.25)	−4.76 (−4.16)
家庭手工业***	1.40 (0.59)	2.85 (2.69)	1.89 (1.11)		2.23 (3.41)	
城市人口比例	5.27 (4.09)	2.95 (5.13)	2.34 (2.23)	4.48 (4.41)	2.47 (4.42)	4.44 (5.54)
制造业人口比例****	0.10 (0.05)	−1.13 (−1.16)	−1.46 (0.82)	2.10 (1.34)		
F值	41.74	45.61	12.06	42.02	31.09	60.78
（自由度）	(7, 24)	(7, 24)	(7, 24)	(6, 25)	(6, 25)	(5, 26)

注：括号中为t值，回归方法为普通最小二乘法。
* 人口压力变量（population pressure variable）；所有情况下，这一变量都等于耕地除以农村人口，即农村土地−劳动比率。
** 为四级（最差）房的比例。因此，这个变量值越高，住房质量就越差。
*** 以1841年人口普查中从事"服装业"的农村男性和女性的比例来衡量。
**** 以制造业就业的比例来衡量。

对于表3-7中的结果，可以提出异议的理由在于，农村土地−劳动比率这个变量定义得不够准确，因为这个比率并没有对土地质量进行调整。正如前文提到过的，如果马尔萨斯假设是正确的，我们希望更多有边际生产能力的土地能够被用于农耕。不考虑这个，将会使这一变量的系数偏低。要克服这种误差，就必须将土地根据质量进行划分。根据原定义，土地质量更好就相当于土地数量更多，因此如果不将土地质量纳入考虑，就不能较好地展现贫瘠土地上的人口压力。19世纪有人说，"主要由山地和粗糙地带组成的地区是人口增长最多的地区，而那些肥沃的地区往往人口很少"。如果这个人说的没错，就意味着，用单位耕地上的农村劳动力来度量人口压力是不准确的。

根据土地质量对变量进行修正绝非易事。不仅缺乏充足的数据，找到合适的修正方法也存在困难。毕竟，我们对土地质量的理解就是"土地创造收入的能力"。根据土地质量对土地数量进行调整也需要用到"收入"这个变量。此外，几乎毫无例外，土地质量不同于土地数量，显然是可再生的资源。土壤的肥力是汗水的结晶，就像天赋是上帝赐予的礼物一样。土地质量越好，部分相当于"土地数量越多"，也部分相当于"资本越多"。

尽管困难重重，我们还是需要对土地质量进行控制。我们运用了不同的变量来代表土地质量，这些变量分别在两种方式下进行检验：土地质量作为单独的自变量，标准化的土地质量变量被用来将土地－劳动比率转化为"效率单位"（efficiency units）。代表土地质量的变量有以下几个。

（1）耕地面积的比例。假设各个郡的土地质量是均匀分布的，土地能否被用来耕作的临界水平（threshold level）是一个关于其他独立变量的函数。耕地面积比例是关于土地平均质量和上述临界水平的一个函数。如果我们解出了后一个变量的参数，那么耕地面积比例可以看作有关土地平均质量的函数。

（2）正态分布下耕地面积比例的变形。这个变量与前一个变量类似，只是土地质量遵循正态分布。附录B给出了（1）和（2）基于的假设以及方程的详细推导过程。

（3）平均海拔。山区和高海拔地区的土地肥力更差（Andrews，1980）。

（4）平均海拔的方差。这个变量也能反映海拔高度，除此之外，还能反映该地区的地形。

（5）每英亩土地的租金。假设，根据纯粹的李嘉图租金模型（purely Ricardian model of rents），其中劳动力和其他因素被假定为完全流动，租金差异仅反映土地质量的差异。

（6）荒地比例（不可改良为耕地的土地）。假设其他条件不变，这一比例越高，未开垦土地的土地质量越低，这个变量可以间接反映已开垦的耕地的质量。这一变量有两种量化方法：第一种，用荒地比例与郡总面积之比；第二种，用荒地面积与"不可改良的草场和沼泽"面积之比。

控制土地质量后的马尔萨斯假设的检验结果列于表3-8和表3-9中。在表3-8中，土地质量的各种代替变量作为单独的变量参与检验。结果好坏参半：在（3）、（7）、（8）和（9）中，土地质量指数通过了显著性检验，并且系数符号是正确的，而在其他几组数据中，它是不显著的。在所有的回归结果中，对土地质量进行控制后的变量对人口压力变量的系数影响都是很大的。在表3-9中，土地的数量和质量被合并为一个变量，该变量以"效率单位"表示土地。这是通过将土地-劳动比率乘以土地质量指数来实现的（如果土地质量指数能直接表示土地质量），或者用土地-劳动比率除以土地质量指数（如果土地质量指数不能直接表示土地质量，而是以反比的形式出现）。在许多实证检验中，该程序产生的结果似乎与马尔萨斯假设一致。在这些检验中，贫困程度变量用人均收入表示，土地质量是有关耕地面积的函数，这表明这些研究成果可能是虚假的：收入包括土地租金，耕地越多，租金就越多。当工资是因变量时，除了（5），其他结果都发生了改变。但请注意，"效率单位"中的土地就代表了人均租金，与工资水平正相关（Mokyr, 1980b）。

因此，这些数据所表明的结论是，人口过剩对于爱尔兰经济的影响确实很大，相较之下，土地因素对于爱尔兰经济的约束力一般。鉴于我们在开展如表3-7至表3-9所述的这些检验时做出的假设，我对上面这个结论持保留意见。贫困（以我们估计的个人收入数据表示）与人口压力变量之间似乎不存在显著关系。上述检验程序基于的假设是，土地－劳动比率是外生的，收入是内生的，这样一来我们就可以对假设进行检验了。经检验，该假设没有被接受。当然，这并不等同于证明了"土地因素与贫穷无关"，也不意味着，如果人口下降是没有成本且不受任何阻碍的，人口总量的减少不代表人均收入的增加。毕竟，经济包含三个生产要素。减少劳动力会增加资本－劳动比率，由此带来更高的人均收入。根据定义，与马尔萨斯假设有关的是不可再生资源与劳动力的比率，而不是所有的非劳动要素投入与劳动力的比率。低资本－劳动比率导致的低收入并非意味着典型的人口过剩，而是意味着低储蓄率、落后的资本市场、技术落后等。[9]

表3-8 马尔萨斯假设的回归结果（基于普通最小二乘法，括号中为t值）

	（1）	（2）	（3）	（4）	（5）	（6）	（7）	（8）	（9）
因变量	人均收入	薪酬	人均收入	薪酬	人均收入	人均收入	薪酬	人均收入	人均收入
土地质量指数	海拔变化	平均海拔	耕地比例[4]	θ[6]	耕地比例[7]	θ[7]	单位土地租金	不可改良土地比例 I[8]	不可改良土地比例 II[9]
常数项	6.14 (5.83)	1.49 (2.31)	4.63 (4.47)	2.73 (4.94)	1.78 (0.92)	4.88 (5.54)	1.40 (2.93)	6.78 (6.60)	6.60 (6.39)
人口压力[1]	-0.72 (-1.67)	-0.35 (-1.63)	-1.02 (-2.65)	-0.79 (-3.76)	-0.33 (-0.63)	0.05 (0.74)	-0.30 (-2.00)	-1.04 (-2.39)	-1.14 (-2.32)
土地质量指数[2]	-0.31[3] (-1.58)	0.06[3] (0.43)	1.62[5] (3.08)	-0.06[5] (0.78)	1.59[5] (0.56)	-0.15[5] (-1.13)	0.36[5] (4.96)	-0.48[3] (-2.51)	-0.39[3] (-2.27)
资本－劳动比率	1.35 (5.37)	0.42 (4.29)	1.49 (6.80)	0.48 (4.10)	1.43 (5.40)	1.21 (8.42)	0.34 (4.26)	1.53 (6.09)	1.60 (5.56)
识字率	1.41 (0.72)	0.80 (0.94)	-1.02 (-0.57)	0.81 (0.81)	0.61 (0.35)	-1.05 (-0.55)	0.15 (0.21)	-0.79 (-0.42)	-0.75 (-0.39)
住房质量	-4.14 (-3.26)	-1.82 (-2.95)	-3.34 (-2.86)	-2.59 (-3.81)	-1.80 (-1.66)	-3.74 (-3.45)	-1.03 (-1.78)	-3.60 (-2.96)	-3.55 (-2.83)

3 人口问题：马尔萨斯是对的吗？

续表

	（1）	（2）	（3）	（4）	（5）	（6）	（7）	（8）	（9）
因变量	人均收入	薪酬	人均收入	薪酬	人均收入	人均收入	薪酬	人均收入	人均收入
土地质量指数	海拔变化	平均海拔	耕地比例[4]	θ^6	耕地比例[7]	θ^7	单位土地租金	不可改良土地比例I[8]	不可改良土地比例II[9]
家庭手工业		2.25 (3.18)			3.34 (3.12)	3.05 (2.45)			
制造业人口比例	1.10 (0.80)		1.85 (1.48)	0.1 (1.26)			2.79 (4.33)	1.47 (1.13)	1.55 (1.16)
城市人口比例	4.86 (5.59)	2.44 (4.12)	4.93 (6.39)	1.85 (4.08)	5.71 (6.07)	6.42 (6.29)	-0.31 (-0.57)	5.02 (6.14)	5.26 (6.14)
F值	45.74	26.24	58.74	35.25	54.84	43.25	72.90	52.77	50.65
（自由度）	(7, 24)	(7, 24)	(7, 24)	(7, 24)	(8, 23)	(8, 23)	(7, 24)	(7, 24)	(7, 24)

注：1 在所有情况下，变量的度量方式都为耕地面积除以农村人口。
2 以与全国平均数的偏差来度量。
3 预期符号：为负。
4 假设质量均匀分布，标准差不变；见附录B（代替变量1）。
5 预期符号：积极的。
6 假设质量正态分布，标准差不变；θ 的定义见附录B（代替变量2）。
7 假设变量的系数不变；具体定义见附录B。
8 定义为不可改良为耕地的土地面积加上只能改良为牧场的土地面积之和除以总面积。
9 定义为不可改良为耕地的土地除以总面积。

表 3-9 马尔萨斯假设的回归结果（土地 - 劳动比率为对土地质量进行修正后的变量）

	（1）	（2）	（3）	（4）	（5）	（6）	（7）
因变量	薪酬	人均收入	人均收入	薪酬	薪酬	人均收入	薪酬
土地质量指数（修正后）	耕地面积	θ^*	海拔变化	平均海拔	单位土地租金	不可改良土地比例I	不可改良土地比例II
常数项	2.17 (3.77)	4.83 (5.84)	5.29 (5.74)	1.80 (2.90)	0.77 (1.94)	5.22 (6.78)	5.40 (6.23)
人口压力（效率单位）	-0.23 (-2.33)	0.15 (2.73)	0.022 (0.80)	-0.063 (-0.86)	0.13 (3.59)	0.05 (3.15)	0.007 (1.50)

- 069 -

续表

	（1）	（2）	（3）	（4）	（5）	（6）	（7）
因变量	薪酬	人均收入	人均收入	薪酬	薪酬	人均收入	薪酬
土地质量指数（修正后）	耕地面积	θ^*	海拔变化	平均海拔	单位土地租金	不可改良土地比例 I	不可改良土地比例 II
资本-劳动比率	0.24 （2.62）	0.81 （6.69）	0.92 （6.92）	0.14 （1.61）	0.21 （3.52）	0.73 （5.72）	0.86 （6.34）
识字率	1.14 （1.00）	0.51 （0.30）	0.84 （0.43）	0.63 （0.51）	0.75 （0.96）	1.66 （0.97）	1.11 （0.57）
住房质量	-2.37 （-3.03）	-2.07 （-1.84）	-3.31 （-2.85）	-1.56 （-2.07）	-0.72 （-1.54）	-2.44 （-2.43）	-3.14 （-2.91）
制造业人口比例	1.26 （1.54）	2.72 （2.30）	1.91 （1.48）	1.93 （2.32）		1.81 （1.68）	1.71 （1.40）
家庭手工业					3.28 （6.55）		
城市人口比例	1.97 （3.84）	5.18 （6.64）	5.04 （5.68）	2.21 （4.03）	1.81 （2.91）	4.94 （6.63）	5.01 （5.91）
F 值	30.69	63.92	49.59	25.31	63.20	69.06	52.95
（自由度）	（6, 25）	（6, 25）	（6, 25）	（6, 25）	（6, 25）	（6, 25）	（6, 25）

注：*变量定义，详见附录B。

然而，很明显，把爱尔兰人的贫穷简单地归咎于人口过剩的想法遭到了严重质疑。该轮到那些仍然追随马尔萨斯假说的人承担举证责任了。目前看来，要从新的角度来研究爱尔兰的贫困原因了。

马尔萨斯模型的另一部分更为复杂。历史学家从来都不确定马尔萨斯假设的第二个方程式具体是如何运作的。这个模型主要通过结婚率和出生率的联系来说明问题，但其他方式（例如，通过结婚率与婴儿死亡率的联系）则显得不那么合理。更有趣的是移民可能可以验证马尔萨斯假设。其中一些方程式可能非常不稳健：如果移民现象发生在经济较好的地区，那么马尔萨斯假说将被推翻。

关于经济条件对人口增长的影响这一问题，康奈尔基于结婚倾向提出了一个重要论点。继多位学者之后，康奈尔断言，假设所有其他条件不变，收入和结婚倾向之间存在负相关关系："在悲惨的生活中，婚姻给人以慰藉……极度悲观的爱尔兰人不得不在未来倾向于早早步入婚姻"（Connell，1950a）。如果真是这样，康奈尔的结论中包含两个有趣的含义：第一，它将表明马尔萨斯框架中存在另一个需要被解释的因素；第二，它揭示了一些从微观经济层面上来看非常让人惊讶的行为。婚姻让人向往，但又十分昂贵，因此应被视为一种经济商品（economic good）。康奈尔的观点似乎表明婚姻是一种劣等品。当然，这种明显的悖论也能被合理化。例如，货币收入可以看作包含价格因素和收入因素，因为工资是休息的机会成本。如果抚养孩子是一项高度闲暇密集（highly leisure-intensive）的活动，那么对于穷人来说，孩子就相对便宜，因为穷人休息的机会成本本来就很低。如果社会有约定俗成的婚龄，这或许可以达到避孕的效果，在遗产平均分配（equal-shares inheritance）的社会中，富裕家庭希望以这种方式减少他们的后代数量。

因此，对爱尔兰人口行为的假设比比皆是。数据证明了哪些，又拒绝了哪些？首先，爱尔兰的高出生率主要由该国的低结婚年龄和低独身率导致——康奈尔的这个观点并没有受到其他人的过多反驳。我们已经看到，与其他欧洲国家相比，爱尔兰人结婚的倾向并不是特别高，并且爱尔兰的高生育率仅限特定年龄段人口。我们进行了一项简单的测试，来验证爱尔兰内部各地区的情况是否大抵如此。[10] 对于各地区总生育率对数（logarithm）的差异，其中74%可以由妇女结婚倾向的差异解释；33%可以由已婚生育率解释。此外，-7%的差异可以由结婚倾向和已婚生育率指数的协方差（covariance）解释。基于此，至少，我们可以得出的结论是，结婚倾向率和已婚生育率决定了总生育率、出生率和人口增长率。

饥荒前爱尔兰人口变化的统计分析在数据收集和统计方法上遭遇了难题。最终，我们要解决的是关于人口增长率的问题。显然，人口增长率是由许多部分构成的，我们没有理由假设某些外生因素，例如对土豆的依赖性、住房质量、人均收入等，也会以同样的方式对不同的变量产生影响。例如，家庭手工业完全有可能在降低结婚年龄的同时，也降低已婚生育率，因此它对出生率的净影响变得难以琢磨。此外，如果婴儿死亡率增加和向外迁徙的人口增多，我们就会清楚地看到，适用于其他未工业化的欧洲国家的研究经济变量和人口增长之间关系的简单模型是不适用于爱尔兰的。表3-10至表3-13中列出了人口增长率、已婚生育率和出生率、结婚倾向和婴儿死亡率的决定因素的检验结果。表3-10试图分析人口增长率的决定因素，包括对总人口变动 [(1)、(2)] 和净人口增长 [(3)~(6)] 的决定因素。结果是令人失望的。大多数外生变量的系数十分接近零。即使是那些通过显著性检验的系数也对变量定义非常敏感，因此不能据此拒绝原假设——人口增长率与外部变量无关。唯一的例外是住房质量变量，这表明低质量和廉价的住房导致（也可能是因为）较快的人口增长。对土豆的依赖性看起来也与人口增长之间存在正相关性，家庭手工业的存在也和自然人口增长（而非总人口增长）有正相关性。这一发现是意料之中的，因为尽管家庭手工业被认为促进了人口增长，但在1841年人口普查之前的20年，家庭手工业危机导致了人口从家庭手工业集中的地区流出。但是，总体而言，这个统计结果还不具有说服力。原因很简单：因变量——人口增长的定义过于笼统、粗糙，人口增长率是出生率、死亡率和迁移率之和。

表 3-10 总人口变动的影响因素（括号中为 t 值）

因变量	(1) 人口年增长 (1821~1841)	(2) 人口年增长 (1821~1841)	(3) 出生率 − 死亡率[1]	(4) 出生率 − 死亡率[1]	(5) 出生率 − 死亡率[2]	(6) 出生率 − 死亡率[2]
常数项	0.029 (1.69)	−0.0016 (−0.073)	−0.018 (−1.01)	0.032 (1.75)	−0.0046 (−0.24)	−0.0055 (−0.44)
人均收入 ×100	−0.088 (−1.49)	−0.016 (−0.46)	0.024 (0.66)	0.0035 (0.06)	−0.021 (−0.46)	0.012 (0.41)
天主教徒比例	−0.0060 (−0.46)	0.0033 (0.24)	0.0097 (0.97)	−0.018 (−1.36)	−0.0095 (0.76)	0.0050 (0.71)
土豆依赖性指数	−0.0099[3] (−0.77)	−0.014[4] (−0.74)	0.044[4] (2.30)	0.048[4] (2.61)	0.031[4] (2.02)	0.060[4] (0.39)
城市人口比例	0.015 (1.36)	0.0071 (0.78)	−0.0080 (−0.90)	−0.011 (−0.86)	−0.0033 (−0.31)	−0.012 (−2.17)
家庭手工业		0.050 (0.03)	0.033 (1.83)		0.041 (2.41)	0.019 (1.45)
制造业人口比例	0.0026 (0.001)	0.022 (0.90)		−0.037 (1.29)	−0.017 (−0.76)	
资本 − 劳动比率	0.0018 (1.09)			−0.0001 (−0.09)	0.0011 (0.84)	
住房质量		0.024 (2.93)	0.014 (1.63)			0.022 (3.38)
识字率	−0.020 (−1.52)	−0.0056 (−0.35)	0.021 (1.32)	0.0002 (0.012)	0.020 (1.43)	0.019 (1.54)
F 值	1.62	2.78	4.85	3.28	3.05	8.83
（自由度）	(7, 24)	(8, 23)	(7, 24)	(7, 24)	(8, 23)	(7, 24)

注：1 死亡率数据来源表 3-5A 组。
2 死亡率数据来源表 3-5B 组。
3 人均土豆种植面积。
4 土豆种植面积占总耕地面积的比例。

表 3-11 结婚顺向的影响因素（括号中为 t 值）

	(a) 农村男性						(b) 农村女性					
因变量	(1) 平均独身年龄[1]	(2) 平均独身年龄[1]	(3) 结婚年龄中值[1]	(4) 结婚年龄中值[1]	(5) μ^2	(6) μ^2	(1) 平均独身年龄[1]	(2) 平均独身年龄[1]	(3) 结婚年龄中值[1]	(4) 结婚年龄中值[1]	(5) μ^2	(6) μ^2
常数项	33.24 (8.73)	31.60 (5.70)	18.84 (7.12)	28.28 (11.35)	0.67 (5.00)	0.52 (4.97)	13.29 (2.52)	22.77 (6.06)	23.75 (9.18)	24.36 (10.21)	0.80 (6.51)	0.60 (5.30)
人均收入	-0.012 (-0.14)	0.0054 (0.06)	0.12 (1.34)	0.036 (0.71)	-0.0038 (-1.73)	-0.0029 (-1.38)	0.44 (2.44)	0.21 (3.53)	0.076 (1.91)		-0.0040 (-2.09)	-0.0033 (-1.41)
天主教徒占比	0.010 (0.47)	0.016 (0.49)	0.042 (2.17)	0.017 (1.22)	-0.084 (-1.04)	-0.018 (-0.31)	0.032 (0.81)	0.023 (1.00)	0.011 (0.74)	0.0076 (0.49)	-0.00069 (-0.94)	0.00013 (0.21)
土豆依赖性指数	-0.39[4] (-0.08)	1.44[3] (0.44)	5.06[3] (-2.23)	3.14 (1.16)	-0.103[3] (-1.28)	-0.016[4] (-0.14)	7.84[3] (1.99)	8.01[3] (3.67)	4.96[3] (3.30)	4.15[3] (2.90)	-0.25[3] (-3.52)	-0.20[4] (-1.59)
城市人口比例	-4.48 (-2.61)	-4.19 (-2.27)	-3.83 (-2.52)	-4.35 (-3.46)	0.125 (2.80)	0.115 (2.19)	-7.02 (-2.06)	-2.23 (-1.52)	-1.60 (-1.57)	-0.17 (-0.17)	0.025 (0.53)	0.082 (1.44)
家庭手工业	-5.70 (-1.42)	-4.19 (-0.83)		-4.85 (-1.93)	0.148 (1.20)	0.213 (2.02)		4.75 (1.37)	1.05 (0.44)	2.12 (0.86)	-0.12 (-1.02)	0.079 (0.69)

3 人口问题：马尔萨斯是对的吗？

续表

因变量	(a) 农村男性						(b) 农村女性					
	(1) 平均独身年龄[1]	(2) 平均独身年龄[1]	(3) 结婚年龄中值[1]	(4) 结婚年龄中值[1]	(5) μ^2	(6) μ^2	(1) 平均独身年龄[1]	(2) 平均独身年龄[1]	(3) 结婚年龄中值[1]	(4) 结婚年龄中值[1]	(5) μ^2	(6) μ^2
制造业人口比例	−7.25 (−3.66)	0.092 (0.016)	3.86 (0.92)		−0.123 (−0.91)		9.97 (1.15)	2.23 (0.55)	0.021 (0.08)	−0.37 (−0.14)	−0.087 (−0.66)	
资本−劳动比率			0.06 (0.27)				−0.45 (−0.89)			0.32 (2.85)		
住房质量		−7.35 (−3.93)		−5.71 (−4.86)	0.135 (2.97)	0.174 (3.55)		−11.30 (−9.13)	−6.81 (−7.99)		0.20 (4.93)	0.24 (4.56)
识字率	1.98 (0.53)	2.46 (0.65)	7.96 (3.49)	3.55 (1.57)	−0.101 (−1.11)	−0.054 (−0.57)	5.74 (1.37)	−1.44 (−0.56)	1.27 (0.71)	0.95 (0.55)	−0.14 (−1.64)	−0.085 (−0.83)
F值	7.15	6.07	8.69	18.21	10.88	14.25	6.99	36.48	26.67	23.57	20.58	15.65
(自由度)	(7, 24)	(8, 23)	(7, 24)	(7, 24)	(8, 23)	(7, 24)	(7, 24)	(8, 23)	(8, 23)	(8, 23)	(8, 23)	(7, 24)

注: 1 间接反映了结婚倾向。
2 17~45 岁已婚比例, 年龄分布标准化; 直接衡量结婚倾向。
3 人均土豆种植面积。
4 土豆种植面积占总耕地面积的比例。

这些因素本身都是有关其他变量的函数：例如，出生率取决于结婚倾向、结婚生育率以及人口的年龄和性别组成。死亡率则取决于成人死亡率和婴儿死亡率，而婴儿死亡率也可能是有关生育率的一个函数。即使这些子组成部分都依赖模型的外生变量，也没有理由认为它们都以相同的方式依赖这些外生变量。因此，人口增长变量与所有外生变量构成了许多可以相互抵消的偏效应（partial effect）。马尔萨斯模型的不合理之处在于，将人口增长作为经济变量的一个函数，这种情况下，该假设应当被拒绝。因此，我们应该对人口变化的三个独立的影响因素——结婚率、生育率和婴儿死亡率——进行更为细致的研究。

表3-11试图确定婚姻倾向率的决定因素，总的来说，这张表的回归结果比表3-10的回归结果好得多：所有变量的F值都通过了1%的显著性检验。尽管如此，回归结果仍然对变量定义显示出一定的敏感性，因此我们应该对回归结果做出谨慎的解释。一些结果令人很意外：宗教对婚姻倾向没有影响。在控制其他变量的情况下，各个郡的天主教徒的比例，例如克莱尔为98.14%，安特里姆为28.24%，对结婚倾向没有明显的影响。职业结构（以主要从事制造业的家庭比例度量）或农业资本－劳动比率（以农村居民人均牲畜价值衡量）也对结婚倾向没有影响。而识字率对结婚倾向却有着较为模糊的影响。虽然在大多数情况下，这个变量的系数有正确的符号，但是却不显著。

家庭手工业，常被认为是社会婚姻行为的一个核心决定因素，但从结果来看，该变量对于结婚倾向并没有显著影响。它对男性的结婚倾向有影响，但对女性的结婚倾向似乎没有影响，而出生率受女性结婚倾向的影响要大得多。基于此，家庭手工业的存在通过降低结婚时的平均年龄来大大刺激人口增长的观点变得不具有说服力。在收入方面，情况正好相反：男性的结婚倾向与人均收入水平无关，而将早婚与贫困联系在一起的"康奈尔效应"

3 人口问题：马尔萨斯是对的吗？

表3-12 出生率和生育率的影响因素（括号中为t值）

因变量	(1) 出生率（农村+城镇）	(2) 出生率（农村+城镇）	(3) 出生率（农村）	(4) 出生率（农村）	(5) 总生育率，科尔指数（农村）	(6) 总生育率，科尔指数（农村）	(7) 总生育率，标准定义（农村+城镇）	(8) 总生育率，标准定义（农村）	(9) 已婚生育率，科尔指数（农村）	(10) 已婚生育率，科尔指数（农村）	(11) 已婚生育率，标准定义（农村+城镇）	(12) 已婚生育率，标准定义（农村）
常数项	0.023 (1.06)	0.010 (0.72)	0.019 (0.92)	0.0065 (0.43)	0.26 (1.15)	0.069 (0.48)	0.057 (0.80)	0.125 (1.07)	0.44 (1.11)	0.37 (1.12)	0.29 (1.48)	0.20 (0.85)
人均收入	-0.00010 (-0.20)	0.000095 (0.28)	0.000001 (0.004)	0.000046 (0.15)	-0.0017 (-0.33)	0.0012 (0.36)	0.0005 (0.33)	-0.0012 (-0.44)		0.0043 (0.63)		0.0085 (-1.53)
天主教徒占比	0.0066 (0.48)	0.011 (1.42)	0.0046 (0.37)	0.014 (1.68)	0.036 (0.25)	0.12 (1.51)	0.05 (1.21)	0.024 (0.31)	0.094 (0.36)	0.24 (1.26)	0.0039 (0.03)	0.057 (0.38)
土豆依赖性指数	0.036^2 (2.19)	0.021^2 (1.15)	0.015^1 (1.25)	0.024^2 (1.46)	0.44^2 (2.49)	0.21^2 (1.16)	0.062^2 (0.70)	0.21^2 (2.30)	0.55^2 (2.28)	0.62^2 (1.70)	0.20^1 (1.68)	0.32^2 (1.72)
城市人口比例	0.021 (1.79)	0.015 (2.35)	0.014 (2.09)	0.0064 (0.84)	0.092 (0.75)	0.014 (0.22)	0.013 (0.40)	0.045 (0.70)	0.11 (0.65)	-0.16 (-0.95)	0.053 (0.66)	0.047 (0.39)
家庭手工业	0.039 (2.11)	0.026 (1.76)	0.028 (1.49)	0.027 (1.78)	0.45 (2.30)	0.29 (1.92)	0.14 (1.90)	0.22 (2.16)	0.57 (1.37)	0.32 (0.93)	0.17 (0.83)	0.30 (1.47)
制造业人口比例	-0.032 (-1.30)				-0.44 (-1.72)			-0.21 (-1.56)	-0.32 (-0.72)		-0.14 (-0.63)	-0.17 (-0.62)

- 077 -

续表

因变量	(1)出生率（农村+城镇）	(2)出生率（农村+城镇）	(3)出生率（农村）	(4)出生率（农村）	(5)总生育率、科尔指数（农村）	(6)总生育率、科尔指数（农村）	(7)总生育率、标准定义（农村+城镇）	(8)总生育率、标准定义（农村）	(9)已婚生育率、科尔指数（农村）	(10)已婚生育率、科尔指数（农村）	(11)已婚生育率、标准定义（农村+城镇）	(12)已婚生育率、标准定义（农村）
资本–劳动比率	0.0006 (0.44)				0.011 (0.72)				0.016 (0.84)		0.0054 (0.59)	0.026 (1.65)
住房质量		0.016 (2.15)	0.018 (2.56)	0.017 (2.34)		0.22 (2.87)	0.10 (2.77)		−0.012 (0.09)	−0.099 (−0.62)	−0.066 (−0.10)	
识字率	0.011 (0.70)	0.011 (0.81)	0.0087 (0.61)	0.017 (1.23)	0.090 (0.55)	1.00 (0.70)	0.032 (0.46)	0.056 (0.64)	0.37 (1.26)	0.43 (1.41)	0.084 (0.60)	0.42 (2.43)
F值	2.78	3.95	3.85	5.55	4.83	7.96	6.46	4.34	0.98	0.52	0.45	1.22
（自由度）	(8, 23)	(7, 24)	(8, 23)	(7, 24)	(8, 23)	(7, 24)	(7, 24)	(8, 23)	(8, 23)	(7, 24)	(8, 23)	(8, 23)

注：1 人均土豆种植面积。
2 土豆种植面积占总耕地面积的比例。

(Connell-effect)似乎对女性起作用。更令人惊讶的是，对土豆的依赖似乎不会对男性的结婚倾向产生显著影响，但显然会导致女性晚婚和不结婚。事实上，这是一个令人困惑的结果，直到我回忆起，饥荒前夕获得可以种植土豆的土地的难度越来越大，我才对于这个结果的解释有了点眉目。土豆种植面积越大就意味着，大部分适合小规模种植的土地都已处于使用状态，而地主们不愿提供更多的土地。然而，目前还不清楚为什么这只会影响女性而不会影响男性。

居住地邻近，给男性提供了更大的偶遇机会，导致结婚倾向显著增加。住房质量对结婚倾向有很大的影响：大量廉价的四级住房的供应降低了组建家庭的成本，从而使爱尔兰男性或女性的平均结婚年龄更小。同样，这里也不能排除因变量与解释变量存在相互影响的可能性。

从严格的马尔萨斯观点来看，研究结婚率之所以有趣，很大程度上是因为它对出生率有影响。从抽象的角度来看，这种想法是合理的，但在现实中，结婚倾向对出生率的影响并不总是直接的。将女性和男性的结婚倾向与出生率进行回归，得到的 r^2 值约为0.50，换句话说，出生率中50%的方差不是由结婚倾向造成的。[11] 男性结婚倾向对出生率的影响可以忽略不计，但女性结婚倾向对出生率影响很大，但也绝不能排除其他因素可能也对出生率造成了显著影响。但我们至少得出了，结婚倾向与婚育率之间存在着微弱但具有暗示意义的负相关关系。[12]

这种负相关关系可以被称为"负面持续效应"（negative duration effect）（Page，1978），它基于的假设是晚婚女性在特定年龄的生育能力会更强。这种"负面持续效应"一定程度上是由避孕行为造成的，但也可能是因为早产导致生育力下降。[13] 另外，总生育率当然与结婚倾向正相关。因此，外生经济变量通过各种各样的机制对出生率和生育率产生影响。由于检验程序非常简单，使得我们无法得出某些参数，并且一些看起来不显著的系数也许是由变量之间的相互效应造成的。

　　表3-12给出了关于爱尔兰出生率和生育率的回归结果。总的来说，这张表的结果表明，我们充其量只能算是找到了导致爱尔兰高出生率的部分原因。其中，F值很低，而且绝大多数系数是不显著的。这可能是由于我们使用的截面数据实在不适用于这个研究。然而，也有可能在饮食、气候、文化传统和社会结构等都相同的情况下，这些因素对因变量的影响并不会很显著。不过，我们依旧可以从表3-12中得出一些初步结论。收入和宗教似乎都没有对生育行为产生显著影响。对土豆的依赖性似乎提高了生育率，这是一个相当令人惊讶的发现，因为我们之前的研究发现，对土豆的依赖性越高，女性越会推迟结婚。家庭手工业也对总出生率和总生育率有着如我们预期一般的影响，尽管它对已婚生育率没有影响。住房质量对生育率的影响也和我们预期的一样。识字率似乎对因变量没有明显影响，而且城镇之间的邻近程度提高了出生率，但并没有提高婚育率。城市化对出生率有影响，是因为有大量妇女居住在城市及其周边地区。最后，（9）~（12）结果明确表明，无论是否对年龄结构进行修正，这一模型的外生变量都无法以任何方式对已婚生育率进行解释，并且在这几组回归分析中，大多数F值都小于1。

　　总而言之，我们试图解释饥荒前爱尔兰人口行为的组成部分，但结果是相当令人失望的。有关弗兰德斯和普鲁士的其他研究结果也是如此，在这些研究成果中，人口增长和经济变量（尤其是家庭手工业）之间的假设关系无法通过计量经济学来验证（Pollard，1981）。然而，不能据此认为人口行为不受经济因素影响。相反，研究人员面临着一个令人沮丧的困境，他们试图研究的关系相当微妙，而因变量和解释变量的粗糙和笼统使得常规的统计方法几乎不足以确定经济分析得出的那些因果关系。然而，很明显，无论经济变量是否影响婚姻倾向和出生率，它们都不是主要的影响因素。这一结果并不令人惊讶：尽管西欧各国的经济状况参差不齐，但人口发展却在1750~1850

年呈现相对一致的步调（法国除外）。从计量经济学的角度来看，这意味着因变量的变化可能太小。爱尔兰国内的不同地区也有类似的情况，这可能可以解释为何表 3-10、表 3-11 和表 3-12 中结果如此平庸和模糊。

我们最后谈谈婴儿死亡率的问题。婴儿死亡率比总死亡率更有趣，因为不能预先假定各郡的死亡率存在巨大不同。19 世纪 30 年代末和 1840 年并不是特别糟糕的时期，因此只有在灾难期间，死亡率的截面数据方差才变得有趣。因此，人们对大饥荒期间的死亡率过高很感兴趣，这一部分将在后面的章节中进行分析。然而，婴儿死亡率是一个很重要的机制，未工业化社会就是受这个机制的作用，它的人口才有着规律的变化。故婴儿死亡率是个很有趣的研究主题。

回归结果见表 3-13。回归结果非常显著，F 值显著大于 3.63——$F(6, 25)$ 在 1% 的显著性水平下的临界值。然而，在这里对结果的解释也应谨慎进行。例如，如预期的那样，人均收入与婴儿死亡率呈负相关关系，但二者的关系并不显著。对土豆的依赖性和天主教徒的比例都对婴儿死亡率有影响：对土豆的依赖性往往与婴儿死亡率负相关，而天主教徒比例与婴儿死亡率正相关。当两者都包含在等式中，宗教产生的影响往往会掩盖土豆带来的影响，但是先验推理表明，这可能是一个虚假的结果。当回归中不考虑天主教徒的比例时，对土豆的依赖性的影响在 10% 或更高水平时显著。城市人口比例与婴儿死亡率的关系如推理的那样呈正相关关系。有趣的是，这一结果，在计算农村地区的婴儿死亡率时，仍是一样的。家庭手工业和识字率对婴儿死亡率没有显著的影响。住房质量如预期一样有着显著影响。一旦出生率或生育率很高，婴儿死亡率也很高这样的假设并未得到数据的验证[(5)、(6)、(8) 和 (9)]。将人口死亡率作为一个独立变量纳入方程，用来代表一个郡的"健康程度"，根据 F 值可以判断出这一举动改良了整个方程式，但同时也没有严重影响到其他变量的解释能力。这意味着还存在一些被我们

表3-13 婴儿死亡率的影响因素（括号中为t值）

因变量	(1) 婴儿死亡率A（农村）[1]	(2) 婴儿死亡率A（农村）	(3) 婴儿死亡率B（农村+城市）[2]	(4) 婴儿死亡率B（农村+城市）[1]	(5) 婴儿死亡率A（农村）[1]	(6) 婴儿死亡率A（农村）[1]	(7) 婴儿死亡率A（农村）[1]	(8) 婴儿死亡率B（农村+城市）[2]	(9) 婴儿死亡率B（农村+城市）[2]	(10) 婴儿死亡率B（农村+城市）[2]
常数项	0.047 (0.50)	0.077 (0.58)	0.25 (3.92)	0.23 (1.57)	0.053 (0.54)	0.24 (2.97)	−0.078 (−0.57)	0.28 (3.26)	0.27 (3.53)	−0.029 (−0.40)
人均收入	−0.0016 (−0.58)	−0.0039 (−1.52)	−0.0033 (−1.08)	−0.0044 (−1.56)	−0.0015 (−0.55)	−0.0036 (−1.14)	−0.0036 (−1.54)	−0.0042 (−1.59)	−0.0037 (−1.40)	−0.0022 (−1.22)
天主教徒比例	0.0015 (2.72)	0.0018 (2.66)		0.00093 (1.23)	0.0015 (2.63)		0.0015 (2.35)			−0.00018 (−0.36)
土豆依赖性指数	−0.11[6] (−0.77)	−0.095[5] (−0.95)	−0.25[6] (−1.68)	−0.14[5] (−1.33)	−0.099[6] (−0.66)	−0.24[6] (−1.59)	−0.028[5] (−0.29)	−0.21[5] (−2.25)	−0.20[6] (−1.53)	
城市人口比例	0.13 (2.57)	0.088 (1.66)	0.29 (4.95)	0.24 (4.09)	0.13 (2.50)	0.12 (1.96)	−0.028 (−0.41)	0.18 (3.08)	0.25 (3.52)	0.025 (0.41)
家庭手工业	0.24 (2.16)	0.24 (1.57)	−0.33 (−0.64)	0.050 (0.30)	0.24 (2.11)	−0.033 (−0.60)	0.28 (2.00)	−0.14 (−2.34)	−0.049 (−0.86)	0.012 (0.13)
住房质量	0.078 (1.27)		0.15 (2.31)		0.083 (1.25)	0.12 (1.51)		0.12 (1.83)	0.17 (2.19)	0.12 (3.07)
识字率		0.73 (0.66)	−0.097 (−0.92)	−0.059 (−0.49)		−0.060 (−0.54)	0.090 (0.90)		−0.071 (−0.65)	

3 人口问题：马尔萨斯是对的吗？

续表

因变量	(1) 婴儿死亡率A (农村)[1]	(2) 婴儿死亡率 A (农村)	(3) 婴儿死亡率 B (农村+城市)[2]	(4) 婴儿死亡率 B (农村+城市)[1]	(5) 婴儿死亡率 A (农村)[1]	(6) 婴儿死亡率 A (农村)[1]	(7) 婴儿死亡率 A (农村)	(8) 婴儿死亡率 B (农村+城市)[2]	(9) 婴儿死亡率 B (农村+城市)[2]	(10) 婴儿死亡率 B (农村+城市)[2]
总死亡率							6.89 (2.40)			10.56 (4.87)
出生率或生育率					-0.38^3 (-0.22)	0.14^4 (0.39)		0.31^4 (0.18)	-0.14^3 (-0.37)	
F值	6.24	6.28	9.37	9.46	5.15	3.31	7.23	10.15	5.73	16.82
(自由度)	(6, 25)	(6, 25)	(6, 25)	(6, 25)	(7, 24)	(7, 24)	(7, 24)	(6, 25)	(7, 24)	(6, 25)

注：1 从1840年开始计算；见表3-10；A组基于1840年数据，B组为1838~1840年数据的平均值（见表3-5）。
2 为1838~1840年的平均值。
3 总生育率。
4 出生率。
5 人均土豆种植面积。
6 土豆种植面积占总耕地面积的比例。

- 083 -

忽略掉的同时与自变量无关的变量可以对婴儿死亡率方差做出重要解释。气候、饮用水质量、卫生习惯等类似变量开始浮现在我的脑海中。

（4）对饥荒前爱尔兰人口变化的思考

饥荒前一个世纪，爱尔兰人口迅速增长。它的增长速度只比英国略慢，如果我们考虑到移民因素，包括移居到英国的超过50万爱尔兰人，情况就不同了。传统上，爱尔兰被描述成是早婚的、多产的民族。在传统观点看来，饥荒前夕人口增长放缓，但这种增速的下降来得很晚，并且很微小。最近的学者对这种观点提出了质疑。卡伦（Cullen，1972）坚持认为，在饥荒前，爱尔兰的出生率和结婚倾向与其他欧洲国家没有太大的不同，这一点在第2部分中得到了实证。总的来说，爱尔兰的婚姻模式与哈伊纳尔（Hajnal）提出的欧洲婚姻模式是一样的。凭借坊间传闻和印象，我们可以得知并不是所有的爱尔兰妇女都在非常年轻的时候结婚，仅有少数才这样。

但结婚年龄并不能说明一切。爱尔兰的出生率高是由于爱尔兰妇女生育率高，特别是由于已婚生育率高。众所周知，爱尔兰的这一特征在饥荒之后仍然存在：爱尔兰的出生率急剧下降，但这种下降完全是由于结婚倾向的下降，而不是已婚生育率的下降。为什么爱尔兰的婚姻生育率如此之高？在缺乏相关数据的情况下，不可能将高生育率解释为是高自然生育效应和缺乏生育控制效应的结果。然而，事实上这两种影响都在起作用。到了19世纪中叶，因为考虑到结婚年龄，许多欧洲人控制了他们的生育能力。我们不能说这种情况不会发生在饥荒前的爱尔兰，但似乎这种现象只是没有那么普遍而已。康奈尔（1950a）的研究表明，当代人的著作并没有表明爱尔兰存在控制生育的政策。亚瑟·杨格指出了爱尔兰人对孩子的喜爱："养育孩子并不是一件繁重的事情。在我对穷人的所有调查中，我发现他们的幸福和孩子的数目有关。"汤森德（Townsend，1881）观察到，爱尔兰人从早婚和生活在"一群微笑的孩子"中获得幸福。正如莱博格特（Lebergott，1975）等现代经济学家所指出的那样，爱尔兰人对于孩子的喜爱，使得在研究爱尔兰经济的时候单纯对人均收入进行比较是不够充分的，因为在爱尔兰这样的社会中，人口增长会在增加经济福利的同时减少人均收入。

爱尔兰人对孩子的喜欢是因为他们能从孩子那儿获得高"效用"。在进入工业化以前，孩子们都在打工，因此孩子成了爱尔兰人的一种"投资"。韦克菲尔德（Wakefield，1812）指出，孩子们被认为是"一个有价值的收获，因为他们长大后可以从事劳动"。然而，有些人对此表示怀疑，他们认为在爱尔兰，孩子们在青春期之前没有多少机会为家庭做出重要贡献。在阿尔斯特省，亚麻工业是主要的收入来源，童工无疑是国内制造业劳动力的一部分。在国内工业不那么发达的地区，孩子们没有多少事可做（Mason，1814-1819）。随着家庭手工业在19世纪20年代末和30年代的衰落，童工的经济重要性下降了，因为工厂和矿业并没有弥补亚麻工业崩溃所导致的"工作机会"空缺。济贫法专员们所提供的证据拒绝了爱尔兰渴望更大的家庭规模主要是因为孩子能成为劳动力这一假设。附录D中的表格（被用于计算平均工资）并没有把妇女和儿童的收入分开，但在此之前的"大调查"（baronial examination）（Great Britain，1836b）提供的数据弥补了这一缺陷。据普遍报道，孩子们除了每年花几天时间给父母除草外，几乎不参与其他工作。几乎没有任何地方会雇用童工并给付工资。在家庭农场和农舍里，几乎看不见14岁以下的儿童。国王县的一名证人断言，"劳工的子女在12岁至14岁之前挣不到一丁点儿钱"。对于14~17岁的青少年来说，情况也大抵如此。据一名密斯郡的证人估计，一名年轻工人一年只能工作70天。妇女的就业机会几乎和儿童的就业机会一样少，这使情况更加复杂。妇女的低工资往往会降低雇用童工的机会成本，由此抵消了童工匮乏的不足。

另外可能导致已婚生育率较高的原因是1838年以前爱尔兰没有出台过任何一部济贫法。正如经济学家长期以来所意识到的那样，人们决定要孩子不仅是因为投资或成本的原因，还因为孩子能在自己老了以后像"保险"和"养老金"一样为自己的后半生提供保障。一个爱尔兰人如果病得太重或身体太弱，甚至无法养活自己，并不能像英国人那样，求助于教区提供的户外救济。爱尔兰天主教也没有任何资源可以帮助他。因此，诸如此类的不幸者不得不依靠私人救济或慈善机构，虽然这种善款是可观的，但它们是极不稳定的，因此总体上来说仍然是非常匮乏的。在这种情况下，"保险动机"（insurance motive）可能是爱尔兰人生孩子的一个重要因素。由于爱尔兰的货币化水平较低，因此，爱尔兰人的这种动机可能比欧洲其他任何地方都要强烈。毕竟，即使没有意外事故，人们也要为自己存点儿养老钱。经济学家已经指出（例如，Neher，1971），在没有保值品投资的情况下，财富的代际转移（intergenerational transfer）是个人养老的唯一途径。商业化程度低、农民没有土地所有权、土豆的易消耗性以及土豆的高交易成本意味着，在爱尔兰，孩子可能是一种有吸引力的保险投资。内尔（Neher，1971）认为，把孩子作为一种投资品的行为在"养儿防老"理念很流行的社会中非常常见，因为在一个没有保值品投资途径、金融市场也不发达的世界里，"养儿防老"观念会自然而然地产生。饥荒前的爱尔兰似乎就是内尔所描述的那种社会。然而，对于"养儿防老"是否导致了高婚育率的这个问题，我们还无法给出确切的回答。目前为止，对于这个问题的研究还处于推测阶段。

但再怎么说，爱尔兰人在饥荒之前生很多孩子，部分原因是他们确实很想要孩子。此外，回归结果也表明，爱尔兰人的生育能力确实更强。这种较强的生育能力与土豆提供的高质量饮食有关——这样的饮食似乎也降低了爱尔兰的婴儿死亡率。

马尔萨斯假说似乎无法对饥荒前爱尔兰的人口状况做出解释。首先，爱尔兰不是一个典型的未工业化社会。即使爱尔兰和其他国家之间的差异在过去可能被夸大了（例如，在结婚年龄方面），但这种差异仍然是非常重要的。

其次，目前的结论是由截面数据得出的，即一个国家在某一时间点的变化是不能与多个国家在一段时间里的变化进行对比的，这将导致结果有失公允。尽管如此，这一研究结果仍可以激发人们进一步对其他历史时期进行探究。马尔萨斯模型是可信的，也具有一定的经济意义，但不能仅仅基于这些理由就接受它，并忽视我们基于其他理论所得出的实证检验结果。

研究结果还表明，我们有必要在把未工业化社会的经济发展与人口变化联系在一起之前，进行更多的研究。如果家庭手工业的普及或新作物的采用等变化对女性和男性的结婚倾向、婚育率和婴儿死亡率产生完全相反的影响，随之而来的人口变化可能比微观研究中所设想的要复杂得多（Fischer，1973）。我再强调一次：对爱尔兰来说适用的假设，对其他地区未必适用。然而，马尔萨斯理论或相关理论必须经过更仔细和更全面的检验，才能把它作为一个普遍适用于早期现代欧洲的人口变化理论。其中，尤为重要的一点是区分总效应（total effect）和偏效应。例如，如果发现农业区的人口增长速度比工业化程度较高的农村地区慢，我们不能据此就得出这样的结论：乡村工业与人口变化之间存在因果关系。为了得出这个推论，其他影响因素必须保持不变。因此，阿尔奎斯特（1977）针对饥荒前爱尔兰人口变化给出的结论很难行得通。总的来说，上述发现与他的发现并不矛盾，但表明实际的关系远比他想象的更为微妙和复杂，而且很可能他夸大了家庭手工业对结婚倾向的影响。研究结果还表明，不能把"结婚年龄""生育率""出生率""人口增长"这些概念混为一谈（Fischer，1973，和其他人一样，似乎没有注意到人口模型中的这些缺陷）。

从结婚倾向绝不是出生率（更不用说人口增长率）的唯一决定因素这一事实中，我们可能会问自己，我们的发现在多大程度上符合新古典主义的"婚姻理论"。这种理论的特点是，它假定整体数据反映了被调查的大多数人口的理性选择。对这个问题的第一个近似假设是，假设婚姻对双方（以及他们的父母）而言都是理想的商品。因为婚姻是昂贵的（结婚需要住房、更多的食物、衣服等），结婚倾向是一个有关收入和婚姻的相对价格的函数。虽然从经验上很难将"收入"与"价格"变量区分开，但至少概念是明确的。因此，为了减少子女的数目而推迟结婚相当于在"婚姻"和"所有其他商品"之间的预算限制上选择一个特定的点，而这并不是使子女数目达到最大的角点解（coner-solution）。这个基本模型可能因继承制发生变化：如果多子女共同继承遗产是一种民俗，那么为了避免财产分割时产生的矛盾，可能会存在少生孩子的趋势。在这种情况下，在"生多少个孩子"和"消费其他商品"之间做出的选择就发展成为一个多代决策单位（multi-generational decision unit），我们可以称之为家庭，它对结婚年龄施加限制，以保护未来和尚未出生的成员的利益。然而，一旦我们找到了这个合适的限制条件，婚姻就可以被看作一种"商品"。[14]

　　数据显示，结婚倾向确实对婚姻的"相对价格"（成本）、住房成本、双方所在城市的邻近程度敏感。然而，收入方面的影响并不是孤立的。理论预测，收入应该会对婚姻倾向产生积极的影响，除非那些富裕家庭试图阻止自己的财产外流而抗拒婚姻。但康奈尔的观点是，这种影响是消极的（尽管正如上文所强调的，这并不一定等同于负的收入弹性）。数据显示，收入——至少是本章所度量的收入——对生育率或婚姻只有很小的影响。收入似乎只在婴儿死亡率方程中符合马尔萨斯效应，虽然该影响也不强。

　　为什么爱尔兰贫穷？答案似乎不在于人口结构的变化。我们试图在爱尔兰国内或将它与其他国家比较时，找到人口压力与人均收入之间的联系，但都没有成功。简而言之，没有证据表明饥荒前，爱尔兰存在人口过剩的现象。如果这一结论在进一步研究后仍然成立，那么大饥荒在某种程度上可能并不是"不可避免"的。并不是所有的灾难仅仅因为它们确实发生了就该被认为是"无法控制的"。据推测，如果没有饥荒，爱尔兰的人口在19世纪下半叶会如同其他欧洲国家一样继续增长。这本身是否会对生活水平产生重大影响,似乎非常值得探讨。

附录A:估计饥荒前夕的爱尔兰人口结构

(1)出生率

为了计算饥荒前爱尔兰的出生率,使用了1841年人口普查报告中婴幼儿的年龄分布。[15] 从表面上看,这些数据似乎不可用。如表3-14所示,数据为整个爱尔兰3岁及以下儿童的年龄分布(各个郡的分布大致相同)。

表3-14 爱尔兰3岁及以下儿童的年龄分布(1841年)

单位:人

年龄	儿童人数	年龄	儿童人数
1个月	26892	8个月	8926
2个月	21699	9个月	24729
3个月	27334	10个月	10051
4个月	17374	11个月	7798
5个月	12164	12个月	158958
6个月	35221	2岁	230804
7个月	10278	3岁	218149

资料来源:Great Britain(1843)。

在1岁及以下儿童中,除了6个月和12个月儿童的人数明显偏高以外,其他数据总体的可靠性也遭到严重怀疑。从表中可以看出,年龄小于1岁的儿童总人数为202466人,12个月的总人数为158958人,2岁的为230804人。这样的年龄分布似乎有些离谱。

然而，考虑这样一种可能性，即年龄为 X 的人的年龄不是像我们今天传统认为的那样在 X 和 X+1 之间，而是在 X-1 和 X 之间。例如，表中的 26892 名 1 个月大的儿童实际上在调查日前一个月内已经出生了，230804 名 2 岁儿童的实际年龄其实是 12~24 个月。如果这个假设是正确的，它将同时解决两个困扰我们的谜题。首先，它考虑了所有 1 个月大或不足月的婴儿数量，塔克（Tucker，1970）是第一个注意到这个问题的学者，最近李（Lee，1981）也发现并强调了这一点。其次，至少在某种程度上，它将帮助我们复原年龄分布的本来形态。

这个假设正确吗？人口普查数据提供了支持这一假设的无可辩驳的证据。如果这一假设成立，那么人口普查中年龄为"12 个月"的 158958 名儿童实际年龄为 11~12 个月。如果是这样，普查人员一定认为 12 个月以下儿童的总数是 202466 + 158958 = 361424。人口普查的图 5 相当准确地记录了 1 岁以下儿童的数目，约为 360000 人。

不幸的是，修正后的数据仍然不能生成完全真实的分布图像。显然，向下倾斜的年龄分布图是不真实的。即使有极高的婴儿死亡率，1~2 岁儿童的数量也不可能只有 1 岁以下儿童数量的 64%。造成这种不正常现象的原因是人口普查报告中的"12 个月"大的孩子实际上应当为 1~2 岁。但由于这一数字不详，将年龄在 1 岁及以下的儿童人数作为在人口普查前一年出生并存活下来的孩子人数是不正确的。

为了克服上述问题，我将使用报告中为"1 个月大"（实际上不足月）的儿童数目乘以 12，将其换算成每年的出生人数。下文将讨论与此过程相关的偏差和不足，但是该方法的优点也很有必要说一说。首先，它不依赖被调查者的回忆，而是依赖实际被统计的人数。其次，它减少了婴儿死亡率误差。不足月的儿童数目相当于在这 30 天内出生的儿童的数目乘以一个因数，这个因数等于一个儿童在其生命的头 15 天内死亡的可能性。这绝不是一个微不足道的数字，但与婴儿在出生后 6 个月内死亡的概率相比，这个数字是很小的。此外，报告中的新生婴儿的死亡率可能存在低估，而这一低估要比所有儿童的死亡率低估更为严重。接下来，我将说一说这种计算方法可能导致的误差。首先，最小年龄段的人口可能严重偏高，也就是说，实际上大于 1 个月的孩子可能被报告为不足月。但是我们的估计值受这个因素影响发生重大失真的可能性很小。0~3 个月的儿童总数为 75925 人，平均每月 25308 人。年龄不足月的人数为 26892 人，这说明由此得出的婴儿死亡率是可信的。其次，必须计算头 15 天内新生儿的死亡概率。人口普查在其题为"死亡表"的附录中提供了 1841 年之前 10 年中每年的特定年龄死亡率。有理由相信，这些数据存在严重的低估。[16] 1840 年，不足月就死亡的儿童人数居然仍然被加在了每年的出生人数之上，同时数据也没有对少报问题加以修正。

最严重的缺陷可能是，这个计算是以年龄为 1 个月的新生儿人数（确切地说，是人口普查日前 30 天，在 1841 年 6 月 6 日出生的人数）为核心，估算出饥荒前爱尔兰的年出生率。这个月份具有代表性吗？这里存在两个独立的问题：5 月和 6 月初的出生率具有代表性吗？1841 年的出生率又是否能够代表饥荒前几十年的年出生率？在其他国家也有证据表明 1841 年 5 月确实是一个具有代表性的月份。但来自爱尔兰自身的直接证据是非常必要的，因为整个人口统计估计都取决于出生率估计。都柏林国家图书馆的教区记录可以用来评估 1841 年 5 月爱尔兰出生率的代表性。[17] 469 个教区提供的 1835~1845 年的出生记录是可靠的。从这些教区中随机选出 70 个教区，并从登记册中统计 1837 年 1 月至 1845 年 12 月的 108 个月内每个月的出生人数。由于样本没有分层，全国各地的教区分布并不均匀。西部几乎没有教区记录，而阿尔斯特省被低估了，南部和中部地区则存在严重高估。因此，计算是在区域基础上进行的，为此爱尔兰被划分为六个区域。在表 3-15 中，季节性指数（seasonality index）数据按月列出，表 3-16 则列出 1841 年的出生人数及普查当月的出生人数。可以证明，1841年大体上是一个具有代表性的年份，但在6月6日之前的30天，出生人数要比其他月份平均多5.5%。总而言之，使用人口普查日前一个月出生的孩子所造成的误差最多为8%。但是，一个郡一个郡地去纠正这种误差是不可能的，因为尽管教区样本非常大（总共有117474名新生儿记录），数据仍然受到小样本带来的误差影响：在普查前，每个郡每个月的平均出生人数仅为34人。

表3-15 出生人口的季节性指数（1837~1845年平均值=100）

月份	南部	西部	东部	中部	西北部	东北部	合计（加权值）	合计（未加权）
1月	111.3	102.1	101.0	99.6	101.9	104.0	105.1	103.3
2月	106.0	105.4	96.0	103.6	97.4	99.8	102.0	101.4
3月	115.4	113.2	118.6	115.2	112.9	115.1	115.4	115.1
4月	107.0	106.3	110.8	111.7	103.4	108.6	108.0	108.0
5月	104.4	110.0	110.0	108.3	109.8	99.7	106.8	107.0
6月	101.7	98.9	98.9	104.2	98.3	101.3	106.8	100.6
7月	94.2	95.0	95.1	98.6	99.7	101.6	96.4	97.4
8月	87.3	91.3	95.6	98.4	93.4	102.1	92.8	94.7
9月	87.6	92.3	93.9	93.1	96.1	88.6	91.1	91.9
10月	90.5	91.7	92.5	88.1	95.9	86.3	91.0	90.8
11月	94.3	93.1	88.1	85.0	91.7	97.1	91.6	91.6
12月	100.5	100.7	99.6	94.1	99.5	95.8	98.9	98.4
人口普查月	103.8	107.4	107.4	107.4	107.1	100.1	105.4	105.5

资料来源：爱尔兰教区记录提供的样本；见正文。

表 3-16 人口普查年（1841 年）和普查月的出生人口指数（1837~1845 年平均值=100）

	南部	西部	东部	中部	西北部	东北部	合计（加权值）	合计（未加权）
1841 年人口普查年	101.2	96.8	102.9	108.2	102.8	92.8	101.6	100.8
1841 年人口普查月	101.8	112.3	115.6	119.8	111.0	88.0	107.8	108.1

资料来源：爱尔兰教区记录提供的样本；见正文。

计算每个郡的出生率，要把爱尔兰作为一个整体来计算出生率。不足月的儿童总数为 26892，乘以 12 得到 322704。在这个数字的基础上，我们加上 1840 年未满月就死亡的儿童总数的 1/2，得到 322704 + 6920/2 = 326164[18]。这意味着出生率为 39.9‰。这一估计数有些过高，因为人口普查前一个月的出生人数高于平均水平。然而，部分低估可以抵消部分高估。首先，婴儿死亡率的估计肯定太低了，由于这是一个年化数字（因此不受季节性偏差的影响），并且由于 1840 年是出生率异常低的一年（比 1837~1845 年的平均水平低 5.5 个百分点）。更严重的是，假设婴儿死亡率在孩子出生后 30 天内是均匀分布的。由于死亡率正在明显下降，儿童在出生 15 天内死亡率被低估了。此外，如下文所示，婴儿死亡率存在严重低估。表 3-1 中的估计上限是未经修正的估计值，而下限估计值则是将各郡的估计值除以汇总前的表 3-15 的下限值。

（2）死亡率和迁移率

一旦我们估计了出生率，接下来就很容易估计总体死亡率。计算每个郡每年的死亡率要复杂得多。原因在于，我们对 1821~1841 年从爱尔兰向外移民的总数进行了估计，但没有将这些移民按郡进行分类。解决这个问题有两种不同的方法。一种是使用 1840 年报告中提供的死亡人数。由于全国的总死亡率是正确的，由此可以计算出低估率为多少，每个郡的真实死亡率可以对低估程度进行修正后得出。这一估计的准确性取决于一个假设，即各郡的死亡人数差异和1841年人口普查漏报的差异相对较小且是随机的。漏报的主要原因在于，在1841年，死者的家人都已离世，或死者已被世人遗忘。一般而言，这种被遗忘的死亡人数比例不太可能会因郡而异。

另一种得出饥荒前死亡率的方法则是通过对1821~1841年各郡的迁移率进行估计，然后将死亡率作为残差（residual）来估计。各郡的移民数据可以通过柯森斯（Cousens，1965）提出的方法得出，但是我们不能直接照搬他的最原始的方法，因为这会导致令人无法接受的错误。[19] 计算过程如下：以1821年年龄在11~20岁的人为例。合理假设，在随后的20年里，这一群人的死亡率相对较低，而他们移居国外的倾向较高。根据定义，这一群人的净迁移总量等于：

$$T^i = Q^i_{21} - Q^i_{41} - H^i, \quad i=1,\cdots,32 \quad (A1)$$

其中，Q（j=1821，1841）代表 j 年时，这一年龄段的人在 i 郡中的人数，H 为这一年龄段的人口同期死亡总人数。要计算 H，必须假设1841年人口普查报告的1840年按特定年龄划分的死亡率代表了1821~1841年的平均死亡率。将报告的死亡率乘以修正后的低估率，我们可以简单地计算 H：

$$H^i = Q^i_{21}[1-(1-p^i)^{20}], i=1,\cdots,32 \quad (A2)$$

其中，p 为这一年龄段中的任一成员在1821~1841年的任意一年内死亡的平均概率，同时也是1840年特定年龄的加权平均死亡率（weighted average annual age-specific death rate）。[20] 然后，计算每个郡的迁出人口在每年总迁出人口中所占的比例为：

$$\beta_i = \frac{T_i}{\sum_{i=1}^{32} T_i} \quad (A3)$$

β_i 代表每个郡的迁出人数占总净迁出人口的比例。它们并不能准确地估计一个郡在海外移民总数中所占的份额，因为它们既包括海外移民（总是正值），也包括国内移民（负值，如果该郡是国内移民的净接收地）。在这种情况下，忽视国内移民是不合理的。1841年人口普查提供了一种处理这个问题的方法，因为它列出了所有不在出生地居住的人口数据。假设 1841 年所有 31~40 岁的人实际上都是在 1821~1841 年移民的。如果 I_i 代表 i 郡人口迁移到其他郡的净迁出率，即出生在 i 郡却定居在其他县的人数减去出生在其他郡但定居在 i 郡的人数，令 J_i 等于 $\lambda_i I_i$，其中 λ_i 是 1841 年 i 郡 31~40 岁的人与所有 16 岁以上成年人之比。已知 $\sum_i J_i = 0$，定义：

$$\alpha_i = \frac{(T_i - J_i)}{\sum_{i=1}^{32} T_i} \quad (A4)$$

这是 i 郡迁出人口在净海外移民中所占的真实比例（忽略迁入爱尔兰的人）。

已知 α_i 和 β_i，可以利用它们来计算爱尔兰向各个国家的移民人数，由此估计 1821~1841 年每个郡每年前往英国和北美的人数。由于我们假设 1840 年的出生率是由 1821~1841 年的数据得到的，因此可以通过以下方法得到另一组死亡率：

$$P_{ij} = P_{ij-1} e^{(b_i - d_i)} - \beta_i E_j$$

$i = 1, 2, \cdots, 32; j = 1822, 1823, \cdots, 1841 \quad (A5)$

对于未知的 d 值，其中 P 为 j 年 i 郡的人口。已知初值 P_{21i} 和终值 P_{41i}，通过迭代计算即可得死亡率。这为我们提供了饥荒前死亡率的另一种计算方法。两种计算方法的结果如表 3-2 所示。

（3）结婚倾向

结婚倾向反映了两个独立的变量，结婚率（已婚人口比例）和结婚年龄（结婚时的年龄）。衡量结婚倾向的方法有很多。在极端情况下，几乎所有的社会成员都在人生的某个年龄段结婚，这种情况下结婚年龄是结婚倾向的充分替代变量。在另一种极端情况下，如果所有的人都在相同的年龄结婚，那么结婚比例是结婚倾向最好的替代变量。这两项措施都需要考虑人口的年龄分布。但是在研究爱尔兰时，这似乎不是一个特别重要的问题。

爱尔兰不属于这两个极端的任何一种。因此，要估计爱尔兰人的结婚倾向，我们试了很多种不同的方法。所有的测量方法都是利用同一个数据（1841 年人口普查）计算出来的，但每一种方法都包含一些不同的假设。以下是对符号的解释：下标 i（i=1, 2, …, 5）表示不同的年龄段分组，分别代表 17~25 岁组、26~35 岁组、…、55 岁及以上组这几个年龄组。M 代表 j 郡第 i 组中的已婚人数，P 为对应组的总人数。1841 年的人口普查显示了按婚姻状态（总数、已婚或丧偶）、按性别、按郡和按农村户口或城市户口划分的各个年龄段的人口数量。在爱尔兰，离婚与否不会给统计造成麻烦，但麻烦的是难以将第一次再婚和第二次再婚或第多次再婚的人进行划分。

定义：

$$b_{ij} = \frac{M_{ij}}{P_{ij}} \quad (A6)$$

可以很容易将 b_{ij} 的加权平均值作为一个指标，权重是指该年龄段的人数占 17 岁及以上的总人口数的比例。这个指标很简单：

$$\sum_{i=1}^{5} \frac{P_{ij}}{\sum_{i=1}^{5} P_{ij}} \; b_{ij} = \frac{\sum_{i=1}^{5} M_{ij}}{\sum_{i=1}^{5} P_{ij}} \tag{A7}$$

这是很容易计算的，但由于它反映了不同郡的不同年龄结构，因此具有误导性。一个更好的指数是：

$$\mu_j = \sum_{i=1}^{5} \frac{\sum_{i=1}^{32} P_{ij}}{\sum_{i=1}^{5} \sum_{i=1}^{32} P_{ij}} \; b_{ij} \tag{A8}$$

使用 μ_j 这一变量的好处在于保证了每个郡的年龄分布是同样的。这样一来，μ_s 的差就刚好代表 $b_i s$ 的差。μ_j 是一个比例。[21]

另外两种可以用来估计结婚倾向的方法都利用了年龄次数（dimension of an age）。第一种方法是，采用第一次结婚时的平均年龄和年龄中位数。根据定义，第一次结婚时的平均年龄只代表那些结过婚的人，并且对独身率不敏感。计算第一次结婚时的平均年龄的最简单方法是使用哈吉纳尔（Hajnal, 1953）公式，即著名的 Hajnal's Singulate Mean（HSM）。对于人口总数，HSM 可由下列方程近似求得：

$$\text{HSM} = \frac{17 + \sum_{i=1}^{5} V_i(1-b_i) - (1-b_5)\tilde{a}_5}{b_5}$$

其中：

当 $i=1$ 时，$V_i=9$；

当 $i=1, 2, 3$ 时，$V_i=10$；

当 $i=5$ 时，$V_i=\tilde{a}_5-55$（$\tilde{a}_5$ 代表 55 岁及以上年龄组的结婚年龄中位数）

或者，可以利用科尔（Coale，1971）提出的婚姻函数计算首婚的年龄中值。用这种方法计算第一次婚姻的年龄中位数涉及两个参数，只有当我们正确地估计了各个年龄组的首婚的年龄中位数的情况下，这个结果才算准确。假设科尔的这种方法是合理的。表 3-3 列出了对结婚倾向的各种估计结果。

为了控制独身率和结婚年龄这两个变量，我定义了一种新变量，称为最高独身年龄（Highest Celibacy Age，HCA）。这个变量的定义是，一个成年人的单身状态发生改变时的平均年龄。单身状态可能会因为结婚或死亡而发生改变。因此，HCA 在形式上相当于已婚人士的平均结婚年龄，以及独身人士的平均死亡年龄。假设预期寿命与婚姻状况无关，那么 HCA 只是平均结婚年龄和 17 岁时预期寿命的加权平均值，权重是已婚者和独身者的比例。

计算结婚年龄时所用的另一种数据来源是 1841 年人口普查提供的"婚姻表"。不幸的是，这些表只列出各省和三个大城市的数据，如果我们需要更详细的数据分类，这一数据来源就没有用了。这些数据是基于被调查者的回忆（询问受访者结婚时是多少岁），因此比表 3-3 中使用的婚姻状况数据更缺乏可信度。尽管如此，将这些数据作为对比数据还是很有趣的，特别是因为它只涉及双方都非再婚的婚姻。

表 3-17 列出了估计的结婚年龄。该表是基于一些简化的假设。由于原始数据是 1830~1840 年每一年的年度数据，因此这个数据只被用来计算在 1840 年当年结婚的人的结婚年龄。为了便于比较，添加了 1830 年的数据。1830~1840 年结婚年龄的增长幅度太小，不足以支持康奈尔关于结婚年龄在 19 世纪 30 年代上升的观点（Connell，1950a）。的确，由于 1830 年结婚的人中存在死亡人口，1830 年结婚的人的结婚年龄应该比 1840 年要低一点。

这是因为在 1830 年很年轻就结婚的人，到 1841 年在被人口普查员采访时还能准确回忆起自己的结婚年龄的可能性要低得多。因此，1830 年结婚的人的结婚年龄存在低估，表 3-17 的数据没有证实结婚年龄在 19 世纪 30 年代有所上升的假设（Connell, 1950a; Drake, 1963; Lee, 1968）。这项计算中假设的平均年龄如下：对于小于 17 岁结婚的，17 岁；17~25 岁结婚的，22 岁；26~35 岁结婚的，30 岁；36~45 岁结婚的，40 岁；46~55 岁结婚的，50 岁；55 岁以上结婚的，56 岁。

表 3-17　爱尔兰人的结婚年龄（1840 年）

地区	农村 男性	农村 女性	城镇 男性	城镇 女性	合计 男性	合计 女性
阿尔斯特（除贝尔法斯特）	27.30	24.15	26.25	23.97	27.22	24.14
贝尔法斯特	—	—	25.94	23.57	—	—
伦斯特（除都柏林）	28.58	25.17	27.60	24.68	28.40	25.10
都柏林	—	—	27.15	24.02	—	—
明斯特（除科克）	28.08	24.50	27.19	24.57	27.94	24.51
科克	—	—	27.22	24.26	—	—
康诺特	27.51	23.72	26.73	23.68	27.46	23.72
爱尔兰（1840 年）	27.86	24.40	27.02	24.24	27.72	24.36
爱尔兰（1830 年）	27.58	23.86	26.82	23.59	27.47	23.82

资料来源：Great Brtain (1843)。

（4）科尔指数（Coale's Indices）

为了进行计算，假设非婚生人数（illegitimacy）小到可以忽略不计。[22] 在此期间，我们必须重新估计科尔（Coale, 1967）和亨利（Henry, 1961）提出的赫特生育率（Hutterite Fertility Rate），因为爱尔兰人口普查报告提供的数据是根据不同的年龄阶段划分的。不同于科尔的做法——将所有样本按照每五年分为一个年龄层，我用伊顿和迈耶（Eaton and Mayer, 1953）的方法重新估计了赫特生育率。这些比率如下：对于 17~25 岁的人，0.555；对于 26~35 岁的人，0.474；对于 36~45 岁的人，0.336；对于 46~55 岁的人，0.052。[23] 乡村地区 I_m 值最高的是凯里郡（0.537），最低的是皇后郡（0.371）。农村地区的 I_g 值最高的是卡范郡（0.944），最低的是罗斯康芒郡（0.725）。I_f 值介于 0.459（凯里郡）和 0.306（卡洛郡）之间。

（5）婴儿死亡率

婴儿死亡率比总死亡率包含了更多有趣的社会人口动态信息。1841 年人口普查在其题为"死亡表"的附录中载有大量按年龄划分的死亡率数据。这些数字是按 1830~1840 年的年份给出的，并按性别、郡和农村或城市户口进行了细分。然而，在将这些数据转换为婴儿死亡率之前，需要解决的问题是堆积问题（heaping）和漏报问题，这要考虑到全国按年龄划分的婴幼儿死亡人数（见表 3-18）。

表 3-18 幼儿死亡人口的年龄分布（1840 年）

年龄	男童	女童	年龄	男童	女童
1 个月	4008	2918	9 个月	1202	1177
2 个月	1219	1059	10 个月	403	360
3 个月	1556	1458	11 个月	419	350
4 个月	733	609	12 个月	5020	4743
5 个月	413	395	2 岁	4164	4155
6 个月	1424	1363	3 岁	2288	2240
7 个月	404	296	4 岁	1538	1524
8 个月	373	340	5 岁	1156	1164

资料来源：Great Britain (1843)。

3 人口问题：马尔萨斯是对的吗？

我们在这里面临的堆积问题和定义问题与估计出生率过程中面临的问题是一样的：不足月的儿童明显被忽略了，以及 6 个月大、9 个月大和 12 个月大的人数明显偏高（堆积问题）。不幸的是，没有类似前文中的简单方法能够证明这个堆积问题，即使我们意识到一个 i 岁的孩子的实际年龄其实在 $i-1$ 到 i 岁之间。三个因素的相互作用，使得婴儿死亡率的估计十分复杂：漏报问题、不足岁的儿童死亡率的变化率和堆积问题。

首先对漏报问题进行修正，然后先对存活儿童的堆积问题进行纠正，再尝试调整婴儿死亡率的堆积问题。为方便区分，K 代表 i 岁且存活的儿童的数量，$\tilde{K}_i$ 代表对堆积问题进行修正后的 i 岁且存活的儿童数量，T_i 代表没有堆积问题和没有夭折情况下的理论上存活的儿童数量，M_i 代表在 i 岁死亡的儿童数量，$\tilde{M}_i$ 代表对堆积问题进行修正，并考虑到夭折情况的在 i 岁死亡的儿童数量。婴儿死亡率的准确的度量公式是：

$$IM = \frac{\sum_{i=1}^{12} \tilde{M}_i}{\sum_{i=1}^{12} T_i} \tag{A10}$$

现在来看一看表 3-14。根据原始数据，$\sum_{i=1}^{11} K_i = 202466$，其中 $K_{12} = 158958$。显然，K_{12} 包括了 $\tilde{K}_{12}$（年龄为 11~12 个月），以及年龄更小的儿童（9~11 个月大）和数量未知但大于 1 岁的大量儿童。因此，我们必须知道 $\sum_{i=10}^{12} \tilde{K}_{12}$ 的值，这个值等于 K_{10} 加 K_{11}，再加上 K_{12} 的一部分。我们必须先计算婴儿死亡率的漏报因子（underreporting factor）B：

$$\sum_i T_i = \sum_i \hat{K}_i + \sum_i \hat{M}_i + \sum_i \hat{K}_i + \frac{M_i}{B} \tag{A11}$$

- 101 -

如果对于任何一个累积年龄段 i，堆积量都很小，当 $\sum_i \hat{K}_i = \sum_i K_i$ 且 $\frac{M_i}{B} = \hat{M}_i$ 时，利用方程（A11）可以解出 B。当然，堆积问题仍然存在，但这并不影响计算结果。

计算漏报因子 B 的困难在于存活儿童的年龄和死亡婴儿的死亡年龄堆积程度不均。两种堆积问题都在 6 个月年龄段时最为严重，但各个死亡年龄段的堆积程度明显差异较大。要解出 B，我们必须假设参与计算的特定年龄段的堆积问题不算严重。表 3-19 可以说明我们的估计值对所选择的年龄段的敏感度。

表 3-19　各年龄层儿童死亡率的漏报因子

年龄	累计儿童数（$\sum K_i$）	累计婴儿死亡人数（$\sum M_i$）	B
7 个月	150962	17854	0.526
8 个月	159888	18568	0.373
9 个月	184617	20947	0.407
10 个月	194668	21710	0.322
3 岁	810377	45089	0.362

注：根据表 3-14 和表 3-18 计算得出。B 值根据方程式（A11）计算得出，并假设每个月的出生率均为 38.5‰。

B 值是由"9 个月"大这个年龄段的数据计算得出，$B = 0.407$。在 9 个月大时，堆积的影响可能很小，因为它落在 6 个月和 12 个月的两个堆积中心之间。碰巧 0.407 恰好是 7~10 个月这四个年龄段的 B 值的平均值。我们现在需要计算 $\sum_{i=1}^{12} \hat{K}_i$ 和 $\sum_{i=1}^{12} \hat{M}_i$ 的值。为此，我们使用两个方程。

第一个方程如下：

$$\sum_{i=1}^{12} T_i = \sum_{i=1}^{9} T_i + \sum_{i=1}^{12} \hat{K}_i + \sum_{i=1}^{12} \hat{M}_i \qquad (A12)$$

第二个方程基于三个假设。第一个假设是 $\hat{K}_9 + \hat{K}_{10} = K_9 + K_{10}$，也就是说，第 9 个年龄层的堆积和第 10 个年龄层的堆积之间的影响相互抵消了。第二个假设是，$\hat{M}_9 + \hat{M}_{10} = (M_9 + M_{10})/B$，也就是说，对第 9 个年龄层和第 10 个年龄层的漏报程度与对前 9 个年龄层的漏报程度大致相同。第三个假设是，$\hat{K}_i = \sum_{i=10}^{12} \hat{M}_i / \sum_{i=10}^{12} \hat{K}_i$，即在第 9 个月和第 10 个月死亡的平均概率与在第 10 个月、11 个月、12 个月死亡的概率相当。这三个假设共同意味着：

$$\frac{\sum_{i=10}^{12} \hat{M}_i}{\sum_{i=10}^{12} \hat{K}_i} = \frac{k_9 + k_{10}}{(M_9 + M_{10})/B} \qquad (A13)$$

解方程（A12）、（A13），得：

$$\sum_{i=10}^{12} \hat{M}_i = 19006$$

将该结果代入：

$$\sum_{i=1}^{9} \hat{M}_i = \frac{1}{B} \sum_{i=1}^{9} M_i = \frac{20947}{0.407} = 51530$$

意味着婴儿死亡率为 224‰（所有的计算都基于年出生率 =38.5‰）。计算结果如表 3-15 所示。

附录B：有关土地质量问题的计量方法

q_i 代表 i 郡的土地质量。假设 q_i 的平均值为 μ 和标准差为 s.d.σ。假设有一个临界值（threshold level）c：i 郡中所有土地质量高于 c_i 值的土地都被作为耕地。因此，i 郡的耕地面积比例 P_i 为：

$$P_i = \text{prob}(q_i \geq c_i) \tag{B1}$$

假设变量 q_i 是对称分布的。均匀分布和正态分布是两种方便计算的对称分布。如果分布均匀，则 p.d.f. 可表示为：

$$f(q) = \frac{1}{b-a} \tag{B2}$$

其中，b 和 a 分别是均匀分布情况下的上界和下界。均匀分布的均值和标准差分别为：

$$\mu = (a+b)/2 \tag{B3}$$

和

$$\sigma = \frac{b-a}{\sqrt{12}} \tag{B4}$$

为了推导出每个郡的值 μ 和 P 值之间的关系，必须对标准差做一个假设。最简单的假设是，假设每个郡的标准差都相等。然后，令 $b-a=1$，得到：

3 人口问题：马尔萨斯是对的吗？

$$P=\frac{b-c}{b-a}=b-c \qquad (B5)$$

求解方程（B3）、（B5），得：

$$\mu=P+c-1/2 \qquad (B6)$$

由此得到平均土地质量 μ 与 P、c 的关系式。计算收入的方程式（简化版）为：

$$Y=a+b\mu+dZ \qquad (B7)$$

其中 Y 代表收入，Z 代表土地－劳动比率。假设临界值 c 为是有关 Z 的线性函数：

$$c=m+nZ \qquad (B8)$$

由此，收入方程式可进一步推导为：

$$Y=a'+b'P+d'Z \qquad (B9)$$

其中，$a'=-\frac{1}{2}+a+bm$；$b'=b$；$d'=d+bn$。

假设各个郡的标准差相同，简化了问题，但这一假设过于简单。另一种假设，假设标准差与均值成比例，即比例系数 V 是一个常量。这意味着：

$$\frac{b-a}{\sqrt{12}} = \frac{V(a+b)}{2} \qquad (B10)$$

所以，a 和 b 是成比例的，由此 b 和 μ 也成比例：

$$b = k\mu \qquad (B11)$$

耕地面积比例 P 为：

$$P = \frac{b-c}{b-a} = \frac{2(k\mu-c)}{\sqrt{12}V\mu} \qquad (B12)$$

也可以写成：

$$P = \frac{k\mu-c}{\mu}K \qquad (B13)$$

由此可通过方程（B14）解得参数 μ 为：

$$\mu = \frac{cK}{Kk-P} \qquad (B14)$$

将方程（B14）代入方程（B7），利用方程（B8）得到方程（B15）：

$$Y = a' + \frac{b'}{k'-P} + \frac{b'Z}{k'-P} \qquad (B15)$$

这需要运用非线性工具（nonlinear technique）来估计。

假设 q 服从正态分布。根据正态性假设：

3 人口问题：马尔萨斯是对的吗？

$$P=\psi\left[\frac{\mu-c}{\sigma}\right] \quad \text{（B16）}$$

其中，ψ 应当等于 1/2 加上均值与临界值 c 之间的标准正态分布下的面积。通过方程（B17），我们可以解得 μ：

$$\mu=\psi^{-1}(P)\cdot\sigma+c \quad \text{（B17）}$$

再次，我们需要对 q 的方差做一些假设，假设各郡的方差都相等，则可得估计方程为：

$$Y=a'+b'\theta+d'Z \quad \text{（B18）}$$

其中，$\theta=\psi^{-1}(P)$，系数的简化形式如方程（B9）所示。

现在，和之前一样，假设标准差和均值成正比。可得：

$$\mu=\theta V\mu+c \quad \text{（B19）}$$

其中，V 为比例系数。所需的参数 μ 等于：

$$\mu=\frac{c}{1-\theta V} \quad \text{（B20）}$$

估计方程仍然是非线性方程：

$$Y=a'+\frac{b'}{1-\theta V}+\frac{b'Z}{1-\theta V} \quad \text{（B21）}$$

方程（B7）、（BI5）、（B18）和（B21）的计算结果见表3-8和表3-9。

注释

1. 移民不能解释爱尔兰的人口增速锐减的问题。在康诺特省，移民人数比人口增长还要少，人口增长率从1.91%下降到0.54%。一些学者（Crotty，1966；Verriere，1979）不加批判地接受了1831年的人口普查数据，并从中得出了错误的结论：移民对人口存在很大的影响，人口增速下降如此之快，以至于即使没有饥荒，到1851年人口增长也会停滞不前。

2. 在1821~1841年，估计有1045000名爱尔兰人从爱尔兰移民到北美或英国。这相当于每年的人口净流失率约为0.7%。由于平均每年的人口增长率约为0.9%，通过计算（3.3-0.9-0.7=1.7%），每年的人口死亡率约为1.7%。

3. 虽然这些相关系数在统计上是显著的，但是F检验拒绝了死亡率和移民率相等的假设。检验所基于的想法是，如果两个变量，假设x和y是完全相等的，不考虑随机错误（random error），对$X=a_1+b_1Y$和$Y=a_2+b_2X$两个式子进行回归，应当同时满足$a_i=0$，$b_i=1$（$i=1,2$）。在1%的置信水平下，死亡率和移民率相等的原假设被拒绝了。结论是，基于每个郡的数据进行的计量经济学分析，我们必须同时使用估计的死亡率和估计的移民率。这是因为我们没有办法判断这两组数据哪一组更优。

4. 天花（smallpox）是儿童的头号杀手，可是在爱尔兰，几乎找不到任何天花的影子。根据1841年人口普查报告的特定年龄的死因，天花是6个月至10岁年龄段孩童的第二大死因，天花导致的死亡人数占这一年龄段总死亡人数的13.5%。就所有人而言，天花造成的死亡率为5.1%，是英国的两倍多。Peter Razzell（1977）认为，在爱尔兰，天花导致的死亡人数在19世纪30年代非常低，如果是与17世纪的爱尔兰相比，那确实可以这么说，但是与英国相比就不一样了。Razzell提供的数据显示，在肯特郡的梅德斯通（Maidstone），天花导致的死亡人数只占总死亡

3 人口问题：马尔萨斯是对的吗？

人数的 1.3%，而这仅为爱尔兰的 1/4。康奈尔（Connell，1950）在文章中对此做了相关说明，但是 Razzell 并未对此做出解释。

5 其他现代历史学家也同意马尔萨斯假说的某些内容，包括索洛（Solow，1971）、格里格（Grigg，1980）和弗里曼（Freeman，1957）。

6 塞德勒（Sadler，1829）和奥布莱恩（O'Brien，1921）引用了 17 世纪和 18 世纪早期作家的话，他们把当时爱尔兰的贫困归因于人口稀少。威廉·佩蒂（William Petty，1899）在 1688 年写道："这个王国最大和最根本的缺陷在于人民的匮乏"。迪恩·斯威夫特（Dean Swift，1995）也认为，"不增加国民数量，除非是被上帝眷顾，不然难逃贫穷"。

7 需要补充的是，上面的计算并不是对人口过剩假设的完全充分的检验。正如格拉达所强调的，一方面，饥荒不仅减少了劳动力，还减少了土地禀赋（land endowment），因为农民再也无法依赖土豆作物存活。认识到种植土豆所带来的风险，相当于减少土地供应。另一方面，格拉达可能夸大了饥荒对人口总数造成的影响。首先，人口的下降和农作物的转移减少了季节性失业，因此实际工作的天数可能减少了不到 24%。其次，饥荒只对那些兼职农民（part-time）或以家庭手工业、挖泥炭等工作为副业的人的打击最为严重。这些人的死亡或移民意味着，有效劳动力可能并没有减少。

8 这里还要补充一点，学者们认为爱尔兰在 20 世纪早期的人口减少从各方面来说都不是一件好事。一位最敏锐的观察家指出，"人口越少，爱尔兰就会越孤独；这些快乐的人民的生活就会因此变得越加空虚和乏味"（Bonn，1906）。

9 在简单的新古典主义增长模型（Neoclassical Growth Model）中，不可再生的生产要素并不存在，人均收入的稳态水平与人口水平也不相关，尽管它并不独立于人口增长率。最初，新古典主义模型是承认马尔萨斯特征的，这使得模型发生了重大改变（Swan，1969）。

10 这个检验基于对 I_f 变量的变化进行分解。由于 $I_f = I_m \cdot I_g$，因此 $\log I_f = \log I_m + \log I_g$，对两边取方差，得：$VAR(\log I_f) = VAR(\log I_m) + VAR(\log I_g) + 2COVAR(\log I_m, \log I_g)$。

11 这个方程将会对总体情况和农村地区的情况做出估计。
以结婚年龄中位数为自变量的回归只适用于农村地区（括号内为 t 值）：

出生率 =0.11+0.0006x（男性年龄）-0.0035x（女性年龄）R²=0.4838（调整后）。

（7.43）（0.73）　　　　　　（-3.91）

对于农村和城市地区，使用 HCA 度量婚姻倾向：

出生率 =0.10-0.0005x（男性年龄）-0.0017x（女性年龄）R²=0.4252（调整后）。

（7.10）（-0.95）　　　　　　（-3.34）

这些回归结果意味着，农村女性结婚年龄中值上升将使出生率下降 0.35 个百分点，例如从 40‰ 下降到 36.5‰。使用 HCA 或 HSM 作为结婚倾向的代替变量时，女性结婚年龄中值的变化对出生率的影响较小，这是预料之内的，因为女性的结婚年龄中值比平均结婚年龄小 1.5 岁。

12　农村已婚生育率与女性结婚年龄中值的原始相关系数（raw correlation coefficient）为 -0.183。

13　布莱恩（J.B.Bryan）在 1831 年写道："早婚比晚婚更有利于人口的增加，因为晚婚女性的生育周期延长了，生育压力更大"（Connell 引用，1950a）。

14　在饥荒前的爱尔兰，发生婚外性行为的可能性极小。1851 年，爱尔兰共有 1368 名妓女和妓院老板，其中大多数在都柏林。在康诺特，只有 42 名妓女。康奈尔（1950a）提出的证据支持了他的观点，婚前性行为和通奸是相对罕见的。尽管这样的证据非常难以处理，但它与我们对饥荒后爱尔兰的了解是一致的。

15　最初是由塔克（Tucker, 1970）提出来使用这些年龄统计数据的。然而，据我所知，以前从未有人试图将年龄统计数据转换成出生率。

16　人口普查数据编纂者承认人口总数存在严重漏报。1840 年的总死亡率是 17.4‰，这让人难以置信。

17　大多数欧洲国家出生率的季节性波动表明，5 月的出生率介于 2 月、3 月和 4 月（出生率异常高的 3 个月）8 月和 9 月（出生率异常低的 2 个月）之间。比利时、法国、荷兰、德国和西班牙都遵循这样的分布，只有苏格兰和瑞典中部 5 月的出生率略高（Huntingdon, 1938）。在法国，最近的一些基于家庭重建的研究显示了与上文所述完全相同的分布模式（Smith, 1977）。瑞格里和斯科菲尔德（Wrigley and Schofield, 1981）报告说，在 1700 年以前，5 月的出生率低于年平均水平，1700~1749 年正好处于年平均水平，1750 年以后超出年平均水平 4%~6%。关于 1841

年的出生率，在有数据的 7 个西欧国家中，出生率和 1835~1844 年的平均出生率的偏差均落在 1 个标准差内（除了荷兰，Mitchell，1975；包括荷兰，Hofstee，1978）。

国家	1835~1844 年平均出生率	出生率的标准差	1841 年出生率
比利时	33.5	1.0	34.0
丹麦	30.1	0.7	29.7
法国	28.4	0.6	28.5
德国	36.4	0.4	36.4
荷兰	37.1	1.0	37.9
挪威	29.4	1.6	29.8
瑞典	31.1	1.0	30.3

18 之所以除以 2，是因为不足月死亡的儿童数除以出生人数，表示儿童在第 1 个月内死亡的概率。但是计算中使用的样本都是只有 15 天大的儿童，其中一部分孩子在人口普查结束后的 1 个月内仍然去世了。

19 人口普查报告的数据完全忽略了内部迁移人口，并大胆假设全国各地死亡率都是一致的。

20 这里所使用的权重是在 1821~1841 年某一随机年份中某一特定年龄组中随机一位成员的死亡概率。因此，各年龄组的权重为：11~15 岁，0.075；16~20 岁，0.200；21~25 岁，0.250；26~30 岁，0.250；31~35 岁，0.175；36~40 岁，0.050。

21 在缺少方程（B8）的情况下，就只能回头计算 b_{ij} 的值，并对每一个年龄组进行单独分析（如 McKenna，1978）。

22 康诺利（Connolly，1979）基于 9 个罗马天主教教区的抽样调查数据，得出爱尔兰的非婚生人口约占总出生人口的 2.5%，这一比例不到英格兰和威尔士的一半。

23 伊顿和迈耶（Eaton and Mayer）的数据不包括 52 岁及以上的样本。他们假设女性在 51 岁以后就不再怀孕，样本中 52~55 岁的妇女人数减少 2 人。

4 土地、租约和租期

（一）引言

在 19 世纪提出的对爱尔兰经济困境的所有解释中，最具影响力的一个解释是将爱尔兰的经济困境归于土地租佃制度（the system of land tenancy）。整个 19 世纪，行政官员、政治经济学家、农业改革家和游客都有这样的想法。[1] 当时人们认为租佃制是导致爱尔兰困境的关键。政府对此采取的举措则是（1844 年）成立了调查委员会，调查与爱尔兰土地使用有关的法律和执行状况，这些调查委员会统称为德文郡委员会。

德文郡委员会报告是一个真正的数据宝库，它支持这样一种假设，即土地租赁形式是爱尔兰贫困的主要来源，但不幸的是，也有证据反对这种假设。总的来说，这份庞大的数据文件指出：

> 租期的不确定性一直都令所有租赁者不满。据说，这种不确定性会抹杀所有的努力，并在土地改良的道路上设置致命的障碍。我们毫不怀疑租佃制的确存在这样的弊病。但是，诸如此类的抱怨也可能是懒惰和无知的借口（Great Britain，1845a）。

德文郡委员会发表的《证据摘要》（*The Digest of Evidence*）（Kennedy，1847）注明，大多数证人认为，爱尔兰农业落后的原因是，"土地使用者在（对土地）做出有价值的改进后，如果立即离开，就无法确定自身是否能得到补偿；他们没有租约或者……保证他们对农场享有使用权（的凭证）"。有调查专员礼貌地指出，这一观点无疑是"最合理的……且最中肯的一个"，专员继续补充说，"没有过多的证据可以证明地主很好地抓住机会改善租户的这种状况"。同时也没有证据表明那些"合同租期非常长的租户比没有租契的租户把土地变得更多产……"这一制度不仅被指责为抑制了土地投资，还被指控为南方农村工业发展失败的罪魁祸首（Gill，1925；Verriere，1979；Black，1960），同时也被认为是遍布爱尔兰农村地区的农业暴力（agrarian violence）的起因（Pim，1848；Donnelly，1973；Maguire，1972）。然而，很显然，对爱尔兰土地租佃制的主要抱怨是，租户持有土地却得不到租契的保障，导致农业资本形成不足。毫无疑问，土地租佃制造成投资不足假说（Land Tenure Hypothesis，LTH）是当时学者们关注的焦点。甚至约翰·斯图亚特·密尔（John Stuart Mill）也对此进行了一番极为夸张的描述(Mill，1929)，他认为爱尔兰佃户是"最孤独的人"，因为他们不被允许收获本该属于他们的投资果实。

类似马尔萨斯假说的情况一样，总是有一些人对LTH假说持有异见，或认为该假说根本不成立。博蒙特（1839）和许多人一样，认为租期的长短并不像地主和佃户之间的契约精神那么重要。麦克库洛赫（J.R.McCulloch，1854）也是这么认为的，他还补充说，只要租金不涨，佃户心甘情愿做任何事。

最近，爱尔兰的现代历史学家开始对LTH发表评论（Solow，1971；Crotty，1966；Donnelly，1973，1975；O'Tuathaigh，1972）。佃户权益受保障是农业进步的先决条件，这个道理不仅适用于爱尔兰，英格兰和苏格兰也是一样的。然而，在爱尔兰，佃户权益受保障对农业发展起着核心作用的这一假设已经备受诟病（Chambers and Mingay，1966；Whyte，1979）。

LTH的本质可以通过下表得到最好的诠释，该表描述了农业经济中所有可能的四种情况，在爱尔兰，地主是不种地的，他们将土地租给佃户。

	短期租赁	长期租赁
地主承担土地改良责任	I	II
佃户承担土地改良责任	III	IV

这说明了一个有两种参与者（领主和佃户）却只有三个生产要素（土地、劳动力和资本）的经济体系会遭遇的困难。大多数农业资本所包括的活动主要有以下方面：固土、适当的轮作和施肥、排水、灌溉、翻土、筑篱、种树以及打理谷仓或库房等类似的活动。因此，资本"体现"在土壤中。由于地主拥有土地，所以在佃户离开时，他曾投入的资金仍归地主所有。

租约是指在整个土地租赁期间对名义租金进行明确规定的文件。如果租约没有附加条款，那么只存在Ⅰ和Ⅱ两种情况。英格兰和苏格兰就属于情况Ⅰ。在这里，地主可以在对土地进行改良后提高租金，这说明，佃户给地主支付的租金还额外包括了地主的投资回报。如果佃户承担土地改良的责任，他就需要得到一些保障，以确保他能真正拥有这些应得的投资回报。一份长期租约就能够确保租金不会以没收投资回报的形式提高。当然，即便有长期租约，佃户也不一定会对土地进行投资。我们马上就会了解到，整个事情还要更加复杂一些。

由于在爱尔兰绝大多数地主不承担对土地进行改良的责任，相反，对土地进行改良的所有投资活动都由承租人负责，所以对于爱尔兰而言，只存在表 4-1 中的Ⅲ、Ⅳ两种情况。有相当多的证据表明，在 1800 年之后，地主开始只签短期租约，许多佃户因此完全没有租约，变成了散租客或年租客；换句话说，情况Ⅳ演化为情况Ⅲ（Dubourdieu, 1812; Coote, 1801a; Thompson, 1802; Kennedy, 1847）。[2] LTH 的关键在于，长期租赁的终止涉及农业生产从高效到低效的转变，而这阻碍了爱尔兰农业现代化所必需的资本积累过程。

在对饥荒前 LTH 进行更全面的分析之前，或许有必要先思考一下，为何会出现从长期租赁到短期租赁的这种转变。马圭尔（Maguire, 1972）对这个问题进行了详细的分析，接下来的内容依赖他的部分研究成果。一种解释是，这与 1829 年选举改革有关。在那之前，所有持有价值在 40 先令以上土地的地主都享有选举权（franchise）。一些高度参与政治的地主，尽可能多地出租土地，来增加其地产上的选民人数，从而最大限度地扩大其政治影响力。1829年改革后，法律不再承认这种选举权，这种做法也就随之消失了。虽然不能排除这种解释对个别案例是有效的，但它也只能算是造成长期租赁消失的一个小原因，长期租赁早在1829年之前就开始逐渐消失了，这种趋势遍布爱尔兰的所有地区，且不论地主是否在政治上活跃。克劳福德（1975）还指出，地主越来越不相信租约可以激励佃户们进行土地改良，并且他们对任何试图将租约合法化的行为感到愤怒。

地主越来越不愿意续租，他们倾向于用散租的方式取代长期租赁，其第一个原因在于地主和佃户在租金价格水平变化方面是不对称的。如果对于双方而言，这种价格水平变化是对称的，当合同已经对名义租金做出了明确规定，且价格走势无法得到充分预期时，地主将从通缩中获益，租户从通胀中获益。获益的差异，以及劳动力是可以流动的而土地无法流动，造成了一种不对称，这种不对称只有在1790~1820年价格发生激烈的变化后，地主才完全意识到。通胀发生时，地主看到租金的实际价值在下降，却无法提高名义租金来适应新的价格水平，除非租约到期。然而，在1814年后，物价下跌时，许多地主却发现租金的实际价值依然没有成比例上升。因为，发生通缩时，佃户们要求降低租金，并常常能够如愿。还有一些佃户常常拖欠债务，要么在能力范围内偿还一部分欠款，要么干脆逃债。当然，因为这个原因而驱逐佃户是没有意义的，因为取代旧佃户的新佃户将支付的租金也只能反映当前的物价水平，过去地主遭受的损失与新佃户毫无关联。因此，在价格快速变化的情况下，长期租赁对地主来说是一场零和游戏。因此，长期租赁在饥荒爆发前几十年就越来越少见，这并不奇怪。[3]

地主不愿签订租约的第二个原因是，他们越来越希望改变爱尔兰农业的现状。总的来说，地主对在大型牧场发展畜牧业非常感兴趣，而农民们则更愿意继续耕田。第 5 章讨论了这种利益冲突的复杂性。然而，很明显，如果地主希望对土地进行整合，他必须在某个时候停止发放租约，除非所有租约刚好在同一天到期。另一个可能不那么重要的原因是，租户也很少主动签署租约。因为租约本身也是有成本的（尽管这种成本并不很高）。此外，租户认为，再怎么说自己也是有保障的，或者他们相信自己的地主是体面人，不会提高租金并没收自己对土地进行改良投资的回报。有一些租户直接拒绝签署租约，单纯因为他们本来也没有对土地进行投资的意愿。

LTH 认为，佃户权益不受租约保障导致农业"投资不足"。问题来了：与什么相比，是投资不足的？我一时难以找到合理的参照标准，但可以把实际情况与一个假设的情况进行比较，在假设情形中，佃户有长期租约，或者地主负责对土地进行改良，或者甚至农民也可以拥有土地所有权。接下来，假设一个完全竞争的市场环境，其中所有的参与主体都是理性的，市场运转良好，每一种投入农业的资源都达到了社会均衡状态（也就是说，社会回报率和私人回报率是相等的）。这种新古典主义模型（Neo-classical Model）并不比其他模型差，并且具有易于分析的优点。庇古（Pigou, 1932）在他著名的关于地主与佃户的低效关系讨论中也运用了类似的方法。在某些假设下，其他三种情况可以用这个模型进行分析。

如何检验 LTH？最理想的检验方法是收集单个农场的数据，然后在其他条件相同的情况下，检验农业投资与租赁期限之间是否存在关系。可惜这样的样本数据无法获得。从德文郡委员会提供的证据和《地形测量回忆录》的报告中可以明显看出，农业投资和租赁期限这两个变量都存在一定的例外：一些散户也会改良土地，而一些持有长期租约的佃户反而不改良土地。如果这些特殊情况足够罕见，那么它们并不一定会成为拒绝 LTH 的理由，但如果我们没有更多的定量信息来判断它们是否足够罕见，问题就更加复杂了。另一个困难在于这两个变量之间的因果关系可能是双向的：有一些证据表明，地主更乐意与那些会保持或提升原有土地肥力的佃户签订租约，而与那些不一定会改良土地的租户一年一年地续约，以保有自己可以在合约到期时不再续约的权利（OSM）。综上，下文对 LTH 进行检验的方法必然是间接的。

（二）理论基础

LTH 基于三个假设，这三个假设必须对土地租佃制是爱尔兰贫困的一个重要原因的观点做出支撑。这些假设分别是：(1) 土地改良责任主要由佃户承担而非地主；(2) 地主会在短期租约内将租金提高至最大限度，至少佃户认为地主是这么做的；(3) 在爱尔兰，大部分土地都是短租或散租的。这三个假设是 LTH 成立的必要条件。如果这三个假设不成立，那么 LTH 先天就是不成立的；如果它们成立，LTH 可能正确，并且我们还是无法据此确定这个假说能对爱尔兰的贫困有多大的解释能力。

福斯特（1847）和皮姆（Pim，1848）等学者认为，佃户对土地进行改良投资，地主随后就提高租金这样的先后顺序，就能充分证明 LTH。这个推论是错误的。在任何生产理论中，无论是新古典主义还是其他理论，一种要素的投入数量会对所有被投入要素的回报造成影响。农业生产要素是互补的，即增加一个生产要素会提高另一个生产要素的边际生产力，如果市场是完全竞争的，任何投入资本的增加将提高土地的边际生产力，从而提高地主所收取的租金水平。

本章附录 A 给出了一个简单的模型来说明土地改良投资和租金之间的相互作用。从中得出的结论可以总结如下。正如李嘉图所定义的那样，土地租金是为购买土地固有的、不可摧毁的性能而支付的对价。然而，这些性能并不独立于生产过程中投入的可再生要素（资本）的数量，即可再生要素的投入数量会影响不可再生要素的回报。但凡对土地进行改良投资，都会使土地租金提升至一个更有竞争力的水平，无论这种改良是由佃户还是由地主带来的。因此，由于佃户对土地进行改良，地主提高租金，地主的这种行为不算是具有掠夺性的，也不会导致土地投资不足；这是完全符合竞争行为的。然而，问题是租金提高了多少？如果地主提高的租金刚好等于佃户对土地进行投资后获得的全部回报，就可能导致投资不足。地主的这种行为我们称为"掠夺性"行为。掠夺性行为之所以会发生，是因为佃户不能将他的投资从土地上转移出去。当他离开或被地主驱逐时，投资的全部价值就会重新回到地主手中。土地改良造成了土地产权分配的漏洞，这是LTH假说的核心论点。

假设爱尔兰的所有土地都处于散租状态。在这种情况下，很显然，地主很有可能因为佃户意识到他们是剥削者，而无法获得任何投资效益。同样显然的是，这种剥削行为是愚蠢的。基于新古典主义，地主会发现，由于佃户实现了资本积累，他的租金也在稳步增长。掠夺性地主获得了一笔一劳永逸的意外之财，但代价是不再能收取未来的租金。然而，请注意，掠夺性地主并不一定就是不理智的。非常高的时间偏好加上高度不完善的资本市场可能会导致偶发的掠夺性行为。许多爱尔兰地主不稳定的偿债能力使这种行为的可能性变得非常大。然而，掠夺性行为不太可能持续出现在大量理性的地主当中，因为这相当于他们主动放弃了未来的租金收益。当然，仍然有可能使用临时预期理论（ad hoc expectations theory）来捍卫LTH。毕竟，LTH只要求佃户对地主的掠夺性行为是有预见性的。可以认为，在爱尔兰，由于政治和宗教原因，地主和佃户之间的敌意是如此之大，以至于佃户甚至在没有充分理由判定地主会采取掠夺性行为的情况下，也会预见性地认为地主会采取掠夺性行为（Foster, 1847）。或者，也可以认为，地主采取掠夺性行为是因为，他们自以为佃户的行为不会受到这种掠夺性行为的影响。地主可能认为，尽管他有掠夺行为，但佃户会不断地对土地进行改良，他也可以不断地从中捞金。这样的理论也并非说不通，但它缺乏系统的证据。事实上，如下文所示，感到"有保障"的佃户比例可能已经超过了实际拥有租约的租户比例。感受和现实之间的差异如何能够长期持续的存在，这有待进一步讨论。

然而，掠夺性行为也可能在另一种情况下产生。在这种情况下，这种行为更应该被认为是一种类掠夺性行为（quasi-predatory behavior），因为我们并不确定在这种情况下，地主剥夺的是不是本应属于他人的资源。类掠夺性行为可能发生在长期租约中，长期租约规定了固定的租金，直到期满。使用与上面类似的论据，可以证明长期租约规定的固定的租金反而允许佃户"剥削"地主。如果佃户对土地进行了改良，却没有相应地支付更多的租金，地主得到的收益低于土地的边际产量，而佃户得到的收益却超过了由他提供的两个要素（劳动力和资本）的边际产量。这种情况将持续到租约期满，届时租金将重新协商。如果地主将新租金定在有"竞争力"的水平，他仍然收不回此前所遭受的损失，所以，如果佃户的收入在新租约生效时又被投入土地改良中去，最终的结果仍然是资本和劳动力在共同"剥削"地主。如果地主将新租金设定在掠夺性水平，最终的结果取决于佃户与地主的"剥削"之差：租户在租约到期之前"剥削"地主，地主在新租约签署之后（可能是与其他租户）"剥削"租户。

因此，对于类掠夺性行为是否实际上构成地主对承租人的"剥削"或反向"剥削"，我们不可能提供一个明确的答案。在本章附录 B 中，我们通过一个简单的数值计算，进一步探讨了当地主和租户之间存在长期合同时，会产生什么样的结果。我们从中得出的结论是，基于对租期和折现率的一系列假设，LTH 不成立。

我们到目前为止得出的结论是：地主的掠夺性行为，据说是造成爱尔兰农业经济投资不足和发展不足的原因，并且只发生在散租客身上。很难说，这种行为是否已经普遍到会对农业经济发展造成阻碍：有大量证据表明这种行为确实发生过，但最终能对这一问题做出解释的定量证据很少，当时的学者，包括历史学家就这一问题也存在分歧。分歧在于，在没有租约的情况下，这种掠夺性行为可能相当于在长期或中期租约中的竞争性行为。

必须回答的问题是：对于饥荒之前的爱尔兰，佃户可以在没有与地主签署租约的情况下就获得土地使用权的这种现象，有多常见？索洛（Solow，1971）断言，到19世纪中叶，这样的情况出现的概率为70%~75%。[4] 没有证据可以支持这一数据，而且这一比例似乎也不太可能如此之高：饥荒20年后，1869年，这样的租户高达77%（Great Britain，1870）。由于饥荒前后，签署租约的行为变得越来越少见，索洛的估计很显然是不太合理的。此外，虽然不到1/4的爱尔兰佃户持有租约，但在1869年，受租约保护的土地比例明显更高了。[5]

（三）承租人[①]、散租客：一些证据

德文郡委员会调查（Great Britain，1845a）是19世纪进行的最彻底、最全面的调查之一。除了100多份附录和一份很长的介绍外，报告还包括1078名证人的证词（实际上有1125名证人的证词，但部分证人被重复调查）。受访者是具有代表性的广泛样本，尽管佃户和普通农民的代表性可能较低。样本中最大的群体是农民（41.8%），土地代理人占样本的20.5%，地主占15.5%，教区牧师占7.7%。还有律师（3.6%）、土地勘测员（3.3%）、公务员（2.8%）、商人和制造商（3.2%）、长老会牧师（1.0%）和医生（0.6%）。

---

① 这里，"承租人"的概念是对应于没有租约的散客存在的，特指有租约的佃户。

证词的记录约 300 万字，达 2960 页，其中含 50000 多个问题和答案。还有文件、表格和其他官方证词。尽管这份数据和我们想象的有点不同，但它足以帮助我们描绘出一幅乡村环境的图景，这幅图景并不像少数旅行者和日记作者笔下的那样，而是由数以百计的聪明的、总体上能言善道、见多识广的人的证词构成的。

雷蒙德·克罗蒂（Raymond Crotty）在将重估的饥荒前土地租金结果与官方估计的结果进行比较时，第一次提出了这一做法：将这样一个信息宝库作为一次独立的调研样本，以系统地运用这个信息宝库（Crotty，1966）。目前，我们的关注重点是土地租赁和租约的问题。具体而言，最重要的是要对以下问题做出回答：承租人是否通常通过签署租赁协议获得土地使用权？租期通常是多久？租约的形式是否会影响土地状况和承租人改善土地的倾向？承租人是否渴望租约？虽然这些问题并不是以完全相同的形式向所有受访者提出，但受访者的回答可以体现与问题的一一对应性，因此可以通过简单地计算回答人数来量化证据。结果如表 4-1 和表 4-2 所示。

受访者对三个问题的答复总结载于表 4-1。问题 1 的答案对应的问题是，长期租约在他们的地区是否普遍存在。问题 2 列出了所有受访者在被问及在他们居住的地区租地是否"有保障"时的回答。第 3 个问题涉及租户是否渴望租约。一个受访者可能就多个问题同时进行了回答（因此前 6 组的人数相加并不等于第 7 组）。表 4-2 显示的是受访者对其所在地区的长期租约的普遍度进行主观估计的结果。在 600 多名受访者中，约有 500 名受访者就长期租约是否存在这一问题做出了回答。

表 4-1 和 4-2 强调了饥荒前夕爱尔兰土地租赁制度的复杂性。虽然几乎整个爱尔兰都在一定程度上使用了租约，但在康诺特，租契似乎比较少见；相反，租约在伦斯特极为普遍，而在阿尔斯特和明斯特相当少见。尽管阿尔斯特的承租人更受保障，但他们仍然非常渴望租约，这似乎与某种传统相关：

在阿尔斯特，承租人受到"阿尔斯特条例"（Ulster Custom）的保障，据说这一条例规定，阿尔斯特租户改良土地之后将获得补偿。由于阿尔斯特和伦斯特是最富裕的省份，因此德文郡委员会提供的这些证词中所包含的数据可以用来支撑LTH，并帮助英国在饥荒后制定新的土地政策。

表4-1 租约相关的调查统计结果（德文郡委员会）

省份	(1) 长期租约 是	(1) 长期租约 否	(2) 承租人权益保障 是	(2) 承租人权益保障 否	(3) 渴望租约 是	(3) 渴望租约 否	(4) 受访人数
阿尔斯特	149	12	34	14	20	33	180
伦斯特	142	3	17	11	27	23	158
明斯特	200	12	20	29	63	28	234
康诺特	78	6	12	7	25	14	94
合计	569	33	83	61	135	98	666

资料来源：德文郡委员会（Great Britain，1845）。

表4-2 长期租约相关的调查统计结果（德文郡委员会）

省份	没有	很少	有一些	几乎全是	受访者人数
阿尔斯特	12	76	43	3	134
伦斯特	3	49	63	2	117
明斯特	12	100	69	2	183
康诺特	6	47	14	0	67
合计	33	272	189	7	501

资料来源：见表4-1。

然而，表4-1和4-2对LTH的解释能力仍然受到质疑。首先，在最贫穷落后的康诺特省，报告承租人受保障的受访者比例高达63%，这高于全国平均水平（58%）。虽然回答这一问题的康诺特的样本人数很少，但这仍然表明，简单地从长期租约和贫困之间找到某种联系是难以使人信服的。其次，毫无疑问，表4-2表明，许多证人的回答中存在着"存量和流量"问题

(stocks and flows problem)。一名证人报告说,在他所在的地区,租约很罕见,这可以理解为,该地区只有少数租户持有租约。但证人的意思更有可能是:现在不太流行签署租约了,这并不排除目前仍然有大量承租人正持有租约的可能性。最后,LTH 不仅意味着大多数佃户都是散客,而且意味着大部分耕地应该也是以散租的形式租出去。否则,虽然这些佃户耕种的土地可能部分受到地主掠夺性行为影响而产生投资不足,但大部分土地(以及经济)不会受到影响。一个郡或一个地区的总收入将仍然很高,地区经济总体上不会受到土地投资的阻碍,即使其中大部分收入仍由持有长期租约的大型农场产生。换句话说,如果 LTH 对雇农和佃户适用,而对持有大规模耕地的大中型农场不适用,那么总资本-劳动比率只会受到很小的影响。这一比率对人均收入水平至关重要。如第 2 章所示,佃农和雇农在较大的农场和牧场兼职。他们的生产力(他们的工资)是由大农场主引进的土地改良措施决定的。因此,高收入的农场将通过劳动力和其他要素市场为这些散户创造积极的经济外部性。如果大部分耕地被大型农场持有,那么作为散户的底层农民不受保障,可能不是造成整体经济困境的主要因素。显然在大多数情况下,当受访者对长期租约的普遍程度进行判断时,他们强调的数量指的都是租户的数目,而不是土地的数量,因此,我们必须获得有关土地数量的资料。

此外,表 4-1 和 4-2 中各省的总数在一定程度上具有误导性。以贫困郡梅奥为例,只有 54% 的证人说,承租人渴望租约,而在富裕的安特里姆郡,这一比例达 60%。郡与郡之间的差异往往比省份之间的差异更明显。总之,表 4-1 和 4-2 中的数据不像乍看起来的那样能支撑 LTH:长期租赁在全国范围内非常普遍,大多数证人称,承租人是有租契保障的,可与此同时,大多数租户也是"渴望租约"的,后者很可能反映了需求过剩,而不是反映散租客占据着主导地位。表中并没有体现,但对于 LTH 而言同样不妙的事实是,当地主愿意提供租契时,许多租户却拒绝接受。传统的解释是,高印花税（stamp duty）使得租户不愿接受租契，但实际上这种对小规模土地所征的税其税率是非常低的。[6]

虽然德文郡委员会的证人提出的证据是有启发作用的，但这并不足以回答我的问题：爱尔兰土地在多大程度上是被"散租"（lease at will）出去的。在这个问题上采用个人财产记录数据也不是很奏效，因为这种数据不具代表性。然而，有另一种方法可以被用来解决这个问题，尽管方法本身也存在一些严重瑕疵。饥荒过后，许多地主走向没落，国会通过了《1849年抵押土地法案》（The Encumbered Estates Act of 1849），消除了阻碍有序出售土地的许多法律障碍。从那时起，土地以越来越快的速度从一个人变卖到另一个人手中。都柏林公务记录办公室（The Public Record Office of Dublin）保存的奥布莱恩租金收入账簿（O'Brien Rentals）中记录了待售的土地。从这个数据库中，我们选择了2000多个租赁记录作为样本。其中，每一笔租金都包含了相应土地的大小、年租金数以及每年的总租金和什一税。如果承租人有租约，也就是说，不是散租，那么数据也包括租约的细节，例如，租期多长、何时签的、何时到期等。

所选的样本不是随机的，而是来自这个数据库的第一卷。由于我们感兴趣的是饥荒前的土地租赁制度，因此我们只需要能反映1845年以前的情况的样本。第一卷的数据始于1850年，为了尽可能接近饥荒前的时代，这一卷似乎已然是最好的选择。然而，其间发生的这场巨大的灾难可能使数据未能反映出本来的现实状况，这一事实相当令人不安。在某种程度上，这是可以补救的，因为在饥荒期间，土地所有者死亡或移民，导致大片土地，特别是西部土地显然处于闲置状态。这些空置的土地将被划分为一个特殊的类别。总的来说，使用饥荒后的数据来反映饥荒前的情况很可能夸大了散租佃户的数目。这场饥荒造成了一百多万人的死亡，导致许多"终身"租约被迫终止（在租赁人死亡时，这些租约自然也就到期了）。这些租约中没有多少是续签的。移居国外的人也一样，当他们发现土豆产量不断下降，他们的农场无法再养活他们时，他们就会选择移民离开，让他们的租约自然终止。例如，马圭尔（1972）指出，1861年，在Kilwarlin（Co.Down）的1383块土地中，1238块被租给了佃户。到1855年，这个数字已经缩减到315。然而，租赁的减少并没有看上去那么严重，因为在这40年中，许多土地已经被整合成了更大的单位。

即使在1850年，奥布莱恩账簿中的样本也不具有代表性。毕竟，它不是一份对土地的调查，而仅仅展示了待售土地的情况。人们可能想知道它是否反映了整体特征。基于一点，即持有长期租约的租户支付的租金往往低于同期市场水平，就可以对奥布莱恩账簿的可用性进行反驳。因此，假设市场租金随着时间的推移而上涨，那么，租金与租期呈负相关关系，其中散租佃户支付的租金最高。[7]因此，那些地产最终被变卖掉的地主，往往是提供了租约的人，因此收入也较低，这并非不可想象。当然，每英亩的租金是地主收入的决定因素之一。但这并不能说明最终在法庭上抵押土地的地主就是最穷的。爱尔兰一些最富裕的地主也曾走上法庭，如多尼哥勋爵（Maguire，1976）和金斯敦伯爵（de Tocqueville，1958）。

可以肯定的是，地产被挂牌出售的原因通常与地主资不抵债有关。但是，经济困难可能来自各种各样的原因：管理不善、家庭财产分配、追求高生活水平（尤其是赌博）、政治开支，或者是在很久以前累积下来的债务，这些债务在饥荒期间达到危机点。1850年以前，地产转手受到阻碍，使得地主难以整合资产，因此这类地主也被上诉到法院。因此，用奥布莱恩租金账簿来分析经济状况似乎与用现代破产程序来分析商业部门没什么不同，但这种类比具有误导性。没有充分的理由相信，挂牌出售的地产与未挂牌出售的地产存在系统性差异。

样本数据的描述性统计见表4-3。挂牌出售的土地面积约为耕地面积的

1.5%。实际租户的数量超过了样本数量,因为一些地段出租给了不止一个租户。这种情况经常发生在散租的时候。样本在地理上的覆盖还很不完善,尤其是西北地区和阿尔斯特省的一些郡没有数据。用这种数据分层取样十分困难。

表 4-3 奥布莱恩租金收入账簿样本的描述性统计

地区	样本数量	土地总面积（英亩）	租赁土地面积（英亩）	佃户数量（人）
东西部	429	38115	14164	1207
西北部	52	4857	2730	297
中部	322	35701	22882	689
东部	356	24746	17484	654
南部	612	76686	42599	1177
西部	418	54571	13865	1091
汇总	2189	234576	113724	5115

注：东西部：Antrim, Armagh, Cavan, Down, Londonderry, Louth, Monaghan；
西北部：Donegal, Fermanagh, Leitrim, Roscommon, Sligo, Tyrone；
中部：King's, Longford, Meath, Queen's, Westmeath；
东部：Carlow, Dublin, Kildare, Kilkenny, Wexford, Wicklow；
南部：Cork, Kerry, Limerick, Tipperary, Waterford；
西部：Clare, Galway, Mayo。
资料来源：O'Brien Rentals, 1850。

表 4-4 至表 4-7 总结了对研究目的至关重要的数据。这些结论与德文郡委员会的评估完全不同,德文郡委员会评估说,爱尔兰的大部分土地是散租的：粗略估计,只有 1/4 的耕地是在没有租契的情况下租出去的,只有 1/3 的租金来自这些土地。虽然大多数租户确实是散户,但这对那些想要认同 LTH 假说的人而言,这也只是小小的安慰。部分佃户受雇于较大的农场,他们的收入是由投入土地上的资本所决定的。[8] 如果整个国家的贫困根源在于租户不受租约保障,那么不受租约保障的土地规模才是问题的根源,而

- 129 -

不是散户的数量。

奥布莱恩账簿还可以用来衡量1850年现存租约的平均租期,代表饥荒前几十年地主拒绝续租的上限。表4-8提供了样本中租期的分布情况。对该表的解释如下:如果租约正在迅速消失,以致饥荒前夕仍然存在的租约在很大程度上只是早期租约的遗留,我们应该观察到的是,租约的数量随租赁期的延长而增加。如果地主给出租契的倾向不是很重要的影响因素,我们可能会发现二者之间呈负相关关系。因此,租期的分布是两种力量抗衡的结果。[9]

表4-4 爱尔兰的土地租约

单位:%

类别	比例(未加权)	根据土地面积加权	根据租金加权	根据租户数量加权
第1类	8.1	10.4	8.6	4.87
第2类	26.5	29.0	25.7	16.75
第3类	12.5	10.7	13.1	11.99
第4类	12.1	6.5	8.8	8.05
第5类	7.1	7.7	9.5	4.85
第6类	7.9	13.4	2.6	0.49
第7类	25.6	22.2	31.6	52.94
合计	100	100	100	100
散租(无租约)	28.3	26.5	32.7	53.6
租约租赁	71.7	73.5	67.3	46.4

注:第1类:超长期租约(永久租约,或租期超过3代人或41年);
第2类:长期租约(3代人或41年或二者的组合,或2代人加上至少21年);
第3类:较长期租约(2代人或31年或二者的组合,或1代人加上至少21年);
第4类:中期租约(1代人或21年或二者的组合);
第5类:其他(租期少于21年,或正处于诉讼争议中或不可分类);
第6类:未出租的;
第7类:年租(散租)。
资料来源:见表4-3。

表 4-5 爱尔兰租约的类别和地域分布（未加权）

单位：%

类别	东北部	西北部	中部	东部	南部	西部
第1类	4.8	1.9	6.9	12.1	11.9	4.0
第2类	28.2	5.8	34.9	31.7	25.5	18.4
第3类	24.5	5.8	10.9	6.7	12.4	7.4
第4类	18.4	21.2	10.9	11.2	9.8	9.3
第5类	3.5	13.5	4.4	8.1	9.6	7.7
第6类	0.1	9.6	7.2	3.7	7.4	19.9
第7类	19.6	42.3	25.6	26.1	22.9	33.5
合计	100	100	100	100	100	100
散租（无租约）	19.8	47.8	27.8	27.7	25.0	43.5
租约租赁	80.2	52.2	72.2	72.3	75.0	56.5

资料来源：见表 4-3 和 4-4。

表 4-6 爱尔兰租约的类别和地域分布（根据土地面积加权）

单位：%

类别	东北部	西北部	中部	东部	南部	西部
第1类	4.3	0.2	3.6	10.7	21.7	3.8
第2类	31.4	2.5	46.6	31.7	31.3	13.8
第3类	33.6	4.9	5.8	5.7	8.4	3.7
第4类	16.3	7.0	4.2	7.8	4.5	3.2
第5类	0.9	10.1	3.6	16.1	9.5	8.5
第6类	0.6	11.0	9.6	4.3	4.8	41.5
第7类	12.8	64.2	26.6	23.2	19.6	25.5
合计	100	100	100	100	100	100
散租（无租约）	13.1	79.3	29.7	24.4	20.8	46.8
租约租赁	86.9	20.7	70.3	75.6	79.2	53.2

资料来源：见表 4-3 和 4-4。

表 4-7 爱尔兰租约的类别和地域分布（根据年租金加权）

单位：%

类别	东北部	西北部	中部	东部	南部	西部
第 1 类	3.8	0.1	5.1	14.1	12.0	3.3
第 2 类	19.3	3.3	37.5	21.8	27.5	16.8
第 3 类	39.6	4.5	7.8	8.8	11.5	7.0
第 4 类	15.6	8.3	7.3	9.3	7.1	8.6
第 5 类	1.9	5.2	5.0	14.9	12.6	9.1
第 6 类	0.6	0.0	5.3	0.2	1.3	7.4
第 7 类	19.1	78.4	31.8	30.7	27.7	47.8
合计	100	100	100	100	100	100
散租（无租约）	19.3	79.7	33.9	30.6	28.2	52.7
租约租赁	80.7	20.3	66.1	69.2	71.8	47.3

资料来源：见表 4-3 和 4-4。

表 4-8 几乎无法支撑这种假设——1815 年以后，地主不愿签署租契的影响如此之大，以至于到 1845 年，爱尔兰的大部分土地是散租的。很明显，在租期届满时拒绝续签的趋势增加，主要是由其他力量造成的。因此，我们不能断定这一现象不存在或是可以被忽略的。但我们有把握得出这样的结论：不能将爱尔兰的落后与地主厌恶长期租约联系起来。

表 4-8 奥布莱恩样本分析

（a）租约的平均周期（根据地域）			
地域	未加权	根据土地面积加权	根据土地租金加权
东北部	25.41	24.72	17.80
西北部	15.17	16.60	15.72
中部	28.87	25.06	25.65
东部	20.40	18.99	17.88
南部	21.76	30.18	22.94
西部	20.49	20.78	19.05
合计	23.19	25.74	21.48

续表

(b) 租约的周期分布

租约周期	样本数	占比（%）	土地面积（英亩）	占比（%）	地租总额（英镑）	占比（%）	单位土地租金（英镑）
1~10	369	28.65	36208	27.74	19624	30.13	0.54
11~20	266	20.65	27661	21.19	14644	22.49	0.53
21~30	274	21.27	24155	18.15	14082	21.62	0.58
31~40	93	7.22	9258	7.09	3802	5.84	0.41
41~50	108	8.39	9148	7.01	4668	7.17	0.51
51~70	140	10.87	14849	11.38	6478	9.95	0.44
71~100	31	2.41	5754	4.41	1386	2.13	0.24
101+	7	0.54	3492	2.68	440	0.68	0.13
合计	1288	100	130525	100	65124	100	0.50

资料来源：O'Brien（1850）。

在对奥布莱恩样本数据进行解释时，最大的困难莫过于，当我们在关注地主和租户之间的租约安排时，我们从18世纪和19世纪爱尔兰土地租赁制度中的一个重要特征中提取出来一个现象，即存在一类中间人（middlemen），他们以低租金持有长期租约，然后以较高租金将土地转租给他人。因此，样本中包含的一些处于长期租约中的土地，在这些土地上真正劳作的佃户，很可能是从中介那儿获得的散租土地（没有租约）。土地是长期租赁的，因此承租人受到租约保护，不受掠夺性租金上涨的影响，这种推断是不正确的。当时的学者和历史学家们把所有的弊病归咎于土地中介（Young, 1892; Tighe, 1802; Weld, 1832; Foster, 1847; Donnelly, 1973）。目前，我们必须对土地中介制度做出正确的认知，即土地中介制度的存在在多大程度上会使从奥布莱恩样本中得出的结论无效？

有人认为，奥布莱恩样本数据并没有因中介制度的存在而遭到扭曲。首先，在许多情况下，"中介"实际上是土地的所有者，尽管他并不拥有绝对所有权。例如，如果他持有土地很长一段时间，或者持有永续租约（renewable in perpetuity），每年支付一定的租金，他就无异于拥有土地所有权，那么土地的买卖就是以中介的名义被记载在奥布莱恩租金账簿上的。[10]在某些情况下，中介在自己的租约到期一两年前就已经把土地租给了其他租户（Great Britain，1836）。戈尔韦郡的一位证人向济贫法委员会（Great Britain，1836）指出，"所有没有土地绝对所有权的人，并且在他之下还有租户的人，都被称为土地中介"。有关土地中介类型的调查及其消亡的细节，参见Dickson（1979）。在其他情况下，中间人的存在是无关紧要的。许多中间人拥有大学或教堂的土地，这些土地自然没有出现在奥布莱恩的记录中。其次，在19世纪，拥有中长期租约的中介数量正在迅速减少。1815年后，地主们不再给中介续约，而是更愿意直接与佃户打交道，在某些情况下，地主会在与佃户续约之时直接将佃户变为没有租契的租户，而在另一些情况下，他们会与租户直接签订租约。此外，许多中介会在租金超过收入时退出租约（就像拿破仑战争期间签订租约的那些人一样）。如果能够证明到饥荒前夕，在租契仍然普遍存在的情况下中介基本上已经消失，那么中介的存在并不会使奥布莱恩样本不具使用价值。

在饥荒前夕，中介的存在有多普遍？如果我们假设1815年后就没有新的中介出现（或仅有少数），那么样本数据本身就能对这个问题做出解释。表4-9列出了奥布莱恩账簿的样本数据，样本不包括1815年以前签署的所有租约。

表4-9 奥布莱恩账簿样本数据（样本不包括1815年以前签署的租约）

单位：%

类别	未加权	根据土地面积加权	根据土地租金加权
第1类	6.8	7.5	6.4
第2类	19.0	23.1	20.6
第3类	13.8	11.2	14.0

续表

类别	未加权	根据土地面积加权	根据土地租金加权
第4类	12.9	7.1	9.1
第5类	8.2	9.0	10.8
第6类	9.2	15.9	3.0
第7类	30.1	26.5	36.6
合计	100.0	100.0	100.0
散租占比	33.7	32.1	37.8
租约租赁占比	66.3	67.9	62.2
样本数	1872	198972	99703
占总样本的比例	85.5	84.8	87.7

资料来源：O'Brien（1850）。

表4-9显示，1815年以前签订的租约（当然，并非所有租约都是转租的）只占样本总数的约15%，忽略这些租约并不会改变结论，即大多数爱尔兰农业用地在饥荒前夕都是有租约租赁的。德文郡委员会提供的数据也可以证明，在饥荒前夕，中介并不是很重要的影响因素。数百名受访者被直接询问到，在他们所在的地区，土地是直接从地主那儿租来，还是从中介那儿租来。表4-10对受访者的回答做出了总结，从中可以看出，在饥荒前的爱尔兰，中介已经变得非常罕见。3/4以上的受访者对这个问题的回答是有效数据，他们说，在他们所在的地区并不存在中介，或仅存在很小一部分的中介。尽管回答体现了显著的地区差异，但在所有地区，声称中介持有一半以上土地的证人不超过1/3。表4-10所采取的分类方法使得对中间人不重要的假设分析产生了偏差。例如，一名受访者的回答——他所在地区有许多"拥有土地的中间人"——被归为第4类。尽管如此，还是有其他证据能够证明这一假设。[11] 格里格（Greig，1976）在1819年的报告中指出，在租约普遍存在的阿尔马郡，中介就相当罕见。简而言之，相比长期租约，中间人制度从爱尔兰的农业舞台上消亡的速度要快得多，也要早得多。

表 4-10 饥荒前夕向中介租赁土地的比例

单位：%

地区	第1类	第2类	第3类	第4类	第5类	样本量
东北部	23.8	45.5	12.5	13.6	4.5	88
西北部	11.1	48.6	15.3	18.1	6.9	72
中部	0	56.8	27.3	15.9	0	44
东部	0	42.6	35.2	22.2	0	54
南部	1.0	51.0	15.3	22.4	10.2	98
西部	3.9	51.0	13.7	27.5	3.9	51
合计	7.9	48.9	18.4	19.7	5.2	407

注：第1类：无中介；
第2类：中介很少，土地一般由地主持有；
第3类：有一些中介，但绝对少于一半；
第4类：许多中间商，可能多达一半；
第5类：大部分土地由中介持有；
有关地区分类的注释见表 4-3。
资料来源：Devon Commission，Great Britain（1845）。

到目前为止，我们认为：(a) 大多数中介并不符合食利者特征，并没有比地主还要凶狠地剥削着佃户；(b) 饥荒前夕中介的数量并不很多。然而，不可否认的是，样本反映出，一些丑陋贪婪的中介在19世纪40年代的确是存在的，因此奥布莱恩租金记录可能没有充分反映爱尔兰租户的受保障程度。换句话说，有租约的中介又将土地以散租的形式租给了许多佃户，实际上这些佃户就等同于没有租约。这意味着，中介的行为就像地主一样，他们同样拒绝对土地投资，拒绝承担土地改良的责任。的确，人们普遍认为，大多数中介在土地改良方面的确做得很少（Donnelly，1975；Connell，1950a），当时有学者愤怒地把他们称为无用的懒人（Foster，1847）。[12] 然而，很难明白为什么中介在这方面会表现得像地主一样，毕竟他们大多数也是农民出身。事实上，许多中介之所以获得这个称号，是因为他们本身作为农民，雇用了劳动力，并以一小块土豆地的租金当作工资支付给这些劳动者，从而把这些劳动者从无地劳动者"提拔"到佃农（Maguire，1972）。为什么这样一类农民中介没能改良土地？对他们来说，最糟糕的情况可能是，他们的地主会变成一个类掠夺者（quasi-predator），在租约到期后，地主将租金提高的部分就等于土地改良后的可创造的全部边际产量。包括旷工、暴力、债务、地产继承以及地主和佃户之间的社会和政治渊源在内的诸多原因貌似解释了为什么爱尔兰的地主不会对土地进行改良，但这些原因并不能解释为什么大多数中介也不对土地进行改良。大多数中介是天主教徒，就居住在本地，熟悉土壤、地形、天气、劳动力和肥料等条件。乍一看，他们似乎很适合从事土地改良方面的投资活动。事实上，中介可能是唯一一个农业中产阶级群体（Pim，1848；Inglis，1935；Cullen，1981）。将爱尔兰发展落后归咎于他们，似乎与地主和农民之间缺乏中产阶级才导致了爱尔兰落后的说法相冲突（Beaumont，1839）。如果这些人没有从事土地改良，更深层次的原因肯定不仅仅停留在土地租约形式的表面。

（四）关于 LTH 的总结

土地租期假说（LTH）将爱尔兰经济落后归因于佃户不受租约的保障。佃户的利益缺乏保障导致其对农业土地改良的投资不足，从而导致农业的总体收入下降。正如索洛（1971）所强调的，无论假设是否正确，在饥荒之后的年代，它都对英国在制定爱尔兰的政策时产生了深远的影响，从而间接导致了重要的经济后果。

那么，对于饥荒前的爱尔兰，这个假说是否正确呢？理论分析和数据表明，这个问题没有绝对的答案。地主的掠夺性行为是可能存在的，尽管它可能阻碍地主追求长期租金的最大化。在某些假设下，地主的类掠夺性行为（在有租约时发生）也可能导致农业投资减少。对 LTH 进行实证检验的主要困难在于，归根结底，最重要的是佃户对地主产生的预见性想法，而不是地主实际做了什么。佃户对租期长短和投资回报的预期，可能与租赁的频率和租期长短有关。持有未到期租约的租户可能会注意到，他的地主越来越不愿意续签租约，还会期望自己能变成一位没有租约的佃户，从而增加了投资回报被地主没收的可能性。但是佃户比历史学家更了解他们的地主。许多没有租约或租约即将到期的租户有充分的理由期望租金不会在续约时上涨（或在永续租约重新续期时投资回报不会被没收）。许多租户充分信任他们的地主，地主向佃户们明确表示租金将保持不变或仅发生小幅上涨，以此来激励租客进行土地改良。从长远来看，这显然符合地主的利益。德文郡委员会收到的证词中表明这样的地主不在少数（例如，Kennedy，1847）。

虽然租户比我们更了解他们的地主，他们仍然面临着许多不确定性（Mokyr，1981b）。一个宽宏大量或胆小的地主可能会意外死亡，他的继承人可能会采取不同的策略。这种情况下，这块土地的使用权会在法庭上被重新裁决，而在判决结果出来之前，租户通常不会被授予长期租约，这一过程可能会持续数十年。防止掠夺性行为发生的唯一保护措施就是长期租赁，但租期又不应当过长。当承租人持有一份租期已知的租约，不仅投资回报得到了保障，而且在通常情况下，还获得了一部分租金盈余（名义租金低于同期市场水平时）。尽管如此，租赁频率还是检验LTH有效性的最相关信息。

提出的证据表明，对整个爱尔兰来说，大部分土地是长期租赁的，因此不受掠夺性行为的侵害。这一结论是基于1850年数据得出的，就更不用说那些基于饥荒前三四十年数据得出的结论了。因此，租户得不到保障可能是饥荒前爱尔兰贫穷的一个促成因素，但是，很难想象它是唯一的甚至是主要的因素。然而，在一些地区，租户不受保障的负面影响可能远远不够造成地区贫困。在该国最贫穷的西部和西北部，没有租契保障的租户拥有的土地数量比该国其他地区大得多。这一发现似乎符合 LTH 假说，但据此简单得出二者之间的相关性可能具有误导性。原因有二，其一，在农业发展落后的地区，如果地主倾向于拒绝续签租约，希望在规模较大的农场找到更好的散租客，那么二者的因果关系就会反过来。其二，1845~1850 年，西部和西北部的饥荒尤为严重，这导致大量的租约直接终止，这使得我们对这些地区的租约数量存在严重低估。

根据"阿尔斯特条例"或承租人权利，要对 LTH 进行的检验就更为复杂了。这一条例虽然在爱尔兰大部分地区都有实践，但在阿尔斯特得到了最广泛的运用，租户变更时，新租户应当向旧租户支付一笔现金。承租人权利，混淆了地主的权利与佃户的权利，并对财产权的界定不明（Kennedy，1847）。如果地主拥有土地，并收取租金，作为交换，他让承租人获得土地使用权，那么承租人权利或商誉价格是多少？

如老爱德华（Edward Senior）在下议院特别委员会（House of Commons Select Committee）面前（Great Britain，1844），针对这种"条例"的存在给出了三种不同的解释。第一种解释是，承租人权利价格补偿了即将离开的租户，因为他对土地改良进行了投资，离开的时候却无法把这些带走。第二种可能的解释是，支付给地主的租金由于某种原因低于市场价格。如果新租户的租金低于新租户可以承受的最大期望值，即将离开的租户就可以像租金管理部门收取小费一样将这笔差额收入囊中（Solow，1971）。第三种解释是，新租户的这种行为相当于是购买旧租户的商誉。事实上，这种做法经常被称为"出售商誉"。我在我另一部著作（1981b）中试图阐明这种所谓的商誉的历史意义。

如果前两种解释是正确的，那么这种做法就与 LTH 相冲突。如果这笔现金确实是为土地改良而支付的，则保障了进行土改的承租人的利益，那就不存在对投资的抑制了。德文郡的一些证人确实认为，承租人权利这一"条例"取代了法律条款，能够对承租人进行补偿和提供保障。然而，也有许多证人坚持认为，即使旧租户没有对农场进行过任何改良，甚至导致土地恶化，承租人的权利依旧被出售了，而且这一出售价格甚至超过了对这块土地进行改良可实现的剩余价值。另一种解释的关注重点在于，实际租金和"均衡"租金之间的差异。这一理论的一个条件是，需要保证租金在均衡水平之下。当然，长期租赁可以实现这一条件，但即使在一年一年续租的情况下，承租人的权利仍然会被出售（Kennedy，1847）。德文郡委员会证人在租约与承租人权利价值之间的关系方面存在分歧。在就这一问题进行回答的证人中，49%的人认为二者存在联系，51%的人否认了这一联系。当被问及在没有正式租约的情况下是否出售了承租人的权利时，89%的人给出了否定的回答。当然，也有可能，即使没有租约，所支付的租金也远低于均衡水平，这就意味着地主出于某种原因无法使租金最大化，因此极有可能不会做出掠夺性行为。因此，"收取小费"的这种解释与LTH也相冲突。对于这一结论，有多少依据呢？在某些情况下，在外地的、胆小的、善良的或弱势的地主收取的租金肯定低于市场水平。然而，证据表明，大多数地主和他们的代理人试图最大化他们的租金，把土地出租给叫价最高的人（见第5章）。

如果在阿尔斯特，承租人权利"条例"非常流行，如果其主要存在的理由是为进行土地改良的旧租户提供补偿和让旧租户收取一点小费，那么，我们就会发现，人们在对阿尔斯特农业落后这一课题的探讨中，不常提及LTH。英国地形测量局记录了爱尔兰饥荒前所有地区的农业方面的最详细的证据，并且主要限于阿尔斯特省，因此应该可以被用来对这个问题进行分析。令人惊讶的是，很少有证据涉及"阿尔斯特条例"。并且，在该数据报告中，随处可见的是租户不受租约保障的字眼，同时也没有发表任何租约与农业落后和投资不足有关的观点。对于伦敦德里郡的登吉文教区（OSM），"农业发展十分缓慢……因为土地的租期很短，而且佃户们普遍认为，一旦他们对土地进行改良后，他们也将面临更高的租金"。在安特里姆郡的 Glenavy 教区，一些人认为，租期为3代人的租约有很大的不确定性，持有这种租约的租户也"很少冒险去改良土地"（OSM）。在弗马纳郡的 Derryvullen 教区（OSM），有报告指出，"那些已经被出租或最近才被出租的农场，大部分是逐年签约的。虽然很少有租户被赶走，但是这种模式非常不利于土地改良投资的增加，因为很少有人愿意把他们的财富和劳动花费在一种充满不确定性的他人私有财产上"。阿尔斯特的一位证人向德文郡委员会也表达了类似的看法（Great Britain，1845a）。其中一位来自阿尔马郡的证人，并不认为出售承租人权利能够抑制地主的掠夺性行为（Great Britain，1845a）。尽管德文郡委员会的证人对租约的影响都持有不同看法，但事实上，人们对租约是否有助于保障农业投资的怀疑，表明了承租人权利条例并不能充分地保障承租人的投资利益。目前看来，补偿承租人的土改投资或支付小费这两种解释，似乎都不太可能把问题解释清楚。

　　证明长期租赁在爱尔兰占主导地位，并不意味着一切问题迎刃而解了。租约本身也存在问题，这种问题有三种来源。第一种来源是并非所有的投资都是以资本不连续增加的形式出现的。假设一个租户有一个长期租约，其中租期的长度刚好使得第2部分中讨论过的地主与承租人之间的"剥削"和"反剥削"价值恰好相互抵消，同时假设租约过长确实导致过度投资（见注释14）。起初，人们可能认为，一般而言，投资额将会处于社会均衡水平。实际上，许多农业投资都是以固土、排水和设备等形式出现，因此年投资额可以看作相对小流量的投资。只有对整个耕作系统进行彻底的改革（例如圈地或采用一种新的畜牧业形式）才需要大量的投资支出。因此，在租赁早期会出现一段时间的过度投资，然后是投资不足，在租约即将到期时可能出现负（净）投资。到租约到期时，土地可能会被消耗过度，农场建筑可能会倒塌，等等。有证据表明，爱尔兰佃户在租约期满时故意破坏了他们在租期内引进的改良设施（Tighe，1802；Wakefield，1812；Great Britain，1836b）。过度投资和投资不足的规模即便相同，彼此之间所造成的影响也不能完全相互抵消。这样的经济效率损失，被称为一种"无谓损失"负担（deadweight burden）。在爱尔兰这样的社会里，产权没有被完全界定，经济主体（农民和地主）彼此不信任，在某种程度上，资源的低效配置是不可避免的。尽管我们已经认识到，产权可能并不像人们所诟病的那样，人们实际上是对农业资本的形成存在一些偏见。尽管这可能是一种次级效应（second-order effect），但这种偏见的作用方向是相当明确的。

第二种来源是由"终身租赁合同"引起的。在签署这种合同后，"当合同中提到的那个人去世时"，租约就失效了。因此，大量租约的预期租期取决于被任命者的健康状况，在许多情况下，这种租约的周期取决于承租人的健康状况。因此，租赁期限是不确定的。如果承租人是风险厌恶型的，即便租约明确界定了到期时间，但承租人考虑到自己的一般寿命，也不会倾尽所有去投资（Kennedy，1847）。第三种来源则与地主对农场日常经营的控制程度有关。根据一位地主的说法，一个没有租约的租客，至少在理论上，会有动机去保护好土地，以此来取悦地主，而一位有租约的租户则会想着"反正地主不会赶走自己，即使对农场经营不善也没关系"（Great Britain，1845a）。

因此，土地租佃制也存在相当的弊端。承租人缺乏保障，并不像德文郡委员会的一些证人所陈述的那样，是导致爱尔兰贫穷的一个重要因素，但它可能是一个促成因素。我们还要寻找更深层次的原因。这不仅因为饥荒前夕，爱尔兰 2/3 的土地都是长期租赁的，还主要因为从长期来看，租约本身也是一个内生变量（endogenous variable）。如果租约能明显激励承租人，而没有租约会导致贫困，那么为什么会出现从有租约租赁到无租约租赁的巨大转变呢？在其他经济体中，租赁形式的改变似乎是对"提高农业效率的一种尝试"（Whyte，1979）。我们应该再问问自己：爱尔兰为何如此不同？

附录 A：掠夺性地主：一个简单的模型

要理解 LTH 的全部含义，重要的是在新古典主义地主和掠夺性地主之间进行区分。为了说明这一点，简单起见，让我们假定一个模型，有且只有两种生产要素，即资本和土地，且最初处于竞争均衡状态（competitive equilibrium）。现在假设，有一个激励投资的机制，即资本成本（显性或隐性）下降，或生产效率上升。考虑到后面的计算，我将使用前者，但是后者更适合于图解说明（见图 4-1）。

假设资本是"黏土"型变量（黏土定型后，延展性为零），即一旦投资完成，它就是残值为零的过去成本。这意味着，一旦进行了投资，投资者们提供的投资就是零弹性的。因此，资本不仅"体现"在土地上，更像是"禁锢"在了土地上。如图 4-1 所示，初始均衡点为 E_0，投资回报为矩形 rE_0K_00，地主索取的剩余价值为三角形 rE_0S_0。资本成本固定为 r。现在让资本的边际产量曲线移动到 MP_1。如果租户希望获得投资额为 K_0K_1 且回报率为 r 的回报额，在他进行了这项投资后，他将获得额外的回报，即矩形 $K_0K_1E_1E_0$。租金会上升，上升的部分等于梯形面积 $S_1S_0E_0E_1$。这种情况下，租金上涨并不是掠夺性行为；它完全符合一般性的竞争行为，也不会导致投资不足。然而，可以想象的是，地主会试图把租金提高到他能把全部投资收益都纳入囊中的地步。这相当于地主提高的租金部分即为梯形面积 $S_1S_0E_0E_1$ 加上矩形面积 $K_0K_1E_1E_0$。租户的收入仍然为 rE_0K_00，因此，他额外投资的回报率为零。掠夺性地主可以在向新租户收取租金时将矩形 $K_0K_1E_1E_0$ 部分也收回来，由此将租户的投资回报全部没收。

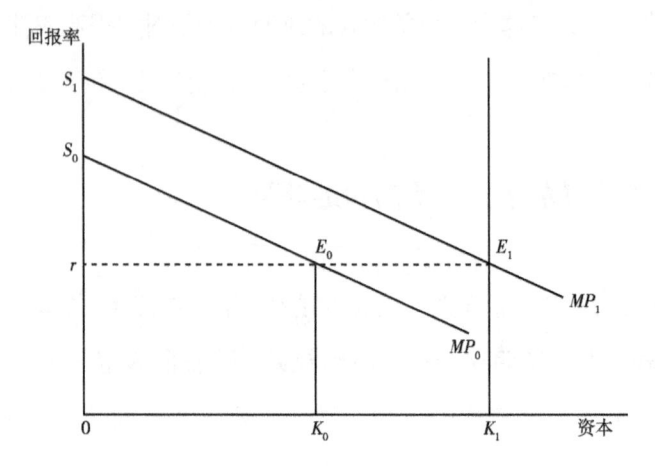

图 4-1 新古典主义地主和掠夺性地主

换种方式解释,从生产函数来看:

$$Y=F(L,K,T) \tag{A1}$$

其中,L是劳动力要素投入,K是资本要素投入,T是土地要素投入。假设L和T不变,可以得到:

$$Y=F_L L+F_K K+F_T T \tag{A2}$$

对方程(A2)两边取变化量,可得:

$$\Delta Y=\Delta K(LF_{LK}+TF_{TK}+F_{KK}K+F_K+F_{KK}\Delta K) \tag{A3}$$

方程(A3)的右边表示,随着要素K的投入量增加,每一个生产要素会发生什么变化。$LF_{LK}\Delta K$ 代表资本投入的增加带来的劳动收入增加，$TF_{TK}\Delta K$ 代表资本投入的增加带来的地主租金的增加。$(F_{KK}K+F_K+F_{KK}\Delta K)\Delta K$ 代表资本回报的变化。资本回报变化不只包括 $F_K\Delta K$ 的原因是，投资降低了所有资本的回报率，而不仅是新投入的资本的回报率。$F_{KK}K$（为负）从新增投资带来的边际产量中减去了边际资本存量回报率下降的部分。由于 K 的微小变化，$F_{KK}\Delta K$ 几乎可以忽略不计。我们现在可以定义"新古典主义"或"竞争性"地主了，即指那些将租金提高了方程（A4）部分的地主：[13]

$$\Delta(RENT)=TF_{TK}\Delta K \qquad (A4)$$

而掠夺性地主则可定义为将租金提高了方程（A5）部分的地主：

$$\Delta(RENT)=\Delta Y=\Delta K(LF_{LK}+TF_{TK}+F_{KK}K+F_K+F_{KK}\Delta K) \qquad (A5)$$

在三因素模型中，掠夺性地主的罪恶是双重的：他既没收了资本回报，也没收了佃户进行额外投资本可以获得的额外的劳动收入。而在现实中，通常进行投资的人就是佃户，因此这两种回报的区别是难以观察到的。

附录B：什么是掠夺性地主：一个数学案例

假设租赁合同对承租人需要承担的租金和租赁年限进行了明确规定。如果租户引入了一项土地改良措施后，土地变得更加多产，然而租金保持不变。假设地主在合同期满前实施了掠夺性行为，地主提高了租金，提高租金的部分即为土地改良投资带来的全部投资回报。这两种都偏离了均衡价格的租金水平，哪一个会更加普遍？回答这个问题很重要，因为如果地主"剥削"承租人，按照新古典主义理论，这将导致投资不足。如果承租人"剥削"地主，这也许会带来投资过度。[14] 下文通过一种数学的方法，对上述问题加以讨论。（B1）为道格拉斯生产函数（Douglas Production Function）：

$$Y = L^{\alpha} T^{\beta} K^{1-\alpha-\beta} \quad\quad (B1)$$

其中，假定 $\alpha=0.5$，$\beta=0.2$。K 表示资本投入，假设资本存量与投入资本之比为3。我们可以假定 L、T、K 的初值都为100，终值也等于100。资本的边际产量是0.3，意味着资本（存量）的收益率为10%。假设资本的机会成本从10%下降到6%。一个简单的计算表明，当 $K = 207.46$ 时，回报率将达到6%。总投资为322.38（107.46×3），总产出增量为24.47个单位，在完全竞争的市场中，这相当于资本回报为7.34个单位，劳动者的收入将上升12.23个单位，地主的租金增加4.89个单位。[15] 将投资完成至租赁期满这段时间内的租金增量的折现值，与租赁期满后的所有资本回报和劳动收入增量的折现值进行比较才是比较合理的。当然，这一比较结果将取决于剩余的租期长度和使用的折现率。表 4-11 和 4-12 提供了在不同的租期长度和折现率下计算的结果。

表 4-11　固定租金下进行农业投资后由地主向承租人的价值转移

r/n	10	15	20	40
0.04	39.66	54.37	66.44	96.78
0.06	35.99	47.50	56.09	73.57
0.10	30.05	37.19	41.63	47.82
0.20	20.50	22.85	23.81	24.44

注：n 指剩余租期；r 指折现率。

表 4-12　租约到期后由承租人向类掠夺性地主的价值转移

r/n	10	15	20	40
0.04	330.50	271.65	223.28	101.90
0.06	182.13	136.10	101.69	31.70
0.10	75.45	46.84	29.08	4.32
0.20	15.89	6.36	2.55	0.06

表 4-11 和 4-12 表明，对于短期租赁和低贴现率，租户总的来说是被地主剥削的，而高贴现率和长期租赁则相反。在折中的情况下，类掠夺性行为相当于竞争性行为：地主在租赁期满时没收承租人的投资回报是为了补偿自己在土地出租期间无法与承租人共同分享收益的损失。在这种情况下，一方面，如果能够提前或多或少地预计到这些，那么投资过多和投资不足可能相互抵消。只要地主与租户之间的这种价值流动的现值之和等于边际产量，具体是何种流动方向就不太重要了。如果没有事先充分预料到这种价值的流动，最终的结果很可能是投资不足，而不是过度投资，因为承租人在面对低于投资成本的投资回报率时，肯定会减少其投资。另一方面，如果承租人面对的投资回报率高于投资成本，承租人会将其视为一种一次性（lumpsum）的收入增加，也不会继续增加投资。

这个模型的确非常抽象，它的结果依赖参数设置。实际上，在模型中引入更多的现实特性会进一步削弱 LTH 的合理性。首先，考虑资本折旧问题。迄今为止，我们一直保守地假设，新资本（以及旧资本）不会发生折旧。而如果允许资本贬值，相较于承租人的投资回报，类掠夺性地主的回报将减少更多。为了充分体现这一点，假设折旧具有"放射性"特征，也就是说，每年有 d% 的资本存量蒸发。在这种情况下，只需在所有的计算过程中将 d 加入利率，如表 4-12 所示，从承租人到地主的价值转移对回报率的敏感度远远高于从地主到租户的价值转移。事实上，一个简单的计算表明，表4-11中每一项与表4-12中对应项的比值与 r（和 n）呈单调上升关系。为了说明折旧的作用，假设一个租户的租约还有10年就到期了，且利率为10%。很显然，如果租户事先对类掠夺性行为有所预期，则会出现投资不足，因为租户向地主的价值净转移（见表4-11和表4-12）为 75.45-30.05 = 45.40 个单元。如果投资的折旧率为7.5%就足以抵消这种价值转移。[16]

认识到资本市场的不完全竞争以及由此产生的荒谬的利率，也削弱了LTH的合理性。由于佃户们除了通过当地的高利贷者和只提供小额短期贷款的贷款基金之外，并无其他渠道接触资本市场，因此他们面临着比地主更高的贴现率。后者可以在相对有序的资本市场中借款，但也因此更容易深陷债务。如果租户和地主面临着不同的贴现率，如表4-11和表4-12中所示的计算中使用的贴现率 r 是租户的贴现率，因为租户是承担土地改良责任的投资方。如果投资决策是租户而不是地主做出，那么租客所面临的隐含利率越高，表4-11和对应的表4-12中的数值将越低，说明土地租佃制度根本没有造成投资不足或没有造成严重的投资不足。虽然在这个经济体中，由于资本的回报率高于地主面对的利率，那么农业投资不足或发展落后不能归咎于土地租佃制而应该归咎于资本市场的失败，因为它阻碍了地主向租户提供贷款或阻碍了地主直接对土地进行投资。如果非要说的话，的确，土地租佃制反而缓解了资本市场运作产生的不良后果。与掠夺性地主不同，类掠夺性地主实际上把钱借给了租户，不论租户愿不愿意要这笔借款，这笔交易都是实质存在的。只要地主对租户收取的隐含利率介于两个折现率之间，这笔"贷款"就会使双方都获益。一个完全理性的租户会将其资本存量保持在投资的边际产量等于隐含的利率。如果隐含利率高于租户面对的折现率，投资不足仍有可能发生，但不会那么严重。

总而言之，很明显，在类掠夺性行为发生的情况下，LTH对投资不足的解释并不一定成立。的确，对于任何一个折现率，都相应地存在一个剩余租

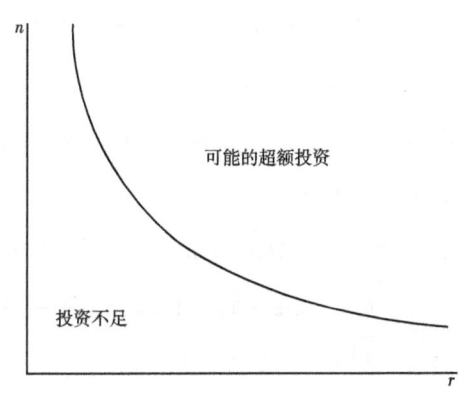

图 4-2 租期、投资和贴现率

期，使在这时进行投资是"恰到好处"的。根据道格拉斯函数方程，r 和 n 的最优组合轨迹由式（B2）给出：[17]

$$n=\frac{\log\left(\frac{T}{L}\right)+\log(1+\alpha)-\log(1-\alpha-\beta)}{\log(1+r)} \quad (B2)$$

图 4-2 为 r 与 n 的关系图。

注释

1　详情可参见 Mansergh（1975），Solow（1971），Black（1960），O'Brien（1921）。

2　索洛（1971）对散租客和年租客进行了区分。虽然它们之间确实有一些区别，但在这里将忽略这一区别的存在，区别与否都对当前的研究目的没有实际影响（参见 Maguire, 1972）。

3　Daniel O'connell 向德文郡委员会（Great Britain, 1845a）对这些观点做出了完整的解释。

4 德文郡委员会在下这一结论时更为谨慎，认为"更大比例"的土地是被没有租约的佃户持有的（Great Britain，1845a）。目前还不清楚他们是如何得出这一结论的。

5 超大型农场（价值超过 100 英镑）中，以散租形式出租的土地比例仅为 24.4%，而在价值为 50~100 英镑的农场中，这一比例为 41.1%。

6 一份规定了年租金为 10~20 英镑的租约需要承担 10 先令的印花税，而一份租金为 20~50 英镑的租约则需要承担 15 先令的印花税（Great Britain，1845a）。对于一份年租金为 10~20 英镑，租期为 21 年的租约，印花税占租金现值（以 10% 的折现率折现到签约之时）的 0.3%~0.6%。

7 要检验租金与租期之间的关系，对下列方程进行回归：

（1）$RENT=b_0+b_1 DCL1+b_2 DCL2+b_3 DCL3+b_4 DCL4+b_5 DCL5$

（2）$RENT=b_0+b_1 AGLEAS$

其中，方程（1）中的 DCL 为土地等级虚拟变量，方程（2）中的 AGLEAS 代表租期。方程（2）的回归样本不包括没有租约的租户。结果如下（括号内为 t 值）：

（1）$RENT=0.508+0.668 DCL1+0.252 DCL2+0.950 DCL3+0.391 DCL4+0.424 DCL5$

（2.25）　（1.35）　（3.65）　（1.49）　（1.93）

$R^2=0.0072$

$F=3.175$

$n=2189$

（2）$RENT=1.046-0.0025 AGLEAS$

（0.51）

$R^2=0.0018$

$F=0.263$

$n=1422$

对结果的解释受到数据的限制。由于我们没有关于土地质量的数据，方程（1）就不够精确，导致 b_5 的值可能要比实际值更低。事实上，b_5 要比 b_2、b_4 高，比 b_1 和 b_3 低，但这并不足以说明"租期拖累"（rental drag）的存在。对于长期租赁，变量的系数也是如此。另一个问题是，我们不知道租期长或短或干脆没有租期的原因。一些地主为了奖励他们认为"好"的租户，会给他们长期租约。尽管"租期拖累"很可能存在，但对此结果也可能还有其他解释。

8　在饥荒前的爱尔兰，大多数劳动者和工人如果不在外兼职，几乎无法维持生计。虽然经营一个小农场通常可以养活整个家庭，却无法提供足够的收入来支付地租，或购买泥炭、化肥、烟草之类的商品。许多农民通过家庭手工业和季节性移民到英国来挣取额外收入，但大多数人靠同时在其他农场兼职挣取额外收入。布莱克尔（Blacker，1846）估计，持有 4~5 英亩土地的佃农"有一半时间是在劳动力市场上找寻兼职"。饥荒过后很久，波恩（Bonn，1906）发现上述现象仍然存在。换句话说，小型佃户不管怎么说也必须外出兼职，因此没有散租"佃户"的比例根本没有实际意义。

9　假设所有租约的租期固定为 m 年，且社会处于稳定良好的状态，按年龄分布的租约每年都应该是一样的，因为每年都有 $1/m$ 的租约到期。然而，由于许多租约是终身签订的（租约随着承租人死亡自然到期），而不是固定期限的，而且租期在 1800 年后缩短了，我们预计租期会随着承租人年龄的增长而缩短。

10　亚瑟·杨格（1892）把中介称为"乡村绅士阶层"。受访者在被问及他们所在地区的租户是直接从地主手中租赁土地还是通过中介时，许多受访者向德文郡委员会表示，他们以为是地主的人其实并非土地所有者，而应当被认为是中介。

11　威斯福德郡的一位证人（Great Britain，1845a）明确地表示，"许多中介"指的是"五分之一为中介"。应该补充的是，"一般"一词的出现通常预示着结果不准确。正如，委员们提出的问题是："你所在地区的租户一般是从地主直接租赁土地还是通过中间人？"如果回答是"一般是地主"，证人的回答就被归类为第 2 类而不是第 1 类，虽然"一般"这一个词并不能精确地反映少数中介存在的可能性是多少，只是因为问题是这样表述的，所以证人也这样回答。

12　有证据表明，也有许多中介会承担土地改良的责任，这使得人们多多少少不服唐纳利（1973）的观点，他认为中介不进行改良投资是一种常态。一名梅奥郡的牧师赞扬了当地的中介，称他们积极引进蔬菜作物，积极清除杂石，并在承租人有需要的时候积极援助（参见 Great Britain，1845a）。康奈尔（1950a）也提供了类似的证据。亨利·英格利斯（Henry Inglis，1835）明确指出"许多中介都是优秀的地主，我不认为彻底消灭中介有什么好的"。

13 "竞争性"一词在这里有点误导人。我的意思是,如果完全竞争存在,租金就会发生变化。一些要素市场竞争激烈,特别是土地市场,土地通常被租借给叫价最高的人。竞争性并不能保证效率,因为 LTH 的结果是资本市场失灵。因此,这个术语——"竞争性",就好像要求所有要素市场都是竞争性的。

14 逻辑上很显然,地主的掠夺性行为会导致投资不足。不太确定的是,如果价值转移方向为地主向租户净转移,就会导致过度投资。可以买到极少数量的"投资品"(investment goods)且追求利润最大化的完全理性的租户只会在投资的边际产量等于投资成本时进行投资。根据假设,剩余价值将被租户占有。某种程度上,这种租户就像是兼职地主。因此,如果租户遵循的投资规则是,当总投资成本等于总投资收入时就进行投资(如果地主将租金保持在竞争水平上,这就是租户会采取的投资规则,这将导致所有要素的投资回报率都不会高于资本存量的机会成本),这时会出现过度投资。我感谢安大略省金斯顿皇后大学的弗兰克·刘易斯教授(Professor Frank Lewis),帮助我想明白这个问题。

15 通过这个简单模型得出的两个观察结果可能可以给我们带来启发。社会的平均投资回报率为 dY/dK,在我们的例子中该值为 24.47/322.38,约为 7.6%。通过公示 $[F_K dK + F_{KK}(K+dK)]/dK$ 来计算投资者的私人回报率是错误的,这样计算下来的结果仅为 7.34/322.38,相当于 2.28%。这种计算毫无意义,因为已经投入的资本的机会成本也从 10% 下降到 6%。事实上,投资增加后劳动力和租金收入也会成比例增加,这种增量恰好等于内部边际产量的回报率的下降,因此,由方程(A5)可知,$LF_{LK}+TF_{TK}=F_{KK}(K+dK)$。在我们的例子中,等式左边二者之和为 17.12 个单位,其中 12 个单位是原始投资存量的内部边际损失,其余 5.12 个单位是"新"投资额的损失。

  另外,通过这个例子,我们可以看看当我们放宽劳动要素是固定的这个假设时会发生什么。假设劳动要素不是固定的,在给定薪酬水平 w 下可以雇用到劳动力。在完全非弹性市场和完全弹性市场这个范围内,劳动力供给都会处于中等水平。外源性资本成本下降或边际产量的上升都将使我们的结果发生一定数量上的改变,因为增加 K 会导致 L 的边际产量上升,从而导致更多的工人被雇用,劳动要素的增加又将作用于资本回报等。求解下面这个方程组可以得到 K^* 和 L^*:

  (1)$F_L(K^*,L^*,T)=w$

（2） $F_K(K^*,L^*,T)=r$

柯布－道格拉斯方程提供了非常明确的答案。资本成本发生了外源性下降，从 10% 下降到 6%，将使 K 从初值 100 增加到 358.7，L 从初值 100 增加到 215.2。总产量从初值 100 增加到 215.2。产出增量将进行如下分配：34.6 个单位属于投资者，57.6 个单位将被用来（以固定薪酬水平）雇用更多的劳动力，23.0 个单位属于地主。

16　与范斯坦（Feinstein, 1978）的研究结果相比，7.5% 的折旧率似乎太高了，前者假设农业改良的平均年限为 100 年。即使仅就固定资本而言，范斯坦的这一假设似乎过长了。应该指出的是，对爱尔兰来说，大部分的投资品形式为施肥、除草和轮作，它们的"寿命"要短得多。

17　基于 $r=F_K$ 的假设推导得出。

5 农村冲突与动荡的经济学解释

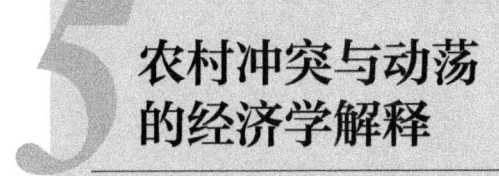

（一）介绍

到目前为止，我们已经对有关爱尔兰贫困原因的两大核心观点进行了检验。无论是马尔萨斯理论还是土地租佃制，似乎都不能很好地解释爱尔兰经济的落后。在这一章中，我将讨论另一个在19世纪占重要地位的思想观点，即暴力冲突和法治落后，这是19世纪爱尔兰农村生活的主要特征，在饥荒之前和之后都是如此。本章采取了一种相对迂回的研究方法来研究爱尔兰农村动乱和阶级冲突问题。在我们就这些现象对爱尔兰经济发展的影响做出任何结论之前，我们必须先对农村动乱的经济背景有所了解。

造成一国经济贫困的原因从理论上可以分为两大类。第一类，罪魁祸首通常被称为市场失灵（market failure）。第二类，指个体行为及不属于市场失灵的原因。第二类原因造成的贫穷并不意味着效率低下，因为它在一定程度上也是人民喜好追求的一种反映。[1] 这两类原因的本质区别在于市场失灵是事前（ex ante）概念：在一个市场失灵的经济体中，即便有发展的雄心和潜力，经济力量也会被体制或企业的失败引入歧途。例如，资本市场失灵会导致可贷资金无法从储蓄者顺利流向投资者。市场也许有足够的储蓄，也许有很多可以产生高收益的投资项目，但如果市场无法将二者联系起来，资本积累过程就会中止。只要社会资本回报率超过私人资本回报率，我们就可以说，经济落后部分是由市场失灵导致的。

由第二类因素造成的贫困则大不相同。这类因素所导致的贫困之所以持续存在，是因为人们希望它存在，虽然这么说有些过于直白，但事实如此。[2] 当然，这并不是说，在这样的经济环境中，人们追求或喜好贫穷，而是指人们不愿意为经济发展付出代价，这种代价如克制消费、放弃休闲的机会、承担风险、改变生活方式，等等。纳尔逊（Nelson，1956，1960）提出了一个理论模型，在这个模型中，市场都能正常发挥调节作用，但是经济发展仍然很糟糕。纳尔逊解释了为什么即便所有的"新古典主义"条件都能得到满足，低收入均衡（low-income equilibrium）将持续存在。[3]

对爱尔兰贫困提出的一些解释显然属于第二类——"自愿性"贫穷（voluntary poverty）。其中最主要的是马尔萨斯假说，该假说认为爱尔兰之所以贫穷是因为人口过剩。如果人口过剩是因为人们想要孩子而不是生育控制失败的结果，那么在这种情况下，我们几乎不能将人口过剩认定为一般意义上的"市场失灵"的表现。第 n 代人的贫困主要是由 n-1 代人繁衍的欲望造成的。其他属于这一类别的假说的关注点都在于所谓的爱尔兰效用函数（utility function）与其他国家的偏好函数之间的差异（Hutchinson, 1970）。这些差异可能包括，例如，爱尔兰人对休闲有着更高的偏好。我们将在第 7 章中讨论这些。

然而，就整体而言，更多有关爱尔兰贫穷的解释还是属于第一类——市场失灵。这些理论中最具影响力和说服力的是第 4 章中讨论过的土地租佃制假说（LTH）。另外，联合王国的成立也是一大解释，该王国取消了爱尔兰的保护性关税，从而阻碍了爱尔兰的工业化（Hechter, 1975; O'Brien, 1921）。任何基于"婴儿产业"（infant industry）理论的观点都需要某种形式的市场失灵（Baldwin, 1969）。

属于"市场失灵"类别的原因还包括爱尔兰农民的暴力犯罪倾向，它能对爱尔兰的经济落后做出解释（Lewis, 1836b）。一位现代社会历史学家认为饥荒前的爱尔兰是一个非常混乱的国家（Clark, 1979）。有许多方法可以对暴乱背后的原因和后果进行探讨，本章所使用的经济方法应被视为对其他社会学方法的补充。简单地说，爱尔兰的农业经济落后部分源于地主、大牧场主与佃农和雇农之间的冲突。前者想要大力发展畜牧业，而后者则以包括暴力反抗在内的各种手段坚持发展种植业，从而导致了市场失灵。饥荒前几十年，地主与佃户之间的关系在很大程度上可以被描述为"非合作"博弈，即双方都试图最大化自己的利益，而忽视了对方的利益。博弈论表明，这种博弈导致的结果是，如果双方合作，双方的状况将可能更糟。最终的结果是经济发展迟滞，不仅因为这种"博弈"是低效的（资源分配不当），而更因为暴乱和法治落后造成了严重的负外部性，阻碍了经济发展。这个假设与兰瑟姆和苏茨（Ransom and Sutch, 1977）在解释战后美国南方落后的原因时提出的假设很相似。兰瑟姆和苏茨认为，由于市场的不完善，南方的棉花供给过剩（相对于其他作物）：南方"被棉花束缚了"。无论兰瑟姆和苏茨对美国南部的看法是否正确，本章将采用类似的方法来解释爱尔兰的经济落后。[4]

单纯从爱尔兰的外在条件来看，爱尔兰非常适合发展畜牧业，因为它有着大片的草场，湿度适宜，冬天温和（Crotty, 1966; O'Donovan, 1940）。在中世纪和近代早期，爱尔兰主要是牧区。17 世纪的战争导致耕地进一步减少：士兵抢劫和烧毁了大量农田，动物因被赶到山上而存活下来。恢复和平后，尽管《1698 年羊毛法案》(*The 1698 Woolen Acts*) 阻碍了爱尔兰的羊毛产品对欧洲出口，但英国市场的开放进一步刺激了爱尔兰畜牧业的发展。1750 年后，情况发生了改变，爱尔兰开始出现一种振兴种植业、废弛畜牧业的趋势。由于缺乏 18 世纪的数据，很难确定这种逆转的确切原因。但是，人们普遍认为，爱尔兰的这种转变是受到英国的影响，因为英国越来越依赖进口粮食。1758 年和 1784 年爱尔兰政府向粮食出口商提供补贴的法案更加强化了这一趋势。1750 年以后土豆的加速普及必须被看作整个种植业生产技术的进步。还有一种说法是，人口增长降低了劳动力价格，从而使爱尔兰更倾向于向劳动力密集型产业（种植业）转移。

在拿破仑战争期间，种植业的相对盈利能力达到巅峰。滑铁卢战役之后，尽管有《玉米法案》(*Corn Laws*)，人们还是可以观察到一种回归畜牧业的趋势（Connell, 1950a）。图瓦特黑格（O'Tuathaigh, 1972）和克罗蒂（1966）认为，在 1815 年后，贸易条件转向有利于畜牧业的发展。这种观点正确吗？当代人对价格变化的判断不能很好地代替价格数据。相关的价格数据是出口价格，由于大部分爱尔兰农产品出口到英国，因此英国价格可以用来检验拿破仑战争后爱尔兰的农产品相对价格下降的假设。本章附录中给出的检验结果表明，没有证据表明 1814 年后相对价格发生了有利于畜牧业发展的变化。这一发现使情况变得更加复杂，但也没有推翻拿破仑战争后畜产品比农产品更具盈利能力的假设。相反，它为我们找到这种变化背后的原因再次指明了方向。目前我们可以肯定的是，需求效应可能无法解释 1814 年后畜牧业吸引力增强这一现象。毕竟，两种作物相对利润的增加与两种作物相对价格的上涨或下跌其实是一个道理。如果技术变化给畜牧业带来的好处大于种植业，那么畜产品的供给曲线将比农产品的供给曲线向右偏移得更远，这意味着在其他条件相同的情况下，畜产品价格相比农产品价格会更低，同时扩张发展畜牧业的压力也会更小。如果供给侧和需求侧同时发生变化，相对价格的变动的方向可以是任意一边，或者除非出现短期波动，不然也可以是无方向倾向的。

蒸汽运输的引入和选择性育种取得的巨大成功（O'Donovan，1940）表明，供给侧的变化可能导致价格数据低估了畜牧业相对利润的增长。1836 年，基尔代尔的土地代理人 E. S. Shawe 认为，"随着农民变得富有，他们逐渐放弃了农耕"。他还发现，对耕地投资的农民比以前少了，而"贫穷的小佃户除了耕地什么也做不了"。原因是，在拿破仑战争期间，大量的土地被开垦改良为耕地，从那以后人们就希望这些土地上能尽快地长出草来（Great Britain，1836a）。1836 年，一位受访者向济贫法委员会表示，"现在价格大幅下跌，种地让人无利可图。如果拿破仑·波拿巴还在，我们就会种得更多"（Great Britain，1836b）。

尽管畜产品越来越受欢迎，但是地主和大农场主仍然没能成功地将时针拨回到过去，重新回到以畜牧业为主的经济时代。不幸的是，在这一点上，我们缺乏足够的证据。但是，克罗蒂（1966）坚持认为，从种植业转变为畜牧业——人们通常以为发生在饥荒后的年代——实际上始于饥荒之前。在这一点上，克罗蒂的观点受到了李（1969）等学者的挑战。由于缺乏有关饥荒前生产或土地面积的统计数据，学者们不得不求助于零星而分散的外贸统计数据。正如戈德斯特罗姆（Goldstrom, 1981）在总结这场争论时所强调的那样，研究这个问题的困难在于，在运输成本不断下降、爱尔兰迅速融入英国经济圈的时期，很难从进出口数据中发现爱尔兰国内具体发生了什么。

就目前而言，不仅需要探讨地主们振兴畜牧业的努力是否彻底宣告失败，更重要的是要探讨这些做法对地主与佃户之间的关系以及对爱尔兰农村的总体经济气候有何影响。在19世纪上半叶，把耕地变为牧场是不容易的。在大多数情况下，这种做法涉及土地合并（consolidation of holdings），减少现有土地上的佃户，将雇农和佃农转变为无地农民，并将农业经济从半自给自足的经济转变为市场经济。地主面临着两大阻碍。首先，正如我们知道的那样，爱尔兰的大部分土地都被租佃出去了。只要租约有效，地主（或他的代理人）就没有办法改变这些已经出租的土地上的农业形式。其次，即使在租约到期之后，或土地是在没有租约的情况下租佃出去的时候，地主也遭到了巨大的反抗。

1815~1845年，爱尔兰的农村动荡或说是"农业暴动"（agrarian outrage），是司空见惯的。自1760年以来，爱尔兰农村不断发生"白童""钢人""洛基人"等组织实行的暴动和恐怖行为（Lewis, 1836a）。人们认为，暴动与贫困和失业有关（Foster, 1847; Lewis, 1836a; Kennedy, 1847），这使得农村地区处于一种极度动荡的状态，由此资本投资受到阻碍，打击了善意的地主发展农业的积极性，从而进一步加剧了贫困和失业现象。显然，与其他欧洲国家相比，爱尔兰的地主与佃户之间的关系更有可能因相互猜疑、政治因素、种族偏见、宗教分歧以及数百年矛盾和冲突的积淀而被破坏。在19世纪，一些经济因素更是进一步恶化了这本就糟糕的局面。佃户强烈反对将耕地合并改造为牧场，这引起了持续不断的冲突，有时矛盾激化到甚至打起游击战的程度。当然，并非全国各地都存在这样尖锐的矛盾，但在当时的作家的笔下，这种环境不利于爱尔兰乡村经济的发展。

但为什么这样的经济冲突上升为首要矛盾？地主非常想要摆脱佃户，来减少土地上的劳动力数量，这看起来很奇怪。介于耕地和牧场之间的这个天平，似乎也不足以解释这种冲突。在大多数经济模型中，资本家或地主与他的工人或佃户不会就生产什么产品而发生利益冲突。除非出现某种形式的"市场失灵"，否则他们总会在生产对象方面达成一致，即便他们可能在收入分配甚至生产方式上存在分歧。实际上，"生产什么"到底是由地主、资本家、佃农还是一种"神力"（市场）决定并不重要。因此，我们接下来要深入探讨的就是市场失灵的根源。

（二）冲突的根源：理论分析

种植业与畜牧业之间的冲突成本如图5-1所示。成本包含两个部分：防止经济从点A_1移动到E_1所发生的成本，即扭曲成本（cost of distortion）和农村动荡导致投资减少带来的成本（这种成本体现为生产可能性边界由F_1F_1移动到F_2F_2）。因此，农产品的收入损失为C_0C_2，其中C_0C_1是第一种成本，C_1C_2是第二种成本。

假设只有两种生产要素，即土地和劳动力。假设只生产两种作物：一种是劳动密集型作物，称为农产品；另一种是土地密集型作物，称为畜产品。图5-2展示了投入要素与作物之间的关系。

由技术水平、畜产品与农产品的相对价格决定的两种要素价格边界Ⅰ和Ⅱ，体现了这两种作物在土地租金与劳动力价格之间是如何权衡的。一个面临劳工薪酬为W_1的地主会选择在D_1点生产，也就是说，把土地完全用来发

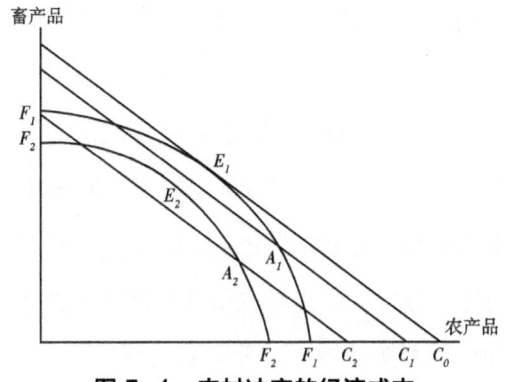

图 5-1 农村冲突的经济成本

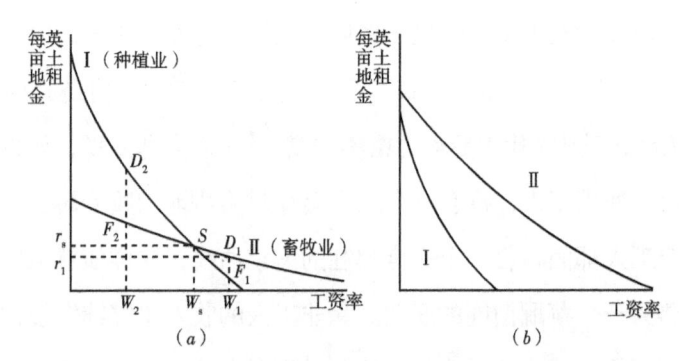

图 5-2 农业生产方式的选择：种植业还是畜牧业？

展畜牧业。如果劳工薪酬很低，假如薪酬水平在 W_2，他会转向在 D_2 点生产，把土地全部用于发展种植业。注意，如果贸易条件充分有利于畜牧业发展，可能会出现如图 5-2b 所示的状况，即在任何一种要素价格组合中，畜牧业都将占主导地位。

图 5-2 体现了非常重要的一点，地主和佃户之间往往不会在作物的选择上发生冲突。例如，如果劳工薪酬高于 W_s 或地租低于 r_s，发展畜牧业都将是首选。很显然，如果选择错误，双方都会变得更糟。如果承租人以一定的租金租用土地，并且由他决定生产对象和生产方式，他的决定会与地主的决定完全一致。新古典主义假定要素价格是给定的，然后在这种约束下选择最优的生产

组合。例如，如果承租人是做决定的人，他以一定的租金 r_1 租赁土地，为了最大化他的（劳动）收入，他将在 D_1 处生产，即把土地全部用来放牧。地主没有理由不支持他这么做，因为他也可以通过租户给他的额外的租金获利。同样的推理也适用于地主，如果地主面临着给定的劳工薪酬 W_1，不用说，就像图5-2b 中那样，让畜牧业始终占主导地位，双方也都不会反对这种选择的。[6]

如果像上述的经济分析那样，地主和佃户之间一贯是和谐的，那么他们之间的冲突又该如何解释呢？首先，要明确区分三种效应：劳动需求效应、规模效应和自给自足效应。劳动需求效应很好解释，格拉达（1973a）曾多次在不同的研究背景下提出过这一效应。假设土地面积是一定的，可以生产两种作物，h（畜产品）和 a（农产品）。假定生产农作物是劳动密集型活动，那么 $l_a > l_h$，其中 l 代表劳动力密集程度。[7] 可以立即发现，如果由地主做出生产决定并雇用工人，没有一个工人会反对将耕地向牧场转变。竞争市场保证了每个工人都面临着一个完全弹性的需求曲线，这样他就可以毫无成本地转为从事另一个薪酬相同的职业。除非工人的收入（继续发展种植业时的收入）超过了机会成本（转为发展畜牧业时的收入），工人才会有抵制这种决定的激励。再看一个更现实的情况，如果佃户是做决定的一方，他运营着一个给定规模和土地租金的农场，首先，如果他只雇用自己的家庭成员。如果只生产 a（农产品），家庭总收入为 Lw_a，其中 w_a 为生产 a 的劳动收入，L 为雇用人数。现在假设生产 h（畜产品）是可行的，那么每个参与劳动的家庭成员的劳动收入从 w_a 增加到 w_h，但每英亩只雇用 l_h 个劳动力。这种新生产决定会被采纳吗？是否采纳这项决定将取决于 w_h 和 W_a 之差、l_a 和 l_h 之差，以及家庭成员在这个农场之外所能挣到的工资 w_0。在没有非农业经济部门的情况下，W_0 可以被理解为是休闲娱乐的影子价格（shadow price）。如果满足下列条件，这项决定就会被采纳：

$$\frac{l_h}{l_a} > \frac{w_a - w_0}{w_h - w_0} \quad (5.1)$$

如果不等式（5.1）不成立，佃户将不会做出改变生产现状的决定，他的地主也将因此损失一部分利益。由此二者之间的冲突就显现了。利益冲突的原因是佃户使用的劳动力全部是家庭成员：如果劳动力都是从劳动力市场中雇来的，他会毫不犹豫地辞退这些劳动力并选择发展畜牧业。因此，家庭共同经营的小型农场和非常低的 w_0 是冲突的根源（注意，如果 $w_a = w_0$，冲突也就消失了）。

在讨论市场失灵的时候，需要谨慎拿捏"效率"这一概念。在典型的竞争经济模型中，更高的租金往往意味着更高的效率。这相当于假设 $w_a = w_0$，这样一来，从种植业中释放出来的工人就可以毫无成本地转移到畜牧业。当 $w_a > w_0$ 时，选择更有"效率"的作物可能意味着人均国民生产总值（national product per capital）的下降。也就是说，假设生产作物 a 可以实现充分就业（full employment），而生产作物 h 不需要像 a 一样多的劳动力。定义 $R_h = Q_h - w_a L_h$，即牧场的租金是产出总值和总劳动薪酬之间的差额，同理，耕地的租金为 $R_a = Q_a - w_a L_a$。在所有土地用于发展种植业的情况下，国民收入为 $Y_a = Q_a = R_a + w L_a$。在所有土地用于发展畜牧业的情况下，国民收入变为 $Y_h = R_h + w_a L_h + w_0(L_a - L_h)$。重新梳理一下这几个方程，会发现只有当下列不等式成立时，将耕地向牧场转变对整体经济才是有益的：

$$\frac{R_h - R_a}{w_a - w_0} > L_a - L_h \quad (5.2)$$

如果不等式（5.2）不成立，地主和佃户之间的利益冲突几乎是不可避免的，因为地主决不会对佃户减少的收入进行补偿。如果不等式（5.2）成立，将耕地转为牧场是帕累托最优（pareto-optimal），因为地主可以在保证劳动力收入的基础上，同时使自己过得更好。由于地主实际上并不会主动补偿劳动力收入损失，因此即便不等式（5.2）成立，也不意味着他们之间的冲突不会发生。注意，如果不等式（5.2）不成立，图 5-1 所示的因冲突而导致的经济损失将会更加复杂。点 E_1 不再严格优于点 A_1，因为该图不代表整个经济，而只代表农业部门的状况。

导致冲突的第二个效应机制被称为"规模效应"。假设"劳动需求效应"不存在，即 $l_a = l_h$。假设爱尔兰正处于图 5-2b 中的曲线 II 所表示的状态下，即畜牧业占完全主导地位。假设畜牧业存在规模经济，而耕地不存在规模经济，如图 5-3 所示。从图中可以看出，畜牧业的规模经济优势只有当牧场面积大于 A^* 英亩时才能显现，且规模经济优势在牧场面积大于 A_1 时得到完全实现。那么冲突从何而来？假设一位在 A_1 英亩大小的土地上耕作的佃户去世了，他把这份租约留给了四个继承人，每个人得到的土地面积都是 A_2。每个儿子都将从事农产品生产，而非畜产品生产，这使得该农场呈现出图 5-2b 中曲线 I 所示的状况，尽管这意味着该农场整体上是效率低下的。

在一个遗产平均继承制（equal-share-inheritance）盛行的社会，要避免规

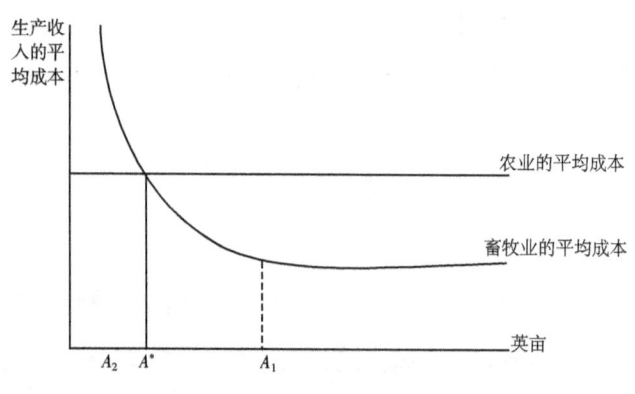

图 5-3 规模经济和规模效应

模经济消失带来的损失也不是不可能的。饥荒前的爱尔兰在一定程度上实行了共同所有（common ownership）和联合承租（joint tenancy）制度，但正如当时人们指出的那样，这种制度甚至比平均继承制更糟糕。试想，假如有四兄弟，其中三个兄弟把他们的土地都卖给第四位，然后作为普通劳动者为第四位工作（回想一下我们假设的 $l_a = l_h$）。当然，议价成本（bargaining cost）会很高，而且高度不完善的资本市场会让这笔买卖难以公允地进行。此外，在农业社会，农民们都认为在自己的土地上耕作远比受雇为劳动者更好。试图将自给自足的佃农转变为工人的地主们发现，佃户对此非常抗拒（Lane, 1972）。这些相互力量冲突所产生的结果是喜忧参半的：在爱尔兰农村，大型牧场与自给自足的小型农场共存。许多靠后者生存的农民为前者提供了大量的劳动力。值得一提的是，饥荒后爱尔兰的农业经济发生了从种植业到畜牧业的大规模转变，这种转变不仅伴随着人口的下降，也伴随着土地从可分割遗产到不可分割遗产的转变（Ó Gráda, 1980）。

转租（subletting）会造成规模经济的较大损失。18世纪晚期，地主以市场价格将土地长期租给农民。由于物价上涨或其他因素，土地租金上涨，许多承租人发现，以高于自己支付的租金转租土地是有利可图的，于是他们就以挣取这部分差价为生。人们以为，这些人（中介）会保证整个农场的完整性，以便从规模经济中获利。但是中介们自己却认为将土地分割为更小的部分，即使是以丧失规模经济为代价，他们也有利可图。这种做法能带来的优势之一是多样化：中介并不了解承租人的特质，因此多样化能帮助中介克服这种信息不对称弊端。此外，由于中介和承租人之间（通常是非正式的）的合同大多数都要经过谈判，中介认为，通过"分而治之"的政策，他的谈判地位会有所提高。1815年后，地主们逐渐削弱了中介的重要性，不再给这些中介续租，而是将租金调整为同期的市场水平。为了使租金最大化，为了实现规模经济，地主们有必要进行土地合并。因此，即使合并过程不涉及劳动力需求的下降，佃户仍然会十分抗拒地主们对土地进行合并。

在19世纪，规模经济是否对爱尔兰的农业发展有着举足轻重的影响力还很难说。过去到现在，牧场始终都存在着规模经济，这一点不言自明。而对于种植业，似乎没有证据表明规模经济天然存在于种植业当中。然而，如果信息、经营能力和农业知识的供给非常充足且获得它们不需要任何成本，那么可能存在规模效应。许多地主在企图为土地合并进行辩护时也提出了这一论点。资本市场的不完善创造了另一个鼓励整合农业的因素。地主们认为，必须进行土地合并，以便获得更多有融资渠道的佃户。

地主和佃户之间经济摩擦的另外一个来源被称为"自给自足效应"。为了单独讨论这一效应，下面假设劳动力需求效应和规模经济效应都不存在。假设所有的土地都是均质的，并且这两种作物彼此不是对方的生产原料。在这些假设下，农产品和畜产品的生产可能性边界是一条直线，利润最大化的决策者通常专注于生产两种产品中的一种。在图5-4a中，可以看出，追求利益最大化的农民只生产畜产品（处于点 P_0），他面临的相对价格曲线为 P_0P_1，这种情况下他的生产可能性边界为 P_0F，因此他无法获取更多的利润。注意，在整个生产过程中假设他不直接消耗任何产品，即便他要消耗，也只能以市场价格购买这些产品。产品价格是已知的，所以价格曲线的斜率是常数。

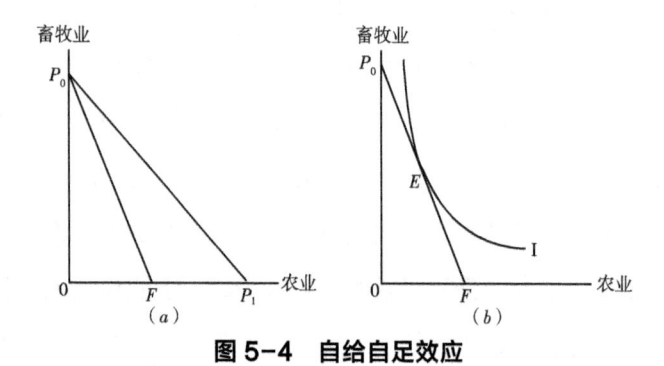

图 5-4　自给自足效应

自给自足效应的重点在于，佃户想要生产的产品与地主期望的不太一致。虽然谷物和亚麻也在市场上被交易，但土豆仍然是占主导地位的粮食作物。由于土豆是以重量和体积为单位进行交易的，并且在装载和运输时容易腐烂，储存期最多为9~10个月，这些原因共同使得土豆贸易很少见，或是土豆的市场价格相对昂贵。虽然土豆贸易确实存在，但规模很小。一旦我们意识到这种约束，佃户就不会专注于土豆生产。他变得不再最大化货币收入，而是最大化土地效用。图5-4b就对佃户的这种选择进行了说明，其中无差异曲线（indifference curve）I表示的是"食物"（土豆）和"收入"（销售可贸易商品获得的收入）之间的无差异曲线。图5-4b中的E点为收入和食物之间的边际替代率曲线（marginal rate of substitution）和价格比率（price ratio）曲线的交点。对于佃户来说，选择混合生产会更加合适，即使地主更加希望佃户完全专注于畜产品的生产。

即使生产可能性边界不是一条直线，即不能完全专注于某一种产品的生产，自给自足效应仍然存在。由于农民常常利用轮作（crop-rotation）制度种植土豆和谷物，在这个轮作过程中，谷物通常是在高度需求肥料的土豆之后生产，因此，就容易理解为什么爱尔兰佃户如此执着于种植业了。例如，假设波罗的海小麦供应到英国市场的数量增加，导致小麦价格下降。对于一个追求利润最大化、以市场为导向的农民来说，这意味着发展畜牧业更为有利。但对于以土豆为生的农民来说，土豆的影子价格也很重要。土豆的影子价格的影响因素与小麦的市场价格的影响因素有很大的不同。换句话说，在市场上被交易的作物（例如小麦）与土豆有着很大的不同，相对价格变化发出的信号对不同的人也有着不同的影响。地主和佃户之间的非合作博弈的最优解可能更接近图5-4中的E点而不是P_0点，也就是说佃户要比地主获利更多。然而，问题的关键在于，佃户正是通过威胁和暴力手段才取得了这部分利益，农村暴动减少了双方的经济福利，也就是说，所有人都遭受了损失。

当然,上面的故事过于简单了。在某种程度上,土豆也是在市场上交易的;许多爱尔兰农民也会食用一些由谷物制成的食物,尤其是燕麦(Cullen, 1981a)。牲畜也为农作物提供肥料,农作物也被作为牲畜的粮食,因此二者价格的变动实际上不是独立的。尽管如此,上面的这个故事与基本事实是一致的,从简单的经济学角度来看,它绝不是不合逻辑的。与博弈论不同,标准的新古典经济学理论通常不太探讨经济主体之间的冲突。现实是,没有冲突的完全竞争市场是不存在的,因此大多数情况下,交易成本总是存在的。劳动力需求效应必须假设农业工资高于其他工作的工资(包括非物质报酬和成本)。规模效应需要假设整合土地或分割土地以达到最优土地规模都是有成本的。自给自足效应则必须假设土豆或经济作物买卖都有交易成本。历史学家可能认为,这种"寻找交易成本"的做法不过是种徒劳的诡辩。然而,在经济学家的思维里,世界是存在于一种美好的共生合作与和谐之中的,因此必须要明确找到"新古典主义"标准模型的漏洞,这使得地主与佃户之间的这种冲突——有些人甚至认为这是一种阶级斗争——不能简单地用经济逻辑来解释说明。

上述解释和其他有关饥荒前爱尔兰农村冲突的观点相一致吗?克拉克(1979)提出了最为严肃的一般性假设,他认为这一现象的根源是,有关土地租赁、牧场化、泥炭开采等的产权界定不明。克拉克指出,"在19世纪上半叶,这种传统契约的模糊条款被逐渐打破"。然而,应该强调的是,如果不注重结合经济背景,就很难解释为什么这种模糊含蓄的契约会突然引发暴力冲突。毕竟,每一份法律合同或其他产权定义在某种意义上都是有缺陷的,而且几乎总是存在一些隐含的或模糊的或有事项。只要双方不出现明显的利益冲突,这种弊端就不会造成麻烦。同样,只要正式的合同明确规定了双方的权利,并且这些条款相互不侵犯对方的权益,就可以以非暴力的方式解决经济纠纷。然而,当上述两种情况都不满足时,人们就可能诉诸暴力来解决问题。

地主与佃户之间的关系不只是由经济因素决定的。爱尔兰佃户将新教地主视为压迫者，而地主则以轻蔑不屑的态度对待他的天主教佃户。由于缺乏沟通和信任，导致了地主与农民之间的非合作性经济博弈。但这种对抗关系并不能解释爱尔兰地主的种种恶行：驱赶土地上的农民，或逼迫他们离开，并在饥荒期间，贯彻格雷戈里条款（Gregory Clause），这一条款不允许所有持有 1/4 英亩以上土地的农民获得救济粮，使大规模的农民被迫流离失所。只有在思考"生产什么"这一问题时，我们才能理解这场冲突的经济根源，明白为什么地主们如此急迫地想要赶走他们土地上的佃户。

（三）土地合并和土地暴动：一些证据

对上述假设进行总结：在饥荒之前的几十年里，爱尔兰佃农和地主之间爆发了严重的经济冲突。地主们试图驱逐佃户来合并和重置土地，把土地变为牧场。租户对地主的这些尝试进行疯狂的抵制，由此导致了农村地区的动荡和暴力。这一切使爱尔兰农村经济付出了惨重的代价。

一旦我们尝试检验这个假设，就会发现，情况是如此的复杂，以至于任何简单的检验方法都难以达到研究目的。

第一，上一部分提及的冲突绝不是爱尔兰农村阶级冲突的唯一来源。在刘易斯（1836a）那篇有关爱尔兰土地暴动的经典文章中，他写了一长串可能引发这种阶级冲突的原因。我们应该谨慎解读刘易斯的这份"清单"。例如，地主和佃户之间的宗教差异，以及新教徒的权势被视为一种权利的僭越，在解释这场冲突的背景时可能至关重要，但在解释这场冲突为什么爆发、在何时何地爆发时却不是很有帮助。然而，如果爱尔兰地主和佃户在政治、宗教和文化方面没有鸿沟，单纯的经济原因也无法导致如此戏剧性的事件。19世纪30年代废除什一税事件本身并不算上述的这种经济冲突，但贝克特（Beckett，1966）认为，这个事件弱化了中央政府的权威，使得英国政府无法镇压地区人民的反抗，导致了这场乡村暴动的爆发。[8] 一些明显不算经济因素的原因也可能引发这场暴动，例如邻居、亲戚和"派系"之间的不和。

第二，农场合并和佃户被驱逐绝不是一枚硬币的两面。《德文郡委员会文摘》指出（Kennedy，1847），要整合佃户的土地并提高土地的平均面积，或要整合那些伦代尔制度下分散持有的土地（类似于英国开放土地的分散持有），都需要进行土地合并。即使是前一种合并类型，它也不一定会减少对劳动力的需求。因为大多数情况下，农场的合并并不意味着牧场化，而是变为在一个更加能干可靠的农民的集中领导下，对土地进行重新分配。只有在少数情况下，地主合并土地是想要自己占有土地以增加私有财产。

第三，合并并不总是意味着佃户被无情地驱赶。通常情况下，佃户会得到来自地主的补偿，或转移到邻近佃户的地上去干活（地主有时还很鼓励佃户这么做）。其他情况下，佃户会离开，并自愿把农场归还给地主。饥荒前的爱尔兰，地主可以通过几种合法的方式让佃户离开。持有年度租约的租户，地主至少可以在租约终止时让佃户离开。如果佃户违反了租约的条款，地主可能诉诸民事驱逐令的手段将其驱逐。这些违约行为通常是拒付租金和拆分土地转租他人（sub-division）。持有长期租约的租户也可以在租约到期时被赶走。地主并非只是出于土地合并的原因才赶走佃户的。同其他任何国家一样，那些拖欠租金、经营不善的佃户也一样会被其他人取代。

第四，并非所有的土地冲突都必然使佃户与地主对立（Clark，1979）。有人认为，土地冲突源于佃户拒绝出租"土豆地"（conacre land，在爱尔兰，农民在土豆种植季节可以将一部分土地出租给雇农或无地劳动者，并规定只能用于种植土豆，因此构成了一种特殊的转租形式）（Beames，1975）。李（1973b）认为，大部分的农村冲突源于农民拒绝以上述这种特殊的转租形式出让土地。李的观点是"自给自足效应"下的一个特例，因为此时，地主的角色实际上是由佃户扮演着。在爱尔兰复杂的多层土地所有结构中，农场主有时反倒受雇农的压迫，这并不奇怪。

在开始正式的检验之前，我想说一句题外话。有人认为，农业冲突还扮演着一个非常重要的角色，即可怕的"农民联盟"（cartel），农民们以这种手段阻止了地主将租金提高到有竞争力的水平。索洛（1971）认为，"强征竞争性租金的地主将会是众矢之的，出价高的农民会遭到严重排挤，甚至更糟；爱尔兰农村动乱的那段历史表明有一个秘密组织人为地将租金控制在竞争水平之下"。克拉克（1979）也提出了类似的观点。

农村暴乱的目的就在于将地租保持在均衡水平以下，这一假设具有重要意义，因为如果这一假设成立，它将为爱尔兰地主和佃户之间的冲突提供强有力的经济解释。此外，它还能解释另外两种现象：第一，它将为承租人权利出售提供理论依据，承租人权利的价值等于市场租金与地主被迫接受的实际租金之间的差额的现值；第二，它将为地主试图摆脱佃户这一奇怪现象提供合理解释。当然，根据简单的经济理论推理，租金会随着劳动密集程度的提高而上涨，因此地主会倾向于把土地租给尽可能多的佃户。然而，如果租金出于某种原因没有被最大化，佃户所得将超过劳动力的边际产量。这意味着地主会通过减少租户来增加他的租金收入。因此，"联盟假说"不仅很合理，而且完全能解释我们的困惑。

然而，在饥荒前的这些年，这一假设似乎得不到证据支撑。因为那时有大量证据表明，地主及其代理人成功地最大化了租金收入。一个接一个的证人向济贫法委员会表示，佃户之间的激烈竞争使得地主可以收取非常高的租金。事实上，爱尔兰佃户市场的竞争要比英国更加激烈，因此，在1815年后的几年里，爱尔兰的名义租金相较于英国，并没有下降多少（Great Britain, 1836b）。在某些情况下，地主对高度相似的地段或相邻地段收取的租金也可能非常不同，但这些差异往往以其他形式被抵消，例如佃户常常要高额贿赂地主的代理人以获取便利（*Great Britain, 1836b*; Wiggins, 1844）。德文郡委员会收到的证据表明，在南部和西部，"地租通常以叫价的方式决定，即渴望获得这片土地的佃户向地主提出价格，叫价最高的佃户能最终获得土地的使用权"（Kennedy, 1847）。在其他地区，地主或其代理人对土地进行估价，并且是以一口价的形式租给租户，租户"要么接受要么放弃"（例如，*Great Britain, 1845a*）。福斯特（1847）指出，土地是通过招标形式租给出价最高的人。这种习俗有时被称为"canting"（Wiggins, 1844; Donnelly, 1973），克拉克（1979）认为这种现象不是普遍存在的，却没有相关证据能够支撑他的观点。当时有许多其他学者的观点可以被用来反驳克拉克（Beaumont, 1839; Coote, 1804; Townsend, 1815; Rawson, 1807）。康奈尔（1950a）赞同奥布莱恩所说的，租金"相当于让地主拥有了整片土地的产出价值"。把土地租给叫价最高的人，这种做法在阿尔斯特省也很普遍，甚至在"阿尔斯特条例"盛行的地方（例如安特里姆郡）也是如此（OSM）。索洛（1981）提出：在1840年，租金最大化这种做法还是一种近来才有的现象，并且"有相当一部分但越来越少的地主是唾弃这种行为的"，但目前还没有证据能支撑这一观点。

当然，有时候，地主收取的租金也会低于市场价值，因此地主和佃户在某种程度上共享产权。曾经签订的租约反映的是过去的而非当下的市场状况，才导致地主收取的租金低于市场价值。地主或其代理的懒惰、无能和胆小也会导致这种现象出现。问题是：租金低于市场价值的这种现象有多普遍？当时的政治经济学家认为这只是一个例外现象。麦克库洛赫——并不完全是一位激进的社会批评家——认为爱尔兰的地租"异常的高"（McCulloch, 1854）。

有数据可以被用来对下列假设进行更严格的检验：土地租金始终低于

市场水平，在利益最大化和完全竞争的市场中本不该如此。《蒂珀雷里郡的农业回报》这本书编纂于1834年，出版于1941年（Simington，1941），其中包含了实际支付的租金与"土地的实际价值"（real acreable value）的对比数据。"土地实际价值"似乎是可以得到的最接近市场均衡租金的数据，它的计算方法是，"以完全生产能力得出一（爱尔兰）英亩土地的年价值，减去所有损耗，然后在一段时期内（比如5年）取平均值。这一计算结果包括了地主和佃户的利益"（Simington，1941）。这里的"利益"应当指高于正常要素收益的收入，因此，这种"利益"就不包括佃户的劳动收入。埃比尼泽·雷德福是地主任命的一名专员，他的工作是对土地的实际价值进行估测，思明顿（Simington）认为他的工作非常卓越。不幸的是，在蒂珀雷里郡，6个教区中只有3个教区有租金数据，尽管如此，这份数据仍然非常有意义，因为这份数据涉及爱尔兰暴力事件发生最频繁的蒂珀雷里郡。如果爱尔兰各个地区的租金真的像索洛教授所推测的那样，佃户采取各种手段迫使地租低于市场均衡价值，那么在蒂珀雷里郡，情况应当也是一样的。基于这份数据，我们获得了117个农场的租金和土地实际价值数据，这些农场面积共达1967爱尔兰英亩（相当于3178法定英亩）。

在这些农场，每爱尔兰英亩的平均租金为1.657英镑，而耕地的实际价值为1.503英镑/英亩。标准差（standard diviation）分别为1.543和1.176，意味着标准误差（standard error）分别为0.035和0.027。上述假设在10%以内的置信水平下被拒绝，相应的t值大于10。当然，有人可能会说，雷德福对土地实际价值的估值可能偏高，或者这里使用的三个教区的数据是不具代表性的。然而，不论是定性还是定量证据，似乎都表明，除了"旧租约"，其他原因似乎都不足以导致租金低于市场均衡水平。当时人们口中的"合理租金"这一概念，是指低于均衡水平的租金，而市场均衡租金则被称为"高额租金"。像高利贷一样，"高额"这样的字眼充分体现了市场参与者对这种租

－ 175 －

金的不理解和痛恨。

在饥荒前的爱尔兰，对地租的抱怨是铺天盖地的，有时甚至因此发生了暴力冲突。如果地主的目的往往不是在现有的生产方式下提高租金，而是在彻底改变生产对象和使用的生产技术后提高租金，那么可以利用第 2 部分中的模型来调解地主与租户之间的利益分歧。因此，我不认同"联盟假说"，"联盟假说"认为佃户主要反抗合并和驱逐，低于市场均衡的租金只是这一反抗过程的副产品。[9]

通过济贫法委员会（Great Britain，1836b）、华恩克里夫委员会（The Wharncliffe Committee）（Great Britain，1839a）和德文郡委员会（Great Brtain，1845a）在饥荒前 10 年发布的三个重要文件中，我们可以获取有关饥荒前爱尔兰土地合并和农村动荡的数据。[10]其中，这三个组织采访了社会各个阶层的近 3000 名证人。英国政府非常关注爱尔兰农村动荡，因此农村动荡与农村经济发展的关系成为大量调查的研究对象。值得一提的是，《德文郡委员会文摘》从大量证据中得出了一个结论：

>毫无疑问，农民的愤怒，以及爱尔兰农村爆发的大多数动荡的根源，在于劳动力的需求和供应之间的不平衡。不论拥有的土地再怎么小，这都是生存的唯一保障；而失去这种安全感，就是在拿整个家庭的存活开玩笑（Kennedy，1847）。

刘易斯，与早期议会委员会共事过，在 19 世纪二三十年代发表过一种观点：犯罪和骚乱是整合土地而强行驱逐佃户的结果（Lewis，1836b）。爱尔兰警署的副监察长、中校威廉·米勒，证实暴动源于佃户在守护耕地，尤其是守护那些肥沃的草地时所遇到的困难："地主不愿意把适合发展畜牧业的土地分割成一块一块的农田出租给租户，因为畜牧业非常有利可图。而农民如果没有土地来种植粮食（土豆），就无法养活家人，变得走投无路，于是只能诉诸暴力手段"（Great Brtain，1845a）。

这些观点——完全符合第 2 部分中模型的特点——是对成百上千个证据的总结。

然而，仅凭那时人们得出的结论，还不足以检验我们的模型。如上文所指出的那样，并非所有的暴力冲突、驱逐和土地合并都出于共同的原因。证人之间的证词也会出现矛盾，甚至有时自相矛盾，根据证人的证词，相邻地区的状况都差别较大。为了明确到底什么状况是典型，什么状况是例外，我们需要对这一现象进行系统的调查。德文郡委员会的证人仅有 1078 名，但是整理这部分数据却比整理济贫法委员会的 1570 名证人的证词还要困难，因为后者的问题在形式上基本一致。因此，在处理的过程中，当问题相似时，我们就把证人的回答当作对同一个问题做出的回答进行处理。毫无疑问，对证词进行分析的这一过程必定是存在一定误差和扭曲的，但它仍然不影响我们对这种现象的区域差异及其出现的频率做出判断。

首先，在饥荒之前的几十年里，土地合并到底有多普遍？德文郡委员会报告附录 104（Great Britain，1845a）总结了 1839~1843 年所有的民事驱逐记录，这是迄今为止最常见的驱逐佃户的方式。登记在册的案件有 23594 件，其中未缴租金案件达 7588 件，占比 32.2%；逾期持有土地案件达 1606 件，占比 6.8%；恶意滞留案件 14320 件，占 60.7%；剩下 80 件都是逃租案件，占 0.3%。可惜的是，这组数据并不能体现其中有多少情况是出于土地合并的原因而驱逐租户的。例如，当地主真正的目的是土地合并时，却很可能把拖欠租金作为借口来驱逐佃户。这种行为是存在的（例如，Great Britain，1845a）。1815 年以后，佃户拖欠租金的其中一个原因是农产品价格的下降，这使得在拿破仑战争期间收取高额地租变得不切实际。因为这个原因而将拖欠地租的租户赶走，其实无益于地主，因为新来的租户同样也负担不起如此

- 177 -

高的租金。因此，除非地主的目的就在于要整合土地而将小佃户赶走，不然的话因为收取不到高额租金而赶走租户其实无益于地主自身。

基于此，我们还需要有关农场合并的频率和性质的系统的数据资料。德文郡委员会提供了这份资料。通过分析所有对一个问题——在你所在的地区，土地合并是否普遍——做出回答的证人，我们获得了一些启发。总共有317名证人的回答是有效数据。首先，可以将他们分成三类：回答普遍存在的，知道这种现象存在但回答"几乎没有"或"少见"的，完全否认这种现象存在的。统计结果如表5-1所示。

表5-1 有关土地合并普遍程度的受访者统计（德文郡委员会）

单位：人

省份	（1）普遍	（2）较普遍	（3）不普遍	（4）合计	（5）普遍指数*
阿尔斯特	37	17	25	79	94.26
伦斯特	34	17	24	75	88.52
明斯特	69	20	35	124	104.10
康诺特	25	4	10	39	113.11
合计	165	58	94	317	100.00

注：* 将（1）、（2）和（3）数据分别按2、1和0的比例进行缩放，再除以总数，再根据全国平均水平进行标准化处理。

资料来源：Great Britain（1845）。

结果表明，农场合并现象在全国范围内是存在的，但是这种现象在南部和西部要更为常见，而在阿尔斯特和伦斯特两省相对少见。此外，只有三个郡，没有任何受访者表示这种现象在当地"普遍存在"。这三个郡分别是：利特里姆郡和费马纳郡（每个县平均也只有2名有效证人）和韦斯特密斯郡（每一个县有5名有效证人）。县级小样本造成的偏差使得郡级水平上的偏差更为凸显。我们不能从这样的证据中推断出结果，因为在这样的样本中，"普遍"可能意味着程度上存在1%与40%这样的差别，但是即使每年只有1%

的土地被合并，随着时间推移，这一比例也会在30年后的滑铁卢战争和饥荒中累积到一个显著的地步。

济贫法委员会给出的有关农场合并的数据与德文郡委员会提供的数据相比，在三个方面存在不同。第一，济贫法委员会向所有证人问了一个同样的问题，即"在你所在的地区，把小农场变成大农场的这种制度已经发展到什么程度？那些被剥夺土地的佃户怎么样了"。这种统一标准的问题使数据分析更加简单，增强了证词之间的可比性，从而减少了误差的产生。第二，这个问题直接涉及土地合并；其他有关土地合并的问题（例如为什么要进行土地合并，用什么机制进行，受害者有什么样的反应）只是偶发性地提问，没有对所有人提出。从这个角度来看，德文郡委员会提供的数据是更全面的。第三，样本量非常庞大（每个郡平均有47名证人），但是样本的构成差强人意：大多数证人是圣公会牧师或罗马天主教牧师，而在德文郡委员会的证人中，土地经纪人和农民占大多数。统计结果见表5-2。

表5-2 有关土地合并普遍程度的受访者统计（济贫法委员会）

省份	(1)非常普遍	(2)普遍	(3)有一些	(4)很少	(5)无	(6)合计	(7)普遍指数*
阿尔斯特	0	7	20	184	310	521	73.87
伦斯特	14	10	29	134	246	433	100.86
明斯特	8	18	31	173	161	391	128.99
康诺特	3	8	16	48	83	157	112.22
合计	24	43	96	539	800	1502	100.00

注：*将(1)、(2)、(3)和(4)数据分别乘以4，3，2，1，再除以(6)，根据全国平均水平进行标准化处理。

资料来源：Great Britain（1836b）。

表5-1和表5-2都表明，与其他两个省相比，明斯特省和康诺特省的土地合并现象更为普遍，但两个表的排名顺序又不完全相同。在一定程度上，

这可能归因于这两个样本的性质不同，另一个原因是：在这10年间，明斯特省遭遇极为严重的农村暴动，由此这些地区的土地合并过程相对缓慢。土地合并现象的这种地域分布也可能受到其他因素的影响：济贫法委员会的40多名证人（大多数来自阿尔斯特省），他们回答说，至少在1835年土地合并现象是非常罕见的或根本没有发生过的，"至少"两字又给数据处理工作造成了"灾难"。一些地区的土地合并速度之所以如此缓慢，原因之一是，除非佃户违反了租约中的某项条款，不然在租约到期之前，地主是不能将他们赶走的。

德文郡委员会的证据有力地支持着这样一种观点，土地合并的进程因为农村暴动的存在，被严重阻碍，甚至在一些地区直接停止。80名证人对土地合并的盈利能力发表了自己的看法，其中，只有9人质疑它的盈利能力，71人承认了它是有利可图的。然而，在这71名证人中，只有28名证人表明，在他们所在的地区普遍存在着土地合并现象。而在其余证人的言论中，最典型的一句话是，地主们想要合并土地，但又害怕遭到暴力打击。一位来自蒂珀雷里郡的地主（Great Britain，1845a）诉出了很多位地主的心声，"我没有能力把农场建得像我想象的那么大"。很多地主都承认，他们是在尽力维持和平的前提下，尽可能地推进土地合并。当时著名的政治经济学家普莱特·斯克洛普（Poulett Scrope）指出，"白童组织"是地主进行土地合并的唯一考验。总的来说，地主及其代理在推进土地合并方面，并不像在阻止土地被转租方面那样顺利。然而，在这整个过程中，地主都没有放弃过整合土地。

如何整合土地？很多证人都被问及这方面的问题，对这些问题的回答也存在一定的分析价值。150多名证人的回答是有效数据，统计结果总结如表5-3所示。

表 5-3　土地合并机制（基于德文郡委员会调查）

单位：人

省份/国家	(1) 驱逐佃户 是	(2) 驱逐佃户 否	(3) 租约到期不续约 是	(4) 租约到期不续约 否	(5) 鼓励买卖
阿尔斯特	8	10	6	2	27
伦斯特	20	4	14	0	7
明斯特	48	7	25	3	3
康诺特	17	7	12	1	1
爱尔兰	93	28	57	6	38

资料来源：Great Britain（1845a）。

地主可以通过三种方式赶走不受欢迎的租户。第一，可以利用民事驱逐令赶走那些违反了租约条款的租户和那些没有租约但被地主拒绝续约却恶意留滞的租户。第二，长期租赁的租户在租期届满后，地主可以不予续约。在许多情况下，中介的租约到期后会使得他的承租人也被驱逐。有时上述这两种方法没有明显区别，但大多数证人还是能明确区分对直接承租人的驱逐和对间接承租人（通过中介租地的农民）的驱逐。第三，引导一些佃户买下他们邻居的土地，从而建立起大面积连片的农场。这一种做法在很大程度上仅限于阿尔斯特省，明斯特省的地主则强烈倾向于利用驱逐令来收回土地，而在康诺特和伦斯特两省，地主在整合土地的过程中非常谨慎地使用驱逐令。

因土地合并而被驱逐的佃户情况如何？这个问题的答案一定程度上取决于佃户对地主收回土地进行整合这一举动的反应。有时候，无论地主怎样安抚佃户，这种行为都不可避免地会遭遇阻力（例如，基尔肯尼郡，Great Britain，1845a）。首先，并非所有被驱逐的租户都要被迫离开家乡。在许多地区，这种合并，就像半个世纪前的英国圈地运动一样，并没有减少对劳动力的总需求。土地合并涉及管理和生产技术的改进，但并不意味着一定是向劳动密集程度较低的生产方式转变。在德文郡委员会的38名证人中,有18人针对土地合并对劳动力需求的影响发表了意见,其中18人认为这种运动反而增加了劳动力需求,其余人则认为它减少了劳动力需求。有人向济贫法委员会表示,在将土地整合为牧场后,每英亩土地的劳动力需求减少了10%。但也有人对此表示怀疑,他们指出,牧场对于劳动力的需求更加稳定,而不是只集中在几个高峰时期(Great Britain, 1836b)。尽管这些证据之间如此矛盾,但从整体来看,牧场化确实减少了土地对劳动力的需求,尽管这种降幅没有10%这么夸张。如上所述,就算土地合并没有减少劳动力需求,即便地主整合土地的目的不在于发展畜牧业,地主与佃户之间的经济冲突也还是会发生,甚至演变为骚乱。

理论上,地主至少可以通过补偿被驱逐的租客,避免这种骚乱的发生。爱尔兰各地都实行了补贴政策,尽管这可能并不足以阻止佃户们进行大规模的反抗。地主的偿债能力可能不允许地主预先支配部分土地整合可能带来的预期收益,来买断现有租户的租赁权。在更多情况下,地主是通过免除租金欠款的形式来补偿租户,但这种做法似乎也没有取得明显的成效。蒂珀雷里郡的一名证人直言不讳地说,给即将离开的租客进行补偿其实就是在买断他的租赁权,又或者只是一种防止骚乱而必须付出的代价(Great Britain, 1845a)。

"承租人权利"条例仅仅在阿尔斯特省非常流行,但佃户的"敲诈行为"在全国都很普遍。91名证人提供的数据说明了地主提供补偿这种现象的普遍程度。这些证据表明,这种现象在明斯特省最为普遍,指数为117.74(全国平均水平为100),其次是阿尔斯特省(109.68)和伦斯特省(108.06)。在康诺特省,租户的议价能力最弱,指数仅为45.16。

相较于德文郡委员会提供的数据,使用济贫法委员会提供的数据来探究这一问题存在更大的风险。虽然济贫法委员会直接询问了这一问题——土地被收回的佃户们的情况如何?但大多数人都忽略掉了这一问题。而回答了这个问题的证人（32人）通常给出的回答都类似于"一些移民到美国，一些仍然留在教区做无地劳动者"这样模糊的回答，并没有说明具体的比例。在分析数据时，我们首先删除了没有对此问题做出回答的样本，对于那些有相关数据的样本，我们也假设每种回答的权重是一样的。如果这些回答不是相互排斥的（例如，"得到了地主的补偿"和"去了邻镇"这两种回答），则答案不加权。尽管这些数据非常粗糙，但表5-4中的结果表明，在阿尔斯特省，被驱逐的佃户大多选择了移民；在康诺特省，由于有大量未开垦的土地，因此这些佃户大多选择重新安置在这些未开垦的土地上。城市地区显然无法充分吸收这部分被驱逐的佃户，但有一部分属于"移民或离开"这一类别的佃户最终去了城市。

表5-4 被驱逐的佃户的命运

单位：%

省份/国家	沦落为穷人	成为无地劳动者	迁到邻镇	获得沼泽地	移民或离开	合计
阿尔斯特	14.79	12.68	7.04	3.52	61.97	100
伦斯特	27.93	18.99	11.73	3.35	37.99	100
明斯特	15.19	30.38	10.97	9.28	34.18	100
康诺特	32.98	15.96	7.45	24.47	19.15	100
爱尔兰	21.27	21.32	9.82	8.59	39.11	100

资料来源：Great Britain（1836b）。

我们现在来讨论农村暴动现象。《德文郡委员会文摘》总结了当时一些学者的观点：大多数冲突源于"农民妄图获得一种不可剥夺的产权"，但真正引起这种暴动的根源是劳动力过剩、农业生产效率低下、农民的愚昧和失业（Kennedy，1847）。这种骚乱有多大规模，有多频繁？犯罪统计数据，甚至是最新的数据，都是出了名的不可靠。尽管如此，我们还是可以从警署报告中获取到有效数据（Great Britain，1845a；Kennedy，1847）。这一份报告

- 183 -

记载了1844年所有上报到警署的罪案，其中区分了农村暴乱案件和非农村暴乱案件。这种区分的标准尚不清楚，但是农村暴乱案件（指那些与土地相关的经济冲突引发的犯罪行为）的比例似乎被低估了。例如，在58起"拆掉栅栏"的案件中，只有28起被归为农村暴乱案件。在47次非法集会或游行案件中，只有2次被归为农村暴动案件。

尽管如此，我们还是足以通过这些数据发现农村暴乱的地区差异。全国农业暴动案件占全部犯罪比例的16.1%。与这一数字相比，农村暴动出现频率最高的是利特里姆郡（31.6%），其次是罗斯康芒郡（35.2%）、国王郡（29.6%）和蒂珀雷里郡（27.9%）。阿尔马郡（3.9%）、威克洛郡（3.7%）、伦敦德里郡（3.7%）和基尔代尔郡（2.6%）的农村暴动案件出现的频率较低。第二个代表农村动荡的指标是农村地区的人均犯罪次数（仅限于与土地相关的经济冲突导致的犯罪行为）。这一指标统计结果显示，蒂珀雷里郡犯罪率最高，每千人中有6.9起，其次是国王郡（5.2）、利特里姆郡（4.6）和罗斯康芒郡（3.8）。在伦敦德里郡（0.15）、梅奥郡（0.19）和唐郡（0.19）的这一比例极低。从表面上看，这种犯罪行为与地理因素、经济条件之间的关系并不很明显。我们观察到，令人意外的是，阿尔斯特省的犯罪率非常低，而莫纳亨和卡范的犯罪率则高于全国平均水平，多尼哥的犯罪率与全国平均水平相当。

关于农村犯罪的其他数据，可以从德文郡委员会和济贫法委员会提供的证词中获得。许多德文郡委员会的证人被问及他们所在的地区是否普遍存在与土地相关的暴行。总共有202名证人提供了有用的回答。其中，77名证人对此给出了肯定的答案，104名证人给出的答案类似"一些""时而""不时"，只有21名证人表示，完全没有暴乱的发生。遗憾的是，这一样本显然不具有代表性，因为专员们主观上倾向于在他们以为农村暴乱会发生的地区去开展调查。因此，在这份样本中，蒂珀雷里郡有33名证人，而安特里姆郡和戈尔韦郡只有 2 名证人，甚至没有来自费尔马纳郡、路易斯郡和梅奥郡的证人。由于样本量较少，各郡的指数是没有实际意义的，汇总后各省的指数如表 5-5 所示，我们应该谨慎看待这个结果。

每个济贫法委员会的证人都被问到一个标准问题："你的教区在这段时间内（1815~1835 年）是否发生过骚乱？"尽管济贫法委员会提供的数据样本比德文郡委员会（共 1527 个样本）大得多，但也需要特别注意一些问题。一些证人并不明确地知道问题中骚乱的含义，因此他们将诸如盗窃、醉酒斗殴等，甚至是亵渎神明都看作问题中所指的"骚乱"。其他人强调，该教区在过去曾短暂地受到过骚乱（其实是指 19 世纪 30 年代早期的什一税运动）的侵扰，那之后就回归平静了。有关于农村暴动（agrarian outrages）的各种指标总结在表 5-5 中。

表 5-5 饥荒前农村暴动指数（全国平均水平为 100）

省份/国家	（1）1844 年相对指数（警署报告）(1844)	（2）1844 年人均指数（警署报告）(1844)	（3）1845 年指数（德文郡委员会报告）(1845)	（4）1835 年指数 1（济贫法委员会报告）(1835)	（5）1835 年指数 2（济贫法委员会报告）(1835)
阿尔斯特	67.70	40.37	85.94	56.67	50.00
伦斯特	81.99	102.88	95.31	150.00	131.42
明斯特	119.25	152.25	106.25	103.33	127.14
康诺特	119.88	114.56	108.59	105.00	111.43
爱尔兰	100.00	100.00	100.00	100.00	100.00

注：（1）：原始数据来源 Great Britain（1845a）。将"农业犯罪（agrarian crime）总数"除以"犯罪总数"。
（2）：原始数据来源同上。将农业犯罪总数除以农村人口。
（3）：原始数据来源同上。回答"普遍"的权重为 2，"有些"的权重为 1，"没有"的权重为 0，并将总分除以证人数量。
（4）：原始数据来源 Great Britain（1836b）。答案"非常安宁"的权重为 0，"几乎没有骚乱"的权重为 1，"偶尔"的权重为 2，"非常频繁"的权重为 3。"先前不安宁但目前很安宁"的权重为 0，并将总分除以证人数量。
（5）：与（4）的计算方式相同，但回答"先前不安宁"的，需要根据骚乱的严重程度对这一回答附上权重。

表5-5中，一个有趣的现象是，1835~1844年，农业暴动在地理分布上发生了相当显著的变化。根据（1）、（2）和（3）中的三项指标，相较于国内平均水平，伦斯特省整体上并没有爆发多少骚乱。济贫法委员会数据显示，在19世纪30年代，伦斯特比其他任何地区都要动荡不安。伦斯特省个别郡的指数高得惊人：皇后郡的相对指数为388（指标1）；基尔肯尼郡的相对指数为243。19世纪40年代，蒂珀雷里郡是最动荡的地区，而在1835年，该郡的指数（指标1=116）只是略高于全国平均水平。唯一相对平静的地方就是阿尔斯特省，那里发生暴乱的频率始终低于全国平均水平。

爱尔兰治安部副部长托马斯·德鲁蒙德，向华恩克里夫委员会报告说，一般的犯罪统计数据没有区分农业类型犯罪和非农业类型犯罪（Great Britain，1839a）。值得关注的是，1826~1828年每个郡（农村地区）每年的入狱人数。不用说，这些数据可以用来近似地代表农村暴乱。虽然每年的入狱人数数据是唯一能够同时进行横纵向对比的数据，但这些数据可能受到执法力度和报告效率的影响而有所不同，同理，农村的农业类型犯罪水平也可能受到这些因素的影响。然而，这些数据仍然有助于我们把握农村犯罪趋势的区域差异，是因为这些数据是入狱人数数据而非定罪数据。[11]

表5-6 爱尔兰入狱人数（1826~1838年）

省份/国家	（1）犯罪总人数（人）	（2）每年人均犯罪数（农村）x 10000	（3）对数的趋势系数	（4）趋势系数的标准误差
阿尔斯特	45409	16.17	0.0101	0.0086
伦斯特	57916	29.10	0.0607	0.0123
明斯特	50635	19.39	0.0249	0.0111
康诺特	36552	21.00	0.0507	0.0084
爱尔兰	190512	20.82	0.0368	0.0081

资料来源：Great Britain（1839a）。

表5-6显示，国家的法律程序与社会秩序正在以每年近3.7%的速度恶化，这是人口增长速度的2倍多。这在一定程度上反映了更高的犯罪率，其他证据也表明，这个国家正在变得越来越动荡不安和难以控制。农村动乱的区域差异非常明显：伦斯特的犯罪增长率是阿尔斯特的6倍多。标准误差反映，相较于伦斯特省和康诺特省，阿尔斯特省和明斯特省的犯罪率要波动得更加剧烈。此外，克莱尔郡的犯罪率以每年0.5%（统计上不显著）的速度增长，而邻近的利默里克郡和蒂珀雷里郡的犯罪率则分别以每年6.4%、10.2%的速度增长。爱尔兰的地方警署对于农村犯罪根本束手无策，而且经常因为警察的暴力介入地方冲突更加剧烈，尽管他们至少看起来是不列颠群岛中最先进的警察系统（Broeker，1970）。

由于各地的执法力度和司法系统存在差异，因此像前文所述的这样的比较显得有些苍白无力。接下来，我们就将爱尔兰同英国进行比较。1831~1845年，英国每10万人中被定罪的人数从100人增加到109人。在同一时期，爱尔兰则从123人下降为89人（这一人数在1836年达到了暂时性的高峰，每10万人中有229人被定罪）。然而，爱尔兰的定罪率正在下降（从19世纪30年代早期的65%下降到1845年的42.5%），而英格兰的定罪率则一直是略高于70%的。在1831年至1845年这15年间，爱尔兰每10万人中每年平均有250人犯罪，而在英格兰和威士，这一数字约为150人（*Thom's Directory*，1848）。此外，爱尔兰的收监率（ratio of committals to crime）非常低，尽管犯罪数据可能并不准确。

在各种资料来源中，只有德文郡委员会提供的数据适合分析农村暴乱的原因和目的。就原因方面，153名证人就农村暴乱的背景给出了答复。小样本偏差在这里非常明显，但样本总体上还是可以提供一些有参考价值的信息（见表5-7）。

表 5-7 农村暴动的原因

单位：%

省份/国家	（1）土地合并	（2）佃户欠租	（3）土地合并和佃户欠租或其他不明原因	（4）土豆地	（5）租金过高	（6）其他	（7）合计
阿尔斯特	39	17	26	0	17	0	100
伦斯特	19	22	31	0	3	3	100
明斯特	26	26	31	12	5	1	100
康诺特	5	5	10	40	30	10	100
爱尔兰	24	21	32	11	10	3	100

资料来源：Great Britain（1845a）。

1845 年，佃农遭驱逐显然是引发农业动乱的主要原因。就整个国家而言，77% 的暴力冲突都是由这一原因造成的。如果我们有相关证据，那么在 19 世纪 30 年代，什一税运动很可能会成为一个更突出的原因。我们现有的数据还不足以让我们探究土地合并是如何引发农村暴动的，但鉴于有非常多的证人表示，当一位租户拖欠他理应支付的租金时，他更有可能被地主驱逐，地主很少驱逐那些按时缴纳租金的租户，我们可以从表 5-7 的（2）和（3）中发现，地主要么是因为土地合并驱逐佃户，要么是因为农业重新规划驱逐佃户，或者是以拖欠租金为借口驱逐佃户。

谁是农村暴动的受害者？比姆斯（Beams，1978）对这个问题进行了调研，但他的研究样本仅局限于蒂珀雷里郡的 27 起谋杀案。德文郡委员会的证人证实了比姆斯的结论，即大多数暴行是针对地主、地主的代理人，或者是新来的租客。在 93 名证人提供的有效数据中，35% 的人认为新来的租客是受害者，31% 的人则认为是地主，17% 的人认为是地主代理人，11% 的人认为是农民（在大多数与转租土豆地纠纷有关的案件中是受害者），政府官员、法官和警察占 5%。一半以上的样本均来源于明斯特省，但即便是通过研究其他省份的数据，这个基本结论也不会改变：除去明斯特省，49% 的证人表示，新来的租户是受害者，23%的人认为是地主，16%的人认为是地主的代理人。

李（1973a，1980）强调无地劳动者与佃农之间的冲突主要与土豆地转租有关。如表5-7所示，如果只考虑康诺特省，这一结论有相当大的价值，但对爱尔兰其他地区则不太成立。李的主要资料来源（Great Britain，1846b）的问题在于，这份数据只涉及了1846年的头几个月，在这几个月里，人们几乎已经察觉到了1845年土豆将会歉收。很明显，土豆歉收一定会让无地劳动者与佃户的关系进一步紧绷。在罗斯康芒郡，李发现与这一种土地转租相关的违法行为特别多，在52个选区中，有29个选区的土地歉收率在40%以上。在全国范围内的957个选区中，834个选区的土豆歉收率在40%以上（Great Britain，1846c）。土豆地转租的租金很少是提前支付的（在饥荒开始前这种现象就很普遍了）。当土豆歉收，许多承租人拒付租金，出借土地的佃农甚至不能通过没收土豆（无论如何这是非法的）来弥补自己的租金收入损失。因此，他们在1846年春天比往常更不愿意出借土地，也就不足为奇了。虽然上述现象是导致农村动荡的一个因素，但并不是主要原因，这种矛盾只是土地所有者与劳动者之间矛盾的一种特例。

（四）土地合并和农村暴动：一个模型和一些检验

农村暴动与土地整合导致的驱逐现象有何关系？只要简单地看一下上文提出的证据就足以证明，农村暴动的剧烈强度和土地整合的频率之间没有简单的相关关系。[12] 然而，证据也表明两者之间存在很强的因果关系。这两种现象是由多个因果关系组成的网络连接起来的。因此我们如果能够建立起一个合理的模型，就可以对数据进行实证检验。

地主们希望合并土地，因为这可以提高租金，减少不确定性，可以减轻管理难度和避免收租。如果土地整合不需要成本，它很可能在整个爱尔兰出现。这有点儿像英格兰的圈地运动，虽然事实上它是需要成本的，但是相比之下能够带来比成本多得多的回报（McCloskey，1975）。但是，爱尔兰的地主们不得不付出高昂的代价来合并土地：现有的租户们进行了疯狂的抵制，用暴力威胁地主和新来的租户，这样一来地主通过整合土地能获得的福利就大幅减少了。如果将土地整合看成一种商品，则可以用需求曲线来进行分析：农村暴动越频繁，地主就越不愿意冒险赶走现有的租客。需求曲线的位置由土地合并所能带来的收益决定，这是许多因素共同作用的结果，例如畜产品的相对价格、土地对发展畜牧业或引进其他生产模式的合适程度。租户的行为可以用一个供给函数来表示，随着地主驱逐佃户的数量增加，佃户表现出越强烈的反抗。供给曲线的位置由土地整合给租户带来的成本或代价决定。佃户越难以重新安顿自己，或者说上述不等式（5.1）中的 w_a-w_0 的值越高，供给曲线在图中的位置就越高。土地整合行为的供求模型在概念上类似于任何其他的供求分析，虽然这一种"市场"其实是一种比喻，买卖的"数量"其实代表的是土地整合的程度。"价格"则指每单位"土地整合"造成的农村暴动频率。

下面，我将用最简单的术语，结合供求模型来解释农业暴动与土地合并之间的因果关系。首先，合并是导致农业动荡的一个原因。地主对土地合并的需求越大，就会遇到租户们越强烈的抵抗。注意，该模型并不意味着土地整合是引起农村动荡的唯一原因，即使没有土地整合运动的存在，农村也可能十分动乱。其次，暴力抵抗的效果是有限的，这种暴力抵抗也许真的成功阻止了一部分地主的行为，但是所有的地主不大可能因为这个而放弃对自己的资产进行整合。最后，租户进行暴力抵抗的成功程度由模型的参数决定。例如，如果土地合并能带来非常高的利润，那么需求曲线就会位于非常高的位置，以致农村暴动所能产生的阻碍作用在很大程度上是无效的。或者，如果租户因被驱逐而遭受的损失非常大，我们可以预期供给曲线将会位于非常低的位置，也就是说，地主将会遭遇空前的阻力。我们可以通过曲线的位置，来判断具体是什么情况。

当然，现实中，是没有这样一个"市场"买卖"土地整合"这种商品的，因此，要进行这种类比，我们需要设立两个条件。首先，在许多情况下，地主的确会讨好现有的租户，即将他们的租赁权买断，来避免暴力冲突，这是被地主们所广泛采用的方案。理论上，地主会更愿意给佃户进行赔偿而不是用暴力解决问题，但在缺乏相关信息的前提下，这种理论推测很可能并不成立。更复杂的情况是，需求曲线描述的是地主对土地合并的需求与事前价格（ex ante price）的关系，而供给曲线纵轴上的价格是一种事后价格（ex post）。换句话说，地主被预期的暴动吓得不敢整合土地，但土地整合这种行为却导致了实际的动乱发生。因此，如果要建立一个单一的供求模型，就要另外假设，实际的骚乱导致了预期的骚乱，预期的骚乱又来源于实际的骚乱。因此，这里采用的截面分析显然是存在缺陷的，但即使采用面板分析，也不能很好地掌握地主的恐惧（预期）与实际发生的暴乱之间的关系特征。

上述的这种模型在逻辑上是合理的，但可能无法通过实证检验。然而，用实际数据来检验它是非常复杂的。为了进一步对模型进行检验，必须要做出一些明确的假设。首先，正如已经指出的，我们必须假设事后（实际）暴行与事前（预期）暴行有关。其次，为了识别供给和需求曲线，我们必须假设这些曲线是稳定的，也就是说曲线随着时间推移发生的位移是由位移因子（shift factor）决定的。这些位移因子可以作为估计需求和供给曲线斜率的工具。当然，在统计上，执行这项任务使用的估计程序与估计供求模型所用的程序完全相同。困难在于，与标准的需求和供给理论不同，经济理论并没有为我们提供可借鉴的方法。因此，对所选择的工具变量进行一些讨论是必要的。

更具体地说，用 $OUTR$ 代表农村暴乱的程度，用 $CONS$ 代表土地整合的程度。要对模型进行检验就需要用到下面两个方程：

$$OUTR=a_0+a_1CONS+\sum_{i=2}^{k+1} a_1X_{i-1}（供给）\qquad(5.3)$$

$$CONS=b_0+b_1OUTR+\sum_{i=2}^{m+1} b_1Y_{i-1}（需求）\qquad(5.4)$$

其中，k 个 x 变量是确定供给方程所必需的工具变量，m 个 Y 变量是确定需求方程所必需的工具变量。某些 Y 和 X 变量可以是相同的变量，但必须保证至少有一个 X 变量与 Y 变量是不相同的。实际上，有不止一个 X 变量和 Y 变量满足这个条件，因此该检验需要运用两阶段最小二乘法。对提出的供需模型的严格检验是，系数 a_1 和系数 b_1 是否具有理想的符号：a_1 是供给曲线的斜率，应该为正，而 b_1 是需求曲线的斜率，因此应该为负。

需求曲线中的工具变量应反映地主进行土地整合的盈利能力。所使用的三个工具变量分别是：(1) 用资本－劳动比率来反映土地对发展畜牧业的适合程度，这个指标用牲畜的总价值与农村人口的比值来近似代表；(2) 土地质量，这个变量用土地海拔的变化来近似代表；(3) 地主可从法院获得的支持力度，用民事驱逐案例占全部民事案例的比例来近似代表。13 供给函数中的工具变量不仅应该反映佃户从土地上离开所要承担的成本，还应该反映他们总体的倾向（反抗倾向）。因此，工具变量包括：人均收入、整体的人均犯罪水平（包括非农业犯罪）、非农业劳动力的比例、天主教徒在人口中的比例以及平均每年的移民率。

模型中的两个因变量是驱逐指数（indices of eviction）和农村暴动指数。正如上文所强调的，这些变量都是用"真实"但间接的变量近似代替。作为驱逐指标，我们用了每英亩耕地的民事驱逐法案的数量来近似代表。农村暴动指数是根据1844年警署提供的数据计算出来的。表5-8的注释列出了和指标估计相关的细节。表5-8的（1）至（3）是同时估计的，例如，（1）和（4）的数是用同一组供给和需求方程估计出来的，也就是说，两组方程的变量的定义和权重都是一样的，并使用对方的独立变量作为工具变量。凯里郡的数据不全，因此不纳入考量。表5-8的结果不应当被认为是对这一模型的最终肯定。模型中一些变量的替代变量并没有用，农村暴动指标也是经过了多次实验才最终确定下来的变量，尽管不是所有的结果都令人满意。目前还没有成熟的参考方案来帮助我设置这项检验，因此进行一些实验是在所难免的。基于此，我们也应当谨慎对待这一检验结果，但也不能过分要求对这个模型进行严苛的检验。从这个意义上说，计量经济学强调的"准确性"或许误导了读者：在这里，我们是给不出这样的"准确性"的。

表5-8 供求方程的回归结果（括号中为t值）

变量	（1）需求方程	（2）需求方程	（3）需求方程	（4）供给方程	（5）供给方程	（6）供给方程
因变量	EVICL[9]	EVICL[10]	EVICT[11]	OUT-RAGE	OUT-RAGE	OUT-RAGE
常数项	48.14 (2.95)	23.12 (1.82)	43.45 (2.78)	−19.94 (−0.68)	8.22 (0.32)	−17.63 (−0.66)
农业暴动[1]	−0.62 (−1.40)	−0.62 (−1.69)	−0.64 (−1.51)			
资本-劳动比率	−9.46 (−3.56)	−5.36 (−2.59)	−9.13 (−3.58)			
土地质量[2]	−0.17 (−0.38)	−0.0047 (−0.01)	0.027 (0.06)			
法院支持力度[3]	3.83 (0.22)	13.95 (1.03)	11.44 (0.68)			
EVIC				0.33[12] (1.33)	0.46[13] (1.30)	0.39[14] (1.53)

续表

变量	（1）需求方程	（2）需求方程	（3）需求方程	（4）供给方程	（5）供给方程	（6）供给方程
天主教徒比例[4]				0.087 (0.43)	−0.024 (−0.13)	0.067 (0.36)
人均收入				0.79 (1.39)		0.83 (1.49)
人均犯罪水平[5]				7.42 (2.80)	8.35 (3.70)	7.15 (2.68)
非农业劳动力比例[6]				−22.34 (−0.53)	−32.67 (−0.88)	−37.34 (−0.90)
移民[7]					−783.43 (−1.75)	
弹性系数[8]	−0.21 31	−0.29 31	−0.39 31	1.03 31	1.01 31	1.56 31

注：1 定义为1844年全部的农业暴乱除以受驱逐佃户曾拥有的土地总面积。采用这个定义的原因是，总暴乱可以计算为"价格"（暴乱总数除以被驱逐佃户的数量）乘以"数量"（被驱逐人数）。

2 海拔高度的变化，单位为英尺；系数乘以1000。

3 与农业暴动相关的上诉案件数量与总上诉案件数量之比。

4 天主教徒占总人口的比例。

5 犯罪总数，用人均犯罪量乘以1000。

6 制造业劳动者比例。

7 1821~1841年平均每年净迁出人口。

8 计算：$\dfrac{\partial(EVIC)}{\partial(OUTR)} = \dfrac{mean\ of\ OUTR}{mean\ of\ EVIC}$。

9 每英亩耕地的驱逐量（不包括仅是被剥夺住所的佃户）。

10 每英亩耕地的驱逐量（不包括因未付租金而被驱逐的佃户）。

11 每英亩耕地的总驱逐量。

12 变量为：EVICL。

13 变量为：EVICO。

14 变量为：EVICT。

第3部分中使用的截面数据与上述这个供求模型所用的数据是一致的。应当承认的是，回归结果并不是非常好，这是预料之中的，因为在度量合适的变量和度量预期的"土地整合"（引发了更多的暴乱）变量、预期的暴乱（阻止了更多佃户遭到驱逐）变量方面存在诸多困难。尽管如此，表5-8表明，（1）~（3）"农村暴动"的系数和（4）~（6）"土地合并"（或"驱逐")的系数都有如预期一样的符号,并且t值都在1.314以上,相当于t的10%临界值(单尾检验)。还需要注意的是,需求是高度"无价格弹性"的,这意味着供给曲线位置的微小变化可能导致价格的巨大差异。在我们的模型中,农村暴乱就相当于"价格"的角色,因此,这意味着不同郡所经历的农业暴乱程度存在着巨大差异。[14]

(五) 总结

最近一项关于19世纪爱尔兰的社会学研究强调了,爱尔兰有着异常频繁的农村冲突。"(对于爱尔兰而言),没有什么是比和平还要更遥远的东西了"(Clark,1979)。克拉克(1979)指出,爱尔兰的暴乱很少以糟蹋粮食的形式出现。正如克拉克(1979)所补充的,这场斗争的动机并不在于"为了存活"而殊死一搏。更确切地说,这是一场劳动力与土地所有者(无论是地主、中介还是长期租赁的佃农)的斗争。冲突的经济根源是土地所有者和劳动者之间的利益差别。从某种意义上说,这种差别总是存在的:租户想要高收入和低租金,而地主则相反,想要低薪酬和高租金。然而,在19世纪的欧洲,土地冲突的严重性和持久性及其所具有的暴力色彩是爱尔兰独有的,人们不禁要问,是什么原因导致了爱尔兰出现了这种状况。

我在本章中提出,饥荒前的爱尔兰,畜产品和农产品以及二者的相对盈利能力的变化导致了地主和佃户之间的冲突。地主及其代理人,甚至是富裕的农场主,试图把种植业重组成规模更大、更好管理的"单元",并把更多的资源用于发展畜牧业,但这种行为遭到了雇农、佃农和无地劳动者的抵制。爱尔兰这种矛盾爆发的背景是,农产品的市场供求双方都发生了变化。1750~1814年,农产品的确更有利可图,那时爱尔兰的土地从牧场转变为耕地。但是,在拿破仑战争结束后,这种形势发生了逆转。正如经济学家认为的那样，经济本身会对相对盈利能力的变化产生反应，这种反应的表现就是资源配置发生改变。然而，适应不断变化的市场环境是需要付出代价的，同时这一变化过程也不是容易逆转的，这一事实为历史学家所熟知，却往往被经济学家忽视。在爱尔兰，土地从牧场变为耕地，到从耕地又变为牧场的这种变化，是引起暴力冲突和违法行为的原因，但又不是唯一的原因。并且，这种变化给各个经济部门都带来了巨大的负面外部性。有人在1836年感慨道，如果拿破仑从不存在或者不曾死亡，爱尔兰的农民都会过得更好（Great Britain, 1836b）。并非所有受经济波动影响的受害者都选择"抗争"而不是"沉默"。1815年后，越来越多的农民离开爱尔兰前往英国和北美。尽管如此，爱尔兰还是爆发了非常多的动乱，这引起了爱尔兰地主和英国政府的极大担忧。不幸之中的万幸是，英国政府收集了大量关于爱尔兰农村状况的信息，这些信息可以用来分析土地合并、经济冲突和经济落后之间的联系。

为什么爱尔兰的佃户反对土地整合，而它的邻国——英国，却对半个世纪前的圈地运动几乎没有任何的反抗？我没有轻视爱尔兰地主与佃户之间一直以来的矛盾，也没有忽视像什一税运动这样专属于爱尔兰的问题，但是，一切的根源似乎在于，是爱尔兰的经济状况在饥荒前30年的某个阶段，导致了农村动荡，并助长这个浪潮席卷至整个国家。可以确定的是，引起这种动荡的四个经济因素分别是：非农业就业岗位严重不足（这些岗位的工资应当与农业收入相当）；爱尔兰农民对土地产权的渴望，他们甚至不惜放弃其他就业机会可能带来的更高的收入，也想要拥有土地；将小单位耕地合并成更大的单位以确定实现规模经济所需要的议价成本；非贸易作物的存在（例如土豆）。在一个完全竞争的"新古典主义"模型里，这些因素将都不存在，因此我们将它们称为爱尔兰的"市场缺陷"。

在将爱尔兰的经历与英国的经历进行比较时，我们能够发现爱尔兰乡村环境的独特之处。1830年以前，尽管英国议会紧锣密鼓地推行着圈地运动，英国乡村仍然一片祥和（Hobsbawm and Rudé，1968）。1830 年发生的"摇摆船长"（Captain Swing）暴动可以与爱尔兰农民的暴乱相提并论，但显然，这两起事件的不同点与相似点都具有启发性。首先，英国的骚乱远比爱尔兰的骚乱地区集中度高。四个郡（伯克郡、肯特郡、哈姆普郡和威尔特郡）占所有骚乱的一半（Hobsbawm and Rudé，1968）。没有一个工业化区域受到骚乱的严重影响。其次，"摇摆船长"一事与农民对一种节省劳动力的创新产物——机械脱粒机——的愤怒密切相关。英国的冲突在于如何生产，而不是生产什么。尽管这种机器在英格兰南部的普及速度比其他地方都要慢，但正是在英格兰的南部爆发了反抗运动。霍布斯鲍姆和路德（Hobsbawm and Rudé，1968）指出，脱粒是一种主要在深秋和冬季进行的农业活动。在这样的季节，缺乏别的就业机会，即 $w_0<w_a$，因此更有可能爆发冲突事件。"规模效应"也存在于这一事件当中，因为脱粒机的成本节约效应只能在大型农场得到充分的显现，虽然我们也不清楚这种脱粒机的使用有多普遍。最后，英格兰南部和东部的骚乱本质上是短暂的，最终仍然会回到一片祥和的正轨上去。正如路德（Rudé，1967）所指出的，当时英格兰的反叛运动造成的影响完全被爱尔兰的暴动事件所覆盖。换句话说，在英国，农业暴动只是偶发事件，而在爱尔兰，这成了一种常态。除了政治上的差异，两个经济因素也造成了两国不同的表现：英国较高的经济发展水平，提供了更多的农业以外的就业机会；此外，英国存在济贫法，而爱尔兰直到 1838 年才有济贫法。因此，英格兰农村地区的经济参与者之间并没有发生永久性的冲突。尽管英国和爱尔兰的农业动乱的起源有一定的相似之处，但从数量上看，二者的动乱在规模上有着完全不同的表现。

本章所使用的模型是为了更好地刻画农村暴乱与土地合并之间复杂的因果关系。土地合并引发了农村暴乱，同时土地合并的进程也遭到了农村暴乱的阻碍。计量经济学研究的结果表明，在这个问题的解释上，经济学家的供求分析理论比短期价格波动分析理论更加适用。市场并不需要是完美的才能发挥作用；事实上，"土地整合"这种"产品"的市场根本不存在。然而，我们还是能够确定可反映地主和佃户行为的供求曲线。

我们的证据链中缺少一个环节。在图 5-1 中，对土地合并运动的暴力反抗给爱尔兰经济造成了两种损失：其中一种损失来源于经济无法实现最优的生产组合，这降低了整个爱尔兰经济的生产可能性边界。有关农村暴乱对生产可能性边界位置存在影响的证据并不容易获得。在爱尔兰，农民可能要比想象中的还要缺乏保障，且产权政策要比想象中的还要低效，而这些正是对爱尔兰的经济发展至关重要的影响因素。媒体对几起大规模骚乱和引人注目的犯罪事件进行了渲染，这将使得人们在审视爱尔兰的农村状况时格外放大这些因素的存在。此外，行政划分对潜在的外国投资者或企业家而言可能没有太大的意义，因此，国王郡或蒂珀雷里郡的骚乱也可能导致沃特福德郡或韦克斯福德郡的经济落后。我们所能获得的唯一有力的证据就是学者们的观点，他们认为农民的利益得不到保障和暴力冲突的发生最终导致资本从爱尔兰流失。毕竟，我们研究的不仅有现实事件，还有预期，因此引用他人的观点而不是事实也是可行的。[15] 不是引用许多个人观点，我将引用的是三个最权威的委员会——铁路委员会（Great Britain，1837-1838）、济贫法委员会和德文郡委员会——对饥荒前爱尔兰的调研报告，在这一章中，我主要借鉴了后两者的调研结果。

铁路委员会在解释贫困的根源时最为谨慎，主要是因为它对爱尔兰的经济潜力持普遍乐观的看法，以便说服议会支持在爱尔兰建设铁路网。尽管如此，它在报告中承认，"在一个长期以来被认为是充斥着暴力和野蛮行为的焦点地区（明斯特省和伦斯特省），生命和财产都得不到有效保障。很多人……被怂恿或十分鲁莽地开展了暴力反抗，以致大张旗鼓地将来自英国的资本拒之门外"。尽管报告的目的是试图向读者证明，这种"野蛮行为"即使存在，在爱尔兰进行投资还是可以获利的（比安科尼的运输公司就被援引为例），但无论如何，委员会都承认了资本的确被爱尔兰的骚乱吓跑了。济贫法委员会则要直白得多。在其报告中（Great Britain，1836b），它认为，自然资源的缺乏不是导致爱尔兰工业化进程缓慢的原因。相反，它断言，"是秩序、和平和法律的缺乏，以及人民的财产和生命得不到丝毫保障，阻碍了一切"。

德文郡委员会发表了一份最为响亮的声明，将农村动荡与爱尔兰经济落后联系起来。在讨论农村暴乱的影响时，委员们大声疾呼：

> 我们希望能够使这些不幸地区（发生暴乱的地区）的农民们意识到，所有的进步都应该以保障生命和财产安全为前提；如果一个地区的人民的财产与安全得不到保障，那么我们就不能在这样的地区开展任何的改良运动；如果犯罪还是如此地猖獗，那么，指望地主与佃户之间的关系能够有实际的缓和，或者这里的人民能够获得永久的幸福，都是不可能的（Great Britain，1845a）。

附录：1812~1850年的相对价格

用于构造相对价格指数的数据来自高耶尔（Gayer）、罗斯托（Rostow）和施瓦茨（Schwartz）的权威著作（1953）中未公开发表的数据附录。本章使用了7种价格数据，4个有关畜产品（牛肉、黄油、猪肉和羊肉），3个有关农作物（燕麦、小麦和亚麻）。本章借鉴格拉达（1980）的方法，所使用的权重是这7种产品在爱尔兰农业产值中所占的比例。这7种产品涵盖了爱尔兰全部农业产出的2/3左右，剩余的1/3大部分是土豆，其中只有少量土豆用于出口。高耶尔等（1953）提供了1790~1850年各个月的价格数据，本章选取了每年 1 月和 7 月的数据（共 122 个样本）。[16]

用农产品价格指数除以畜产品价格指数，构建农产品相对畜产品的相对价格指标。当然，这两个指数在拿破仑帝国末期都曾大幅下跌。问题是，是什么导致相对价格发生了这样的变化？毫无疑问，在短期内，该指数的表现与当时的学者所说的一样：1810~1813 年，该指数平均为 113.4（1821~1825 年为 100），而 1814~1815 年，该指数平均为 77.1。然而，一旦我们开始着眼于长期，情况就会变得更加复杂。从拿破仑时代末期到 1850 年的下降趋势并不明显，但在 1813 年后，这种下降更像是一次性的下降，而不是持续的下降。[17] 如果我们首先观察 1814 年或 1815 年的相对价格指数变化，我们发现趋势线（对数或线性）并不明朗。趋势系数并不相关：如果相对价格在 1790~1813 年长期在高位运行，在 1814~1850 年长期在低位运行，趋势线很有可能非常不明显，而价格机制发出的信号却是非常明确的，这种信号使得地主在 1814 年之前将牧地转为耕地，之后又将耕地转为牧地。为了检验 1813 年后的平均相对价格是否显著下降，我们可以对次级期间（subperiods）的均价差进行一个简单的检验。由于选择要比较的时间段是非常任意的，所以我们做了各种选择情况下的比较，结果见表 5-9。

表 5-9　1790~1850 年相对价格变化

时期 1	时期 2	$\mu_1-\mu_2$	$S\mu_1-\mu_2$	$Z=\dfrac{\mu_1-\mu_2}{S\mu_1-\mu_2}$
1790~1812	1813~1845	3.81	3.67	1.04
1790~1812	1813~1845	2.57	3.74	0.69
1790~1813	1814~1850	5.06	3.60	1.41
1790~1813	1814~1845	3.87	3.70	1.05
1790~1814	1815~1850	2.92	3.59	0.81
1790~1814	1815~1845	1.56	3.65	0.43
1790~1815	1816~1850	1.60	3.54	0.45
1790~1815	1816~1845	0.11	3.60	0.03

表 5-9 说明康奈尔的叮嘱是有必要的,"在考察市场条件对农业的影响时,人们往往很容易只关注玉米价格的变化,但这种做法却是严重错误的"(Connell,1950a)。表格的(3)显示,1813~1814 年以前的农产品和畜产品的平均价格比率高于 1813~1814 年以后的平均价格比率。但很明显,两者之间的差异很小,甚至无法判断这种差异是否就是价格的年度波动。这并不一定意味着相对价格在拿破仑战争之后没有下降。事实上,现有的数据表明农产品和畜产品的价格很可能都没有下降,但也许这种下降只是被观察到的严重的价格年度波动掩盖了。[18]

注释

1 由于无知而没能采用更加高效的生产方式可以被认为是信息方面的"市场失灵",尽管这可能有点延展了市场失灵的定义。

2 自然灾害或战争造成的贫困并不涉及市场失灵,尽管"自然灾害"或"战争"这类原因也不由受害者们的意志决定。

3 有关效率与贫困共存的实证检验,见 Schultz(1964)。

4 兰瑟姆和苏茨(Ransom and Sutch)提出的市场失灵假说备受贫困-效率假说支持者的批评;尤其是 Decanio(1979a,1979b)和 Temin(1979)。

5 卡伦(Cullen,1968b)试图将这一观点进一步延伸,来解释为什么爱尔兰选择土豆。另一种观点是,把土豆的引进看作一种外源性技术改进,它使耕地面积不断扩增和人口增长,这种方法同样是合理的。要从实证检验上对这两种观点进行一个判别,请参见 Mokyr(1981a)。

6 注意,在一个方面,图 5-1 比图 5-2 更现实:不可能做到只生产两种作物中的一种。即使在极端情况下,地主或佃农也不太可能完全专注于生产一种作物。首先,土地不是均质的,因此必

- 201 -

然有一些土地比其他土地更适合耕作，如果"土地用来发展种植业的合适程度"是一个连续变量，就会出现像 F_2F_2 这样的凹形生产可能性边界。其次，农产品和畜产品彼此互为对方的投入要素，在缺乏良好运作的中间品（intermidiate good）市场的情况下，例如粪肥、饲料和役畜市场，不考虑任何风险的情况下，使产品多样化是值得的。

7 发展畜牧业的决定将会被采纳，如果下列不等式成立：

$$w_a L < w_h L_h + w_a L_a + w_0 (L - L_h - L_a)$$

其中，L_h、L_a 代表开始生产 h（畜产品）后，生产 h 和 a 的劳动力数量，并且（$L - L_h - L_a$）代表发展劳动密集型程度较低的畜牧业后造成的失业人数。将上述不等式重新整理后，得：

$$\frac{w_a - w_0}{w_h - w_0} < \frac{L_h}{L - L_a}$$

但是注意，上述不等式的右边其实就是 l_h/l_a，因为 $L_h = kTl_h$，$L_a = (1-k)Tl_a$，$L = Tl_a$，其中 T 代表土地总面积，k 代表畜牧业用地占总土地面积的比例。

8 爱尔兰 18 世纪的大部分骚乱事件的背景都是，天主教徒抵制缴纳什一税。例如，18 世纪 80 年代的"权利运动"（Rightboy Movement）就与抵制什一税有关（Wall，1973）。有趣的是，这场运动将其抗议延伸到了天主教攻击对象，如婚姻税（marriage dues）。

9 饥荒后，农民对高租金的抱怨和仇恨仍未消停，这最终导致 1870 年土地法案的制定。然而，1850~1870 年是农业暴力平息的时期，虽然矛盾常常与租金有关，但租金并不是地主与农民关系中最紧绷的那根弦（Vaughan，1978）。农民遭驱逐和农业暴动才是造成这种矛盾冲突的更主要的原因。这种观点似乎也正好说明了饥荒前的爱尔兰的状况。

10 康奈尔（Connell，1950a）是第一位使用济贫法委员会报告附录 F（Great Britain，1836b）和德文郡委员会（Great Britain，1845a）提供的资料的学者。

11 众所周知，由于佃农之间的团结或是互相恐吓，以至于大家都不愿指证罪犯，因此有关农业暴动犯罪的案件很难定罪。受害者为个人的定罪率（1826~1838）平均为68%，对财产和社会秩序进行破坏的定罪率为62%。典型的农业犯罪的定罪率要低得多：在恶意伤害牲畜的案件中，定罪率不到16%；在成立非法组织的案件中，这一比例为32%；在夜间进行武装集会的案件中，这一比例为44%。应当强调的是，认罪率还要更低，因为要查明犯罪者就必须像抓现行犯一样，这是非常困难的（所有数据来自 Great Britain，1839a）。

12　根据每个郡的数据，我们很难发现土地合并与暴乱之间的简单联系。表5-5的（1）和（2）所列的两个农业暴动指数（outrage indice）与基于德文郡委员会提供的民事案件数据计算得出的度量人均民事驱逐的6个指标之间存在简单的相关性。这12个回归的 R^2 均值为0.0075。

13　这个方差既反映了地形的绝对海拔，也反映了海拔的变化。其他被用来度量土地质量的指标有，耕地面积比例和泥沼地面积比例。

14　例如，一位来自沃特福德的证人向德文郡委员会表示，邻近的蒂珀雷里非常动乱，相比之下，自己的家乡非常安宁（Great Britain，1845a）。

15　现代历史学家也认同了早期学者的观点，认为财产缺乏保障和农业暴乱是导致爱尔兰经济落后的一个因素，尽管不是唯一因素（Black，1960；Crotty，1966）。

16　1790~1795年的羊肉价格是缺失的，因此，我们基于1796~1850年猪肉和牛肉的价格（110个样本），利用回归方程对羊肉价格进行了估计。

17　例如，对于1813~1850年，估计的线性方程为：

$P=112.87-0.228t$　　$R^2=0.041$　　DW=1.055

　　（15.81）(−1.78)

对于1812~1850年，估计的线性方程为：

$P=118.4-0.401t$　　$R^2=0.074$　　DW=1.1

　　（16.19）(−2.40)

18　应当补充说明的是，克罗蒂（1966）引用的1812~1840年都柏林的市场价格并没有证实他自己的结论，即畜产品价格降幅小于谷类作物价格的降幅。格兰瑟姆（Grantham，1978）的研究表明，在法国，畜产品的相对价格在19世纪30年代末以前并没有上涨过。

6 资本

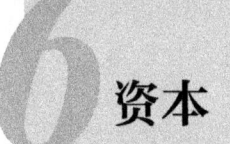

（一）贫穷与富裕

为什么有些经济体相对贫穷？有人认为，资本或财富似乎是贫困问题的根源。如果贫穷被定义为"不富裕"，那么贫穷和缺乏资本本质上是一个概念，因此缺乏资本不能成为对贫穷的一个解释。但如果定义贫穷的标准是年收入的规模，而不是资产存量，那么贫穷和缺乏资本就不是一个概念了。如果将这一标准加以推广，将收入以外的一些其他变量也纳入考量范围（如第二章所涉及的），则资本匮乏与贫穷之间的关系就更加复杂。在尚未完全进入持续经济增长时代的社会中，将贫穷定义为挨饿的可能性（probability of starvation）可能更加合理。然而，在饥荒中死亡的可能性在很大程度上取决于实际收入，特别是劳动收入。根据资本的定义，资本可以是生产工具，或是可以被直接消耗的消费品，因此资产也是收入的主要决定因素之一。无论使用新古典主义、马克思主义还是其他主义，这一观点都是成立的。劳动生产率（productivity of labor），包括平均劳动生产率和边际劳动生产率，与每位劳动力的非劳动要素投入（nonlabor inputs）正相关。

那么，非劳动要素投入具体指什么？大致说来，它可以分为三类。第一类，有些不可再生的自然资源，比如土地、矿产和气候。这些要素是由地理位置决定的。第二类，有些可再生产的非人力财富（nonhuman wealth），通常被称为固定资本或资本品（capital goods）。第三类，一些人力财富或人力资本，具体形式包括人的技术、技能、知识、培训经历、组织能力、身体素质等。在人口规模一定的情况下，所有非劳动投入应该包含所有决定人均总收入和人均劳动收入的要素。[1]

此外，资本积累可以提升未工业化社会（preindustrial society）对灾难的抵御能力。如果有一定的资本积累，那么一旦非常困难的日子来临，人们可以直接消费这些资本（例如，牲畜），或将它们卖到国外，并用所得收入购买粮食。的确,一般而言,资本分配比收入分配更不平等,因此,在饥荒之前积累资本对绝大多数穷人而言可能是天方夜谭。如果一个经济体中绝大多数的物质资源被少数富人占有,那么人们凭什么指望他们会散尽自己的家产来帮助广大贫民呢?这个问题的答案很复杂。毕竟,资产的经济价值是由其未来的盈利能力决定的,而盈利能力本身就是一个关于有能力利用这份资产进行生产活动的劳动力数量的函数。如果一个富有的地主在饥荒时期关闭了一个装满粮食的粮仓,让他的佃户挨饿至死,他显然就收不到未来本可以得到的租金了。此外,资本积累可以降低未实现工业化的社会的脆弱性。例如,资本可以被投入更好的运输和通信设施中去,以减少灾害带来的消极影响。

本章讨论的是自然资源和资本对爱尔兰贫困的作用。两者间的区别并不总是很明显。原则上,区分二者的标准是可再生性,但在实践中,某些资产兼有可再生性和不可再生性两种属性。例如,土地常常被认为是不可再生的,但考虑到人为进行的土地改良,就很难把土地完全界定为是不可再生的了。矿产也是如此,虽然人类不能创造矿产,但某些矿物的开采辅以人类投资就能实现,因此也很难完全被界定为是不可再生的。

(二)*自然资源*

爱尔兰贫穷是因为地理因素吗?这个问题很有趣。爱尔兰的优质铁矿石很少,可用的煤田也很少。人们常常误以为,缺乏这些资源的经济体不可能实现工业革命。也有人认为,爱尔兰土壤的质量总体而言比较差,至少与英国相比是这样的(Ó Gráda, 1980c)。但鉴于土壤质量并不是一个显著因素,因此,这一章中,我将着重讨论爱尔兰是否因为矿物资源匮乏而未能实现工业化这一问题。[2]

以 O'Tuathaigh 为代表的学者认为，爱尔兰没有经历过工业革命，就是因为它缺乏自然禀赋：

这些年（19世纪上半叶）爱尔兰所遭遇的经济问题像极了英国甚至整个西欧曾同样遇到过的问题。到目前为止繁荣的地区开始衰败，新的工业、资本和人口中心出现了。这种剧烈变化的根源在于自然资源的供应和使用；这种剧烈的变化本身是一个关于能量和能源位置的函数（O'Tuathaigh, 1972）。

我们认为这是一个相对合理的假设。但它到底有没有证据支撑？我们姑且称之为自然资源假说（NRH），该假说的逻辑是令人信服的，但资源的地理位置的实际重要性还取决于几个假设，其中在 NRH 中几乎没有对这些假设做出明确说明。19世纪，自然资源的缺乏对爱尔兰的经济发展有多大的决定性作用？在过去的20年中，经济史学家们一直在研究促进经济发展最不可或缺的因素，其中最著名的两个研究是弗格尔（Fogel）对美国铁路的研究和冯·通泽尔曼（Von Tunzelmann）对英国工业革命中蒸汽机的研究。在大多数情况下，被讨论的因素产生的净影响很小，以至于让人觉得该因素对于经济发展而言并非不可或缺。

那些对于工业革命而言至关重要的矿产，爱尔兰几乎一个也没有。爱尔兰没有经历过一场工业革命。这两个事实有因果关系吗？要使这种关系成立，有三个条件。第一，进口这些资源使额外费用增加，这将严重影响到成本差异（cost differential）。第二，煤和铁没有合适的替代品。第三，一个经济体在实现工业化的过程中无法完全脱离煤和铁这两种资源。如果这些条件都不成立，NRH 假说就无法对爱尔兰没有经过工业革命这个问题进行解释。

学者们基于不同国家的背景探讨过自然资源对经济发展中的重要性。如果以低地国家（Low Countries）①为研究对象，NRH假说似乎很可信。然而，尽管比利时的自然禀赋比荷兰好得多，但在19世纪两国不同的经济发展程度中，这种差异最多只是一个边缘因素（Mokyr，1976a）。如果以瑞士和日本为例，会发现煤和铁在工业革命的早期和后期阶段都不是不可或缺的。尽管这种比较具有一定启发性，但仅凭这样的比较是不够严谨的。

对NRH最具毁灭性的批评不是由现代经济历史学家提出的，而是由当代科学家罗伯特·凯恩（Robert Kane）提出的。[3] 凯恩（1845）在他的一本颇具影响力的著作中，驳斥了爱尔兰贫穷是因为自然和地理条件的观点。在研究了能源供给、地质、农业和国内运输等问题之后，凯恩总结说："问题不在于国家，而在人类自己，就好比，成功企业的匮乏是因为人们不懂得经营之道，爱尔兰的落后在于缺乏专门的工业知识。"凯恩在表达上可能有些夸张。[4] 但是，他提出的基本论点在逻辑上是合理的，而且考虑到当时科学研究的局限，我找不到理由来推翻他的假设和分析。

"煤资源匮乏"是NRH假说的核心特征。然而事实上，爱尔兰其实有相当丰富的煤资源（Great Britain，1837-1838），但无法被用来为大规模的生产活动提供燃料。爱尔兰选择从英国进口煤炭，或者尽可能使用替代能源。这两种方案的成本都更加高昂，但它们对生产成本的影响取决于两个关键参数，即由于不得不进口煤而产生的额外成本和燃料成本在总成本中所占的比例。二者的乘积是总成本增量的最大值，而总成本增量的存在是因为煤炭的缺乏。之所以是最大值，是因为燃料成本与总成本之比本身就与燃料价格呈负相关关系。英国的煤炭价格较低，英国工业革命可能更具有能源密集型的特点。假设爱尔兰没有别的选择，只能像英国一样采取煤炭密集型的生产方式，那么计算稀缺自然资源的"社会成本"（social cost），就是简单地将英爱

---

① 低地国家，是对欧洲西北沿海地区的荷兰、比利时和卢森堡三国的统称。

两国煤炭价格之差乘以英国燃料成本占总成本的比例。

这两个国家的煤炭价格有什么不同？19世纪30年代和40年代，英国煤炭产区的煤炭价格徘徊在每吨6先令左右（Von Tunzelmann，1978）。19世纪40年代，爱尔兰本地和进口煤炭的价格都是每吨11~12先令，偏远地区的煤炭价格可能要更高一些（Kane，1845）。凯恩本人似乎夸大了爱尔兰煤炭成本与英国煤炭成本之间的差异。他参考了英国利兹市（Leeds）每吨3便士的煤炭价格，但是同一价格在冯·通泽尔曼的文章中似乎更高，冯·通泽尔曼提供的利兹市的煤炭价格从未低于每吨5先令（实际上在英国任何地方都是如此）。早些年的价格差异变动不大。19世纪初，爱尔兰的煤炭价格约为每吨20先令（Tighe，1802；Kane，1845）。冯·通泽尔曼估计了英国工业城市在1800年前后的煤炭价格，为9~11先令（Von Tunzelmann，1978）。虽然煤炭价格很容易受到煤炭质量的影响，但似乎凯恩认定的25%成本差异还是过高，我也在其他地方使用过凯恩的结论（Mokyr，1980）。

燃料成本在总成本中所占的比例更难以确定。理想情况下，人们需要一个完整的经济投入产出数据来确定这一比例。选取一些使用燃料生产的行业的燃料成本占比来替代，可能会产生误导，因为这些行业使用的中间产品（intermediate goods）可能包含了大量生产所需的间接燃料。尽管如此，公司记录显示，燃料成本所占的比例毫无例外地统统远低于5%。凯恩计算出，在英国整个棉花产业中，1833年，煤炭成本仅占总成本的1.08%。利兹的一家羊毛制造商的煤炭成本仅占总产出的0.4%，因此，如果该公司转移到爱尔兰生产，据凯恩估计，燃料成本将至多上升2%。19世纪30年代中期，在贝尔法斯特的一家亚麻厂，每吨煤的成本为13先令，因此每年的燃料成本为3042英镑，约占总产出的3.8%。棉花行业的燃料成本通常占总产出的2.7%（Kane，1845）。如果我们假设非冶金行业的燃料成本占总成本的4%（最大估计），并且爱尔兰和英国在节能技术上没有任何不同，那么自然禀赋将导致两国的总成本差异至多为10%。

我们可能会问,这10%的成本差异是否构成爱尔兰没有工业化这一事实的原因。10%的成本差异,甚至只有5%的成本差异,确实可以产生很大的影响,我们可以提出有力的论据来论证这一观点。对我们来说,重要的不是燃料成本的差异,而是盈利能力(profitability)的差异。10%的燃料成本差异可能会带来更大的利润差异。如果产品的利润率为25%,那么10%的总成本差异可以给使用廉价燃料的一方带来40%的利润增加(例如,假设投入产出比为2.5∶1,成本差异由10%提高到14%)。因此,在竞争激烈的市场中,同一种产品的售价都是一样的,因此这个市场中的每个人都没有赚取到超额利润(excess profits),使用廉价燃料意味着可以赚取到一笔经济租金(economic rent)。在英国国内,我们发现这一假设是成立的。英国纺织业的地理位置与煤炭价格有着显著的负相关关系。冯·通泽尔曼(1978)明确指出,英国绝大多数纺织业都位于英国15%~20%的煤炭价格便宜的地区,这些地方的煤炭单价在每吨10先令以下。

然而,问题在于,只有当其他条件都不变时,这一假设才成立。只有在其他成本都相同的情况下,燃料成本的差异才是一个至关重要的变量。一旦其他投入要素的价格存在差异,燃料成本就仅是一个非常普通的变量。虽然它的作用方向没有改变,但它绝不能再被认为是一个起决定性作用的变量。凯恩坚持认为,即便英国有着廉价的煤炭价格,但爱尔兰的廉价劳动力使英国看起来也不具有任何成本优势。他的数据表明,英国的工资水平比爱尔兰高55%左右,而工资在总成本中所占的比例为20%~35%(Kane, 1845)。鉴于我们再次考虑到了更高的工资收入对中间投入的影响,因此两个国家的劳动力成本占总成本的最低比例是25%。显然,爱尔兰劳动力成本较低所带来的最低成本差异大于英国燃料价格优势所带来的最高成本差异。凯恩假设将贝尔法斯特的一家亚麻加工厂转迁到英国,得出的结论是,这家工厂每年将节省 22.5 英镑的燃料成本，却多花 60 英镑的劳动力成本。凯恩在计算中使用的燃料价格差异比他提供的其他数据所表明的差异要低得多，因为他使用的是英国煤炭的平均价格（而不是最低价格）。同时，由于他在计算中采用的是英国的最低工资水平，其中 6 先令差异也被抵消了。凯恩（1845）认为，使用更现实的工资差异，"四十分之一的平均工资差可以抵消任何英爱之间的燃料成本差异"。纺织工业在英国廉价煤市场附近聚集，可以说明缺乏煤资源可能是爱尔兰无法实现工业化的一个小原因。如果在英国国内，其他要素的成本差异都很小，我们就会推测，那么唯一影响工厂选址的因素就是能源成本。此外，正如冯·通泽尔曼所言，这样的联系还不足以说明二者之间存在因果关系。并且，这种相关性很有可能往往是假的，因为在工业革命之前，燃料便宜的地区往往就是家庭手工业大量聚集的地区，并且煤炭廉价的地区往往劳动力也非常廉价。

有三种途径可以弱化爱尔兰的煤炭价格高所带来的负面影响：首先，爱尔兰可以采用非燃料密集型的生产方式；其次，他们可以专注于生产那些耗能少的商品；最后，他们直接用其他能源替代煤炭燃料。由于爱尔兰的工业远不如英国发达，因此很少有详尽的证据可以证明爱尔兰的制造业对爱尔兰的高煤炭价格做出了调整。凯恩（1845）指出，在英国，燃料的廉价引发了过度浪费的现象。例如在康沃尔，那里的煤炭非常昂贵，因此当地的生产者对锅炉进行了一些简单的改进，以此来节约燃料的消耗。就产业结构而言，19 世纪上半叶，爱尔兰的产业结构相对简单。爱尔兰从未发展过炼铁和化学工业，1850 年以后在贝尔法斯特发展起来的造船工业，是典型的低能耗工业。到目前为止，爱尔兰为了适应煤炭资源的缺乏，最主要的方式还是使用其他能源来代替，主要是利用水力和泥炭。

一直以来，经济历史学家都非常清楚，在工业革命中，一旦煤炭变得非常昂贵，水力就会成为第二主要能源。美国内战爆发前，新英格兰（New

England）的纺织业几乎完全依靠水力发电。在英国，水力也非常重要。1838年英国纺织业的水力发电总量约为26000马力。1856年，蒸汽机的设计和效率发生了相当大的改进之后，水力发电的总量就下降到了21000马力（Von Tunzelmann，1978）。1838年，水力为英国三大纺织工业（棉花、羊毛和亚麻）提供了37%的电能。冯·通泽尔曼坚持认为，在英国，水力发电是蒸汽发电可行的替代方案。不管这种方案在英国可行与否，同样的方案在爱尔兰肯定是可行的。这对解释爱尔兰落后这一问题至关重要：如果存在其他对经济发展产生重大影响的因素，爱尔兰的煤炭资源匮乏不会成为爱尔兰工业革命的一个重大阻碍，毕竟，像瑞士或麻省这样主要依赖水力发电的地方，缺乏煤炭仍然可以实现工业革命。

自公元6世纪起，水力发电就对爱尔兰经济发展贡献了重大力量。饥荒爆发前夕，水车除了像以前一样被用于磨坊，更成为亚麻纺织业不可缺少的一部分，而亚麻纺织业是爱尔兰唯一一个有现代化迹象的行业。纤维分离主要是通过水力打麻机，1830年爱尔兰大约有1000个水力打麻机，到1845年，可能多达1500个（McCutcheon，1977）。在饥荒前夕，阿尔斯特有130~140台漂白机。其中大部分依靠水力运作，虽然也有少数改用蒸汽发电（Gribbon，1969）。就在1907年，水力发电提供了38%的麻纺织工业所需能源。生产农业机械的铁锹厂也使用水力发电（Gribbon，1969），在其他行业中，如酿酒厂、啤酒厂、蜡烛厂和造纸厂也使用了水力发电。

然而，研究爱尔兰对水能的实际运用其实无助于我们研究其未实现工业化这一问题。检验NRH假说可以帮助回答上述问题。由于降雨量大、气候温和、海拔高度差异大，爱尔兰非常适合使用水力发电。凯恩使用了一些大胆的假设，利用降雨、蒸发和海拔数据估计水力发电的最大潜能为300万马力，其中125万马力是可用的（Kane，1845）。这一次的估计比他一年前出版的第一版书中给出的估计数低约20%，但是正如冯·通泽尔曼指出的那样，即使他的数字存在夸大成分,但这些数字依然可以表明爱尔兰原本就具有经济发展所需的能量。

当然,水提供的动力是动能,而不是热能。煤炭既提供动能也提供热能。在爱尔兰,用于供暖和烹饪的燃料几乎完全以泥炭为主。1856年,英国蒸汽机消耗的煤炭量为800万~1000万吨,占煤炭总开采量的13%~16%。此外,大约7%用于煤炭出口,5%用于采矿业,25%~33%用于钢铁冶炼。经谨慎估计,用于供暖、照明和烹饪的煤炭比例约为45%。[5] 就以上所有使用用途而言,泥炭完全可以成为煤炭的替代燃料,这样一来,平均每一个爱尔兰普通家庭的能耗成本要比英国低得多。较低的必需品价格可能意味着较低的工资,这有助于促进制造业的进一步发展。

此外,泥炭还可以直接作为生产燃料。蒸汽发动机可以以泥炭、草秆和低质煤尘为原料。在英国煤炭资源匮乏的地区,例如康沃尔郡和德文郡,泥炭就被作为替代燃料(Von Tunzelmann,1978),荷兰也是如此(Mokyr,1976a)。也有证据表明爱尔兰将泥炭作为蒸汽机燃料。凯恩指出,德里诺斯(属阿尔马郡)的一个铅矿就使用劣质黑泥炭来发动蒸汽机引擎。香农河上的内河航运公司(Inland Navigation Co.),在1840年前后把轮船的燃料从煤炭改为了泥炭,这样做节省了1/3的燃料开支。总的来说,泥炭提供的热量还不到同等重量的煤炭所能提供的热量的一半(取决于泥炭块质量和含水量),但泥炭每吨仅3先令6便士(Kane,1845),因此每单位成本泥炭提供的热量要更多。此外,在爱尔兰,泥炭几乎无处不在,因此在大多数地区,泥炭的运输成本很低。[6]

泥炭还有其他工业用途。它可以变成焦炭。焦炭在波西米亚、巴伐利亚、普鲁士和法国被用于炼铁(Kane,1845;Leavitt,1867)。在爱尔兰,特别是在阿尔斯特,泥炭被当地的铁作坊和小钢铁作坊使用(OSM)。位于Arigna矿山的大型钢铁厂(利特里姆郡)都使用煤炭作为炼铁的燃料,因为使用泥炭的大型高炉看似非常低效（Coe，1969）。但泥炭也被用于其他能源密集型的工业，包括酿酒、制砖、烧窑（OSM）。这也许并不像凯恩一厢情愿以为的那样，泥炭是煤炭的绝佳替代燃料。但是，泥炭在许多用途上与煤炭非常接近，而且价格也非常低廉，在其他因素允许的情况下，爱尔兰完全足以发展出一个以泥炭为基础燃料的工业部门。1840年以后，由于运输成本的不断下降和劳动力成本的上升，煤炭的价格下降了（泥炭开采是高度劳动密集型的行业），这最终使得泥炭没能成为工业革命依赖的核心燃料。然而，根据上述事实就得出泥炭在工业革命中并不起重要作用的结论是非常不合理的。

为了找到爱尔兰贫困的根源，我们必须将关注点放在除自然禀赋之外的其他影响因素上。正如汤森德（Townsend，1815）所说的那样，"大自然对人类进行馈赠时向来非常精打细算，她给了这个，就必定不给那个"。虽然爱尔兰的确很缺乏煤铁资源，但人们不能据此认为大自然苛待了它，并认为它注定贫穷。[7] 实际上，爱尔兰的经济窘困很大程度上是人为导致的。

（三）资本

饥荒前的爱尔兰是否缺乏资本？简单来说，只要相关术语得到明确定义，答案是肯定的。在下文中，我将首先讨论与饥荒前资本形成有关的一些理论问题，明确资本短缺的含义。然后，我们开始论证，投资放缓如何影响爱尔兰的农业发展，包括植树、渔业和土地改良（land reclamation）等领域。在此之后，我们将讨论资本稀缺对制造业的影响。本部分的最后，还将讨论与社会间接资本相关的投资问题。

资本匮乏的确是导致爱尔兰贫困的一个重要因素，这一假设从表面上看似乎不对，因为爱尔兰有一部分群体保有大量资金。李（1969a）指出，有爱尔兰投资者在1850年后从英国人手中买断了一条铁路的股份，也有爱尔兰投资者在英国进行投资，李甚至据此坚持认为爱尔兰存在资本供应过剩的现象。李的结论是，"爱尔兰的资本储蓄量远远超过她在国内的投资支出，但这些资本很少用于风险投资……爱尔兰投资者缺乏的其实不是资本，而是投资信心"。卡伦（1972）也表达了同样的观点。

有关储蓄倾向的证据尚无法掌握。李的结论是基于一些具有启发性但又支离破碎的信息得出的。利用饥荒后的数据信息来回答饥荒前的问题，是非常不科学的做法。此外，饥荒前的爱尔兰保持着每年1%的人口增速，在这样的社会情况下，为了保持资本－劳动比率（capital-labor ratio）不变，避免人均收入的下降，储蓄率应当等于人口增速乘以资本投入产出比（capital-output ratio）。在这个简单的模型中，人口的突然下降（就像饥荒期间那样）会造成资本供应过剩。因此，饥荒后的信息相当具有误导性。此外，凭借饥荒前的资料，大部分城市资产阶级的资本储蓄量无从得知，除非我们知道这些储蓄在多大程度上等于地主阶级的投资支出，因为资金的流入（储蓄）与支出（投资）通过土地购买这一经济活动达到平衡，在1849年和1850年的《抵押不动产法》（The Encumbered Estates）颁布之前，土地购买是一个既烦琐又困难的过程。

因此，我显然不同意李教授等人的观点，即资本并非爱尔兰经济的约束条件。几乎没有人会否认，爱尔兰缺乏耐用消费品（producer durables），也没有能力在农业和现代制造业这两个关键领域生产出特定的中间产品。我将在下文详细记录这些论断，但是在讨论未工业化经济体的资本形成时，特别要明确一些概念。在缺乏资本市场的情况下，大多数资本积累是以"自筹资金"（self-finance）的形式出现的。换句话说，资金不是通过真正意义上的"融资"得来。在农业方面，通过排水、除草、轮作、合理施用粪肥和饲养更多的家畜等方式对土壤肥力进行"投资"，以使土地得到改善。我们应当将农民为了在未来获取更大的产出而在当前放弃消费和休闲的行为视作一种投资，尽管这些行为与资本市场几乎没有或根本没有任何关系。在工业革命中，无论是在英国还是在其他欧洲大陆，盈利所得（plowed-back profit）（自筹形式）无疑是固定和流动资本的主要来源，尽管在特殊情况下人们也会利用外部融资。[8]

首先，假设有一位个体企业家。在这里，"新古典主义"（neo-classical）假说将具有误导性，因为任何相关分析都必须假定资本市场的存在。相反，麦金农（McKinnon，1973）提出的假说可能是有用的，该假说基于一个明确的认知，即高度不完善的资本市场或不存在资本市场会导致收益率无法收敛。他认为，将资本形成简单地视为具有统一生产力的均质资本的积累是错误的。在麦金农眼里，经济决策是由家庭或公司做出的，家庭与家庭之间或公司与公司之间，彼此基本上是相互独立的。因此，拥有绝佳投资机会的"企业家"很可能与近在眼前的投资回报擦肩而过，因为他们缺乏资本，也无法获得外部融资。与此同时，可能还有一些人拥有可观的资本，但缺乏高回报的投资项目。因此，当资本积累与投资机会这两个条件不能够被同时满足时，实际回报率就被分散了，总体的社会回报率也降低了，从而又抑制了新一轮的资本积累（McKinnon，1973）。在这种情况下，我们不可避免地会观察到资本"供给过剩"和"需求过剩"同时出现。因此，否认二者任一的存在（例如，Cullen，1972）都是没有意义且具有误导性的。尽管如此，有"麦金农特征"的经济可以说在某种意义上受到了资本匮乏的影响。

其次，考虑农业储蓄和农业投资问题。在农业经济中，资本形成受到投资项目不可分性（indivisibilities）的阻碍。正如麦金农所指出的，如果没有这种不可分性，自筹资金也将如新古典主义假设一样"增长"，尽管增速要慢得多。投资项目不可分（lumpiness）和资本市场的缺乏产生了协同效应。如果只是投资项目不可分或资本市场缺乏，是可以克服的；但它们二者结合在一起，就意味着农民可能陷入低收入陷阱。为了说明这种陷阱是如何产生的，请参考图 6-1。图 6-1a 为自筹资金与完全可分性项目（perfectly divisible capital）结合时的情况。在没有投资的情况下，每个人在期间 1 和期间 2 内的消费量（分别为 Q_1 和 Q_2）是相同的。直线 $C_1^*C_2^*$ 的斜率反映了投资回报率（假设不变）。在点 E^*，一个人投资了 D_1Q_1，因此在期间 2 中增加的收入为 D_2Q_2。这一分析可以推广为，只要投资收益率在个人时间偏好率（subjective rate of time preference）之上，资本积累就会出现。[9]

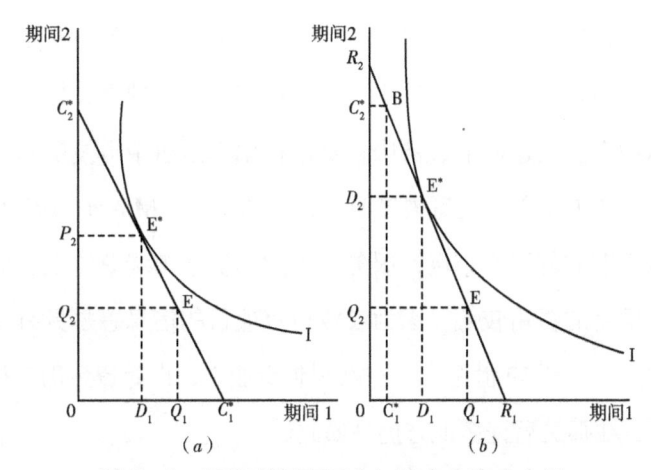

图 6-1　投资项目不可分与不完全资本市场

现在再来看看图 6-1（b）。为便于解释，假设可行的投资项目是不可分的。投资额为 $Q_1C_1^*$ 时，投资回报为 $Q_2C_2^*$，但投资额一旦小于 $Q_1C_1^*$，就没有任何回报。新古典主义理论预测，如果农民能够自由借贷（投资额沿着 R_1R_2 线自由移动），他借入的资本额为 $D_1C_1^*$，产出会由最初的 B 点最终移动到像 E^* 这样的点，处于点 E^* 仍然要比处于初始位置点 E 更好。

麦金农论点的核心是，如果没有资本市场，像 B 这样的点是不可能实现的。$0C_1^*$ 表示投资完成后，期间 1 的消费剩余，如果这段距离比生存约束值还要低,或者如果它就等于零,那么农民为了能保证 B 处的产出,会完全放弃在期间 1 消费,这意味着整个投资项目被放弃掉了。农民将被困在点 E,永远无法到达点 E^*。这个经济体中可能有大量资本;除非农民有渠道进行融资,否则他们就会像坦塔罗斯一样,对于那些可行的投资项目,永远只是可望而不可即。

在制造业中,资本积累面临着不一样的问题。在这里,项目的不可分性造成的障碍较小,并不是因为工业部门投资项目都是可分的,而是因为生存约束(subsistence constraints)对投资者的约束力较小。然而,不完全资本市场仍然意味着,有一些人达到了资本"饱和"的状态,就将资本借给政府或国外投资者,而与此同时,一些本地的投资者又由于缺乏长期资金而面临着巨大的资本约束。在这样的经济中,资本积累率是盈余再投资率与回报率的乘积。因此,资本积累率是有关这两个参数的函数(Mokyr,1976b)。诚然,相比于服务于农业的资本市场,服务于工业的资本市场总体上更加完善。评价潜在投资项目的费用较低,因为农业投资项目的信息总是具有非常大的地域差异。然而,直到 19 世纪末,在欧洲制造业中,自筹资金仍然是资本积累的主要机制,在那之后许多地方仍是如此。

有什么证据可以证明缺乏资本严重阻碍了爱尔兰饥荒前农业的发展?引用当时的学者对"资本"的看法可能不是很有用,因为 19 世纪的政治经济学家对"资本"一词的定义与现在的概念不同,而且并非所有当时的学者都以同样的方式定义这个词。但是当时的学者对于爱尔兰农业发展受阻的影响因素的研究是非常有价值的。当时学者们最常把爱尔兰农业发展受阻归因于缺乏肥料。汤森德(1815)指出,在科克,那些拥有牛数量不足的小农民尤其会感到肥料不足。梅奥郡的一名证人向济贫法委员会说明:"穷人们总是因为缺乏肥料而年复一年地闲置耕地。拥有十英亩土地的佃户比拥有一英亩土地的佃户赚得多,因为他更有可能拥有肥料或有购买肥料的钱"(Great Britain,

1836b）。对肥料需求最大的是土豆。土豆消耗了大部分可用的肥料，留下少量给其他轮作作物（Weld，1832；Tighe，1802）。土豆的种植面积受肥料供应的限制，由于产生肥料的生产资料——牲畜——受规模经济的严重制约，肥料生产具有很强的不可分性。小户农民无法在土壤施肥方面投入足够的资金，因为他们既不能饲养足够多的牛，也不能借钱来购买足够的肥料。韦尔德（Weld，1832）指出，康诺特省产出的土豆个头更小，因为农场越小，相应的可用的肥料就越少。来自不同地方的证人向济贫法委员会表示，小农通常无法获得足够的肥料（Great Britain，1836b）。[10]

农业专家一致认为，缺乏肥料是农业现代化道路的主要障碍之一。阿尔马的土地经纪人威廉·布莱克尔（William Blacker）是一位广受尊敬的农业问题作家，他强调，爱尔兰的小农场要不断地更换作物，直到土地完全贫瘠，到了不得不休耕的地步。这种低效耕作的原因是肥料匮乏。据布莱克尔估计，每英亩25桶石灰就足以打破这种恶性循环，改善小农户的处境。此外，正如布莱克尔所认识到的，为了将农业生产方式转变为更偏向于资本密集型的生产模式（畜牧业），承租人需要一笔贷款，以使他能够在播种苜蓿草或另一种绿色作物（这些绿植被用来喂牛）的那一年生存下来。布莱克尔认为最有能力为农民提供贷款的绝佳人选就是地主，但地主考虑的往往是，"怎样才能收回欠款并从中获利呢？"（Blacker，1834）。布莱克尔过于乐观地以为爱尔兰地主会把钱借给租户，但他认为爱尔兰的农业进步与肥料相关（Blacker，1845），这的确总结了饥荒前爱尔兰农业所面临的一个事实困境。

肥料是一种生产资料，有多种形式。在沿海地区，海藻或海带是一种被广泛应用的肥料。石灰、泥炭灰和农场粪便则是在其他地区被广泛运用的肥料。大多数化肥都有相应的市场，但由于需求量很大，昂贵的运输成本使肥料的长途运输变得不切实际。因此，大多数佃户不得不自己制造化肥，要么自己去挖海藻或海带，要么养牲畜来生产肥料（Great Britain，

1835d；OSM）。但是，要获得以上任意一种形式的肥料，成本都很高。有时候，租金高低就反映了与海藻产地的距离和掘取海藻的权利（Great Britain，1835d）。有时候，地主和租户就海藻资源的归属问题存在着激烈的争议（Kennedy，1847）。海藻被广泛认为是土豆的最佳肥料，但在许多地区石灰也被作为高价肥料出售。农家肥是所有肥料中最好的一种，非常宝贵（Trimmer，1809）。基尔肯尼（Kilkenny）的一位证人说，即使是在城市周边，也找不到动物粪便，因为城市居民经常在城镇周边种植土豆，已经用光了所有可用的粪便（Great Britain，1836b）。

爱尔兰农业只有转为发展混合农业（mixed farming system），才能获得生产所需的肥料。在这种混合农业模式下，像苜蓿草这样的"绿色作物"与谷物和土豆这样的"白色作物"混合种植。"绿色作物"有两个基本功能：第一，为动物提供饲料，这样一来，农民不仅能通过销售牲畜这种直接的变现方式盈利，而且还能增加肥料的供应，从而提升谷物和土豆的产量。第二，恢复土壤的肥力。在这一点上，并不是所有的绿色作物的功能都是一样的。例如萝卜，和土豆一样，它通过破坏害虫的生命循环来清洁土壤。人造草皮、苜蓿草和野豌豆可以恢复土壤的氮含量。19世纪初，这些作物在爱尔兰很少见，但在饥荒时期，没有一个地区不熟悉它们。问题是，我们只能获得1847年农作物的统计数据，但这些数据受到了枯萎病的严重影响（Great Britain，1849a）。1848年的数据显示，总共有2.5万英亩土地用于种植大豆，相同大小的土地用于豌豆种植。在根茎作物中，除了1849年异常低的土豆种植面积外，还有23.5万英亩土地用于种植萝卜，另有2万英亩用于种植其他根茎作物。有理由相信，1847年萝卜的种植面积高于饥荒前几年的正常种植面积。1846年警署调查（The Constabulary Survey of 1846）明确询问了农民用什么作物代替被病毒感染的土豆。大多数回答说是萝卜，鉴于土豆和萝卜在轮作中有着相同的作用，这一回答结果其实在预料之中。因此，饥荒前萝卜的种植面积可能不到15万英亩（有关警署调查的详情，见Mokyr，1981a）。牧草和苜蓿草的种植面积达115.4万英亩，占农作物种植面积的22%。由于土豆种植面积减少，这一比例似乎说明苜蓿草不是饥荒前的典型种植作物，尽管在饥荒前的几十年里，爱尔兰许多地区在轮作中选择种植苜蓿草。但是这种"绿色作物"并没有在爱尔兰得到迅速普及，人们也没有完全掌握混合农业这种新耕作模式的精髓，因此频频出错。

专家们劝阻采用这种耕作模式并指出其效率低下的例子不胜枚举。泰伊（Tighe，1802）在他的一篇著名文章中，将绿色作物与白色作物在传统耕作模式下的20年生长过程进行了对比。有助于恢复土壤的作物的好处并不在于消除了休耕，而是防止了土地在变贫瘠后被停止使用，在传统模式下，土地在第12年之后就不能继续使用了。在新的模式下，20年来的总产值以这种方式翻了一番，但大部分的收益集中在20年的最后7年。

新旧方式的具体模式需要因地制宜，但是，切换到新的耕作模式，收益显著增加了。如果家里养了牛，种植2~3英亩的萝卜或苜蓿草，全年可以喂养3头奶牛（Blacker，1845）。肥料产量的增加，加上肥料对土壤质量的有利影响，使土豆、其他谷类作物以及畜产品的产量得到增加。轮作时，在收获土豆之后，种植谷物之前，还能再种一轮萝卜，这种新种植模式所能带来的收益由此可见。土豆和萝卜发挥着非常相似的作用，土豆又常常被称为"爱尔兰萝卜"（Lewis，1840）。当然，萝卜是不能被当成一种主食的。但是土豆总产量的1/3是被动物吃掉的，而不是被人类吃掉的。与土豆相比，萝卜作为牛饲料有什么优势？威廉·布莱克尔承认，萝卜和土豆，哪一个更具优势，其实充满争议。但他自身毫不犹豫地倡导用萝卜作为牛饲料（Blacker，1845）。布莱克尔提出的一些论据有些夸张。例如，他说"一块萝卜和一块土豆作为肥料或作为动物饲料，产生的效果其实是一样的，但是一块能产出五块萝卜的土地，只能产出一块土豆"。根据当时的记载，土豆的营养价值是萝卜的 3 倍（Kane，1845）。而现代营养分析表明，两者之间的差距实际上还要小一些：一磅土豆的热量接近两磅萝卜产生的热量，土豆的蛋白质含量比萝卜的蛋白质含量高 60%，但土豆的脂肪含量仅为萝卜的 1/3（Adams，1975）。布莱克尔引用的产量数据事实上也不太准确。实际上，单位土地的萝卜产量高于土豆产量：饥荒后的统计数据显示，1850 年，每英亩土地产出 14 吨萝卜（Mitchell and Deane，1971），而同样大小的土地产出的土豆为 6 吨（Bourke，1969）。有可能饥荒前的土豆比饥荒后的土豆含水量更高，因此在饥荒前，实际的产量差异有可能更大（例如，Great Britain，1845a，一位利默里克郡的证人估计萝卜的产量是土豆的 4 倍）。我们可以得出的结论是，比起土豆，萝卜更适合作为动物饲料，尽管这种合适程度要比布莱克尔所声称的那样小得多。布莱克尔还说，喂给牲畜的土豆必须是半熟的，而萝卜则可以直接生食（这意味着将萝卜作为饲料可以节省燃料），然而这种论断也是不正确的。亚瑟·杨格在报告中指出，马、牛和羊直接生食土豆也没有什么异常，而马吃煮熟的土豆会容易发胖（Young，1892）。另外，猪必须吃煮熟的土豆，也许布莱克尔并不清楚其中的原因（Burton，1968）。

总的来说，在爱尔兰，萝卜比起土豆的相对盈利能力似乎不如在英国那么显著。尽管当时有不少人倡导将萝卜作为主要的动物饲料，但萝卜仍然无法替代土豆成为主导性的粮食作物，这并不完全是因为经济落后导致的特有现象。克罗蒂（1966）指出，由于爱尔兰当地对畜产品的需求不足，18 世纪爱尔兰本地的饲料价值要比英国低得多。但随着爱尔兰日益融入英国的大型农业自贸区中，这个问题逐渐消失了。还应指出的是，在一些沿海地区，由于排水不良，种植萝卜几乎无利可图。

在爱尔兰，绿色作物的推广十分缓慢，这给当时的农业专家留下了深刻的印象，甚至引起了现代历史学家的注意。爱尔兰的大多数地区倾向于让土豆、萝卜和苜蓿草共同作为填闲作物，与谷物作物进行轮作。然而，这样一个系统需要在排水、降低土壤酸度方面花费相当大的费用。此外，还需要一些资金来购买肥料，直到农场可以自己生产足够数量的肥料为止。

这种新型耕种模式有着革命性的优势，"土地被用来耕地或放牧不再是对立的，而是相辅相成的，这有效地增加了耕地的土地总量"。这种适用于爱尔兰特定环境的新农业形式的引入，使人们不必要非得在耕地和牧场之间做出艰难的选择，从而缓解了第5章中阐释过的地主与佃户之间的矛盾。爱尔兰无法通过资本形成顺利过渡到这种新型农业模式，使农村的冲突进一步延续；而农村冲突反过来又抑制了资本形成的过程。正是这种"恶性循环"造就了爱尔兰的贫困。劳斯郡的证人告诉济贫法委员会，"这些杂草丛生的土地如果被用来种植绿色作物或块根作物，除了能明显增加肥料生产，提升土壤肥力，还将可能让目前的粮食储量增加4倍，也能增加10倍甚至20倍的就业岗位"（Great Britain，1836b）。蒂默（Timmer，1969）认为种植萝卜是一种使用人力的技术进步。蒂默认为，诺福克郡的轮作增加了产出，在爱尔兰种植萝卜也增加了劳动力投入，因为在爱尔兰，耕作的劳动密集型程度要比现代化之前的英国高得多。因此，绿色作物提高了土地和劳动力的生产率，而且很有可能提升了不止一点。

然而，关键的问题是：这样做值得吗？种植绿色作物的确切回报率不容易计算，因为相应的成本非常难估计。威克罗郡的一名证人在德文郡委员会面前给出估计，将20英亩土地转为种植绿色作物的成本为200英镑。这种新型耕作方式在5年时间内实现的净利润为每英亩7.63磅，而在未改良的牧场上实现的净利润仅为每英亩1.93磅。这些数字表明的回报率是每年57%（实际上这一回报率偏高，因为大部分增加的利润都集中在第一年）（Great Britain，1845a）。与考虑了折旧的回报率（7.5%）相比，这一回报率看起来异常的高。表3-7、表3-8和表3-9所示的牲畜收益率的估计值证实了这一点。在这些回归中，CAPLAB（变量）的系数表示的是1英镑牲畜价值的增加带来的人均年收入的增加量。在大多数回归结果中，这些系数处于 1.30 和 2.50 之间。变量定义的不规范（mis-specification）使 CAPLAB 的系数偏大。然而，据保守估计，畜牧业投资的年回报率为 30%~50%。亚瑟（1892）说投资英国贸易和制造业能产生 5%~10% 的回报，但爱尔兰对土地改良进行投资，能获得 15%~20% 的投资回报，此外还能获得各种各样的好处（外部经济）。在亚瑟提出这个观点的 70 年后，《德文郡委员会文摘》估计，对爱尔兰现有的生产性土地进行改良所能带来的回报率为 15%。由于这一估计值大致反映了平均水平，因此肯定有许多可行项目的回报率比这一数字高 1 倍甚至更多（Kennedy，1847）。即便可能存在高估，但这些估计结果表明，饥荒前爱尔兰农业的特征很可能具有"麦金农特征"。

为什么爱尔兰农民没有更早、更大规模地转向这种新型农业模式呢？这个问题并不只针对爱尔兰提出。乔治·格兰瑟姆（George Grantham）在其关于法国农业的著作中坚持认为，在 1840 年以前，混合农业是提高西欧农业生产率的最主要的手段，他还估计得出，改良后的耕作方式可以使农作物增产 20%~50%（Grantham，1978）。为什么这种生产方式传播得如此之慢？格兰瑟姆认为，主要原因是法国对畜产品的需求不足。但这一解释不适用于爱尔兰，因为爱尔兰将大部分畜产品放在英国市场上买卖。格兰瑟姆给出的另一种解释是小农经济是一种高度自给自足和缺乏农业资本的经济。上述的资本匮乏肯定不是爱尔兰难以向新型农业模式过渡的唯一障碍。农业发展缓慢的另一个原因是缺乏农业知识。这种新型的农业模式绝不简单。这种模式需要高度结合当地的土壤条件、气候、海拔等其他因素，在具体的实践过程中也是多变的。有些土壤不适合种植甜菜，有些则不适合种植萝卜或野豌豆。与丹麦和东英格兰相比，爱尔兰许多地区的气候和土壤条件特性需要对这种新农业模式进行更加细致的改良。人工排水系统是必不可少的，由于暴雨冲走了土壤中的营养物质，因此给土壤施肥也是必不可少的。因为爱尔兰的夏天十分潮湿，田地里经常杂草丛生。在爱尔兰国内，各个地方所面临的困难也是千差万别。爱尔兰的年均降雨量从东向西增加，地形变化几乎也是欧洲最为显著的。光读威廉·布莱克尔等人出版的书是完全不足以找到发展这种新型农业的方法的。[11] 还需要参考对地方状况非常熟悉的农业专家的意见。除了上述原因，这种新型农业模式也面临着相当大的阻力，因为推行这种新型模式的先锋往往是地主及其代理人，而这些人又受到佃户的高度不信任，甚至是憎恨。所以萝卜被盗是司空见惯的事情。长此以往，改良者就不再积极向新模式过渡了（Great Britain，1836b；Coote，1801b）。萝卜经常被盗，却很少有土豆被盗的情况。这也许是因为人们往往不愿意接受新事物，并采取威胁的行为以示反抗。人们认为，既然萝卜是地主带来的，那么偷盗萝卜就是一种对地主公平的惩罚。正如我在第 5 章指出的那样，即使土地合并不会减少对劳动力的需求，佃户仍然会抵制合并，因为他们并不想自己沦落为无地劳动者。戈尔韦郡的波洛克市就是一个鲜活的例子，那儿的地主在推行新模式时遇上了极大的阻碍（Lane，1972）。讽刺的是，人们所抵制的这种新耕作方式，恰恰是唯一能够解决或至少缓解地主和佃户之间冲突的制度。

爱尔兰农业的一个特征，特别能体现它落后的属性，那就是过于"原始"，没有农场库房（farm offices）。谷仓、马厩和猪圈被形容是肮脏简陋的棚舍。农业器具常常被留在田野上，手推车被留在田边的沟缝里。泰伊（1802）生动地描述了爱尔兰农民对库房建设的忽视。几十年后，麦克库洛赫（McCulloch，1854）写道，泰伊的描述"仍然普遍适用"（Pim，1848；Foster，1847；Kennedy，1847；Townsend，1815）。眼下，尽管我们完全无法估计对农场建筑进行投资能带来怎样的回报，但是将爱尔兰与英国、比利时等其他欧洲国家进行对比时，就能发现这种现象是由爱尔兰农业的低资本密集导致的。

爱尔兰农业发展的主要障碍是缺乏向这种新型农业模式过渡所需的资

金。正如前文所述，投资项目的不可分割性可以解释"低收入陷阱"是如何产生的。布莱克尔（1845）指出，小农户之间需要合作与协作：只要小农户依旧彼此独立，就无法实现在整个农场范围内的定期轮作，那么任何地区的总体面貌都不会有根本性的改变。由于新模式涉及对整个轮作制度的颠覆，因此农民没法做到中庸，往往只能选择全面推行改革或固守旧的模式。正如威廉·马歇尔（William Marshall）在1795年写到的那样，"诺福克郡的整个耕作模式就取决于粪肥。没有足够的粪肥，就种不了萝卜，就养不了牛，就种不了大麦，没有苜蓿草等肥料，第二年也无法播种大麦"（引自Timmer，1969）。

正如布莱克尔（1845）强调的那样，成功维持土壤肥力的另一个关键在于："永远不要在同一块土地上连续两次耕种同种作物"。此外，新农业模式的成功推广需要资金来支持其他变革。"新农业"中所有替代土豆的轮作作物都需要更细的碎土，因此需要更精良的耕作工具，从而要求更多的资本投入（Kennedy，1847）。当然，"新农业"也需要更多的牲畜，这也是一笔相当大的投入。此外，正如前文所指出的，在大多数情况下，种植绿色作物要求土地的排水性更好（Freeman，1957）。一位利默里克郡的证人向德文郡委员会表示（Great Britain，1845），种植绿色作物和翻土能够使土地产量提高3倍。

"新农业"还需要资金来改善土壤的排水性能。布莱克尔将良好的排水性作为"农业生产十大诀窍"的第一条。在爱尔兰，排水是至关重要的。该国是欧洲降雨量最多的国家之一，常年密布的云层又阻止了雨水的快速蒸发。从地形上看，爱尔兰像一个碟形物，海岸线周围都是山，河流缓慢而曲折，整体的排水性很差（Crotty，1966）。雨水会冲刷土壤中的腐殖质和矿物质，并使土地滋生杂草。排水分为两类。第一类是通常意义上的排水，又指洪水管理，这基本上属于公共部门的管辖范围（Wakefield，1812）。第二类是《德文郡委员会文摘》所指的，排出私人农田中的积水（Kennedy，

1847）。提高土壤排水性能被广泛认为是最值得进行的农业投资。《德文郡委员会文摘》将相关证据总结如下。

> 几乎所有的受访者都指出，在爱尔兰，几乎每一个地方的土地都需要良好的排水性，并且无论在什么地方，深层翻土和排水都是极为必要的；可是到目前为止，这些技巧只得到了很有限的推广和运用。如果在土地排水性上进行了昂贵的投资，往往能获得高额的投资回报。难以想象还有什么其他投资能够带来如此高的回报（Kennedy，1847）。

这种投资回报率很难估计。《德文郡委员会文摘》给出了受访者提供的24个项目的数据，我们可以利用这些数据进行估计。这些数字报告的是排水投资回本的周期。如果"回本"一词指的是未折现的净收益与原始投资数额相等，那么回报率就是投资周期的倒数。由于回本的平均年限为4年，那么内部报酬率就是25%。如果折现率为10%，那么回报率将上升到31.5%。[12] 福斯特（1847）提供了利默里克郡的排水和翻土的投资成本和利润数据。在前四年，总成本约为23.65英镑，而总收入合计为40.23英镑。在最保守的假设条件下，这些数字所表明的内部收益率为37%。

排水费用随耕地位置、耕作方式和耕作对象的不同而有很大差别。农业协会奖（Agricultural Society's Prize）的竞争者报告说，1843~1844年，1法定英亩土地的排水成本在梅奥郡为1英镑12先令2便士，同样地，在米斯郡为5英镑8先令3便士。鉴于成本存在如此大的差异，回报率必然也存在相当大的差异。洪水管理工程的社会报酬率必然高于私人报酬率，并且洪水管理工程的报酬率肯定低于个人在排水和翻土上进行投资的回报率。但是，即便是第一类排水工程，它所带来的回报率也是可观的。我们可以从都柏林公共工程局（Office of Public Works in Dublin）向议会提交的爱尔兰排水年度报告（Great Britain，1845b，1846a）中获取更为详细的公共排水工程项目回报率相关的资料。这些报告提供了正在进行或正在规划阶段的项目的估计数。所提供的数据不仅包括工程项目的预估成本，还包括这些投资项目预计可带来的价值。因此，它们提供了社会收益率的下限，因为很可能有些收益是没有包含在内的（例如，产品的最终消费者所获得的收益）。此外，这些项目的部分费用由各郡承担，这样一来，地主预期可得的投资回报率就会更高。根据 Great Britain（1845b）提供的表格数据来看，地主投资的平均回报率为12.38%，社会投资的平均回报率为13.87%。这些回报率数据与凯恩（1845）提供的估计数（13%）相接近。由于19世纪40年代末，爱尔兰发生了巨大的变化，并且许多于19世纪40年代启动的项目由于地主们在1845~1850年遭遇的融资困难而未能顺利完工，因此我们很难判断出以上这些数字在多大程度上反映了真实的收益率。Great Britain（1849b）提供的"成本超额"（cost overruns）摘要有助于我们对上述问题做出回答。根据该数据，正在进行的138个项目的估计费用为140.6万英镑。其中，60.2万英镑已被花掉，预计还需102.7万英镑。即使后一个数字并不完全准确，15.9%的成本超支率似乎也是非常合理的。而且，可能受到排水投资影响的土地面积也存在13%的上浮（从30.2万英亩到34.2万英亩），因此计算中采用的排水投资后租金的上涨幅度似乎看起来太小了。

为什么这些看起来有利可图的项目没有在所谓的资本充裕的情况下进行？部分原因在于，爱尔兰资本充裕是一种夸大的说法，实际上，一些个人积累的"资本"未能被顺利投资到有利可图的项目中去。一些机构，如投资银行，本应将资金从储蓄者手中引导到投资者手中，将风险分散到许多项目上，并将有关生产和创新的技术信息变现，却没能完成这些任务。土地租赁在某些情况下受到人们诟病，但人们仍然普遍意识到排水项目投资的阻碍"一定程度上在于缺乏租约保障，与此同时，这一投资阻碍更应该归咎于佃户缺乏投资资本，也缺乏地主的鼓励和支持"（Great Britain，1835d）。最终的结果是，即便部分群体存下了大量资金，但爱尔兰总体仍然处于资本匮乏的状态。

爱尔兰的低资本-劳动比率，最能体现在树木资源的匮乏上。在资本理论中，学者们经常提及爱尔兰的树木资源。应该在回报率等于一棵树的增长率时砍掉这棵树。[13] 树是建筑等行业的重要投入资源，在爱尔兰的一些地区，树木是抵御西风的有效屏障，但不能认为爱尔兰的贫穷应该归咎于缺乏树木。应该强调的是，爱尔兰之所以贫穷，是因为在生产时没有留存足够的树木，长此以往，树木资源变得越来越匮乏。16世纪时，爱尔兰还是一个树木繁茂的国家。斯宾塞（Spenser）在16世纪90年代所著的文章中写道："好木材甚至可以用来建造非常宽敞的房屋和船只，如果世界上的一些王子拥有这些木材，他们很快就会希望成为所有海洋的主人。"17世纪和18世纪大量的森林遭到砍伐（Hall，1825-1840）。到1800年，爱尔兰甚至因此臭名昭著。韦克菲尔德（1812）写道："整个岛屿上树木稀少，光秃秃的。"当时，除了韦克菲尔德，还有很多人也这么认为（Foster，1847；Mason，1814-1819；Townsend，1815）。截至1841年，爱尔兰的总面积为2080万英亩，森林却只占国土总面积的2.34%，而其中的0.54%根本算不上森林，只是一些松散的灌丛（Great Britain，1843）。凯恩（1845）指出了爱尔兰砍伐森林的多个原因：为了增加耕地面积，为了出口橡木，为了给钢铁生产提供木材燃料，甚至为了治理不法之徒也需要砍伐森林。人们一致认为，树木匮乏的最主要原因在于"没有人种树，所有人都追逐眼前利益，从不放眼未来"。由于树木一直以来都是地主阶级的财产，所以树木资源的匮乏理应归咎于这个阶级。一位19世纪的作家罗森（Rawson，1807）对一项植树计划进行了定量分析。根据他的数据，要种植1英亩的树木，种植总成本加上折现后的土地租金成本将达到60英镑。而这次的种植将产生三次回报，第一次在3年后，一棵树可带来 50 英镑的回报；第二次在 12 年后，一棵树 100 英镑；第三次在 25 年后，一棵树 1000 英镑，保证有利可图。实际上，根据罗森的数据，年内涵收益率（implied rate of return）可达 18%。

饥荒前爱尔兰经济资本匮乏的另一个原因体现在落后的渔业上。不再有大量的渔民出海捕鱼，让人感到惊讶。爱尔兰地处欧洲大陆架上，拥有得天独厚的天然良港。然而，据 1841 年人口普查报告可知，渔民的人数只有 9211 人，约占就业总人口的 0.3%。以杜布迪厄（Dubourdieu，1812）为代表的观察家指出，"就海鱼资源而言，没有任何一个国家能与爱尔兰匹敌。但很显然，这些巨大的自然禀赋从未成为爱尔兰的优势"。除了沿海地区，鱼并不是爱尔兰人的主食。弗里曼（1957）指出，爱尔兰从来没有成为像挪威或荷兰那样的海洋民族，而在捕鱼业，爱尔兰也从未像其拥有优越的地理位置一样，占有优越的地位。

渔业资本由私人资本（船和网）和公家资本（港口、码头、灯塔和养护站）组成。西海岸的危险水域对船提出了很高的适航性要求。格伦格尔伯爵（The Earl of Glengall）在德文郡委员会报告（Devon Report）的附录中指出，"爱尔兰海岸几乎处处都是最优越的捕鱼场所；但事实是，人们因为没有合适的船只，无法前往 20 或 25 英里外的海域；装备一艘合适的船要花费至少 300 英镑，渔民们难以承担。目前，捕鱼仍是在非常简陋且狭小的船上进行的，渔民们不敢冒险离开海岸，到两三英里以外的海域去捕鱼"（Kennedy，1847）。在克莱尔郡的利斯坎（Liscannon），人们用独木舟钓鱼，尽管渔民们都很清楚，到越远的海域去，收成就越好（Mason，1814-1819）。渔业的不可分割性比农业的不可分割性高得多，也比农业的不可分割性要更难以克服，因此，政府在决定是否帮助克服这种潜在的"市场失灵"时也常常犹豫不决。[14] 村落之间的冲突往往伴随着暴力和破坏，这阻碍了个体资本向专业的渔业公司集聚（Foster，1847；Kennedy，1847）。许多学者和历史学家倾向于把爱尔兰渔业的失败归咎于英国政府，他们指责英国政府，为了保护苏格兰和英国的渔民，故意打压爱尔兰的渔业。但同时，这一指责相当于默认了爱尔兰的渔业永远不可能靠自己的力量获得成功。

诚然，有人提出了导致爱尔兰渔业失败的其他因素。韦克菲尔德（1812）认为农民仅将渔业作为副业，是渔业发展的主要障碍，但是他从来没有解释清楚为何如此。很显然，只要渔业仅是农民的副业，渔业就不可能发展，因为农耕和捕鱼的季节性高峰恰好都是在同一时间段（Mason，1814-1819）。渔业如要发展，则需要专业渔民与其他人有贸易往来。然而，渔业落后，这个问题的根源在于，渔民无法形成资本。再强调一次，爱尔兰的渔业不强大本质上并不是导致爱尔兰贫穷的原因，但是阻碍渔业的发展的经济缺陷同样也是饥荒前爱尔兰其他经济部门无法发展的原因。

爱尔兰农村经济的落后还体现在土地改良（land recalamation）上。根据1841年人口普查，饥荒前夕，630万英亩土地（占国土总面积的30%），是未改良土地。人们普遍认为，这些土地中的大部分是值得改良的。理查德·格里菲斯（Richard Griffith）向德文郡委员会提交的数据表明，在630万英亩未经改良的土地中，有375万英亩可以改良，其中38%适合耕作（Great Britain，1845a）。奥布莱恩（1921）认为，这些未改良的土地也是由前农村经济落后导致的。许多学者也表达了类似的观点。福斯特（1847）惊讶地发现，一个渴望土地的农民竟同时在泥炭沼泽和山区有着数十万英亩可改良的荒地。韦斯特米斯（Westmeath）的一位证人向公共工程特别委员会（The Public Works Select Committee）表示，要排干红色沼泽地中的水，成本最多预计可达13英镑/英亩。此外，改良土地的成本为1英镑/英亩。由此回报率约为7.7%。而平均1英亩泥沼地的改良成本约为6英镑，可带来的回报为2英镑，这意味着回报率约为33%。布莱克尔在同一委员会举行的听证会上作证时，认为对一个4.5英亩的土地进行4英镑10便士的改良投资，平均每年可产生1英镑16便士的回报增值，此时回报率可达40%（Great Britain，1835）。

康奈尔（1950a）对此持有不同的看法。他认为，土地改良多出现在1780~1845年。改良的主要方式是改良排水设施和施肥种类。其中大部分工作由农民承担，而不是地主。但是地主们会提出倡议，并鼓励和资助农民进行改良。地主们常常对那些已经被驱逐的佃户开出条件，如果他们能够变沼地与山区为良田，就让他们在此处安定下来。

康奈尔所发现的饥荒前发生的大规模改良现象，是否与资本匮乏严重制约了爱尔兰经济发展这样的观点相冲突？首先，必须指出的是，康奈尔夸大了这一改良现象（Bourke，1965b）。他所提出的大部分证据欠缺充分的代表性。然而，由于缺乏系统数据，得出这样的结论又在情理之中。但必须指出，康奈尔倾向于忽视那些不利于他的结论的证据，例如在饥荒爆发之前，土地改良就已经呈现出热烈之势。公共工程委员会（Great Britain，1835b）则发现，土地改良现象并不很常见。部分当时的学者认为沼泽排水并非有利可图，并且没有任何一个广阔的沼泽被人抽干后，可以变为有利可图的耕地（McCulloch，1854；*Parliamentary Gazetteer*）。康奈尔对此做出的回应是："缺乏相关的证据难道就说明改良现象根本不存在吗？"这样的回应使人们更加怀疑康奈尔的结论，人们担心他的激进态度可能使他对这个问题的思考过于偏激。康奈尔（1950a）所引用的1841年和1851年人口普查数据表明，在饥荒爆发的这10年间，耕地面积增加了10%。康奈尔将这一增长完全归因于土地开垦，之后又略微困惑地承认，文学证据几乎无法印证统计数据所显示的速度。然而，在饥荒期间，耕地保持着如此的增速，简直令人难以想象。人口普查数据显示，康诺特省的耕地面积增速高于全国平均水平（10.8%）。然而，表4-6显示，在爱尔兰西部，41.5%的土地受饥荒的破坏变为荒地。在饥荒爆发的这10年间，由于耕地面积的增加，一些要素价格也发生了变化，从而引发了作物种类的变化，同时，饥荒期间耕地面积的增加，让人不得不怀疑耕地定义是否保持一致性，统计员使用的统计技术是否存在问题等（Bourke，1965b）。在饥荒爆发前的50年，到底开垦了多少土地这一问题，显然没有答案。

爱尔兰的土地改良完全不同于荷兰人在北海填海造陆，也不同于以色列人变沙漠为耕地，后两者所采用的方法都是资本密集型的。在开垦泥沼地时，燃料和耕地有时是这一过程中的共同产物。土豆在这一过程中发挥了至关重要的作用。在这样的土地上，前两轮的作物都是土豆，这也是为后来播种谷类作物做准备。土地改良需要大量爱尔兰非常缺乏的东西：肥料。因此，基于有限的肥料供应，土地改良还可能导致农民现有耕地的生产力下降。

尽管如此，大多数人还是认为，爱尔兰在饥荒前进行了一些土地改良的实践。正如伯克（1965b）指出的那样，探讨这一问题的关键在于如何将康奈尔的定性估计转化为对耕地面积的定量估计。伯克自己对饥荒前的耕地增长进行了粗略的估计，结果显示了一个缓慢但引人重视的增速（大约每年0.7%，略低于1821~1841年0.9%的人口净增长率）。土地改良很有可能是消除了耕地匮乏对收入的有效限制并防止了马尔萨斯危机的因素之一。如果这一观点是正确的，那么，土地改良几乎无益于收入的增加，并且很大程度上成为人口增长的副产物，这与资本积累和技术进步形成了鲜明的反差。

换句话说，农民们缺乏足够可用的耕地并不是导致爱尔兰贫穷的因素，爱尔兰贫穷的真正原因在于耕作方式和除劳动力与土地之外的其他投入要素的数量。正如布莱克尔、克劳福德等学者指出的那样，对于爱尔兰而言，小农场经营（small farms）可能是可行的方案。据德文郡委员会统计，一个能养活5口人的农场的最小面积为6.25~10.50英亩，具体情况还取决于农业生产技术的水平和资本投入等因素（Devon Commission, Appendix 15b; Great

Britain，1845a；Kennedy，1847）。爱尔兰农场的平均规模要比这大得多：表 2-4 所示的人口普查数据表明，每个家庭的耕地面积为 13.8 英亩，每个农场的大小为 19.6 英亩。德文郡委员会的数据表明，平均每个农场规模为 14.7 法定英亩。当然，也会有许多农场的规模明显低于这一平均数，但这并不影响我们之前得出的结论。因为收入的决定因素，在于农民所耕种的土地面积大小，而不取决于这块地的真正所有者是谁。[15] 此外，表 3-7 至表 3-9 所示的结果支撑了这一假设，即土地本身并不是对整个国家收入的有效约束。但不能据此否认爱尔兰农民是渴望土地的（Beaurmont，1839）。尽管如此，正如一位政府评估员所指出的那样，将资本用于改良现有的耕地，而非用于改良荒地，能够实现资本的最大化效用（Great Britain，1845a）。安德鲁斯（Andrews，1980）也表明了同样的看法。简而言之，在一个简单的土地和劳动力二因素模型中，人口的逐渐增长导致人口的贫困，但这一粗糙的模型并不适用于饥荒前的爱尔兰。爱尔兰农业最为缺乏的是非人力资源，这些资源本可以在这一农业体系中产生，可结果是我们丝毫没有发现它们的踪迹。

　　一个简短的题外话：新经济历史学家格拉达（1980c）和索拉尔（Solar，1982）在最近的一些研究工作中，试图计算爱尔兰饥荒前农业的全要素生产率（TFP），并将其与英国农业的 TFP 进行比较。他们的结论非常相似：尽管爱尔兰的生产率确实略低于英格兰和苏格兰，但它们之间的差距比想象中的更小。例如，索拉尔认为最佳的爱尔兰的 TPF 估计值在 77~91（假设苏格兰的 TPF 值等于 100）。他的这一发现证明了"更为乐观的爱尔兰农业绩效"，并且他认为"当代学者过于苛责了爱尔兰的农业绩效"（Solar，1982）。但是，即便我们忽略这个估计过程中可能存在的数据和方法缺陷，这个估计结果本身也可能产生误导。原则上，一个国家的经济完全有可能处于一种既"高效"又"贫穷"的状态，也有可能处于一种既"低效"又"富有"的状态。因此，影响一个国家经济的重要因素不仅是生产过程的效率，还有工人可以支配的非劳动资源的数量，这些投入决定了人均产出。索拉尔的研究结果表明，爱尔兰每单位劳动力的农业产出比苏格兰低50%，但这种差异在一定程度上是苏格兰的资本－劳动比率的相对优势为172%所导致的。那么，劳动力产出的差异中有多少是由要素禀赋的差异所致？这个问题的答案取决于投入要素的系数值或弹性。例如，如果我们将劳动力和土地的系数分别设置为0.8和0.2，根据索拉尔的数据，爱尔兰的TFP是苏格兰的77%。但是在另一组弹性系数下，劳动力、土地和资本的系数分别为0.5、0.3和0.2，也许这有一些理想化，但是在这组参数下，爱尔兰和苏格兰之间的TFP差距消失了，这两个经济体的效率是一样的，但是它们的经济水平显然是不一样的。在后一种情况下，人均产出的差异完全是由要素禀赋的差异造成的。因此，TFP分析法无法被单独用来解释爱尔兰的贫困。只有在相对禀赋非常相似的经济体中，用这一分析法来直接解释贫困问题才具有充分的说服力。

在农业和渔业之外，就更难说明爱尔兰经济落后是由资本匮乏导致的了。爱尔兰工业化失败也有一些明显的例外。例如，在19世纪的前25年，特别是在阿尔斯特，棉花工业有了相当大的发展。到1811年，贝尔法斯特共有15个蒸汽纺纱工厂，其中一个厂雇用了200名工人，并拥有14000个纺锤（Green，1949）。在贝尔法斯特湖周围，小型棉纺厂如雨后春笋般涌现，以至于有一段时间，爱尔兰的这一地区就像是已经迎来了工业革命一般。莫纳亨（Monaghan，1942）的研究表明，到1812年，棉花产业雇用了大约52000人，但这个数字是错误的。其中，纺织工人的数量不是22000人而是2000人，并且剩下的30000名纺织工人主要是农村地区的兼职工人（Dubourdieu，1812），同样的批判见Geary（1981）。然而，很明显，阿尔斯特整体上仍然是一潭工业死水。1816年，贝尔法斯特的棉花产业开始衰退，从此再也没有恢复，到1836年，基本上就已经消失了。

爱尔兰棉花产业的疲软有两个原因。第一个原因是电力织布机的缓慢普及，导致爱尔兰无法实现大量出口。而爱尔兰手工棉织品完全不能与机器生产的高质量廉价产品竞争。贝尔法斯特棉花产业固守在周围的农村地区，并未向外拓展。到了1838年，12000~15000名棉布纺织工来自贝尔法斯特方圆10英里范围内（Green，1949）。第二个原因是亚麻产业的崛起，直接与棉花产业在工厂建筑、厂址和设备资源上产生竞争。1828年，穆赫兰棉纺厂被烧毁，重建为亚麻厂。铁路委员会（The Railroad Commission）指出，最初用来纺棉的几个工厂被改造为亚麻厂（Great Britain，1837-1838）。英格利斯（1835）指出，"我们在贝尔法斯特看到的一些的新的纺织厂，并不是新资本的投资建设的，而是由棉花贸易创造的资本转移而来，亚麻纺织厂替代了原来的棉纺厂。从棉花贸易转向亚麻贸易，似乎是一种非常自然的资本转移"。

爱尔兰工业化停滞的原因总是可以通过这样或那样的方式追溯到资本形成不足。想想阿尔斯特棉纺织工业的失败吧。它的失败所体现的是，企业家不能或不愿将挣来的钱投资在纺织、印刷或国内手工织造行业，并购买必要的设备以转型为机器纺织。19世纪20年代，当英格兰、苏格兰，甚至比利时和法国都在大规模地使用织布机替代织布工人时，爱尔兰的企业家们才醒悟过来，继续依赖廉价的织布工人并不是一个长远可行的办法。19世纪30年代和40年代，爱尔兰纺织工人的困境与英国同行是完全一样的。不同之处在于，在爱尔兰，几乎没有救济措施或其他就业机会来解救这些下岗工人。

然而，故事并没有就此结束，相反，故事在这里才刚刚开始。为什么爱尔兰没有建造更多的工厂来雇用那些正在迅速衰落的家庭手工业所释放的劳动力呢？实际上，在某种程度上爱尔兰的确这么做过。亚麻行业是一个典型的成功行业案例。它的发展历史是众所周知的，我不需要再重复了。自1825年采用湿法纺织工艺以来，电力纺织发展迅速。1839年，阿尔斯特的35家亚麻纺织厂雇用了7758名工人（Great Britain，1839b）。这些工厂中大约有一半位于贝尔法斯特，其他的位于贝尔法斯特附近的城镇，如巴利克莱尔（Ballyclare）、班布里奇（Banbridge）、拉恩（Larne）、吉尔福德（Gilford）和卡里克弗格斯（Carrickfergus）。在19世纪20年代末和30年代，该行业逐渐从水力发电转向蒸汽发电，并且蒸汽发电逐渐成为主要动力。1829年，第一台蒸汽驱动的亚麻纺织机开始运转。10年后，蒸汽为阿尔斯特亚麻纺织提供了48%的动力。然而，蒸汽的优势并不那么明显。直到1862年，亚麻纺织厂仍有20%的动力来自水力发电（Gribbon，1969）。在19世纪40年代的大饥荒中，阿尔斯特的亚麻产业一直在持续发展，1839~1850年，其雇用人数增长了147%，1850~1862年又增长了54%。

但是，阿尔斯特亚麻工业的成功在某种意义上恰恰意味着，爱尔兰未能成为一个更加多元化的经济体。亚麻工业革命很大程度上仅局限于阿尔斯特，而且仅限于阿尔斯特的一小部分地区。对数据的简单检验证实了这一结论。

1841年人口普查并没有将亚麻纺织厂的纺织工与家庭手工业的纺织工（其中许多人显然不再从事纺织工作了，但她们习惯称自己为纺织工人）区分开来。亚麻纺织业是采用工厂制的最典型的行业。其员工最有可能将自己归类为"工厂工人"。因此，我们可以用这个职业类别来近似代表亚麻纺织厂员工的职业类别，尽管这些纺织厂雇用的一些工人有时也自称为"亚麻纺织工"或"纺织工人"。1841年，"工厂工人"的总数为8193人，其中阿尔斯特就占81%，76%在贝尔法斯特及其周边地区。詹姆士·斯图尔特（James Steuart）先生在附呈给英国工厂检察署（British Factor Inspector）的报告（Great Britain，1839b）中提供了一些更详细的数据，表6-1列出了该数据的摘要。数据证实，纺织业约75%的蒸汽动力和75%的员工来自贝尔法斯特地区，而科克（Cork）和爱尔兰其他地区则主导着奄奄一息的羊毛行业。

表 6-1 爱尔兰的纺织业情况（1839 年前后）

地区	就业人数（人）	能量（马力）蒸汽	能量（马力）水力	能量利用率（%）	工厂数量（家）总数	工厂数量（家）运营中
（a）棉花纺织业						
贝尔法斯特*	2587	332	195	84	13	13
都柏林	342	41	51	83	3	3
科克	55	—	36	83	1	1
其他	1638	144	290	94	8	7
合计	4622	517	572	88	25	24
（b）亚麻纺织业						
贝尔法斯特	6671	788	598	76	26	26
都柏林	297	—	60	100	1	1
科克	—	—	—	—	—	—
其他	2049	140	394	88	17	13
合计	9017	928	1052	80	44	40
（c）羊毛纺织业						
贝尔法斯特	—	—	—	—	—	—
都柏林	544	30	234	80	12	12
科克	178	14	62	93	5	5
其他	509	14	227	76	29	14
合计	1231	58	523	80	46	31
（d）纺织行业合计						
贝尔法斯特	9258	1120	793	78	39	39
都柏林	1183	71	345	84	16	16
科克	233	14	98	89	6	6
其他	4196	298	911	87	54	34
合计	14870	1503	2147	82	115	95

注：* 安特里姆和唐等郡。
资料来源：Great Britain（1839b）。

爱尔兰其他地区的棉纺织行业没有发生像阿尔斯特棉纺织业这样的变化。阿尔斯特自身的大部分地区，尤其是多尼哥（Donegal）、蒂龙

（Tyrone）、卡文（Cavan）和莫纳汉（Monaghan）等县，也很少受到它的影响。值得注意的是，出于各种各样的原因，将亚麻工业作为工业部门的基础行业可能是一个糟糕的选择。虽然阿尔斯特的亚麻厂的确是爱尔兰纺织品的主要生产者，但在整个19世纪，亚麻行业一直在与棉花行业竞争。随着棉制品生产技术的快速进步，亚麻制品越来越难以保持自己的地位，因为亚麻的生产技术进步要比棉花的生产技术进步更慢、更晚。棉制品与麻制品彼此并不是完美的替代品，亚麻产业在爱尔兰和其他国家存活并发展了一个世纪。然而，一位证人向马格里奇（R.M.Muggeridge）——一名手工织布机助理专员讲述了一个重要的事实："我记得曾经（亚麻纺织工）是爱尔兰最好的职业；而现在它什么都不是了。棉制品贸易毁了亚麻行业；从前人人都穿亚麻衣服，现在人人都穿棉制衣服"（Great Britain，1840）。马格里奇补充说，面料在它本身的特性和用途上几乎没有什么不同，而且一种面料能够经常被另一种面料替代，因此一种面料必须在市场竞争中保持谨慎；但是当一种面料的成本降低到另一种面料的25%以下时……这场竞争的胜负就很显然了（Great Britain，1840）。

此外，有人可能会问，为什么阿尔斯特亚麻工业非得建立在衰败的棉花工业的灰烬之上。1770~1835年，这两个行业之间的关系和相互作用是一个迷人而复杂的故事，寥寥数语几乎无法恰如其分地讲明白它们之间的联系。就我们的目的而言，我们有充分的理由说，棉花工业最初是以牺牲亚麻工业为代价发展起来的，并在19世纪20年代整个纺织业开始衰落时，为纺织业注入了竞争和资本元素（Gill and 1925；Dickson，1978；Green，1949）。从长远来看，这两个行业在某种程度上是不相容的，同时这两个行业中也不存在绝对的胜出者。在欧洲的其他地方，例如根特和苏格兰，棉麻共存。棉纺织厂的厂房和设备必须改为亚麻厂，这并不是不可避免的。在比利时，棉花制造业积累的利润用于发展亚麻工业（Mokyr，1976a）。阿尔斯特有充足的水力、廉价的劳动力以及优良的地理位置使亚麻和棉花产业共同繁荣。那么，为什么亚麻行业必须接管棉纺织业的资产，而不是通过自身积累资本呢？没有证据表明棉纺织行业本质上是无利可图的（Geary，1981）。当时人们诟病的是，贝尔法斯特的棉花产业无法与兰开夏郡的棉花产业竞争。1825年，爱尔兰和英国之间取消了所有关税后，贝尔法斯特的棉花产业面临着来自兰开夏郡棉花产业的更为激烈的竞争。1840年，奥特威（C. G. Otway）指出，1826年后，爱尔兰棉花贸易"面临更大的困难和更强有力的竞争……它不得不与大量英国老牌的棉花生产商竞争"（Great Britain，1840）。历史学家已经接受了这些结论（O'Brien，1921；Monaghan，1942；Hechter，1975）。然而，最终我们将不得不面对这样一个问题：为什么爱尔兰棉花行业不具有强劲的竞争力？[16]

正如我们所看到的，燃料和原材料的高成本可能只对制成品的生产成本产生很小的影响，这种负面影响可以被更低的劳动力成本抵消。1830年，爱尔兰银行行长罗伯特·罗（Robert Roe）作证说："英国制造商在机械和资本方面的优势使都柏林的制造商几乎不可能与他们竞争"（Great Britain，1830）。奥特威就这一问题进行讨论时，也提及了英国的动力织布机和纺织厂，他认为英国有着直接的原材料市场，以及"她的资本和技能"（都使爱尔兰很难与它竞争）（Great Britain，1840）。当然，可以直接获得原材料是英国具有相对优势的结果，而不是原因。但资金匮乏似乎已被广泛认为是爱尔兰棉花行业的致命弱点。这种弱点存在的一个征兆是该行业对最终产品需求不可避免的波动反应迟钝。英国和比利时的棉花生产商同样受1816年、1825年和1837年危机的影响，尽管一些公司中途易主，但还有一些公司随着经济好转，迅速恢复并实现了继续扩张。在爱尔兰，暂时性的供应过剩意味着行业无法恢复元气。棉花工业在前两次经济衰退中崩溃了。"都柏林的制造商没有多少资本……任何偶尔的库存过剩都会造成相当大的损失"（Great

Britain，1830；Green，1949）。缺乏固定资本导致产品更贵、质量更差；缺乏流动资金使公司在经济衰退时期丧失了弹性。爱尔兰的棉花，以及其他纺织工业，或多或少都受到了这两方面因素的影响。

19世纪20年代末棉花产业危机爆发前，或许并不像当代学者们所声称的那样，棉花产业资本严重不足，现代亚麻行业也没有出现资本严重短缺的迹象。但也有一些问题——为什么没有足够的资本让这两个行业同时增长。几乎不可能是其他的原因限制了现代纺织业的增长：劳动力充足，良好的工地大量存在，在国际市场上可以以相对稳定的成本购买到原材料和燃料。但是，由于资本积累的不足，资源被分配给回报率较高的行业。因此，正如吉尔利（Geary，1981）所指出的，亚麻行业的发展是以牺牲棉花行业为代价的，但这并不一定意味着棉花产业从一开始就存在缺陷并在垂死挣扎。

以上并不意味着资本的缺乏导致了爱尔兰工业革命的失败。更准确地说，资本积累的失败和爱尔兰工业的失败大体上是一回事。生产资料，如建筑、工厂设备、机械、存货和训练有素的工人，外加新的生产技术，利用这些生产出了物美价廉的货物，并为来自农村地区的失业工人提供工作。资本积累不是工业革命的原因，资本积累的不足也不是工业革命失败的原因。相反，投资是一种机制，通过这种机制，经济中更重要的决定因素传递出信号，要么是像英国、比利时或瑞士那样的成功的工业革命的信号，要么是像荷兰或爱尔兰那样的滞后的迟缓的工业革命的信号。如果传递出的信号是相似的，也并不意味着潜在的决定经济的因素一定是相同的。要成功地过渡到工业资本主义，需要许多因素，然而不同层次的各种因素可能会使这一过程发生短路。

除了工业和农业，其他形式的资本也很重要，尽管它们在经济发展过程中所起的作用并不那么直接。任何经济中固定资本存量（fixed capital stock）的一个主要组成部分是住房存量。就像我们在第3章讨论过的那样，住房质量是体现收入水平的一个重要变量。住房质量与收入之间之所以存在这样的联系，是因为住房质量是内生的，在某种程度上由收入决定。此外，住房质量与其他变量有关，而这些变量缺乏相关信息，如土地改良、农场建设和其他形式的资本。根据1841年人口普查，爱尔兰有1328839所房子。这些房子在人口普查报告中被分为四类：一等房是最好的，依次往下，四等房是那些"只有一个房间的土屋"。由于人口普查报告没有提供各阶层单位人口住房的平均价值，因此无法对爱尔兰住房的资本存量价值进行评估。有关住房价值的一些间接资料可以从《济贫法报告》（Poor Law Report）（Great Britain, 1836b）中得到，该报告为建造房屋的成本提供了数据参考，最差的房子需花费3~5英镑，好一点的需花费6~10英镑。假设上述成本价值对应的是人口普查中较低质量的房屋，取较高的估计值，那么三等和四等房屋的总价值最多为780万英镑。二等房是农舍，或城市地区的房子，例如"街边上的居民楼"。由于这些房屋的数量是三等房屋数量的一半，它们的平均价值不可能超过40英镑。最后，假设平均一套一等房的价格为200英镑，我们可以估计出爱尔兰住房的总值约为2640万英镑，加上合理的误差，那么人均住房的价值为3~4英镑。即使是与水平最接近的英国比较，爱尔兰的人均住房价值仍然很低。科尔昆（Colquhoun）对1812年英国私人建筑的估价为3.3亿英镑，人均约27英镑，爱尔兰私人建筑估价为0.7亿英镑，人均约为11镑（Colquhoun, 1815）。由于住宅只是科尔昆估计的一部分，所以这种断章取义的比较对爱尔兰而言可能不太公平，尽管我们也试图对爱尔兰的仓库、工厂和其他非住宅建筑的价值进行估计。马歇尔·霍尔（1899）提供的数据表明，在联合王国，包括爱尔兰在内，1831年，人均住房价值为18英镑，1841年为28英镑。而对于大不列颠岛，1831年和1841年的人均住房价值分别为23.8英镑和36.5英镑。我不了解马歇尔·霍尔的数据来源，但如果我们将不列颠和联合王国的这两组数据的差近似作为爱尔兰平均住房价值的数据，那么爱尔兰1831年的人均住房价格为6.3英镑，1841年为8英镑。[17]

爱尔兰资本积累普遍缓慢，但有一个例外：社会间接资本。饥荒前夕，据报道爱尔兰是欧洲拥有最完善的道路网络的国家之一。这与我们所掌握的证据是一致的。约翰·格奥尔格·科尔（Johann Georg Kohl）是一位游历广泛的德国作家，他写道，爱尔兰优良的道路显然不是凯尔特居民的杰作，而是爱尔兰人从英国统治中得来的一些好处（Kohl，1844）。爱尔兰公路的状况完全无法体现它在国家经济水平上的拮据。韦克菲尔德（Wakefield，1812）写道："在爱尔兰，没有什么比它那壮丽的公路更让陌生人感到惊讶的了"。比奇诺（J.E.Bicheno，1830）对他在爱尔兰的所见所闻感到非常惊讶，"处处可见的都是乞丐和垃圾，但自己却走在如同富有国家所建设的那样平整的道路上"。早在此之前，亚瑟·杨格就曾指出，对于一个远远落后于英国的国家来说，爱尔兰的公路质量"是英国游客不能不为之惊叹的奇观"（Young，1892）。杨格明确地表示，"那些私人运营的收费高速公路完全比不上爱尔兰的公路，简直差远了"。然而，很明显，在饥荒爆发前的半个世纪，主干路有了很大的改善（Great Britain，1835d）。济贫法委员会的证人一致认为，拿破仑战争后的20年里，道路经改善后平整了许多，现在每匹马每次可以拉动的货物重量是以前的3倍，从曾经的每担7~10cwt（重量单位）增加到如今每担20~30cwt。实际上，爱尔兰从公路上获得的净收益要比旅行者们所以为的少得多。在这些道路上运送重物比运送旅客更困难（Lee,1969c）。此外，爱尔兰缺少牲畜和汽车来长途运输农产品。昂贵的道路系统的主要受益者是牧民和地主，因为这方便他们获取生活消费品，并且道路使得牲畜和土地租金都提高了（Connell，1950b）。地方政府的大陪审团似乎总是维护着能从公路获益的这部分人群的利益。从整个经济来看，公路投资可能存在过度投资的现象，一些资本被用在其他方面可能会产生更大的效益。

1759~1817年，爱尔兰对运河进行了修整，这可能也存在投资过度的问题。流淌在都柏林和特蒙百利（Termonbarry）之间的皇家运河（Royal Canal），被认为是不必要修建的，它的建成只是因为大运河（Grand Canal）的董事之间存在着利益纠纷（Freeman，1957）。大运河是小麦、面粉、黄油和其他农产品运往都柏林的主要航线，但由于建设和维护成本高昂，运价也很高。现代历史学家得出的结论是，大多数在18世纪末和19世纪初修建的运河都令建造者感到非常失望（O'Tuathaigh，1972；Aalen，1978），虽然他们并没有说明具体的回报率是多少。

爱尔兰社会的第二个例外是教育制度，这可以被看作对社会间接资本的巨大投资。康奈尔（1950a）根据人口普查数据提出，"爱尔兰全国的受教育程度很低"。康奈尔对数据的这种解读并不合理。康奈尔指出，的确，爱尔兰6~15岁儿童的总数是小学学生的5倍多（各省小学学生的比例从伦斯特的23.61%到康诺特的11.08%不等）。但是，正如普查人员强调的那样（Great Britain，1843），绝大多数儿童有10年没有上过学，因此这一比例数据实际上偏高了。此外，由于一些学校拒绝公示数据，也出现了漏报，因此"上述数据但凡有任何误差，小学生人数只可能偏低，不可能偏高"。1841年，政府很努力地在提高爱尔兰儿童的整体受教育水平，但这也只是那时才出现的一个现象。1831年以前，教育是私人资助的事业，国家的贫困恰恰就反映在对儿童的教育上。教师的工资很低，教师素质也普遍低下，上课的地点是潮湿的小木屋或小教堂。然而，当时的爱尔兰人有着强烈的愿望，希望年轻一代能够受到良好的教育（Mason，1814-1819；Wakefield，1812）。1831年，政府建立了全国教育委员会（National Board of Education），负责组建统一的无宗教教育体系。到饥荒发生时，委员会的预算已经接近100000英镑，并且雇用了爱尔兰教师（1200名）中的绝大多数人。1849年，该委员会管控着4321所学校，学生总数为全国总学生人数的近一半。

将爱尔兰的教育数据与其他国家的进行比较有些困难，并且这种比较可能毫无意义。学校的入学率（enrollment rate）和出勤率（attendance rate）数据也几乎不能说明问题。例如，在爱尔兰，国家学校的在读学生数量从1856~1857年直接由56万变为77.6万，原因仅仅是计算方法发生了变更（Akenson, 1970）。1824年，一个议会委员会估计在读儿童数量为56万~56.8万（Balfour, 1898）。这个数字意味着小学的入学率为8%，那么就教育方面而言，爱尔兰应当处于欧洲前列。然而，1841年普查数据表明，入学率仅为5.82%。饥荒之后，这一比例再次上升，1851年达到8%，但1845~1850年分母的大幅下降表明，饥荒前的入学率很可能不到5.82%。即使是保守估计，这一估计值也意味着爱尔兰的教育水平超过了与西班牙和意大利经济发展水平相当的国家，甚至有些接近法国的教育水平（Easterlin, 1981）。

表6-2 1841年和1851年爱尔兰人的识字率

单位：%

	1841年 11~15岁	1841年 16~25岁	1841年 26~35岁	1841年 36~45岁	1841年 46~55岁	1841年 总计	1851年 总计
男性							
读写兼会	35	47	46	46	44	37	41
只能读	23	18	16	15	13	17	17
不会读写	42	35	38	39	43	46	42
合计	100	100	100	100	100	100	100
女性							
读写兼会	22	27	21	19	17	18	25
只能读	28	28	24	22	19	23	24
不会读写	50	45	55	59	64	59	51
合计	100	100	100	100	100	100	100

资料来源：1841: Great Britain（1843）; 1851: Great Brtain（1856c）。

很难评估全国教育委员会下的这些学校对爱尔兰社会的净影响。1841年的人口普查提供了按年龄划分的识字率数据，从这些数据可以推断，早在1831年之前，国民的识字率就一直在上升。表6-2对识字水平的长期趋势进行了简要的汇总。1841年人口普查没有充分反映全国教育委员会所带来的影响，因为在进行人口普查时，该委员会的运作时间还不够长。但是，很显然，全国教育委员会的成立只会进一步提升爱尔兰已经在上升的识字率。虽然国民整体的识字率仍然很低，但呈现出上升的趋势（特别是女性识字率）。由于饥荒的爆发，解读1841年和1851年的数据比较结果要更加复杂。饥荒对下层阶级的影响要大于对富人和受教育程度较高的群体的影响。尽管如此，在1841~1851年，威克罗及在它之下的郡的识字率仍然在上升，这些郡受饥荒的影响相对有限。一位历史学家将全国教育委员会的作用总结为："在一个如此多的努力都是徒劳和错误的国家，全国教育委员会完成了一项持久的工作"（McDowell，1957a）。然而，新的教育体系是否会产生任何直接的经济影响，这有待考证。这些学校的教育水平充其量只能算平庸：20%的人仅仅被教会了阅读，却不会写作。正如一位历史学家所言，"学校教授的都是些关于礼仪的陈词滥调，都是些社会伦理与政治顺从的产物。学校希望通过这种方式向学生灌输对国家的忠诚和对现状的顺从的思想"（O'Tuathaigh，1972）。

因此，爱尔兰的社会间接资本的确有助于维系它与联合王国的政治联系，但对爱尔兰经济的帮助却微乎其微。政府所做出的大部分努力，都是出于政治或维护国家安全的原因。但再怎么说，拥有更好的道路、更多的运河和更好的教育体系，对爱尔兰的经济发展而言都不是一件坏事。毋庸置疑的是，政府没有也无法取代市场，来增加和改善爱尔兰的资本存量。下面，是时候讨论爱尔兰的资本存量是怎么一回事了。

（四）饥荒前爱尔兰的投资和积累

饥荒前的爱尔兰，为何会出现如此严重的资本短缺？上一部分中讨论的内容表明，我们不能继续探寻总储蓄率低的原因了，这并不能帮助我们找到答案。套用波斯坦（Postan）著名的比喻，资本供应由众多互不相干的储蓄池组成。"资本市场"就是将这些储蓄池中的"水"引向值得拥有资金的投资者，在这个过程中使资本供应和资本获得双方的收益率相等，然而，在爱尔兰，这样的市场并不存在。金融机构未能给爱尔兰工业提供长期可贷资金，这不是爱尔兰特有的缺陷。在欧洲的任何地方（也许比利时除外），都没有这样一个专门从事大规模资金周转的金融机构。在1850年以前，几乎没有任何一个国家的银行及类似机构在资本形成的过程中充当了主力。

当然，爱尔兰是有银行的。事实上，饥荒爆发前20年，爱尔兰的银行业有着惊人的增长。1824年，爱尔兰只有一家股份制银行——爱尔兰银行（The Bank of Ireland）。1821~1824年，这一垄断被打破，接下来的20年里，10家银行在爱尔兰迅速扩张，在1824~1830年这段时间里，这些银行的分行数量从1家增加到31家，到1844年则达到173家（Barrow，1975）。甚至在一些相当不起眼的城镇，如香农的卡里克（Co. Leitrim）和梅特（Co. Westmeath）也有银行分行。这些银行在爱尔兰的货币化进程中发挥了重要作用。毫无疑问，它们也造福了当地的商人、进口商，甚至成为地主和一些地方显赫的福音。银行在农业方面也发挥了一定作用。大型国家银行（National Bank）的秘书长约翰·雷诺兹（John Reynolds，后来成为都柏林市市长）向德文郡委员会表示，银行经常要给农民提供小额票据（通常8~20英镑）贴现。这些票据的实际利率为0.1~0.12。然而，在绝大多数情况下，农民获取资金不是用于土地改良、购买牲畜或投资于其他项目，而是主要为了按时支付租金（Great Britain，1845a）。都柏林的一位专门处理银行事务的律师皮尔斯·马奥尼（Pierce Mahony）在 1837 年表示，9 月 29 日就要交租了，而猪肉（现金收入的重要来源，也是支付租金的主要资金来源）通常要到两个月后才会上市。其他短期信贷很难获得，而且成本高昂。马奥尼指出，黄油商人通常收取高达 60% 的利息（Great Britain，1837）。

因此，这些银行不太可能为该国的生产创造重大增长。这时候，银行是非常脆弱的，将大量资金投入任何比政府债券更不确定的东西，都是危险的。爱尔兰的农商银行（The Agriculture and Commercial Bank）冒险将资金投入了高风险的项目，在 1836 年经济危机时迅速崩溃。此外，《德文郡委员会文摘》指出，"承租人愿意付出他可能拥有的任何资本来换取土地所有权，从而使自己免于在土地上劳作"（Kennedy，1847）。这句话似乎表明，"劳动换来的资金最终都用来支付租金，是以牺牲长期投资为代价的"。至少就流动资本而言，银行有可能有助于缓解危机，但银行的贡献也只能是微乎其微的。

佃户们借贷的第二个原因与资本积累的关系就更小了。土豆收获后最多能保存 9~10 个月的时间，可实际上，夏天还没结束就被吃光了。为了获得所需的食物，农民们不得不购买一两个月的燕麦片和其他食物。发现这一契机的放债机构收取很高的利率，有时还试图建立某种形式的"债务契约"。这些放高利贷的人往往就是"食物贩子"，也就是燕麦商。这些放高利贷的村民，他们被普遍鄙视，但他们所提供的服务对于那些不幸农民而言却如同救命稻草一样。除了向这些放贷者借钱，剩下的唯一选择就是所谓的贷款基金（Loan Fund），这是一个政府运营的贷款机构，以合理的利率和比地方高利贷或银行更长的期限向农民发放小额贷款。农民从这儿贷款的资金也常常被用来支付租金，但也有证据表明，有些农民也会将借来的贷款用于土地排水和购买化肥、工具、牲畜（Great Britain，1845a）。贷款条件要求借款人每周分期偿还，这一规定给借款的农民造成了一些困难（Great Britain，

1845a）。也有报道披露这一机构存在效率低下、管理不善和腐败的问题。《德文郡委员会文摘》曾挖苦地说道："由于贷款基金是由政府提供的，因此，能给予它们的最高评价也只可能是，它们要比放高利贷者的破坏性小一些"（Kennedy，1847）。

在农业经济以外，资本市场对于资本积累速度的影响就更小了。据李（1968b）估计，1847年，爱尔兰铁路公司近一半的股份为爱尔兰投资者所有。正如李表示的那样，爱尔兰投资者表现出非常强烈的风险厌恶倾向。绝大多数爱尔兰投资者只有在其他人已经承担了风险后才认购铁路资本。李简明扼要地指出，"公司几经更迭，食利者却永远存在"（Lee，1968）。尽管爱尔兰和荷兰在其他方面存在巨大差异，但在缺乏资本方面，爱尔兰和荷兰之间却有着惊人的相似之处。食利者并没有将他们的财富投入本可以帮助经济现代化的项目。就经济发展而言，这种资本根本没有起到任何作用，就好像它可能根本不存在一样（Mokyr，1975）。

爱尔兰的现代工业部门依靠自己的资源进行资本积累。企业利润的再投资是资本积累和产业增长的主要途径。留存利润进行再投资从严格意义上来说，并不是19世纪才有的现象。现代爱尔兰工业的大部分固定资本仍然依赖留存利润。希兰和亨利（Heelan and Henry，1962-1963）指出了爱尔兰工业在20世纪50年代从金融机构获取资金遇到的困难和自筹资金的优势。他们援引的数据表明，在1951~1953年这3年间，税后未分配净利润占固定资产形成总额的62%。20世纪50年代的情况肯定比饥荒前的情况更糟糕。罗伯特·凯恩意味深长地说道：

> 英国有资本，而爱尔兰没有；因此，英国富裕而勤勉，爱尔兰贫穷而怠惰。但是当英国开始富裕时，资本在哪里？要明白，是工业创造了资本，而不是资本创造了工业。英国将赚到的钱再投资到相同的或类似

的项目中去，直到资本的数量达到我们现在所看到的巨大规模（Kane，1845）。

历史学家似乎也同意凯恩的这一观点（Lee，1969a；Coe，1969）。

因此，对于爱尔兰资本积累速度慢这一问题，不能轻易用总储蓄较低来解释。我们要做的是研究每一个决策主体，即数万个农场和数百家工业企业，来找到低投资的原因和通过自筹资金实现资本积累的物质和社会约束。我们应该研究三类主体的储蓄行为。首先，为什么农民不增加对农场的投资？其次，为什么地主不花更多的钱来改善爱尔兰的农业？最后，为什么爱尔兰制造业没有更快地扩张，也就是说，为什么爱尔兰的工业企业家没有把更多的利润再投资到他们的公司？

就佃户而言，他们投资如此之少的主要原因仅仅是他们太穷了。正如本章第3部分指出的，只有在资本市场和投资项目不可分性同时缺失的情况下，才有理由说有农民不投资，是因为他们没有余钱用来投资。这一说法似乎适用于大部分爱尔兰农民。虽然这并不等于证明了低收入均衡（贫困陷阱）的存在，但这一论点似乎是可信的。目前，尚不清楚如何去证明爱尔兰的确符合"麦金农特征"，但是，很显然，还有其他因素导致了爱尔兰农业资本形成缓慢。第4章详细讨论了一个因素，即农业资本中缺乏明确界定的产权。佃农担心地主会通过提高租金来没收投资回报，我们已经看到，大部分土地（尽管不是全部）都受到了租契的保护。但是产权问题并没有就此消失。暴力冲突在许多农村地区都很常见，这使得农业投资失去了吸引力。遭盗窃的萝卜，伤残的牛，被破坏的栅栏和篱笆，都是地主和租户之间的利益冲突的牺牲品，与此同时还波及了很多无辜的旁观者，从而使得这场冲突演变为一场看起来像是报复社会、报复所有人的举动。因此，富有的农民和牧民经常把钱存入储蓄银行，而不是用来改善自己的农场，也就不足为奇了。最后，在第 8 章我们也会探讨到，移民也会阻碍剩余人口的资本形成。

也许更令人惊讶的是，爱尔兰地主很少进行农业投资。当时的人们几乎无一例外地坦露，在爱尔兰，农场的所有改良都由佃户负责，而地主不负责修筑篱笆、维修农场建筑、排水等，这是约定俗成的。爱尔兰地主的投资行为与英国相比更是相形见绌。英国的情况通常相反。在第 4 章中，正是这种"约定俗成"构成了 LTH 假设的实证基础。这一"规定"可以追溯到 17 世纪和 18 世纪，当时土地的租期非常长。因此，地主几乎没有激励进行投资改善，因为在这整个固定的租期过程中，他们都有稳定的租金收入（Roebuck，1981）。

然而，这还不足以回答为什么地主不投资这个问题。首先，这个"规定"并不成文，并没有被载入任何法律，它不是最初就存在的，它仅仅反映了地主和佃户之间的游戏结果。其次，即使我们假定地主出于某种原因不能直接投资于他们的地产，他们也没有理由不能以间接的方式投资，例如为他们的租户进行改良提供资金。最后，资本市场的缺失给农民和佃户造成了无法克服的障碍，但这并不适用于地主，至少不是相同的作用方式。富有的地主经常面临着大量借贷的机会，甚至是诱惑。那些不那么富有的地主被认为是高风险的借贷对象，因此被收取更高的利息，利率通常是 5%~5.5%，而不是 4%（Curtis，1980）。我们发表的有关非经营性资本市场的论断及地主容易获得抵押贷款这样的论断之间的矛盾，由此是显而易见的。贷款市场将实际当期收入视为衡量地主贷款能力的一个指标。持续的资本积累所需的是一群潜在的资金供应者，他们愿意在可获得预期回报的基础上提供资金。当然，地主可以通过抵押现有收入来获得资金。但爱尔兰地主在饥荒前后拿出的抵押款都不是这种性质的。

事实上，一些地主确实直接或间接地投资于他们的土地，这表明这种做法是可行的，但也需要解释为什么很少有人这样做。要了解爱尔兰地主所起的作用，必须认识到，爱尔兰地主所感和所做与英国地主是一样的，尽管两国地主的收入来源非常不同，而且越来越不同。拉奇（Large，1966）指出了一种有趣的现象，在拿破仑战争期间，爱尔兰地主试图和英国地主一起提高租金，却没有意识到，英国较高的租金中，很大一部分不是租金提高，而是来自改良的农业所带来的收入增量。爱尔兰地主，不管他们是否居住在爱尔兰，都效仿英国绅士的生活方式和消费模式，但与此同时，爱尔兰的农业收入却并没有增长（de Tocqueville，1958；Pim，1848；Curtis，1980）。结果是，在爱尔兰，很少有租金能够再度回到土地投资上。即使是精明的厄尔·菲茨威廉（Earl Fitzwilliam）也把90%的收入挥霍在了英格兰。人们倾向于认为，爱尔兰问题的根源并不在于地主把收入挥霍在了国外。真正的问题在于，他们本来就一穷二白，但即便是存了点钱的地主也不愿意把存下来的资金投资在自己的土地上。爱尔兰的地主不仅储蓄少，投资更少：他们中的许多人实际上在饥荒前的几十年里，根本就没有储蓄，甚至还有贷款要还。爱尔兰的土地所有者似乎缺乏耐心，或者用经济学家的话来说，表现出了极高的时间偏好。一位对爱尔兰的情况相当熟悉的房产经纪人写道，"一些（爱尔兰地主）在发现改良土地……是昂贵的且不能马上产生回报时，就立刻停止投资了"（Wiggins，1844）。

爱尔兰地主租金收入的第二大支出在于家产分配（family settlements）。年轻的儿子、未婚的姐妹和尚在人世的寡妇都靠这种财产分配生活，这就意味着他们的收入直接来自土地所创造的收益。韦克菲尔德等人注意到，在分配给家人之后，土地的净收入基本上为零（Wakefield，1812）。有人反对说，这样的分配其实不值一提，因为它们没有直接影响到租金，只影响了受益人的身份。这种分配方式所代表的是，一种试图使每个地主阶层成员的消费增长速度快于租金收入增长速度的努力。在18世纪和19世纪，地主阶级人数不断增加，由于长子继承制（primogeniture）和继承权限制了土地的分割和转让，那么，给寡妇、小儿子和其他没有土地的家人一些"赡养费"是不可避免的。罗·巴克（1981）坚持认为，这种形式的"债务"不应被视为铺张浪费，而应构成一种不能归咎于个别地主的外生因素。然而，实际上，一些拥有土地的绅士和贵族的确负有铺张浪费的责任；因此，这个阶级作为一个整体来看，仍然可以被指责为无度的挥霍者。

无论如何，将收入的一部分分配给亲戚减少了可用于土地投资的资源，因为如果地主自己都不愿意投资进行土地改良，那么更别奢求远居英格兰的姑妈或在英国军队服役的兄弟会对土地进行投资。此外，拿破仑战争后的通货紧缩使得收入重新分配，使得那些拥有货币债权的人（包括其家庭成员）由此获利。家庭收入分配也换了种新潮的方式：家庭往往借入大量资金，为女儿或儿子准备嫁妆或彩礼。虽然从理论上讲，这笔钱在当事人成年或结婚之前不会花出去，但这笔钱是有指定用途的，因此不能用于投资，故这笔钱的贷款利息直接来自土地收益（Large，1966）。

地主的消费模式加剧了他们的经济困难。1780~1815 年，出现了一波住宅建设热潮，这一定抽干了大量地主的当期收入，这些收入被用于支付利息和后期房屋的维修保养。高斯福德勋爵在阿尔马郡的土地经营良好（他聘请了威廉·格雷格和威廉·布莱克尔等优秀的土地代理），分别在 19 世纪 20 年代和 30 年代，他花费了超 8 万英镑来建设和装修一处奢华的新居——简直是一个耗尽了所有土地收益的"奢华城堡"（Greig，1976）。除此之外，还有类似于赌博、打猎和出国旅行这些可以更快地浪费掉大量钱财的活动。政治选举也是。唐郡勋爵自己承认，仅一次选举就花费了 3 万多英镑（Maguire，1972）。此外，昂贵的诉讼费也在榨干了爱尔兰的地主阶层。科克郡的一位绅士花了 2 万多英镑才赢得了一份价值 500 英镑的判决书，这基本上毁了他自己（Donnelly，1975）。[18] 最终的结果就是，在饥荒前夕，大部分拥有土地的爱尔兰地主发现自己深陷债务之中。这意味着地主阶级能节省下来的钱其实非常少,而且他们的储蓄可能是负数。这一发现对我们的研究目的而言至关重要。当然,也有例外。德文郡委员会等提供了许多关于有偿付能力的地主的资料,也包括一些以投资为目的借钱给佃户的地主资料。但一切更像是一位来自米斯郡的居民向济贫调查组表示的那样:"地主的这种尴尬处境就算不是农业发展落后的最主要的原因,也至少是一个关键原因,因为地主们总是要求过高的租金,还从来不协助租户进行改良投资"(Great Britain,1836)。即使是真正有些储蓄的地主,也往往不愿投资于土地。地主投资于土地往往伴随着一些根本性质的改变,因此很容易引起(希望保持原态)农民的不满。暴力是爱尔兰农村普遍存在的现象,这使地主没有激励去投资土地。

爱尔兰农业现代化的失败是资本形成的失败,但远远不止于此。资本形成与技术变革具有很强的互补性。如果没有能够能代表新技术的生产资料,就不可能有很大的技术变革。相反,除非有专家意见指导农民采用新的耕作技术,否则即便是投入了资金也不会产生很大的效益。因此,爱尔兰地主的失败不仅仅是因为挥霍无度和风险厌恶。与他们积极效仿的英国地主相比,无论是在技术还是经济方面,爱尔兰地主都与他们的佃户、土地和农业非常疏离。爱尔兰地主失败的根源在于企业家精神的失败和储蓄行为的失败。这些方面将在第7章中讨论。

那么制造业呢?为什么爱尔兰工业的资本形成如此之少,这个问题相当于为什么爱尔兰没有工业革命。正如我们所看到的,爱尔兰的资源短缺并非致命性的,即便有着廉价充足的劳动力,爱尔兰也面临着燃料和材料成本过高的问题。它位于北大西洋地区,是世界上最先进的政治和经济帝国的一部分。然而,到1845年,爱尔兰与北大西洋地区的其他经济体之间的差距已经拉开,从此这一差距从未减少过。一些历史学家和当代学者试图用"临界质量"(critical mass)或"集聚经济"(economies of agglomeration)理论来解释爱尔兰所处的这种劣势。奥特威（Otway）引用了一位企业家的话：爱尔兰有着廉价的水电和劳动力，但缺乏能够维护复杂设备的机械基础设施（Great Britain，1840）。然而，除英国以外，其他地区也轻而易举地克服了这些问题，至少在贝尔法斯特，1830年后的亚麻工业在这方面似乎没有遇到任何困难。奥特威引用的这位企业家的抱怨发生在18世纪末，当时爱尔兰的工程行业刚刚起步。科（Coe，1969）指出，爱尔兰的工程行业采用了与英国相似的模式，一开始只发展维修业务，之后才开始生产用于纺织和其他行业的机器和设备。科（Coe，1969）认为，这些高度专业化的行业可能真的是英国制造业的主要优势，它们比爱尔兰的规模要大得多，因此，爱尔兰工业几乎很难达到生产成本最小化的最优生产规模。但总的来说，科的这一看法与事实是相矛盾的，即在英国，除了少数几个行业外，其他行业的绝大多数公司规模都很小，很少有雇用超过几百名工人的。可能存在企业间的外部经济——尽管它们的存在从未得到证实，但问题是，为什么这没有蔓延到爱尔兰。科的观点可能更适用于饥荒后的爱尔兰，但它肯定不适用于爱尔兰擅长的行业：亚麻、酿造和造船。有关对"临界质量"这类理论的更详尽的批判，请参见Mokyr（1977）。

爱尔兰工业化落后的第二种解释是爱尔兰农业部门的落后（Goldstrom，1969）。有人认为，在工业革命发生之前，农业必须实现现代化，提高生产率。诚然，在英国工业革命之前，农业产出持续增长。但也有一些案例表明，在工业资本形成井喷之前，农业发展成效甚微（例如，瑞士和新英格兰）。此外，在某些情况下，高产出的农业不仅不能帮助甚至有可能阻止工业化进程（例如荷兰）。很明显，爱尔兰贫穷的、半自给自足的农民并没有为工业制品提供一个非常强大的市场，但爱尔兰工业是可以进入英国的制造商市场的。为什么爱尔兰农业的落后成为工业化的阻碍，这不是一个简单的问题。

经济推理虽然不能充分解释为什么各国没有进行工业化，但它可以帮助我们厘清我们应该从何处入手研究。简单假设资本在没有资本市场的情况下积累，所有资本来源于之前几年产生的利润，积累的速度（rate of accumulation）等于资本利润率（rate of profit on capital）乘以再投资系数（reinvestment coefficient），再投资系数就是资本家将利润再投资到企业的意愿（Mokyr，1976a，1976b）。要找到影响资本积累速度的决定因素，就可以简化为研究影响利润率的因素（很大程度上是资本家们行为的外生因素），以及影响工业企业家储蓄行为的因素（注意，在这个模型中，资本家和企业家之间的区别没有影响）。

生产的主要成本是劳动力。爱尔兰的工资比英国低得多。凯恩（1845）直截了当地说："在这个国家可以用比几乎任何欧洲国家都低的价格获得劳力，（这）是众所周知的"。然而，至少在爱尔兰，劳动力成本和工资水平之间存在着相当大的差距。资本积累是由利润驱动的。如果其他条件不变，低工资通常意味着高利润，这可能导致更多的资本形成。这一差异有助于我们理解比利时和荷兰之间工业化水平的差距（Mokyr，1976a）。然而，如果在其他条件不相同的情况下，即使工资很低，利润也可能很低。爱尔兰和其他经济体的不同之处将在第 7 章中详细讨论。

因此，如果能够有充分的数据，低利润率将可以解释爱尔兰的工业失败。由于数据不足，我们很难对 19 世纪制造业的利润率做出太多说明。正因为这个确切的原因，我们必须采取一种间接的办法，将注意力放在研究生产成本上。此外，利润并不足以解释一切。利润的重要性在于，它们使资本积累成为可能，但并不是资本积累的唯一条件。企业家的行为也至关重要。如果资本家将利润挥霍于模仿贵族的生活方式，或为下一代买下一个公职岗位，或过度投资于政府证券，那他们永远无法实现资本积累。凯恩（1845）说："如果一个爱尔兰人没有将这些钱（利润）用于再投资，而是用于购买政府股票、买地，那他只能获得微小的回报，但与此同时，这份回报是不需要努力或智慧就可以得到的，同时也没有承担多少风险。"李（1969a）引用了一些酿酒商的例子，他们把自己的生意榨干，去购买地产或政府股票，并欣然地以为：从此自己的家人再也不用操劳于任何生意了，因为自己已经获得了资本。即使是非常成功的意大利企业家查尔斯·比安科尼（Charles Bianconi），他在饥荒前，一手建立起自己的驿站马车帝国，也是这种思想。有研究比安科尼的学者指出，"他是通过将利润再投资，才建立起了这样一个帝国。但是到了1864年，他几乎一度变成一个'地产大亨'，这是当时许多有钱商人的共同目标"（O'Neill，1973）。比尔科尼曾花费2.2万英镑买下了蒂珀雷里郡的一处地产。吉尼斯啤酒厂是另一个成功的企业，也因为将资金投资在其他地方，企业发展遭遇瓶颈。在1829年，亚瑟·吉尼斯写信给他的侄女，试图让她出售她所拥有的政府证券，因为公司急需资金周转。林奇和韦西（1960）指出，"购买证券"导致吉尼斯兄弟的事业在拿破仑战争之后就颓败了下去。吉尼斯家族在韦克斯福德和威克洛也拥有大片地产，毫无疑问，这些投资减缓了整个企业的扩张速度。

我没有掌握到有关这些爱尔兰企业家行为的详尽证据。但如果上述这些事情是真实的，那就意味着爱尔兰商人和制造商将大部分储蓄都撤出了现代行业。从纯粹的宏观经济角度来看，这些交易并不意味着这些储蓄就此消失了。他们将自己的储蓄用于买断入不敷出的濒临破产的地主的土地，这就意味着一些地主的负储蓄等于这些资产阶级的正储蓄。[19] 其他地主的正储蓄一般没有对这种资金流动造成影响，这使情况更加复杂。可以肯定的是，把利润花在非生产性目的上的制造商随处可见。因此，我们不得不面对这样一个问题：相较于英国、苏格兰或比利时的同等阶级的人，为什么一个爱尔兰资产阶级企业家倾向于将资金的更小比例再投资于他自己（或其他人）的企业。

第 5 章中关于暴乱的数据可能有助于回答这一问题。爱尔兰是一个政治局势不稳定、财产安全得不到保障的国家。尽管阶层之间的矛盾大多发生在农业领域，而不是制造业，而且对工业的冲击也很少见，但溢出效应却不容忽视。爱尔兰之所以被冠以"坏名声"，是因为农村地区的暴乱给该国经济的其他领域带来了额外影响。一个明显的影响是，外国资本被吓跑了，国内储蓄率的不足由此得不到额外补充。路易斯（G.C.Lewis）在 1836 年写道："爱尔兰财产安全无保障，无论这是真是假……这都阻碍了英国或苏格兰的资本家购买爱尔兰生产制造的产品，由此未能给爱尔兰的劳动力提供充足的工作岗位"（Great Britain，1836b）。此外，即使我们假定爱尔兰企业家承担风险的意愿不低于其他国家的企业家，如果生产项目的地点在爱尔兰，那么项目中固有的投资风险就会变得更大。如果人们的风险承受力是正态分布，即风险越低，投资就越多。风险更高的环境意味着对风险项目的投资会更少。此外，如果爱尔兰的利润率较低，那么再投资系数也会较低。对公司再投资的回报降低会导致企业家将更多的储蓄转移到其他资产（土地和政府债券）上，并且可能会减少储蓄。因此，低利润率和低再投资系数二者的协同效应会使资本累积速度更低。

注释

1　严格来讲，这一结论必须基于两个假设。一是劳动力供给曲线之间没有差异。然而，从某种意义上说，这一个假设有些不必要，如果一个国家的劳动力都比较追求享乐，那么这个国家的劳动力供给曲线就相对位于低位，那么劳动力收入也会低于传统水平。二是，这一结论还要求生产函数的规模收益不变。

6 资本

2 格拉达的结论是基于现代土壤图的，因此他无法判断1850年以来爱尔兰地区的土壤状况和人口下降趋势之间的关系。但尽管如此，格拉达发现的土壤质量差异还是解释了英爱两国人均农业产量差异的2.2%~2.3%。另外，亚瑟·杨格（1892）在16世纪末期提出，爱尔兰的土地本来就更肥沃。饥荒前夕，当时一位作家在《议会共报》(The Parliamentary Gazatteer) 上也发表了同样的观点。

3 以下的一些观点最初出现在Mokyr（1980）。在写完这一章后，我了解到弗兰克·吉尔里（Frank Geary）对这些观点进行了发展（参见Geary, 1981）。

4 现代地理学家弗里曼（1957）指出，罗伯特爵士在接受地理调查（The Geological Survey）时就曾指出，对爱尔兰煤炭资源持相当乐观的态度是毫无根据的。

5 由迪恩和科尔（Deane and Cole, 1969）计算出来的，假设家庭使用的全部燃料和一般性制造工厂使用的燃料的一半用于空间取暖和照明。

6 19世纪中叶，大约有280万英亩，或者说爱尔兰总面积的1/3，被泥炭沼泽覆盖。直到1920年，泥炭储存量仍然有40亿吨（是爱尔兰年燃料需求的250倍）。泥炭是手工挖掘的，所以它的价格是由劳动力工资水平决定的，饥荒前，爱尔兰的劳动力工资非常低。泥炭有一个弊端在于，挖出来之后会迅速变干，因此必须用东西遮盖刚挖出来的泥炭。虽然，几乎爱尔兰的每一个郡都能获取到充足的泥炭，但泥炭资源最丰富的地区往往集中在相对偏远的地方。在一些较发达的地区，早期对泥炭的使用已使许多地方的上等泥炭资源枯竭。结果，泥炭的大量运输开始在爱尔兰内普及，尽管平均运输距离都不是很大。

7 1840年前后，爱尔兰开采了铅矿和铜矿，但资源并不丰富，最终爱尔兰还是屈服于外国竞争（Kane, 1845; Great Britain, 1837-1838; Freeman, 1957）。

8 有关低地国家自筹资金重要性的一些证据，见Mokyr（1976a）。有关其他国家的参考资料，同以上资料来源。

9 主观时间偏好率为正值意味着，当消费者面临在阶段1和阶段2两个时段消费等量Q_1和Q_2的选择时，他们更愿意在较早的时段消费，而不是在较晚时段进行消费。这个速率是由一条无差异曲线与原点发出的一条倾斜角为45度的直线相交处的切线斜率来测量的。

10　由于肥料的缺乏，手头拮据的农民不得不试验几乎所有可以添加到土壤中的材料。一个极端的例子，可能是杜撰的，是农民试图使用盐作为肥料（Great Britain，1835d）。

11　布莱克尔的《通过引进绿色作物和家庭饲养对小型农场进行改良》在1834~1845年已经再版了六次。

12　"回本"周期相当于：

$$V = \sum_{j=1}^{4} \frac{R}{(1+j)} j$$

其中，V代表排水成本，R代表资本的边际生产率，i代表折现率，接下来计算R/V得到：

$$\frac{R}{V} = \frac{1}{\left[\sum_{j=1}^{4} \frac{1}{(1+i)} j\right]}$$

13　当时人们已经完全认识到了树木的价值。一位提倡植树的学者引用了一句苏格兰谚语："乔克，要坚持种树：你睡觉的时候它就在生长"（Freeman，1957）。Trimmer（1809）也强烈主张培育树木。

14　奥布莱恩（1921）对这些优柔寡断的政策进行了总结。

15　德文郡委员会的专员们在报告附录95中做了一项有趣的计算（Great Britain，1845）。他们问，要开垦多少土地才能使每个爱尔兰农户都拥有一个不小于一定最小规模的农场。拥有不足8英亩规模农场的家庭有326084户。为了使这些农户拥有的土地都达到8英亩，专员们估计，将需要开垦1538944英亩土地，这只比可改良耕作的土地面积多11万英亩，约占可改良土地总面积的41%。

16　迪克逊（Dickson，1978）将爱尔兰棉花工业的衰落归因于爱尔兰与英国以外的其他国家的贸易失败，煤炭的缺乏，以及英国制造商由于工业集中和起步较早而享有的外部经济。不列颠群岛以外市场的丧失无疑是爱尔兰工业落后的结果，而不是原因。煤的缺乏也是次要的。外部经济是比较难解释的，而最近这已经成为奥马利（O'Malley, 1981）提出的一个核心论点。奥马利的观点与受弗朗索瓦·佩鲁（Francois Perroux）著作启发的"临界质量"经济增长理论密切相关。无论这些模型是否具有普遍的有效性，它们对饥荒前爱尔兰的适用性都令人怀疑，原因有三。首先，迪克逊和奥马利都没有提供任何证据，证明这种外部经济和"先行者的优势"确实存在。这些证据必须证明"干中学效应"（learning by doing effects）、规模经济和企业间外部性都是存在的。其次，即使存在企业间溢出效应（interfirm spillover effects），也必须证明这些优势不能从其他地区获得；换句话说，为什么外部性不能直接从苏格兰和英格兰"溢出"？最后，这一论点不能解释其他工业化起步较晚的地区是如何克服其婴儿期的困难（infancy disease）的，而阿尔斯特棉工业早期起步时显然困难重重。

17 马歇尔·霍尔（Mullhall）的数据相对较高的一个可能原因是，在从租金流中得出住房存量的价值时，他使用的系数为 18，这个转换系数似乎过高。然而，马歇尔·霍尔的数据得到了范斯坦（Feinstein, 1978）的支持，他估计 1830 年英国的住宅价值为 3.9 亿英镑（按 1851~1860 年的物价计算），以 1841 年物价计算，该住宅价值约为 3.7 亿英镑，约为人均 22.7 英镑。虽然这些计算是粗略的，但爱尔兰和英国之间的差异如此之大，以至于这个结论很可能经得起任何可以想象的修改。

18 在玛丽亚·埃奇沃斯（Maria Edgeworth）的小说《拉克伦城堡》（Castle Rackrent）中，默塔赫·拉克伦爵士（Sir Murtagh Rackrent）吹嘘说，"字母表里的每一个字母都有他的官司：在 49 件诉讼案件中，他只输过 17 件；其余的他至少都赢回了诉讼费，有时赔偿金是成本的两倍，有时是三倍——但即使这样也没有得到任何回报"（Edgeworth, 1964）。

19 1849 年后爱尔兰土地市场的精简对饥荒后的工业化产生了负面影响，这是合理的，因为它使资产阶级更容易购买农村地产。因此，花在房地产上的大部分钱，几乎很少会被用于购买工商业的固定资本和设备。

7 人的因素：
地主与土地劳动者

（一）爱尔兰地主

从表面上看，爱尔兰地主和英国地主没什么两样。他们在生活方式、风俗习惯、语言、宗教甚至意识形态上，都一定程度上借鉴了英国贵族的生活方式。然而，在当代学者称赞英国地主是经济进步和技术创新的推动者时，爱尔兰的地主们却遭到了蔑视与嘲笑。博蒙特在1839年写道，"爱尔兰遭遇的所有苦难一直都因为一个主要的原因——糟糕的贵族。无论爱尔兰贵族多么富有，他们都不会替国家分忧……它只不过是一种祸害和令人讨厌的东西，应该尽快清除"（Beaumont，1839）。这些话确实很有力，它表达出了同时代的其他作家的诉求。19世纪，爱尔兰政治经济日益面临的困境是，私有财产不可侵犯的神圣性似乎与国家的福祉发生了冲突。拥有土地所有权的地主没有充分利用土地，至少看起来是这样的。这种冲突是经济研究的焦点，在饥荒过后被称为"爱尔兰难题"（Irish Question），但是这一问题在有关饥荒前爱尔兰经济的讨论中也占有重要地位。

在对爱尔兰地主发起的多件控诉中，最常见的控诉是"地主缺位"（absenteeism）[①]。几乎每一本描写爱尔兰经济和社会困难的书都对地主的这一行为进行了严厉的批评。当时有人用"最坏不过地主缺位"（les absents ont toujours tort）（Black 引用，1960）精简概括了这个问题的严重性。梅森编辑的《统计账目》（*Statistical Accounts*）载有对来自多尼哥、韦斯特米斯和科克等不同地区的对地主缺位的谴责（Mason，1814-1919）。其他作家，霍尔与霍尔（1825-1840）、福斯特（1847）、皮姆（1848）和比奇诺（Becheno，1830），都认为地主的缺位是爱尔兰经济落后的祸根。

然而，事情比这些还要复杂得多。亚瑟·杨格（1892）指出，几乎任何

[①] 在本章中，"地主缺位"指本该居住在爱尔兰的地主另在别国定居的现象。

国家都存在"把一部分租金寄给居住他地的地主的糟糕现象……"韦克菲尔德（1812）察觉到，"缺位"一词模棱两可，具有误导性，因为许多地主夏天都在自己的土地上度过，如果不是在自己的土地上居住，就是住在附近。另一些人则坚持认为，缺位不是问题的原因，真正的原因是影响更为深远的爱尔兰社会的病症。博蒙特（1839）总结了这一观点："爱尔兰贵族不应该因为缺位被谴责为最坏的阶级；正是因为爱尔兰太糟糕了，他们才总是缺位。"一些现代历史学家，如卡伦（1981），甚至认为缺位问题被夸大了，地主其实是"主要的"居民。

地主缺位有宏观经济和微观经济两方面的原因。这句话可不是陈词滥调。对地主的一项持续不断的指控是，他们把资源从爱尔兰抽走，从而在他们居住的地区创造就业，而爱尔兰的失业问题却一发不可收拾。这种流失难以被准确量化：杨格（1892）估计，这部分缺位地主得到的租金为73.2万英镑。加上社会福利、利息和其他所得，他估计每年从爱尔兰抽走的资金达到了100万英镑，这最多相当于每年总租金收入的20%。议会委员会在1804年估计，这类地主每年转移走的资金达到200万英镑，但韦克菲尔德（1812）认为实际数字还要更高。随着年代的推移，这个数字显然更加不适用。然而，对于我们的研究目的而言，得到这个确切的数字是次要的。对于一个莱特林农民来说，他的地主是住在伦敦、巴黎还是都柏林都无关紧要。即便这位地主就住在当地，他的消费组合（consumption bundle）也可能包含非常多的舶来品。

此外，从纯粹的宏观经济角度来看，地主的居住地与国家经济发展无关。麦克库洛赫向特别委员会（Select Committee）发表了一篇著名的（也可以说是臭名昭著的，取决于个人观点）文章（Great Britain，1825b），他在文中指出，地主将他收来的租金花在什么地方并不影响爱尔兰经济。这种观点的经济理论基础并不像布莱克尔（1960）基于公认的经典学说——"工业发展受资本限制"——所认为的那样。这一观点完全基于国际收支理论。从长期（甚至中期）来看，任何经济体都不可能出现持续的赤字，否则，价格—商品—货币流动机制或其他国际贸易调整机制将导致爱尔兰的出口与爱尔兰地主从海外购得的进口品相匹配。因此，布莱克尔（1960）对麦克库洛赫的攻击似乎没有抓住重点。麦克库洛赫对地主缺位的"辩解"并非无效，他只是站错了立场。地主缺位对经济的影响并非宏观上的，而是微观上的。麦卡洛克和其他政治经济学家之间关于地主缺位对宏观经济影响的讨论并没有涉及这种现象造成的真正代价。布莱克尔表示在一个遭受凯恩斯就业不足（Keynesian Underemployment）的经济体中，地主缺位减少了劳动力总需求。暂不讨论爱尔兰的失业问题本质上是否可以且应该被视为"凯恩斯主义"（下文讨论），但是，将爱尔兰失业归咎于缺位的爱尔兰地主，很显然，这样的逻辑也犯了"以邻为壑"（beggar the neighbor）之类的错误：错误地认为进口商品是为外国人提供就业，进口替代品才是为国内工人提供就业。

地主缺位的微观经济效应比宏观经济效应更具说服力。缺位给社会造成的损失，与其说是在不该的地方消费了不该消费的商品，还不如说是导致了爱尔兰创业失败（entrepreneurial failure）。[1]

这一点可以通过回忆我们在第4章和第6章中提及的简单生产模型来阐明。在这些模型中，农业产出被假定是有关三种投入的函数：土地、劳动力和资本。简单的静态比较可以突出可变因子（资本）的作用，但这种分析事先假定了每个人都能获得最好的技术，并充分意识到他所能获得的所有投资机会的信息。因此，它掩盖了企业家在经济发展中的一个关键作用：收集、吸收、处理和传播有关更优生产方法的信息。资本和有效地利用资本的知识是高度互补的投入。与我同时代的学者，布莱克尔和凯恩，经常讨论缺乏资本和缺乏知识的问题。在缺乏技术诀窍的情况下，第6章所述的机会毫无意义。

虽然人们可能不太清楚地知道一些机会的潜在，但要实际利用这些机会，就需要专门的知识技能，甚至需要适合特定地区的特殊地形、气候和地质条件的专门的知识和技术。正是这种知识的缓慢传播阻碍了农业部门的快速进步。

虽然农业在某些方面是一个高度竞争的行业，但该领域的企业家采用新技术的实际速度通常比工业或运输行业慢得多。毕竟，农业与工业和运输业的关键区别在于，不存在任何农业技术是可以通用的。为了解释这一点，拿制造业来举例。假设一两个工业企业家开始使用一种新技术。如果其他人不效仿，那么这一两个企业家的成功就是建立在其他企业家放弃采用这种新技术可以带来的利益之上的，这一两个采用新技术的企业家将最终接管这个行业。因此，在非农业领域，认为创业失败是造成行业失败的原因的论点是站不住脚的。每次这一论点被提出时，都不可避免地要经历一轮拷问：如果该地区的企业家太无能而不能采用新技术，为什么其他人不能取代这些企业家（从而继续推动行业进步）？工业技术是不需要考虑地域因素的。如果一个技术人员可以在曼彻斯特造出一辆越野车，他就可以在根特或波塔克特也造出一辆。一艘可以通过哈德逊河的蒸汽船，一定也可以通过易北河或香农河。相比之下，在农业方面，信息成本要高得多，因为它们需要因地制宜，而且在不停地变化。新技术一般不能由外人引进或强加进来。本地的企业家必须愿意学习新的技术，并冒险尝试它。而且，由于土地这个固定要素的存在，成功的企业家变得并不总能够替代失败的企业家，有时还会出现劣币驱逐良币的现象。

首先，我们来看看非农业部门。企业家在竞争激烈的市场上购买劳动力、资本和生产资料。如果一位企业家比其他人更有效率，他就能比其他效率低的竞争对手更快地积累资本。如果资本市场运行良好，效率高的人赶走效率低的生产者的这一过程将会更快，因为成功的企业家可以用未来更高的利润作为抵押贷款，从而获得更多的资本。如果他的竞争对手不采用先进的技术，最终他将以更低的产品价格和更高的薪酬把他的竞争对手一一赶出市场。从理论上讲，在农业领域，也存在如上所述的类似过程，如果纯粹是为了获取更多的利润（而不是为了社会声望）持有土地，并且土地市场没有交易成本，那么效率更高的地主就会买下效率较低的地主的土地。然而，众所周知，爱尔兰的土地市场效率低下。由于继承权、家庭财产分配、遗赠和一些其他因素的存在，地主们很难变卖他们的财产。更因为操作困难的烦琐的法律制度，土地市场变得更为复杂。因为法律没有规定对土地实行集中登记制度。登记员分布在不同的法庭，因此对土地进行估值是一个非常昂贵且耗时的过程。据报道，土地产权查询需要15年甚至更长时间。就爱尔兰农村经济而言，一些经济学家认为土地最终将集中在那些最有能力利用好它们的人手中，但这一观点似乎不可信。一些地主在改良他们的地产，而另一些则没有；但改良土地的地主最后却没能够获得更多的土地。

地主缺位的主要影响为地主创业失败，而不是对总需求造成的潜在影响。当代作家乔治·刘易斯·史密斯（George Lewis Smyth，1844-1849）写道：

> 在爱尔兰，我们不仅要耕种土地，还要教化农民；处于这样一个较高的社会等级上，我们必须改变地主的属性，而这并不是一项轻松的工作。到目前为止，他所学到的许多东西，以及他所采取的行动，有些是应该的，有些是不应该的。他们中有太多的人明显地忽视了他们与其他社会成员之间的关系。他们中的一些人明明只有很少的土地，却也不努力改善自己的生活条件，这显然使他们的处境进一步恶化。他们中的大多数把自己看作独立的乡村绅士，蔑视商业追求……这样的人注定贫穷。

地主缺位与地主开展业务的能力密切相关。当然，对于一个有上进心且能力强的地主来说，是否住在爱尔兰本土并不影响他履行相应的责任。有一些例子表明，居住在当地的地主在经营土地方面完全没有效果，也有一些不居住在本土的地主雇用了精力充沛和消息灵通的代理人来经营土地。这样的例子也并没有推翻地主缺位与爱尔兰农业落后之间的关联，也不能据此认为爱尔兰的土地所有制结构、地主与佃户之间的关系本质上不是造成爱尔兰贫穷的重要因素。因此，我们首先要做的是，更加详细地阐述地主缺位的本质。济贫法调查专员再一次向我们提供了必要的数据资料。附录 F 中的问题 33，具体询问了被调查者所在地区的地主通常是缺位的还是居住在本地，如果移居他地，住所在哪里。有 1546 份有效回答，但数据呈现的结果并不直观，因为我们尚不清楚这些答案背后的地主实际占有土地的权重比例是多少。就好比，一个缺位的大地主拥有某一地区 3/4 的土地、剩余的土地由十多名住在当地的地主瓜分的情况下，答案就变成了"大多数地主都是住在当地的"。被调查者不大可能在他们的回答中暗示某种比例，尽管这种可能性可能存在。未加权的指数也是有用的，因为在一定程度上，一个进行土改的地主为他的邻居们打了样，邻居的绝对数量就像地主所占有的土地数量一样重要。

这份调查的结果介于 0（地主都不在本土居住）和 3（大多数地主在本土居住）之间。因此，分数值越低，地主缺位问题就越严重。有三个县的情况非常严重：伦敦德里（0.62）、莱特里姆和朗福德（0.65）。分数值最高的分别是韦斯特米斯和基尔代尔（1.77）。各省的数据汇总见表 7-1。该表显示，全国的地主缺位现象相当平均，莱因斯特的情况相对严重一些。该指数的标准差是 0.33，仅为平均值的 25%。

表 7-1 地主在位指数

省份	受访者人数	平均得分
阿尔斯特	540	1.24
伦斯特	444	1.45
明斯特	404	1.29
康诺特	158	1.25
合计	1546	1.32

资料来源：原始数据来自 Great Britain（1835d）。

地主缺位现象之所以如此普遍，原因之一是地主缺位的形式多种多样。塞席尔（Cecil Woodham-Smith）在他的《原因》(1958)一书中对其中一种形式进行了描述：贵族、议会委员和英国军队的军官是地主阶级的重要组成部分，他们中的大多数看待自己所拥有的地产，就如同出租土地的地主看待自己的土地一样，完全不像一个企业家看待自己一手经营的公司那样。但这种形式不是最常见的。例如，伦敦的企业在阿尔斯特拥有大量地产，特别是在伦敦德里和多尼哥郡。仅在伦敦德里，鱼贩、杂货商和服装老板就拥有约79000英亩土地，占全县总面积的15%（Robinson, 1962）。严格来说，这些企业都应该被视为缺位。相当多的土地归柏林三一学院（Trinity College）所有：1843年三一学院拥有19.5万英亩土地，约占爱尔兰总面积的1%，其中包括阿尔马郡总土地面积的7%，凯里郡的6.4%，以及多尼哥郡的5.3%。学院的教务长凭借职权，还额外拥有3.5万英亩土地，这3.5万英亩几乎全是戈尔韦郡的土地（Carney, 1975）。也许地主缺位的最普遍的原因是，许多居住在爱尔兰的地主的庄园分散在各处，所以他们不可能做到同时居处在多处。许多爱尔兰地主碰巧在英国也拥有大片地产，正如马尔科姆森（Malcomson, 1974）所指出的那样，他们中的许多人倾向于购买爱尔兰之外的地产。即便如此，最主要的缺位者就是马尔科姆森所说的"内部缺位者"（internal absentee）。马尔科姆森（1974）提供了一长串这样的缺位者名单。利特里姆就是一个典型的例子：虽然它是爱尔兰最贫困的县之一，除了贝斯堡勋爵（当地的大地主）之外，其他所有地主似乎都住在爱尔兰的其他地方。

马尔科姆森的这篇有说服力的文章得到了济贫法委员会的证实。最初提出的问题是，如果地主没有住在当地，那他住在哪里。有三个基本地点可供选择："爱尔兰"、"英格兰"和"其他地方"。一些被调查者的回答中包含两个到三个地点（例如，有些在英格兰，有些在爱尔兰）。如果我们用 R 代表表 7-1 中的在位指数（redidency index），令 i（$i=I, E, C$）表示爱尔兰地主是否居住在爱尔兰、英格兰或其他地方。然后，如果地主居住在 i 地，令 $W_i=1$，如果地主居住在多个地方，则另 $W_i=1/n$。于是，定义如下指数：

$$A_i = W_i(3-R)$$

例如，如果被调查者说，在他所在的地区，几乎没有地主居住在本地（那么在位指数即为 1），如果被调查者回答说，地主住在爱尔兰，那么对于这个调查者而言，$A_I=2$，$A_E=0$，$A_C=0$。但如果被调查者回答说，"一些地主居住在当地，另一些居住在别的地方"，那么在位指数 $R=2$，同时，如果地主既有住在英格兰的，也有住在法国的，那么 $A_I=0$，$A_E=0.5$，$A_C=0.5$。表 7-2 中的数据根据济贫法委员会提供的数据，以百分比的形式呈现了各地区缺位的地主倾向的住处。

表 7-2 缺位地主的居住地分布（加权结果）

省份	定居爱尔兰	定居英格兰	其他	合计
阿尔斯特	62.6	35.2	2.3	100
伦斯特	67.6	27.2	5.3	100
明斯特	63.4	33.9	2.8	100
康诺特	73.4	22.8	3.9	100
合计	65.3	31.3	3.4	100

资料来源：原始数据来自 Great Britain（1835d）。

表 7-2 的数据表明，大多数爱尔兰缺位地主居住在爱尔兰境内，只有大约 1/3 的人住在国外。并且，后者的租金收入占总租金收入的 1/3 以上。很明显，有一些县的数据表现非常突出。例如，在伦敦德里，只有 38.6% 的地主居住在爱尔兰境内，而 58.7% 的地主居住在英格兰。安特里姆的情况也非常类似（分别为 44.1% 和 55.0%）。在凯里、莫纳汉和朗福德，几乎一半的被调查者表示当地的地主住在国外。而在利特里姆，83% 的缺位地主生活在爱尔兰境内。与此同时，弗马纳、皇后郡和都柏林的同一比例分别为 89%、70% 和 84%。

地主缺位的代价是高昂的，因为它使地主和佃户之间无法进行合作努力，而这种合作农业进步是至关重要的。当意外情况发生时，租赁协议往往需要调整和重新签订（Reid, 1976）。在佃农制下，这种变更是很常见的，但在爱尔兰，这样的事情就好像从未发生过一样。原因是，如果地主不在当地，或地主的代理人也不在当地，一切就无从谈起。此外，爱尔兰特殊的作物混合种植现象也可能是导致协议无法根据特殊情况变更的因素。在爱尔兰，土豆是小型佃户的主要收入来源，而经济作物的收入则被地主和其他债主拿了去（Mokyr, 1981b）。事实上，地主不缺位的最显著的优点之一是，增加了合同安排的灵活性。克莱尔县的一位居民（Great Britain, 1836b）表示，在经济不景气的年份，居住在当地的地主更倾向于减免租金。因为这样的地主很容易看清眼下的经济状况，也很容易捕捉当下的风险。

此外，如果地主住在本地，且对农业生产非常上心，那么他在传播农业生产信息方面就可以发挥重要的作用。当一项新技术可行时，接收和评估这一信息是有成本的。试验、选择和演示最适合本土的新技术也需要成本。这种信息主要是通过效仿来传播的。地主缺位地区的农民生产效率相对较低，因为没有人"打样"。此外，在投资方面，地主也扮演着很重要的角色：要么直接在土地上投入资金，要么帮助佃户进行改良。鉴于大多数佃农都非常贫困，土地经营的好坏就在很大程度上取决于地主的鼓励了。此外，必须有人监督和协调新技术的实施，不断更新信息，并在短时间内为佃户提供技术指导。同样重要的是，地主还要能够安抚佃户的情绪，尤其当发明新的生产技术和提出耕作方式时，佃户的抵触是不可避免的，这时就需要地主从中调解了。

爱尔兰地主阶级的失败只能在比较中凸显。在此，我不会对比爱尔兰和英国地主之间的相对优势。绝大部分18世纪和19世纪研究英国农业经济史的权威专家，都认为地主是举足轻重的。尽管，像恩勒勋爵（Lord Ernle）等作家可能过于美化了地主的形象。例如，琼斯（Jones，1974）强调，地主在激励佃户进行生产性投资方面发挥了作用。明格（Mingay，1963）表示，真正的创新只是少数特立独行的先驱者带来的，地主阶级仍然相当保守。18世纪，地主阶级的主要职能是"创造条件，使改良后的农场得以发展……提供固定资本和创造有利的环境，以便采用更好的耕作方式"（Mingay，1963）。在18世纪后半叶和19世纪上半叶，地主及其代理人在促进农业高产方面发挥着越来越大的作用。钱伯斯和明格（Chambers and Mingay，1966）的结论是，"尽管有许多错误和缺点，爱尔兰地主的确借鉴了英国农业，并成功应对了城镇化所带来的日益膨胀的经济需求"。地主的代理人、管家在这一转变中发挥了重要作用，但是地主阶级并没有被动地依赖他们的代理人和佃户，而是经常主动鼓励技术变革和提升经济效率（Thompson，1963）。

琼斯（Jones，1981）指出，那些关心畜牧业发展和管理方法的热爱创新的地主推动了经济进步。由于他们有系统解决问题的能力，也有获得重大信息的渠道，他们"很擅长寻求生产要素的更优组合"，这意味着他们擅长在特定地形和生态环境下找到最佳的耕作方式。在欧洲大陆，就19世纪上半叶农业的进步程度而言，地主的作用同样重要。例如，捷克农业的持续发展是由富有创新精神的波西米亚地主实现的（Milward and Saul，1977）。

7 人的因素：地主与土地劳动者

在爱尔兰，地主的总体表现令人失望。原因不单单是地主缺位现象，还有其他因素。爱尔兰地主没有积极参与农业生产过程。德文郡委员会的报告中指出，"众所周知，爱尔兰的地主一贯是既不建造住宅，也不建造农场库房的，更不用说架起篱笆等了"（Kennedy，1847）。诸如排水、挖深沟、施肥这样的农业活动，他们也不会干的。

很难对爱尔兰地主这种缺乏经济头脑的行为做出解释。即便是那些对农业生产上心的地主，他们似乎也不顾爱尔兰的客观环境，因此几乎没有产生任何积极的效应。当时有人写道："我们伟大的农业地主和代理人们已经彻底迷失了，他们沉浸于自己所拥有的牛犊以及他们在100英亩土地上所做出的这点成绩……完全忽略了在自己的小领域之外还存在着一万、五万甚至十万英亩的土地"（Kennedy，1835；Wiggins，1844）。《议会公报》（1846）引用了麦克库洛赫的话：地主住宅的周边满是精心培育的花园和公园，而在此以外的其他地区满是荒凉和不起眼的景色，这一切形成了鲜明的对比（McCulloch，1854）。《议会公报》补充说，在不列颠，没有其他地方能看到如此明显的差异。

然而，不管地主能力多么低下，地主居住在本地是很重要的。原因是，改良措施通常是由佃户提出的，居住在本地的房东通常对当地的环境更为熟悉，因此更能分辨出佃户做法的好坏（Thompson，1802）。有时候，居住在本地的地主也帮助建立了辅助农业活动的基础设施，从而为农业的发展创造了积极的外部条件。卡莱登勋爵是阿尔马郡的一位乡绅，他以2万英镑的价格建造了两座面粉厂，并以阿尔马的市场价格向佃户购买粮食（Inglis，1835）。地主们还主动取消了毫无效率可言的露地耕作制（open field systems）。一个著名的例子是，1838年乔治·希尔勋爵（Lord Geroge）在多尼哥将大约50个分散的地块重新分配成6个相邻的地块。按照希尔的说法，这种改组"面临着非常多的困难，因为有许多佃户非常厌恶任何改变，但我

- 277 -

充分考虑到了每个人的情况,因此没有任何人(的利益)受到伤害或损失"(Great Britain,1845a)。所有人都认为,地主有很多可以直接干预农业生产的机会。但那时的大多数平民和作家都认同爱尔兰的一句谚语:"主人的眼睛紧盯着骏马(言外之意,爱尔兰地主普遍不作为)"(Great Britain,1836b)。

爱尔兰地主的地产管理问题与规模经济相关。饥荒前爱尔兰的历史揭示了一个悖论:一方面,一些进步的地主及其代理人坚持不懈地试图将农场合并成更大的单位;另一方面,没有明确的迹象表明在爱尔兰的农业中存在规模经济。布莱克尔(1834)和克劳福德(1850)等人强调小型农场的可行性和效率。济贫法调查组在调查土地合并时发现,小农场和大农场的产量没有差别(Great Britain,1836b)。即便大农场有更大的产出,也是因为大农场可以获得足够数量的肥料,这基本上是第6章所讨论过的话题。

这个悖论如何才能调和呢?某种程度上,畜牧业的规模经济属性有助于调和这一问题。要将耕地变为牧场,必然要整合土地。德文郡的18个被调查者表示,土地整合增加了就业(Great Britain,1845a)。在耕作农业中也存在一些规模经济,但它们在本质上与其说是技术上的,不如说是管理上的规模经济。有人向德文郡委员会表示,在有着许多佃农的小农场里,庄园需要的是一种地主和其代理人都无法提供的管理(Great Britain,1845a)。在收租和执行合同条款方面肯定存在规模经济。传播信息的这一职能包括一部分固定成本,这意味着信息传播管理也存在规模效应。福斯特(1847)指出,农场最需要的就是用新技术使粮食作物与绿色作物可以一起轮作。但他补充说,这些农场的规模必须要大:佃农们需要被引导、带领,需要管理和纪律,这一切只有在他们定期被大规模农场雇用的情况下才能实现。

爱尔兰地主无法在管理和商业经营上提供帮助。布莱科尔,在为有绿色经济作物和牲畜的小农场提供意见时,认识到他的计划成功的关键在于"每一块土地都需要有经验丰富的农学家指导,他们的职责就是日复一日地巡视一个又一个农场，并告诉地主他的耕作方式有何欠缺，应该如何提高……他们还应该在必要时出借石灰粉、鸟粪或其他肥料，种子，甚至是钱"（Blacker，1846）。19世纪40年代，即使是在其他国家，也难以建立起这样的专家团队，更不用说在爱尔兰了。《德文郡委员会文摘》同意布莱科尔的提议，他们认为这种农业专家是极具价值的，他们能够"纠正反对引入新农业模式的偏见"（Kennedy，1847）。但这类专家的数量严重不足。爱尔兰有13所与国家教育委员会有联系的农业学校，总共有360名"走读生"和另外29名寄宿生。然而，这13所学校不全教授专门的农业知识：拉恩县（安特里姆郡）的一所学校每周只教4个小时，而且只有大约一半的学生每周接受超过20个小时的教学。1843年，坦普莱尔的农业神学院招收了70名学生（Kennedy，1847）。学生大多来自富裕的农民和乡绅家庭。这些学校不可避免地忽视了小农的教育需求（Kennedy，1835）。有人向济贫法委员会表示，农业学校和示范农场的建立，"造福了每一个阶级"，并称，目前，没有任何一个地主鼓励佃农去提高农业技术或亲自去提升生产技术（Great Britain，1836b）。达顿（Dutton，1824）写道，戈尔韦的地主对当地的农业落后负有责任，因为他们没有建立起农业社会。似乎"上心的地主"和农业专家是彼此最好的替代品，前者的相对缺少表现在对后者的热烈需求上。当代学者认为，地主对农业技术改良负有责任，如果他们不能或不愿履行这一职能，他们至少应该提供一种替代品。

在没有布莱科尔所建议的这种农业专家团队的情况下，地主们可以通过整合农场来拓展现有的专业知识。整合意味着地主可以实现规模经济，即不用支付指导和监督的费用，就能克服信息不完善和信息成本高昂等问题。此外，他使得地主能够甄别出效率低下的农民，并把土地集中到那些最有能力运用好农业技术的农民手中。显然，这些想法是土地整合的主要动机，但是，正如我们在第5章中所看到的，土地整合招致了强烈的抵抗。爱尔兰农村的

- 279 -

悲剧在于，这些主张土地整合的地主往往让自己与佃户的关系一度恶化。

因此，地主缺位是爱尔兰地主创业失败的一个原因，但绝不是全部原因。这些地主——不管移居他地是出于无奈还是主动选择——可以弥补这种缺位后果的一种方法是，雇用有能力的常驻代理人和管家，让他们代理自己的角色。在爱尔兰，这一方法的具体实践各不相同。毫无疑问，能力超群的代理人不在少数，威廉·布莱克尔就是最典型的代表。还有布尔克上尉（Lieutenant-General Bourke）提过的利默里克郡的代理人（Great Britain, 1845a；W.H.H.Beecher, 1845）。或唐郡勋爵雇用的一些代理人（Maguire, 1972）。威金斯（Wiggins, 1844）认为，代理人的管理水平总体要高于地主自身。但总体而言，代理人还是不能完全取代地主。通常情况下，代理人自己就是一个缺位者，要么是都柏林的律师或专业的收租员，在一个又一个庄园里奔波，来履行他的职责。这样的代理人受到广泛谴责，人们向德文郡委员会强调，代理人没有能够充分履行他们的职责。《德文郡委员会文摘》将收集到的证据归纳如下：几乎所有证人都一致认为代理人的职责是广泛且重要的；但是，绝大多数人认为，收租才是他们的主要职责，同时，许多人认为收租可能是代理人唯一履行的义务（Kennedy, 1847）。30 年前，韦克菲尔德（1812）也发表过类似的看法。也许，到了 19 世纪上半叶，代理人的这一问题有所改善。例如，马圭尔（1972）谈到了"代理人渐长的专业性"。但是，从整个情况来看，毫无疑问，1841 年自称为"土地管家"或"土地代理人"的 5000 人仍然不能取代地主在农村经济中的职能。即便代理人的整体素质是合格的，最终的控制权也必须掌握在地主手中，任何变更首先必须经过地主同意，在大不列颠就是这样。马圭尔（1972）的结论是，在土地的开发和改良中，地主是一个不可替代的角色。马圭尔所研究的地主在挑选代理人时异常谨慎。布莱克尔的严厉批评适用于大多数缺位的爱尔兰地主：

> 大多数情况下，爱尔兰的地主阶级所遭遇的尴尬，都源于代理人的选择不够谨慎。由于太追求享乐而无暇顾及经营上的细节，那些有钱人会不厌其烦地挑选合适的人来替自己经营打理……但事实似乎恰恰相反；直到最近几年……地主反而老是挑到那些能力不合格的代理人（Blacker, 1834）。

19世纪后期，当爱尔兰代理人的素质有了很大的提升时，英国的代理人素质仍然远超爱尔兰的同行，特别是在"真正了解农民的一般性问题方面"（Donnelly, 1975; F. M. L.Thompson's Introduction to Greig, 1976）。

通过地主和代理人密切合作，英国土地的管理总体上比爱尔兰更有效率，那么为什么训练有素、经验丰富的英国代理人不向爱尔兰地主提供服务呢？人们只能猜测，在供应方面，地主和佃户之间充满冲突，而且往往是暴力冲突，使得对英国代理人来说，爱尔兰是一个没有吸引力的市场。在需求方面，很可能许多爱尔兰地主对于这种事并不上心，他们甚至没有意识到通过雇用更有能力的代理人可以获得更多的收益。当然，也有一些像威廉·格雷格（Greig, 1976）这样的英国代理人在爱尔兰开展业务。30年来，英国人约翰·威金斯每年都到爱尔兰去打理他所管理的庄园。然而，很明显，威金斯自身就是一个缺位的土地代理人，实际上他并不住在这个庄园里。威金斯据自己的印象，把爱尔兰农业落后的原因完全归咎于管理无能的爱尔兰地主（Wiggins, 1844）。

罗宾逊（Robinson, 1962）有关英国公司在伦敦德里的地产研究，提供了一个有趣且有意义的案例。伦敦公司，像许多爱尔兰地主一样，在19世纪10年代末，就不再聘请代理人，改为直接管理他们的地产。与其他缺位的爱尔兰地主相比，伦敦公司的表现显然是最好的。它设立了负责管理地产的爱尔兰特别财产委员会，这些委员会的成员经常前往爱尔兰。但是日常管理仍然由居住在当地的代理人承担，他们被要求居住在那里，亲自监督所有的改良项目，并检查每一块土地（Robinson，1962）。当时的人，如英格利斯（1835）和福斯特（1847）都认为，伦敦公司是其他所有地主的好榜样。

尽管伦敦公司的意图很好，但它在伦敦德里推行的更先进的农业生产方式并不十分成功。罗宾逊（Robinson，1962）坚持认为，他们的失败不是由于缺位，而是由于他们的常驻代理人效率不高。但她所提供的证据难以支撑她的论点：也就是说，没有证据表明伦敦公司存在缺位现象。这与罗宾逊自己的说法正好相反，罗宾逊自己曾说过，伦敦公司在很大程度上依赖代理人提供有关其地产的所有信息，而地主的缺位阻断了佃户与他们取得直接联系。至少，伦敦公司推行新法不成与缺位是否无关，这有待商榷，但罗宾逊的结论基础就是二者无关，她说，"如果在19世纪普遍存在着更好的地主阶级，那么租佃制就不会如此兴盛了"（Robinson，1962）。例如，罗宾逊（1962）指出，要提高小农场的生产效率，需要大量投资——预计每英亩至少需要1先令2便士，这相当于伦敦公司在1820~1870年这50年间每年投资在每英亩土地上的数额。他们自己认为，这让人失望的结果是由一个原因造成的：农场的规模太小，并且他们无法将这些小农场进行整合。正如我们所看到的，这种规模经济本身就是缺位所造成的。伦敦公司在改良其地产方面没有取得成功的另一个原因是，他们未能认识到，农业改善需要大量的支出，而不是对小项目的零敲碎打和逐步投资。也有证据表明，他们总是投资于低优先级的项目。他们把大把的钱花在街道、教堂、学校和住房上，却没有为农业做什么贡献（Wiggins，1844）。因此，在这种情况下，他们所得的回报率似乎总是低于其他活跃的、积极的且居住在当地的地主所获得的回报率。

总而言之，困扰爱尔兰农业的问题不是像博蒙特所说的，有太多不该存在的糟糕的地主，而是（如皮姆等人所说的）地主太"少"了（Pim，

7 人的因素：地主与土地劳动者

1848）。人们普遍认为，地主有管理的责任，但是大多数地主都没能履行这一责任，并且这一空缺从未得到真正的弥补。爱尔兰地主赢得了一个名声，那就是懒惰，不顾后果地挥霍无度，缺乏商业头脑，他们中的许多人缺乏积累资本和改良技术的意识（Scrope，1848）。地主缺位毫无疑问是一个重要的影响因素，但爱尔兰并非生来如此。诚然，由于土地的分散，缺位在某种程度上是不可避免的，但这并不足以解释这一现象。例如，伊利伯爵在韦克斯福德郡和弗马纳郡拥有两个相隔甚远的庄园，用马尔科姆森（1974）的话来说，"对缺位的妥协就是不居住在任何一个地方"。显然，对于地主阶层而言，爱尔兰农村只是一个不甚惬意的居住地。其中的原因并不在于农村生活质量的本身，而在于那儿得不到安全保障，18世纪末19世纪初都是缺乏安全保障的（Great Britian，1825c）。这种动荡不安的社会环境也抑制了居民改善生活的积极性，同时还增加了投资风险。爱尔兰的许多地主（虽然不是所有地主），对他们的佃户是完全陌生的，他们之间存在着文化、政治和宗教的巨大差异。地主被这些无产阶级视为篡夺者，而地主也可能反过来将这些无产阶级视为潜在的篡夺者。博蒙特在他夸张的描写中反映了一个现实，尽管这个事实并非无所不在，但多少也影响了大多数爱尔兰人：

> 地主……往往居住在别处；他常常对自己的产业一无所知；他模模糊糊地知道他在科克郡或多尼哥拥有大约15万英亩土地。他决心不花一分钱来提高它们的价值。他或他的祖先抢来了这一大片土地；也许有一场新的革命会把这一切再夺去，谁又知道呢？居住在爱尔兰的地主，虽然接触过土地，却很少在土地上扎根，而且他认为爱尔兰配不上自己关心和牺牲（Beaumont，1839）。

如果要推动农业进步，地主和佃户的合力是必不可少的，但事实上，这一力量根本没有出现过。如果没有合作，地主履行其职责的能力就会大大削弱，即使他有这样做的愿望和能力。没有企业家精神，即使地主有资源投资改良农场，投资也带来不了多少效益。没有这份合力，整个农业变革的过程，即使没有完全崩溃，也肯定受到了极大的阻碍。当然，爱尔兰经济因农业变革失败而承担的代价是完全无法用货币衡量的。当时有人真的尝试去做了这项估计，他得出，管理不善给爱尔兰经济造成的损失每年可达8900万英镑（Kennedy，1835）。这个数字是格拉达（1980）估计的饥荒前农业总产值的两倍以上。尽管这一估计数字高得有些离谱，但它表明了同时代有见识、有智慧的人的一种信念，即地主阶级的不足是爱尔兰经济落后的根源。

"创业失败"可以作为爱尔兰经济落后的有效解释吗？近年来，关于这个问题，人们总是摇摆不定。研究英国维多利亚时代经济的新经济历史学家大多给出了否定的答案。然而，正如本章开头所指出的，爱尔兰农业可能与英国19世纪的工业和服务业有很大的不同。此外，罗伯特·艾伦（Robert Allen，1981）最近的一篇论文明确指出，利润最大化和创业失败不一定是不相容的。艾伦认为，当一个企业选错了"均衡点"时，可能面临失败。此外，当经济发展失衡时，也有可能面临失败。舒尔茨（T. W. Schultz，1975）指出，保持平衡发展是一项基本的经营职能，这一职能对农业技术进步的传播至关重要。结合他们二人所说的观点，饥荒前爱尔兰经济落后的原因就在于，爱尔兰地主和大量的农民、牧民没能及时将新技术引入农业，尽管在传统的畜牧业方面，爱尔兰是具有竞争力的，因为它灵敏的价格机制和可观的生产效率。如果第6章得出的高回报率能进一步得到更详细的研究的证实，那么我们可以得出这样的结论：爱尔兰对轮作、排水、肥料使用和农具等调整更新的速度极其缓慢。基于此，我们就找到了爱尔兰贫困的另一大原因。

那么，造成饥荒前爱尔兰经济低迷的真正的原因或真正的"外部因素"到底是什么？很显然，其中的原因绝不仅是地主的经营失败，地主缺位、储蓄不足、能力低下、地主和佃户之间错综复杂的关系甚至是暴力冲突都包括在内。归根结底，这要归咎于历史：是英国和苏格兰的冒险家和雇佣兵、暴发户和外国人创造了地主阶级。伊丽莎白、克伦威尔和威廉三世无意中也限制了19世纪爱尔兰农业可获得的企业家数量和质量。

在农业之外的其他领域，经济落后是由创业失败导致的证据就更加寥寥无几了。因为爱尔兰有一批优秀的本土商人，如酿造业的吉尼斯家族、亚麻行业的安德鲁·穆赫兰和威廉·巴伯，以及都柏林的众多成功的银行家和商人。在某种程度上，当地的人才并没有立即涌现，而是被外国人取代了——欧洲各地的情况都是如此。最著名的代表，是意大利人查尔斯·比安科尼，他在19世纪30年代和40年代在爱尔兰建立了第一个驿站马车集散中心。比安科尼帝国因其高效的组织和卓越的管理而闻名。苏格兰人布坎南在利默里克建立了一个羊毛披肩厂，他看中了那里的廉价劳动力资源（Great Britain，1840）。饥荒之后，贝尔法斯特航运业由两位英国企业家爱德华·哈兰和沃尔夫建立（沃尔夫实际上是德国人）。20世纪80年代的纺织机械厂和铸铁厂主要由来自苏格兰和利兹的移民控制（Lee，1973a）。

（二）就业与劳动生产效率

在探寻爱尔兰经济困境之因时，劳工问题和就业问题是学者们的讨论重点。爱尔兰的失业问题令百姓们怨声载道。维尔德（Weld，1832）、刘易斯（Lewis，1836a）和皮姆（Pim，1848）等许多作家都认为失业严重影响了爱尔兰经济发展。根据他们的观点，他们认为失业要么是由懒惰导致的，要么是因为资本和激励不足。然而，问题要比这复杂得多，学者们自发地感到，假想劳动力供给与需求之间存在长期失衡，是非常困难的。例如，福斯特（1847）在爱尔兰旅游期间就改变了原有看法。最开始，他写道，"穷人最缺乏最渴望的是就业"，而后来他改写道，"就业机会是充足的；(穷人)真正需要的是找工作的动力和努力"。当然，如果懒惰是失业的主要原因，那么由此产生的贫困只是表面现象，而学者们所看见的失业本质上只不过是一种大规模的"消费闲暇时光"的现象。然而，爱尔兰的失业本质似乎并非完全如此。

饥荒前爱尔兰非自愿失业的性质是什么？受凯恩斯主义的影响，一些现代作家主要从"通货紧缩缺口"的角度来看待爱尔兰的困境。例如，巴罗（Barrow, 1975）用凯恩斯术语解释了都柏林银行家穆尼（T. Mooney）的话，穆尼认为促进银行业发展是解决爱尔兰问题的良药。布莱克尔（1960）区别了"不充分就业"和"失业"，并引用了"大量表明'无产阶级'中的大多数在现代意义上就是失业的例子"。布莱克尔（1960）所指的"现代意义"想必就是指凯恩斯主义中失业的含义。[3] 凯恩斯主义者对爱尔兰饥荒前历史的解释很难被接受，原因是，在某种程度上，他们混淆了短期效应和长期效应。任何经济体中都不可能出现总需求长期不足的状况。失业更加严重的爱尔兰农村，处于一种半货币化的自给自足的状态，在这里（需求）"长期停滞"就更不可能了，毕竟凯恩斯主义经济学在易货经济中是根本行不通的。就资金使用而言，储蓄也不可能长期超过支出。巴罗（1975）指出，储蓄因地主向海外投资而外流，但这种外流"从长期来看肯定已被出口盈余完全抵消"。简言之，凯恩斯主义的观点并不适用于爱尔兰，它也不适用于任何未工业化的经济体（Mokyr, 1977）。

饥荒前，爱尔兰农村地区的失业基本上是季节性的。在一些时期，国家的就业水平受到农业工作的性质和天气因素的影响。季节性失业可能被认为在很大程度上是由信息摩擦和不完全信息导致的。在淡季，受季节性影响的劳工会待业在家，因为对他们来说，在不受季节性影响或影响模式不同的领域中找到工作的成本太高。经济越落后，季节性失业就会越严重，这不仅因为落后经济体对劳动力的需求本质上更容易受到季节性波动的影响，而且因为它缺乏运送工人往返的设施。由于交通和通信条件的改善，在饥荒爆发前的几十年里，在爱尔兰境内或往返于英国的季节性移民变得越来越普遍。

在这样的背景下，难怪调查者在被济贫调查组问及移民是否会减少土地竞争并稳定工资时，显得有些迟疑。被调查者回答说，所有就业都是季节性的，因此移民不会缓解失业问题（Great Britain，1836b）。那时的一些作家夸大了季节性失业的重要性。吉尔（J.Gier），基尔里教区（属多尼戈）地形测量回忆录（OSM）的作者，认为淡季持续了长达 8 个月的时间（OSM）。刘易斯（1836b）估计，只有 1/3 的爱尔兰劳工全年工作，其余的只有在需求特别旺盛的季节才有工作。奥特威在他的报告中也提供了相关的数据。他估计，每年中有 30 个星期，有 30 万工人（在 1841 年人口普查中，自称为"劳动者"的人的 25%）是失业的。这并非在否认爱尔兰失业问题的严重性，但我们确实应该正视爱尔兰的失业问题。济贫法专员的报告为我们提供了两份有关爱尔兰劳工季节性失业严重程度的数据。第一份数据包含在第 2 章用于估计工资收入的数据中。委员会委员们提出了两个独立的问题：第一，被调查者所在地区的劳动者平均年收入是多少；第二，该地区的劳动者日薪是多少。如果我们以夏季和冬季的平均工资代表日薪，且不考虑雇佣者提供的额外报酬，用调查数据中一年的总收入除以日薪就可以估计得到年工作天数。这一估计过程充满困难，其中最难的是，有时候根据调查得来的数据，计算结果往往超出了 365 天。还有些时候，计算结果需要乘以 360 才说得过去，这也非常荒谬。因此，我们剔除了很多年工作天数可能在 300 天以上的回答，整理得到了表 7-3。因此，这个表可能存在低估的缺陷，因为我们还剔除了年工作天数可能为 312 天（意味着充分就业，仅仅扣除了每个星期周末的那一天）的回答。

表7-3 劳动力工作时间（天/年）

省份	（1）基于收入数据	（2）济贫法委员会第三次报告估值
阿尔斯特	234.3	166.9
伦斯特	244.8	145.3
明斯特	239.2	133.4
康诺特	225.2	97.8
合计	236.8	140.5

资料来源：（1）：原始数据来源 Great Britain（1836b）；（2）：Great Britain（1836b）。

后一列数据使用了委员会第三次报告（Great Britain，1836b）附录 H 第 1 部分中的大量估值。从表 7-3 可以看出，依据这一份数据得出的估计结果要低得多。然而，这一列数字毫无用处，而且具有误导性。因为附录并没有说明是从哪些原始数据及运用何种计算方式得出这些数据的；罗斯康芒、蒂珀雷里和沃特福德是没有数据的。至于安特里姆郡，表格只注明了"大多数人大多数时候都是有工作的"这一句话。同一个郡的不同调查结果往往存在巨大的差异，因此几乎没有参考价值。就拿斯莱戈郡来说，关于它的调查结果从一年 24 天到 120 天不等。此外，很明显，无论这张表格的数据来源是什么，它都没有考虑到工人们可能在自己的小块土地和花园中工作。此外，表 7-3 中的（1）显示，爱尔兰劳工的年工作天数大多在 40 周左右，并且不同地区之间受到季节性影响的差异非常小。

另一份有关爱尔兰劳工季节性失业严重程度的数据基于的事实是，夏季工资和冬季工资两者之间的差异几乎是恒定的，差额始终为 2 便士。考虑到冬天的工作时间更短，这一微小的差额表明，劳动力需求并没有之前提到的那么大。当然，劳动力供给有可能具有高度弹性，因此需求的下降完全体现在就业的减少上。但即便如此，作为受雇劳动者，工人还是有其他合适的就业选择。一个非常有弹性的劳动力供给曲线，代表如果工资水平低于预期，那么工人便不会工作，这意味着在非常低的工资水平下，工人更愿意待在家里，无论是游手好闲还是从事家庭生产。这样的供给曲线与爱尔兰的实际景象并不一致，毕竟爱尔兰有大量农民在拼命地找工作。大多数爱尔兰农民基本上是自食其力，自己种土豆，自己砍柴，自己盖房子，自己维护房子，干着一些即便推迟到农闲季节也不算晚的家庭生产。换句话说，爱尔兰工人不能算是完全失业；在农闲的时候，他们中的许多人只是回到了家庭生产状态。

家庭生产的一种特殊形式是家庭手工业，在这种生产活动中，最终的产品被农民用来出售而不是自己消费掉。饥荒前几十年，大多数家庭手工业虽然出现衰落之势，但它们在稀释季节性失业的负面影响方面发挥的作用不能被掩埋。纺织业和农业对劳动力的季节性需求模式完全不同，这使得这两个行业在劳动力需求上呈现互补性。[4] 南部和中部地区的家庭手工业较少，季节性失业也不那么严重，部分原因是牧场的增加提供了更稳定的就业。季节性失业也因季节性移民而得到缓解。英国对劳动力的季节性需求模式与爱尔兰有很大的不同，在爱尔兰，每年的6月底、7月和8月初是需求最少的季节，而在英国，这段时间是晒干草、锄草、准备堆肥等的好时候（Great Britain, 1836b）。捕鱼、收集和加工海草，烧制石灰粉，养猪和养鸡等其他牲畜使得贫民在农闲时分也非常地忙碌。劳动时间的长度随季节而变化，但在额外的劳动时间里所创造的边际产量几乎不可能为零。城市地区的失业现象可能比农村地区的更为严重。城市工人很少是为自己打工的，工作岗位也是有限的。城市地区也有季节性失业的现象。在都柏林，丝绸和帆布厂的工人每年有两到三个半月是没有工作的（Great Britain, 1840）。长期失业（区别于受救济者、无法被雇用的人）的人很少。甚至在德罗赫达，那里的"下岗人口……多得惊人"，但是，在这里，如果60名雇主中的任何一位试图将报酬降低在雇佣者的预期之下，织布工就会迅速奔向其他59名雇主（Great

- 289 -

Britain，1840）。这说明，不存在劳动力过剩的现象，也就是爱尔兰没有非自愿性失业（需求不足导致的失业）。

舒尔茨（1964）指出，劳动边际产量为零或"假"失业的理论并不适用于他所研究的案例。[5] 正如他强调的那样，将季节性失业与农业零边际产量这一更广泛的概念混为一谈，是不恰当的。饥荒前的爱尔兰不存在凯恩斯主义，也没有多少"结构性"失业。爱尔兰的季节性失业是一个严重的问题，而且可能比大多数其他西欧经济体严重得多。然而，这也只是造成爱尔兰经济困境的一个次要因素。爱尔兰真正的问题不在于它的劳动者不工作，而在于他们工作时的生产力太低。

如何解释这种低生产率呢？我在前文已经说过，低资本－劳动比率和落后的技术是罪魁祸首。但也有可能存在其他因素，使爱尔兰工人的效率如此低下。对此，最常见的一种解释是，爱尔兰工人的生产率之所以低下，是因为他们吃不饱且懒惰。我们已经看到，从整体上看，爱尔兰不存在粮食不够、人吃不饱的现象，但是也有一些地区明显不是这样，我们将在下文中详细探讨。

另一种有趣的可能性是，努力程度也存在季节性波动，而这直接影响了工人系统地投入一项工作中，从而他全年的生产力下降了。一位研究员在1840年写道："一位爱尔兰农民，在他感到激情澎湃时，将比任何其他国家的工人都更努力地工作；但他的努力既不稳定也不持续……正因为如此缺乏稳定性，爱尔兰劳工变成了最糟糕的。如果劳动力数量的分配能够更加平均，那这一弊端很大程度上是可以被避免的"（Great Britain，1840）。在缺乏证据的情况下，这一观点还有待考证。但鉴于我们对人类动机和激励机制的粗浅认识，就业稳定一定与会对生产率造成影响的"职业道德"有关。

另一个需要讨论的话题是，人们普遍认为爱尔兰人工作不够勤勉。很多时候，这种指控源于一种种族偏见，但有些时候不是。李嘉图（1952）认为，移民不会大幅提高劳动收入，因为工资上涨带来的积极影响会被因追求休闲享乐导致的劳动力供应下降所带来的负面影响抵消。李嘉图显然过于夸大了爱尔兰劳工追求休闲享乐的程度，依据他的理论，劳动力供给曲线是向下倾斜的，这显然太荒谬了。无论如何，查明这种指控的来源并不等于驳斥这一指控。各国人民在对待工作的基本态度以及平衡工作与放松的态度上是否可能存在差别呢？"新教天职"可能并不局限于新教徒，在日本和比利时的新教地区可能更为常见。然而，人们常常认为工作态度的差异在很大程度上可以解释一些国家在经济上取得的成功。难道爱尔兰人民的懒惰是爱尔兰经济落后的原因吗？当时的研究者就这一问题给出了非常明确的回答。柏克莱主教（Bishop Berkeley）于 1749 年指出，在这个岛上的原居民仍然非常反感劳动（Berkeley, 1953）。到了 19 世纪，福斯特（1847）、科尔（1844）和韦克菲尔德（1812）也表达了类似的观点。马格里奇（Muggeridge）借鉴了别人提供的信息计算出，除去所有假日，爱尔兰每年只有 200 个工作日（Great Britain, 1840）。据说爱尔兰人对于他们的贫穷逆来顺受，这体现了他们的懒惰。福斯特（1847）认为，爱尔兰佃户只要还有活下去的粮食，负担得起租金，就不会再多做努力。"因为可怜的凯尔特人生来就是逆来顺受的"。更多相关的内容，请参见勒本（Lebow, 1977）。

正如哈金森（Hutchinson, 1970）所指出的，前文提及的这种谴责绝不仅针对爱尔兰人，任何一个盎格鲁-撒克逊民族以外的民族都常受到这样的谴责。然而，就连博蒙特（1839）也加入了指责爱尔兰人"厌恶工作、冷漠和粗心"的行列。有趣的是，哈金森本人也赞同爱尔兰人不守"新教天职"的观点。他认为，爱尔兰的社会价值观不同于其他社会。对爱尔兰人而言，"勤劳"和"懒惰"之间的区别并不等同于美德与邪恶的区别。认为一个不工作的人没有任何价值的观点是工业社会创造出来的一种价值观。在爱尔兰，舞蹈、音乐创作、庆祝狂欢、交谈和其他形式的社交活动构成了"生活的主要目的，同时也是工作的主要目的"（Hutchinson，1970）。哈金森的这一观点可能是合理的，但是，我们观察到的是，即使工资相同，爱尔兰人也可能比苏格兰人或比利时人工作得少，但同样有可能的是，他们不愿那么努力工作的唯一原因是爱尔兰劳工工资非常低。布莱克尔（Blacker，1845）认为，"如果有足够高的酬劳，没有爱尔兰人会不愿意工作的，他们不会白干，如果这样做了，那真是愚蠢至极"。

此外，有大量证据表明，爱尔兰人喜欢购买更好的物质"商品"，对他们来说，跳舞和狂欢也不能取代他们对食物和衣服的向往，这一发现使得我们也很难接受哈金森的观点。这些高质量的衣服、酒水饮料和好吃的食物的确与爱尔兰高度重视社交活动形成互补。我们了解到，在安特里姆的雷卡文教区，人们消费越来越多的烤面包（而不是土豆），并爱上了抽烟。女士们表现出在周末要盛装打扮的强烈欲望，而年轻男士们则想要手表（OSM）。韦尔德（1832）笔下的斯特罗克镇（属罗斯康芒郡）也是此般景象。

与上述爱尔兰贪图享乐的观点不同的观点是，爱尔兰人很想努力工作，但是经济体制限制了他们这么做。泰伊（1802）写道："努力工作只是为了取悦别人；对于贫苦的底层人民，他们非常努力；但对于其他人，或者是当这些穷人没有受到蔑视的时候，他们也是慵懒的。"一些作者认为，让这些劳动者去干一些唱歌跳舞的行当，他们往往会更卖力（Thopmson，1802）。至少就农业而言，"激励"理论遇到了一个逻辑难题。总的来说，爱尔兰主要是佃农经济，人人为自己打工。地主或其代理完全控制并雇用劳动力的私有农业是很少见的。农场主和牧场主雇用了一些工人，但鲜有证据表明，他们监督和管控劳动力的方式与英国截然不同。在农业工作中，可能除了收割，没有一项是容易衡量产出质量的。爱尔兰经济中最薄弱的部分是这些自顾自的小农，并且他们并不承认自己的生产效率过低。如果"努力"和"勤奋"这样的词语等同于通过增加劳动力投入来增加产出，那么不管佃户有没有租契，他们都会勤勉劳作。

爱尔兰农民几乎没有动力去努力工作，可以用一个简单模型来解释，在这个模型中，每英亩地的农业产出是一个关于三个要素的方程：劳动、资本和可以称为创业精神、信息或管理之类的要素。如果这三个要素是互补的，每一种要素的平均产出和边际产出都与另一种要素的平均产出和边际产出正相关。我在之前已经论证过，"创业精神"的缺乏是资本投资回报率低下的原因，同时也一定程度上是资本－劳动比率较低的原因之一。这导致了劳工的平均产出较低，实际意义相当于劳动的人均收入较低。此外，"企业精神"的缺乏还降低了劳工的边际产量。因为劳工是依据边际产出来决定是否努力工作的，基于此，我们可以得出的结论是，导致爱尔兰人懒惰和倦怠的原因可能同时是导致爱尔兰贫困的原因。因此，缺乏努力工作的激励既不是导致低收入的原因，也不是低收入造成的结果；更准确地说，这两种现象（爱尔兰人的倦怠和爱尔兰的贫穷）都是有关其他变量的函数，如劳动生产率、资本、劳动比率和使用的生产技术。

哈金森（1970）提出了一个完全不同的观点，他认为爱尔兰农业在很大程度上是建立在合作和互助的基础上的，基于此，他认为，这种农业形式阻碍了经济增长：

> 农业上的互助……体现了农业一成不变的静态特性。共享工作的前提必须是共享的对象也熟悉这份工作……在这种情况下，技术上的进步和被采纳都变得非常罕见。在这样的社会中，经济发展容易受到各种原因的影响，从社会稳定到人们对变化的恐惧等因素。这样的社会阻碍了人们在"常规"之外获得经济剩余（Hutchinson, 1970）。

想追求物质进步的爱尔兰人最终不得不移民。哈金森的理论很有独创

- 293 -

性，但他几乎没有拿出任何证据来支持他的论点，来解释爱尔兰缓慢的经济发展。爱尔兰农业技术变革的缓慢是由社会对成功的恐惧造成的[6]，只有一位著名爱尔兰作家引用过这样的观点。事实上，对于农业社会而言，这种互相支持、互相忠诚的邻里和谐景象并不符合事实。罗杰斯（Rogers，1965）和班菲尔德（Banfield，1958）表示，在落后的农村地区，人与人之间更容易相互不信任和相互猜疑。这种看法在很大程度上是基于这样一种观点，即世界是一个巨大的零和游戏盘，一个人的收益就是另一个人的损失。丹尼尔（Daniel O'Connell）在1825年的特别委员会上指出，在爱尔兰，"下层阶级在涉及钱的问题上对彼此冷酷而无情"（Great Britain，1825b）。只有在利益无可争辩的情况下，合作才有可能出现。在爱尔兰，这种现象在伦代尔制度（土地被分割为互不相连的条状）仍然有效的地区更甚。[7] "这些地区，农业确实是最落后的，但农业落后的原因往往不是哈金森所说的那样，而是由争吵、诉讼和相互破坏所造成的。据说，邻里不和、非法侵入和拖欠租金，已经扼杀了改善这些地区的机会和动机"（Weld，1832；Tighe，1802；Mason，1814-1819；Kennedy，1847）。阿尔奎斯特认为，伦代尔制度并不像传统上认为的那样无效（Almquist，1977）。但他无法解释在这种制度下，农民们给彼此造成的负面影响。但是，也没有证据表明，农民因害怕招致邻居的妒忌而放弃引进改良措施。农民情绪对农业生产造成影响的唯一形式就是之前我们讨论过的土地整合运动。然而，这种抵抗是建立在对自己的生计受到威胁的恐惧之上的，和邻居是没什么关系的。

在农业之外的其他领域，关于爱尔兰劳动力质量的看法大不相同。爱尔兰工业的工资水平较低，但廉价的劳动力水平似乎也不能完全覆盖较高燃料成本或弥补缺乏集聚经济带来的劣势。廉价劳动力本应当为爱尔兰提供一个资本迅速积累的好机会。目前尚不清楚的是，爱尔兰较低的工资是否降低了生产成本，或者生产成本在一定程度上是需求造成的现象，如果是需求导致的，则反映了爱尔兰工人的生产效率低下。凯恩在这个问题上有着非常明确看法：

> 这个国家的劳动力比欧洲其他任何国家都要廉价，这是众所周知的。然而，这种名义上的廉价在最终成本上并不一定是经济的。英国劳动者……也许是爱尔兰工人工资的两倍以上，但除此之外，他们的雇主不需要花费更多的代价（Kane，1845）。

凯恩将爱尔兰工人生产率低下的主要原因归结为营养不良、糟糕的教育和缺乏适当的激励。以苏格兰企业家布坎南（A.Buchanan）的经历为例，他在19世纪30年代末在利默里克建立了一家纺织厂。布坎南向手工织布机委员会（The Handloom Weavers Commission）的助理专员明确表示，他在爱尔兰南部定居的唯一原因是那里的劳动力甚至比贝尔法斯特还要便宜。他的经历生动地说明了凯恩论点的正确性。布坎南发现织工们除了制作粗糙的手工制品外，根本不适合编织任何东西，于是就建立了一个工厂，让男孩子们按照最现代的方法学习编织披肩。布坎南回忆说，他从苏格兰带来了最好的织布工和机械师，教当地的工人们纺织和维修设备，厂里的工人们效率很高以至于他其实根本不需要这么多工人：

> 可是这个国家的纺织行业迄今为止处于如此低的水平，是因为有名望的人极不愿意让他们的孩子从事相关的工作。我手下几个最好的织工，我把他们找来时，他们都是光着膀子待在马路边上的。对于爱尔兰人来说，他们需要克服的最大困难是具备一种勤奋的精神（Great Britain，1840）。

马格里奇在同一份报道中写道：

爱尔兰人似乎生来讨厌连续不变的单调乏味的工作。他们的懒惰大概率源于爱尔兰的工资水平过低。因此，"廉价的劳动力反而也是昂贵的劳动力"，这句话看似自相矛盾，可偏偏爱尔兰就是如此（Great Britain, 1840）。

在新古典主义经济模型中，诸如廉价劳动力就是昂贵劳动力之类的问题没有太大的研究价值。每个公司都有一个招人的工资标准。如果工人足够好，或者公司有足够的资本，工人的市场需求曲线将会更高，即工人工资将会更高，或者可以说是更多的人将会被雇用。换句话说，劳动力质量是包含在边际产出曲线中的，因此只对劳动力的需求有影响，而劳动力的廉价也是指均衡价格。那时，研究者们的意思是，爱尔兰工人之所以便宜，不仅因为他们的生产率较低，也因为爱尔兰的企业利润不高。

凯恩等人反复强调，"廉价劳动力反而是昂贵的"，因为低工资的工人吃得少，生产效率低。当时许多人都观察到，工资与生产率似乎密切相关。18世纪80年代末，亚瑟·杨格在比较英法两国时指出：

总的来说，英国制造业相较于法国制造业的巨大优势，加上劳动力价格的上涨，非常令人好奇。因为它清楚地表明，制造业并非只青睐于名义上廉价的劳动力……也许正是因为这个原因，它们才发展得如此迅速，因为在名义上昂贵的劳动力，实际上反而是最便宜的；工作的质量在很大程度上取决于工人生活的安逸程度。如果他吃得好、穿得好，他要比一个吃不好、穿不好的工人做得好得多（Young, 1929）。

在1780年首次出版的 *Tour* 一书中，杨格将自己的观点总结为："（在爱尔兰）工匠和各种各样的制造业工人的工资和英国一样高；但是他们为此付出的劳动的数量，有时甚至是在劳动质量方面，差别都很大。畜牧业的劳动力价格很低，但绝不'便宜'。"他于1785年在附录中补充道："我没怎么在文章中提及过低工资……对雇主和他要的产品来说，廉价的劳动力是靠不住的；至于工作技能，每周10先令工资的工人要比每周8先令的工人更划算。"很明显，杨格并不倾向于饮食理论（工人吃的差，所以工作效率低），因为他很清楚便宜的土豆其实很富有营养。相反，他选择了下面这种解释：

> 就算吃得少或吃不饱是（劳动生产率低下的）原因，土豆也不可能要为此承担责任。如果他们的身体虚弱，我也会把这归因于威士忌，而不是土豆；但我仍然怀疑，他们在工作上表现不佳究竟是因为身体本来就虚弱，还是由于习惯性的懒惰。

然而，后来有资料表明土豆确实是一个影响因素。1836年《济贫法调查》所附的关于"劳工收入"的大量调查指出，营养不足是造成爱尔兰劳工素质低下的原因。例如，在劳斯郡：

> 爱尔兰工人不像英国工人那样，兼有工作耐力和技巧，这完全是因为他们既缺乏指导又缺乏榜样，而且他们的食物质量低劣，吃得不够好。一位在英国和爱尔兰都有农场的聪明的农学家发现，爱尔兰劳工与英国劳工在绩效表现方面存在30%的差异，差异源于前者不够勤勉，而不是技不如人或缺乏耐性（Great Britain，1836）。

罗伯特·凯恩（1845）也认为爱尔兰的劳动生产率受到不良饮食的影响。

现代历史学家也提出了类似的观点。例如，格拉达（1980）、弗罗伊登伯格和康明斯（Freudenberger, and Cummins, 1976）都指出了营养不良这一问题。在《济贫法调查》附录 D 中也可以找到相关的证据支撑上述观点，其中有二十多个人像济贫法调查组表示生产力受到了粮食不足的影响（Great Britain, 1836b）。

现代经济学理论将工资与生产力之间的关系形式化，并从中得出了一些重要的结论。"效率-工资"模型最早由莱宾斯坦（Leibenstein, 1957）提出。在题为"人口密集的落后地区就业不足理论"的精彩章节中，他提出了该模型基础，该模型后来由莫里斯（Mirrlees, 1975）、斯蒂格利茨（1976）、布利斯和斯特恩（Bliss and Stern, 1978）进一步完善和扩展。我们不需要了解这个模型具体怎样，但鉴于它与爱尔兰的相关性，我们有必要讨论一下这个模型的含义。

"效率-工资"模型的理论如下。更高的工资使工人更有生产动力，但同时也使劳工成本更加昂贵。可以看出，假定一个"最优"的工资水平，略高于这个水平的工资增加的劳动力成本大于其增加的收入，而略低于这一水平的工资，劳动力成本下降的幅度小于收入下降的幅度。在这个最优工资水平下，雇主希望雇用一定数量的工人。注意，没有一种机制能使雇主对劳动力数量的需求刚好等于一定工资水平下的劳动力供应数量。除非非常凑巧，这两个量才会相等。如果劳动力市场"隐性存在"，这个模型仍然成立，这在很大程度上是爱尔兰的情况，在那里，工人只有在支付租金之后，才可以竞标土地和工资。

如果劳动力的需求量超过了供给量，工资水平就不在最优状态。雇主会哄抬工资，争夺稀缺的劳动力。但是，如果供应人数超过了需求人数，工资水平就会被迫下降。经济学家早就认识到，工资变动的不对称性可能导致非自愿性失业。假设供需双方都是理性的，那么问题的关键就是要明确导致这种不对称性出现的条件。"效率－工资"模型就提供了这一条件。

该模型再现了饥荒前爱尔兰具有的三个基本特征。首先，该模型显示了一种长期均衡是如何持续的，在这种均衡中，一些人，不管他们多么迫切地希望获得就业（或占用土地），但他们仍然是失业的；而与此同时，另一些在某些方面不同的工人正在就业（或占用土地）。其次，该模型提供了另一种导致"贫困陷阱"出现的机制，正如斯蒂格利茨（1976）指出的那样：一个家庭收入低，生产力就低；因为生产力低，收入也低。最后，该模型解释了一种经常听到的租金在某种程度上"过高"的现象，地主会通过降低租金让自己以及其他所有人过得更好（Wiggins，1844）。[8] 因此，"效率－工资"模型似乎很好地解决了饥荒前爱尔兰经济中的许多难题。然而，正如我们此前强调的那样，我们不能仅凭这些理由就接受这样一种经济学模型。更细致的研究表明，在这个过程中的确存在一些值得深思的地方。

首先，许多爱尔兰企业家和地主似乎没有将长期利润最大化，而是看准了失业工人间存在着激烈的竞争，将工资压低至低于"最优"水平。[9] 马格里奇在关于亚麻行业的报告中指出：

> 劳动力冗余……体现在劳动力激烈的竞争上，这种竞争给工资水平造成了灾难性的影响。寻求劳动力的雇主们会寻找一个市场，在那里可以以最便宜的价格获得劳动力。（通过）让织工们完成与他们的薪酬并不相称的工作量，使贫穷进一步扩张它的势力（Great Britain，1840）。

此外，这个模型存在的另一个漏洞在于，能源的边际成本较低。假设，有一个 25 岁的成年男性，体重 145 磅。假设他每天工作 10 小时，每小时实际工作 50 分钟，那么完成 10 小时的极简单的工作（消耗 2 卡路里/分钟）和完成 10 小时非常繁重的工作（消耗 10 卡路里/分钟），消耗的能量差最高可达 4000 卡路里。这个估计属于非保守估计。接着假设，这个人依赖的食物为土豆，那么他所需的食物（大约 1 英石土豆）可以以 2~2.5 便士的价格购买。这个数字还不到一位成年男性每日收入的 1/5。事实上，土豆的实际价格比这还要便宜，因为土豆的市场价格要高于小农或佃农自家种的土豆价格。

此外，应该强调的是，模型中所用到的数据大部分代表的是爱尔兰最贫困的那部分特殊人群，即在农忙时分，也只能打点零工的人。这些人的收入处于底层水平，他们的处境要比家庭手工业者或长工差得多。将这一群体归属为广义的爱尔兰工人群体是无据可循的（Thompson，1802；Coote，1801b）。此外，8 月和 9 月初是工人最受营养条件限制的时候，在这两个月，刚好前一年收获的马铃薯作物已经耗尽，新作物又等着播种。碰巧的是，对大多数地区来说这段时间刚好也没有太多农活（Great Britain，1836b）。此外，有人问营养是否会影响工作，导致生产率参差不齐（Great Britain，1836b）。许多人在指出，营养不良的工人难以完成繁重的体力劳动时，通常加上了"有时候"之类的频率副词。因此，很难断定这种现象到底有多么普遍。那时候的人，尤其是英国人，常常对爱尔兰人的饮食结构感到不可思议，难以想象他们怎么可能只靠土豆和脱脂牛奶维生。[10] 有趣的是，营养不良总被认为是收入低的结果，而不是造成收入低的原因。但是，几乎没有证据表明大部分爱尔兰工人长期营养不良。第 2 章中提供了有关这一论点的证据。在苏格兰的丰收季节，"苏格兰非常欢迎从爱尔兰季节性移民过来的工人，因为他们强壮的体格和有力的右臂可以任人使唤，难以相信他们的生产力全部来自土豆和牛奶提供的营养"（引用自汉德里，1945）。

季节性移民通常来自最贫困的农村地区。尽管"效率－工资"模型存在一些缺陷，只适用于部分经济状况，但仍然是解释爱尔兰经济的一个有用工具。研究饥荒前一个世纪爱尔兰人民的营养状况是必要的，在此之后我们才能评估这个模型对这一时期的适用性。将卡伦（1981）的研究按照克劳福德（1981）等人的思路扩展到大众的饮食中，将是一个不错的研究策略。

　　并非所有的爱尔兰劳动力都是廉价的。公司经常抱怨的一个问题是，工会试图设定更高的工资，并迫使企业家们做出让步。奉行自由主义政治经济学的作家们很快就将爱尔兰的工业失败归咎于这些工会及其联合组织。例如，奥特威认为他们阻碍了爱尔兰纺织技术的进步，也造成了丝绸工业的发展困境（Great Britain，1840）。一位船厂老板向济贫法委员会反映，爱尔兰是世界上劳动力最昂贵的国家，每一个技工要求的工资至少比英国高1/3。这些工会造成了这样一种局面：20万工匠每天的收入为3先令6便士，100万农业工人每天挣10便士（Great Britain，1836b）。当时有作家对工会进行谴责（Senior，1868；Pim，1848；Foster，1847）。20世纪的一位作家韦伯（Webb，1913）表示，都柏林的工会联合以及他们经营企业的粗暴方式是导致19世纪上半叶都柏林工业衰落的原因。"在这样一种'恐怖统治'下，任何产业要是能繁荣起来，那将是个奇迹"，他写道。凯恩（1845）对爱尔兰的工会进行了更为理性的分析，他明智地指出，爱尔兰的工会组织并不比英国的工会组织多，而且由于爱尔兰敏感的政治局势，爱尔兰的工会组织遭到了抹黑。凯恩补充说，爱尔兰要比英国更难以遭受罢工带来的打击，因为雇主手头上可流动的现金更少，因此，资金周转哪怕只是停顿了一小下，爱尔兰的雇主们都是无法接受的。将爱尔兰的工业进程缓慢归咎于工会只是一种似是而非的理论，实际上，工会可能只抵消了部分低工资带来的优势。[11]

　　在爱尔兰，熟练技工也很昂贵。尽管没有详细的各个职业的工资数据，但也有一些零散的数据资料能够支撑这一论点。例如，在19世纪20年代初，都柏林的熟练技工的工资和伦敦的一样高，甚至比伦敦的还高，而伦敦熟练技工的工资本身就已经超过了英国的平均工资（Great Britain，1822a；Green，1969）。一位商人感叹道，在爱尔兰，熟练技工的工资与其他工人的工资完全"不成比例"（Great Britain, 1830）。凯恩（1845）从大量的证据中得出，"爱尔兰的熟练工人肯定要比英国高得多，而一般的低级劳动力也要便宜得多"。凯恩想知道，爱尔兰的总劳动力成本是否比英国低，但他发现这一问题非常难回答，最终他也只给出了一个差强人意的回答，即两国劳动力成本的差异远低于人们普遍认为的水平。

熟练工人更昂贵的一个原因是相对于非熟练工人而言的，熟练工人更难流动。由于运输成本和在英国他们的收入比例较小等，所以爱尔兰雇主与英国争夺他们的熟练工人（Great Britain, 1822a）。

熟练技工要比一般工人更贵的原因在于他们可以更加灵活（因为他们往返于英国的交通成本也仅占工资的一小部分）。因此，爱尔兰雇主必须与英国雇主竞争这些熟练技工（Great Britain, 1822a）。此外，许多技术密集的行业，如丝绸和印花布印刷，雇用的英国和苏格兰工人拥有高超的技能，雇主不得不支付他们额外的工资，使他们来到爱尔兰工作（Great Britain, 1822a）。爱尔兰缺乏熟练劳动力的一个结果是，一些爱尔兰工业无法达到英国市场所要求的质量标准。一位印刷工在1822年表示，爱尔兰的纸和劳动力比英国便宜，但爱尔兰企业仍然难以渗透进英国图书市场，因为爱尔兰生产的书质量不好，一切仅因为爱尔兰的印刷质量不达标（Great Britain, 1822a）。

当时有人提出了另一种观点，是英国济贫法的实施（Great Britain, 1822）。救济补贴使英国劳工工资下降的这一看法，几乎被摒弃了。但在爱尔兰，特别是在城市地区，一般技工的工资，有时只能供工人购买生存所需的食物和燃料，爱尔兰制造商认为他们面临着一个进退两难的困境：1838年以前爱尔兰还没有正式的济贫体系，在经济不景气时，降低工资可能会导致工人及其家庭无法生存。在英国，济贫法允许雇主在经济萧条时直接解雇工人或降低工资。爱尔兰制造商抱怨说，他们在经济萧条时期无法降低工资，这无异于增加了成本。很难相信这样的人道主义情节会对爱尔兰制造业的成本结构产生重大影响，毕竟爱尔兰的一般技工既便宜又容易获得。我们应该持以更严谨的态度来看待收入委员会（The Revenue Commission）提供的证据（Great Britain，1822a）。因为，收入委员会的专员们正在研究取消保护性关税是否可取，在此期间，制造商有明显的动机夸大他们的成本和在爱尔兰生产所面临的困难。

尽管工资很低，为什么爱尔兰没有进一步工业化？在爱尔兰，非熟练工人的低工资并不一定意味着劳动力廉价。就目前而言，为何爱尔兰工人生产效率如此低下，我们还需找到更深层次的原因：为什么会这样？我相信，营养不足不是答案的全部。还有一些更加不具说服力的揣测是宗教因素、社会阻碍、爱尔兰人爱好饮酒，或者爱尔兰工人爱争吵的天性。我们也不能得出结论说，生产率低是因为爱尔兰未能经历一场工业革命。毕竟，爱尔兰为何未能经历工业革命就是我们正在研究的问题。最先进的制造技术可以从英国引进，而技术决定了利用它的劳动力的潜在生产力。如果实际生产力低于本可以达到的水平，那是因为劳动力没有受到充分的培训、组织、规范和激励。

爱尔兰非农业工人在生产价廉物美的商品方面，较为落后的一个可能原因是，爱尔兰的数据只反映了留下来的、没有移民的人。如果移民在某种意义上是自由自主的，如果这些移民者恰恰是最有能力的工人，那么，那些没有移民的人就代表的是一类"尾部人群"。奥特威说："那些找不到工作的人……离开了这个国家；而留在利默里克的织工一般是年老体弱的人，他们不适合移民，不适合寻找或从事其他工作"（Great Britain，1840）。因此，很有必要探寻一下移民对爱尔兰贫困究竟造成了怎样的影响。

注释

1. 甚至舒尔茨（T.W.Schultz，1964），也怀疑创业失败作为经济落后和贫困的这一解释是否行得通，他指出经营活动在缺位的情况下一般效率低下，因为缺位者无法充分了解到当前的经营决策会受到地理空间、季节、生产器械和作物的微妙影响。

2. 专业的收租员往往是较穷的绅士的小儿子，他们中有许多人曾在军队服役，因此具有指挥经验。如果他们有任何务农的经验，那也只能是"试图运营一个农场，却失败了"（Smyth，1844-1849）。

3. 林奇和韦西（1960）也谈到了衰退和通货紧缩，但他们的分析明确局限于爱尔兰"海洋"经济部分。

4. 在夏末秋初，当农业对劳动力的需求达到顶峰时，许多水厂都同时干涸了（OSM）。

5. "假失业"（disguised unemployment）和"结构性失业"这两个概念或多或少是等价的。凯恩斯主义和季节性理论在本质上都认为非劳动投入的不足导致了劳动生产率非常低。

6. 这句话出自布伦丹·贝根（Brendan Behan）之口："如果爱尔兰人真的憎恶一种恶习，那就是'成功'。"

7. 除了露地耕作制，饥荒前的爱尔兰很少有家庭间的合作。在罗斯康芒，马匹有时由几个家庭共同购买（Weld，1832）。农民们互相帮助盖房子，有时还挖泥炭。然而，总的来说，爱尔兰的普通农民和佃农在他们自己的劳动力需求上基本上是自给自足的，而较大的农民和牧场主雇用了多余的那部分劳动力。

8. "效率－工资"（efficiency-wage）模型的第四个预测是，雇主会尝试用食物而不是钱来支付工人的工资（因为钱会部分花在不为雇主工作的家庭成员身上）。第2章提供的工资数据充分证明了这一点。在爱尔兰的许多地方，有些工人的工资包含"伙食"，如果他们的工资包含伙食，那么他们通常每天会少领2便士。然而，这一现象也可以用其他方式来解释，但并不一定证实了"效率－工资"假说。巴德汉（Bardhan，1979）指出，根据"效率－工资"假说，临时劳动者在外获得的工资与土地-劳动比率成反比关系。虽然他的回归是基于分类（disaggregated level）数据进行的，不能与第3章中基于各郡的数据得出的回归分析结果进行直接比较，但仍有可能在"效率-工资"假说中找到可以对土地-劳动比率系数做出解释的原因。然而，应该补充的是，巴德汉提出了另一种模型来解释他的发现，其中一些与"效率-工资"假说并不相符。

9　这个结果取决于几个因素。第一，只有当企业充分认识到工资与生产率之间的关系时，最优工资（optimal wage）才有意义。如果企业没有完全意识到这种联系，他们将支付更低的工资，雇用更多（生产率更低）的工人。第二，失业人员的反应问题。该模型没有具体说明他们的反应，也不能排除他们会做出激烈的反应，试图迫使公司雇用他们。由此产生的冲突是劳动力需求效应的一个特例，就像第5章讨论的那样。如果工资对生产率的影响存在时滞，还会出现更复杂的情况。在这种情况下，企业支付的工资很可能低于最优水平，原因很简单，高工资就像一种具有高度不确定性的人力资本，意味着如果其他公司给出了更高的工资，员工就会立刻离职跑去另一家公司工作，那么企业就会因此受到影响。

10　1840年，奥特威（Otway）在他给手工织工委员会（Handloom Weavers Commissin）的报告中写道，"人们认为，爱尔兰人的健康和力量证明了土豆这种食物是健康的；但是爱尔兰人很强壮，很健康，却不是因为他们的食物；而是受益于空气和锻炼……以及他们对安逸舒适的不在乎"（Great Britain, 1840）。

11　工会如何影响劳动力成本的一个例子是，都柏林颁布了一条规定，当地造船厂的工人不允许雇用造船学徒。因此，都柏林的劳动力成本超过了怀特黑文（Great Britain, 1825b）。

8 移民与饥荒前的爱尔兰

（一）引言

从绝对数量来看，1850 年以前，爱尔兰的移民人数是欧洲国家中最多的。尽管饥荒加剧了爱尔兰的人口外流，但饥荒并不是移民现象的源头。康奈尔（Connell，1950a）估计，在 1780~1845 年，有 175 万爱尔兰人离开了自己的国家。康奈尔的估计充其量只能算是一个有根据的猜测，毕竟，1815 年之前的有效数据是缺失的。然而，亚当斯有一本关于饥荒前移民的经典著作（Adams，1932），能在一定程度上帮助我们更加准确地估计拿破仑战争后到饥荒爆发这 30 年里移民的总人数。亚当斯估计，移民到北美和英国殖民地的总人数约为 100 万。可靠数据显示，1825~1845 年，在这期间移居北美的移民总数约为 82.5 万。[1] 在 19 世纪 20 年代末和 30 年代初，2/3 往北美的移民去了加拿大。但是在 1835 年之后，美国成为爱尔兰移民的首选目的地，吸收了将近 60% 的爱尔兰海外移民。由于还有大量移民在没有登记的情况下前往了英国，这一估计因此变得复杂起来。到英国的爱尔兰移民没有在任何港口登记，因此很难对他们的人数进行精确估计。目前所能得到的唯一数据来自 1841 年人口普查中记载的生于爱尔兰却定居在大不列颠的人数。英国人口普查（Great Britain，1843）报告了这个数字，419256 人。由于爱尔兰移民主要居住在城市，城市也是死亡率很高的地方，基于此，移民到英国的人数肯定超过 50 万。因此，从拿破仑战争后到饥荒爆发前，爱尔兰移民总数的下限估计将在 150 万，相当于每年人口的 0.7%。[2]

移民对爱尔兰经济有什么影响？换句话说，我们的研究目的在于，移民对剩余人口有什么影响。1845 年，维里埃（Verrière）将留在爱尔兰本土的居民称为"剩余人口"。我们必须回答的问题是，大量人口外流形成的影响对爱尔兰经济失败的解释力度如何？

假设一个简单的模型，产出由两种生产要素产生，一种是（可流动的）

劳动力,另一种是(固定的)土地,移民相当于劳动力要素投入的下降。劳动力数量的下降将会提高边际产量,相应地,劳动力价格也会提高。巴里和索利戈(Berry and Soligo,1969)指出,移民通常会导致剩余人口的平均收入下降。这是因为,移民使地主收入下降的幅度要大于剩余人口收入增加的幅度。因此,所有剩余人口的人均收入下降,尽管这种变化表现为一种有利于剩余人口的收入再分配。[3] 图 8-1 简单刻画了上述模型的含义。我们来看看移民人数 L_1-L_2 带来的影响。在移民发生之前,人均收入是总收入(OKE_1L_1)减去矩形 $ME_1L_2L_1$ 后再除以 L_2+H,其中 H 为剩余人口数量。移民发生后,同样的人口数 L_2+H 的总收入是 OKE_2L_2。因此,三角形 E_2ME_1 相当于无谓损失(deadweight loss),它等于移民在离开之前产生的利润或剩余价值。

图 8-1 移民、剩余人口的收入

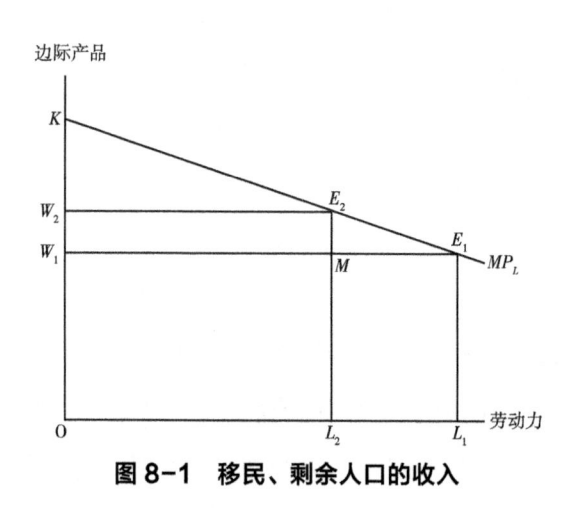

这个简单模型的解释力度非常有限。巴里和索利戈(Berry and Soligo,1969)还分析了当移民中存在一些"非人口因素"时的情况。在这种情况下,结果取决于移民是否携带了这些因素出去:如果"非人口因素"是资本,而移民离开时携带了资本,那么留下来的人的平均收入将会下降,除非资本-劳动比率侥幸保持不变。如果资本-劳动比率保持不变,在没有规模效应的前提下，任何人的收入都不会发生变化，因为经济环境几乎没有任何改变。然而，如果这一比率发生了改变，因为资本随着移民者流出，剩余人口的收入都会下降。如果移民不带着资本离开（但带着资本的所有权离开），如果剩余人口拥有充足的资本，那么剩余人口的收入将会增加。

随着模型假设的简化和放宽，巴里和索利戈的结论就显得不够有说服力了。卡洛斯·罗德里格斯（Carlos Rodriguez，1975）证明了，在储蓄生命周期模型（life-cycle model of saving）中，低储蓄的移民可能导致剩余人口的收入增加。然而，在现实中，移民者总是在自己已经到达高储蓄阶段时才开始移民。根据储蓄生命周期模型，低储蓄者的移民通常是大量婴儿和老人的外流，现实却并非如此。厄舍（Usher，1977）从另一个角度证明了巴里和索利戈的结论：因为任何国家的大部分财产都是公有的，移民增加了移民接受国对基础设施的需求，相应的原来国家的这份需求就降低了，因此移民对原国家的原始居民造成了负面影响，并给接受国的原始居民带来了积极影响。

对于巴里-索利戈模型的结论的最有力的反驳是，在饥荒爆发前，爱尔兰移民在某些情况下可能减少了人均收入，然而有一些地主热心地支持移民，这种现象表明，移民不可能只带来了"收入减少"这一种结果。我们在第5章讨论了种植业与畜牧业的冲突等复杂问题，在这里，也不能光依赖一个静态模型来看待移民问题。此外，依据巴里和索利戈的结论，我们仍然不清楚移民是否真的加剧了爱尔兰贫困，或者像我们的定义表达的那样，是加剧了爱尔兰对饥荒的脆弱性。在他们的模型中，移民减少了剩余人口的人均总收入，同时带来了收入的重新分配。这种重新分配意味着收入分配不平等的减少，从而减少了粮食短缺的危险。显然，在这种情况下，单用人均收入来衡量一个经济体的总体水平是具有误导性的。

移民对爱尔兰经济的影响是深远的。维利埃（1979）直截了当地说道："由于人口不断外流，移民使国家陷入贫困。"这一观点在当时得到了不少敏锐的学者的认同（例如 Pim，1848；Foster，1847；Blacker，1846），然而这一观点还需要接受理论和实践的检验。

维利埃认为，移民造成了一场大出血，使经济失去了不可或缺的需求刺激。不能完全排除这种需求侧机制发挥的作用，尽管它们不太可能发挥重要作用。关于需求下降导致人均收入下降的结论，必须建立在将技术进步与当地市场规模联系起来的未经证实的假设之上，或者是爱尔兰经济存在规模经济效应这一更不可信的假设之上。我在研究英国工业革命时，讨论过需求影响的相关问题（Mokyr，1977）。

针对移民对经济状况的影响，从供给的角度来说，有三种方式或效应。在这三种效应中，生命周期效应（life-cycle effect）可能是最容易解释的。生命周期效应建立在一个简单却强大的模型之上，该模型将一个社会的经济发展视为一系列代际转移。社会上最年轻的成员在开始从事生产劳动之前，要吃、穿、住好几年。这种转移是一种债务，而不是一种赠予，因为当这些孩子到了一定的年龄，他们将开始偿还他们对社会欠下的债务。他们既要赡养自己的孩子，也要赡养自己的父母（如果他们的父母还健在的话）。最后，当他们老了以后，他们又将从自己的孩子那里领取"养老金"。

只有当移民的年龄结构与国家原本的人口年龄结构相同时，移民才不会给社会造成巨大的破坏。但19世纪的移民潮显然没有遵循这一规律，在那次移民潮中，移民人口主要是年轻的男女（Thomas，1973；Taylor，1971）。经济历史学家试图用来自欧洲的"即将成年人口"的涌入来解释19世纪美国的经济增长。弗里德里希·卡普（Friedrich Kapp）在19世纪60年代首次尝试量化这些影响（Kapp，1870；Mayo-Smith，1890）。保罗·乌赛丁（Paul J. Uselding，1971）、尼尔和乌赛丁（Neal and Uselding，1972）在量化移民给美国经济带来的好处方面的研究是最有突破性且具有代表性的。要精确量化的确是很困难的，这一工作也遭到了有关学者的批评（Gallman，1977）。注意，这种收益本质上是由欧洲向美国的转移支付，而不是全球范围内的。对于每一个从欧洲国家移民到美国的年轻劳动力，欧洲国家都承担了养育他的成本，但他却没有将这份"债务"还给自己的祖国。[4] 表 8-1 体现了，饥荒后十年内国家总人口的年龄结构和移民人口的年龄结构。

表 8-1 表明，在 1861~1911 年这些年里，爱尔兰移民主要为 15~35 岁年龄人群。显然，在生命周期模型中，饥荒前有大量分布在这个年龄段的人口外流很有可能导致资本积累的失败。但是，这里的"大量"到底有多少？什么样的数据能够让我们估算出饥荒前移民的经济成本到底是多少？本章第 2 部分提出了一种计算这种成本的简单方法，我将利用它来计算 1820~1848 年的移民成本。

表 8-1 移民人口的年龄结构与国家总人口的年龄结构（1861~1911 年）

单位：%

时期	15 岁及以下 占总人口比例	15 岁及以下 占移民人口比例	15~24 岁 占总人口比例	15~24 岁 占移民人口比例	25~34 岁 占总人口比例	25~34 岁 占移民人口比例	35 岁及以上 占总人口比例	35 岁及以上 占移民人口比例
1861~1871	32.8	14.8	22.2	44.4	13.1	25.1	31.9	15.7
1872~1881	35.4	14.4	18.3	46.3	13.5	26.8	32.8	12.5
1882~1891	35.1	13.7	20.0	57.2	12.2	18.5	32.7	10.6
1892~1901	32.5	7.8	21.1	60.0	12.7	23.7	33.7	8.5
1902~1911	30.4	8.9	20.6	59.2	14.7	24.1	34.3	7.8

资料来源：移民数据来源：Thomas（1973）；人口数据来源：Vaughan and Fitzpatrick（1978）。

供给侧的第二种效应可以称为劳动 - 质量效应（labor-quality effect）。除年龄外，移民者与剩余人口有许多不同。毕竟，在饥荒前的爱尔兰，大多数年轻男女并没有移民。这种移民是随机的——尽管这让人难以相信，所以总体上而言，移民者的个人特征和那些留下来的人并没有什么不同。

我们似乎有理由假设，劳动力不是由一组均质的劳动力组成，而是由"在生产过程中互补"的若干非竞争性群体组成。例如，假设经济与三个生产要素，即劳动力、资本和企业家精神（entrepreneurship）相关。这三个要素是互补的，也就是说，这三个要素中任何一个的增加都会增加另外两个要素的边际产量。企业家的移民，无论如何都可能导致劳动力的边际产量下降，从而进一步加剧爱尔兰的贫困。然而，正是那些帮助这些企业家获得事业成功的个人特性增加了他们移民的可能性。

那么，这些特性是什么？19世纪早期的移民面临着相当大的风险，为了在遥远的将来获得更高的收入（可能只有下一代人才可以享受到），而推迟当下和短期将来的消费，还要在体力和精神上付出巨大努力。因此，移民者与留下来的人相比，可能存在三个显著特性：不厌恶风险、主观时间偏好率较低和勤劳。这正是企业家的特性。这些足智多谋、精力充沛、雄心勃勃和老练的劳动力通过移民离开了，也意味着相当一部分潜在的经济领导者离开了。这一部分具有领袖气质的人，恰恰弥补了爱尔兰剩余劳动人口的不足。

从这个意义上说，移民移走的是爱尔兰社会的"精华"，这一假设听起来似乎合理，但我们能验证它吗？答案通常是否定的，因为这种效用不是直观可见的。即便通过观察这批移民离开的爱尔兰人在接受国的表现，也是不行的。因为我们不能割裂经济环境与移民者个人特征之间的关系来看待这一问题。只有用其他非常间接的方法，我们才能试图比较移民与一般人口的不同之处。我们将在本章第3部分中详细阐释这种方法及检验结果。

移民影响经济状况的第三种方式可以称为人力-资本效应（human-capital effect）。在某些方面，它与劳动-质量效应有些重合部分，但不同之处在于，它只考虑了移民者带走的那部分资本在过去产生的投资效益（Grubel and Scott，1977）。由于人力资本可以与缺乏技能的劳动力互补，熟练技工的离开很可能会降低剩余工人的边际产量。此外，如果是未移民者（父母和师傅）投资培养了移民者，那这些经受过技能培训的劳动力的离开就意味着一种损失。我们无法获得有关移民者受正规教育程度和文化水平程度的直接资料。因此，我们用职业数据代替。验证结果将在本章第 4 部分中给出。

上述三种效应都是基于我们观察到的，移民者在某些关键方面不同于剩余人口。换句话说，如果特征 x 与移民概率呈正相关，那么剩余人口就不具有鲜明的特性 x。原则上，移民会使得总人口的特性 x 被稀释，而该特性 x 会从两方面影响收入（或任何其他用于度量经济状况的变量）。一方面，从一个纯粹的统计事实来看，通过观察特性 x 的分布，我们观察到的是，x 特性呈截尾分布（truncated distribution），也就是说，从上尾移走的观测值要多于从其他部分移走的观测值。因此，根据定义，截尾分布中 x 的平均值低于移民前人口的 x 平均值。如果 x 与收入相关，那么移民将减少收入。另一方面，x 对收入的影响与 x 自身的值并不相互独立。例如，如果一个"更优秀"的工人出现了，正外部性可能会导致一个普通工人的生产率更高，因此，x 值高的工人如果移民离开了，剩余人口的生产率会下降，随之收入将会下降。

要了解这三种效应之间的差异，让我们假设一个 18 岁的橱柜工人要移民。正当他 18 岁时，很显然，过去 18 年里，他的总消费超过了他的总产值。他欠社会的债务等于他在过去 18 年里总消费和总生产的差值。如果他要在爱尔兰度过他的一生，那么他在这一生中的总消费将会等于总生产。一般来说，一个年龄为 i 的人将在他的余生创造出的期望剩余价值会等于他活到 i 岁时欠社会的债务。当他移民时，社会流失的正是这笔剩余价值，我们将此定义为生命周期效应。接着，我们再假设一个人天生就有成为橱柜匠的天赋，这一事件的可能性是正态分布的，而我们假设中的这个人恰好具有这种稀缺的才能。他移民离开后，也许有人能够接替他，但是，如果他的接替者不像他那样与生俱来是个做橱柜的好苗子，损失就出现了，这就是劳动－质量效应。最后，我们继续假设，如果他自己支付了所有学习培训的费用，那么他的移民不会对社会造成长期损失，但即便社会存在一个完全可以替代他的人，他的离开也对社会造成了短期损失。因为在他离开到有人接替他的这段时间间隔中，人力资本存量是低于均衡水平的，所以互补要素的生产收益暂时下降了，这就是人力－资本效应。如果在学徒期间，他本人没有全额支付培训费用，那么剩余未支付的费用必须作为成本被加到人力－资本效应中去。[5]

（二）生命周期效应

在这一章中，我将尝试运用一种方法来计算移民人口的不同年龄结构将产生怎样的移民经济成本。在每个社会中，总有一些人是为了赡养不具劳动能力的幼童或老人（忽略由于其他原因而不工作的人）而工作。从比例上看，移民者，更多的是有工作的人，而不是没有工作的人。因此，剩余人口中的劳动力较少，因此人均收入较低。由于劳动参与率（labor participation rate）是未知的，那我将采用别的等价变量进行替代。"生命周期"效应假定，家庭就像一家储蓄银行：在达到工作年龄之前，人们"借钱"。一旦他们有工作能力后，他们就开始偿还这些"贷款"。一旦童年产生的贷款全部还清，他们就开始为退休储蓄"养老金"。

要使这种方法奏效，我们必须假设存在一种守恒状态（steady state），即每个人都要向银行偿还一笔金额，而这笔金额等于他童年时期的"借款"，加上他希望在日后获得的养老金金额。当然，这些数字必须由生存概率来计算，因为并非所有的孩子都能活到成年，也并非所有有工作的成年人都能有幸享受退休生活。因此，整体来看，每一个存活下来的成年人实际上偿还的比他得到的还要多，因为他必须为许多在达到工作年龄之前就死亡的儿童偿还这笔"债款"。守恒的意思是，首先，如果没有移民，则国民人均"储蓄"为零；如果发生了移民，移民给剩余人口带来的成本是由移民群体的年龄结构与移民前总人口的年龄结构的差异决定的。例如，一群20岁的移民会令那些留下来的人更贫穷。对此，有两种解释：一是移民者可能在还没有彻底还清"借款"[包括"生存溢价"（survival premium），即他们还需承担那些不足20岁就离世的孩子的"贷款"] 时就离开了；二是20岁正是一个人处于最佳工作年龄的时候，这样一群人移居国外，导致剩余人口的"抚养负担"更大了。

年龄要比劳动参与率更加直观，并且"生命周期方法"通常在数字上更容易处理。基本思想是，设计一个 β 函数，这一个函数可以将年龄转换为成本。对于每个 x 岁的移民者而言，$\beta(x)$ 代表他的离开对剩余人口造成的成本。对于这样一个 β 函数，新生儿的 β 值为零，之后，随着他长大，"借款"在不断增加，β 值相应地增加。到了一定的年龄，这个人就会加入劳动大军，开始偿还债务。当养育成本彻底还清时，β 值再次回归为零，然后开始为负。β 值为负，是因为此时移民的人放弃了他在未来的"养老金"，而实际上他早已向这个"养老金池"提前缴纳了一笔费用。

这一方法简化了大量问题的假设，但如果要让这个方法可行，这些假设必须存在。首先，必须假设忽略男女差异，尽管他们在生命周期储蓄的时间模式上有明显差异。其次，假设在移民之前，人口没有增长，也没有资本的净积累。这两个假设显然是不现实的，但是考虑它们会使计算变得非常复杂，却不会显著地改变整体结果。

有关守恒状态的假设意味着一个人一生当中的预期消费（expected consumption）和预期产出（expected value of output）在其刚出生时是相等的。

用 A 表示年龄，$C_A(A)$ 表示其在 A 岁时的年消费量，$Q_A(A)$ 则表示其在 A 岁时的年产出量。因此，守恒假设意味着：

$$\sum_{A=0}^{\infty} P_A(Q_A - C_A) = 0 \tag{8.1}$$

其中，P_A 代表一个人活到 A 岁的概率。注意，我们不计算未来消费值或未来生产值的现值。大卫和特明（David and Temin，1976）的研究表明，在这个方法中，计算现值是不恰当的。生命周期模型表明，一开始，个人的净"储蓄"$Q_A - C_A$ 为负，之后为正，最后又变为负数。现在，再定义函数 $\beta_A(A)$，该函数表示一个 A 岁的移民给社会造成的成本：

$$\beta_A = \sum_{i=A}^{\infty} P_i | A(Q_i - C_i) \tag{8.2}$$

方程（8.1）和（8.2）共同表明 $\beta(0) = 0$，而 $\beta(1)$ 为正，原因是，一个 1 岁的孩子已经消费了一年的商品，却什么也没有生产。鉴于一个人在一生中的预期消费等于预期产出，所以一个孩子未来的预期"储蓄"是正值，当他移民时，社会损失的就是这部分预期"储蓄"。显然，对于一个两岁的孩子来说，这个成本将更高，因为他消费了两年，而且他在第二年的消费很可能比第一年还高。因此：

$$\beta(1) = C_1 \tag{8.3}$$

$$\beta(2) = C_1 + C_2 \tag{8.4}$$

假设一个人在 15 岁时进入劳动力市场，因此，

$$\beta(15)=\sum_{i=0}^{15} C_i \qquad (8.5)$$

这个人在 15 岁之前的消费模式尚不清楚，在这里我们用一个简单的假设代替：

$$C_i=i$$

$$\beta(A)=C_1+C_2+\cdots+C_A=\frac{A(A+1)}{2} \qquad (8.6)$$

单位 β 表示 1 岁孩子的年消费量。任何未满 15 岁就移民的人的移民成本为：

$$\text{当 } A \leqslant 5 \text{ 时}, \beta_A(A)=\sum_{i=0}^{A} i \qquad (8.7)$$

15 岁时，一个人欠社会的"债"可以通过将 A=15 代入方程（8.7），计算得 β= 120。如果他在 15 岁移民，社会的承担代价就会最大化。15 岁时，他开始通过赡养自己的父母和/或抚养自己的孩子来偿还债务。[6] 在某个年龄 A^*，债务完全还清。注意，根据方程（8.1），一个人一生的净储蓄的值为零，那么：

$$\sum_{i=A^*}^{\infty} P_i(Q_i-C_i)=0 \qquad (8.8)$$

换句话说，A^* 表示，一个人从 A^* 岁开始创造的预期产出会等于他从 A^* 岁开始的预期消费。一个人在 A^* 岁时移居国外，对社会既无损失，也无益处。一个人在年龄大于 A^* 时移居国外，社会获益。真正有影响的是，他余生的预期消费超过了他余生的预期产出。表 8-2 将上述分析总结如下。

表8-2 基于生命周期模型的消费、产出和储蓄

年龄	当前消费值 (C_A)	当前产出值 (Q_A)	当前储蓄值 (Q_A-C_A)	未来储蓄的期望值 $\sum_{i=A}^{\infty} P_i\|A(Q_i-C_i)$
0	0	0	0	0
$0<A\leq15$	+	0	-	+
$15<A<A^*$	+	+	（可能）+	+
A^*	+	+	+	0
$A^*<A$	+	+或0	?	-

为了计算 β，我们必须进一步假设。假设一个人在15岁后对社会的"债务"（β）从120这个峰值开始直线下降。在这个假设下，一旦我们知道 A^* 的值，$\beta_A(A)$ 就可以很容易得出。函数 β 写作：

$$当 A > 15 时, \beta_A(A)=Z-YA \quad (8.9)$$

那么

$$Y=\frac{120}{A^*-15} \quad (8.10)$$

且

$$Z=\frac{120A^*}{A^*-15} \quad (8.11)$$

A^* 的值，可以通过将1821年爱尔兰的总人口视为移民前人口总数得到。我们此前假设没有人口增长，所以唯一能解释 $i+1$ 岁的人比 i 岁的人少的原因就在于死亡率。用 n_0, n_1 ⋯代表每一个年龄组的人数，那么：

$$\frac{\sum_{A=0}^{\infty} n_A \beta_A}{\sum_{A=0}^{\infty} n_A} = 0 \qquad (8.12)$$

为了证明式（8.12）成立，注意，（8.2）和（8.1）共同意味着$\sum_{A=0}^{\infty} P_A \beta_A$，即根据相应生存概率加权后的 β 值的和等于 0。根据定义，每个年龄 A 的人数为 n_a，n_a 等于 $n_0 P_A$，那么式（8.12）可写为：

$$\frac{n_0 \sum_{A=0}^{\infty} P_A \beta_A}{\sum_{A=0}^{\infty} n_A} = 0 \qquad (8.13)$$

式（8.12）表明，如果移民人口的年龄结构与总人口年龄结构相同，那么移民人口对剩余人口造成的成本为零。根据式（8.12）和 1821 年人口普查中 n 的数据[7]，式（8.10）和（8.11）中 Y 值和 Z 值就可以计算得出了。利用式（8.12）中的 A 值进行迭代即可得 A^*。通过计算，A^* 的值大约为 31。

我们如何计算 1845 年前爱尔兰移民的成本？通过分析，任何随机样本的年龄结构都应该满足 $\sum_A \beta_A(A) = 0$ 这一条件；任何非随机样本，比如抵达纽约的爱尔兰移民，都应该满足 $\sum_A \beta_A = 0$ 这一条件；如果我们发现这些值实际上明显不等于零（而且是正的），可以得出的结论是，移民造成了社会损失（见图 8.2）。

有关 $\beta(A)$ 函数形式的假设可能显得有些随意。但是，实验表明，只要保留式（8.12）中的限制条件，函数形式具体如何，都不会使结果有太大改变。例如，损失函数可以近似为一个四次多项式（fourth-degree polynomial），虽然有些参数（如 A^*）不同（Mokyr and Ó Gráda, 1982），但是解释效果是

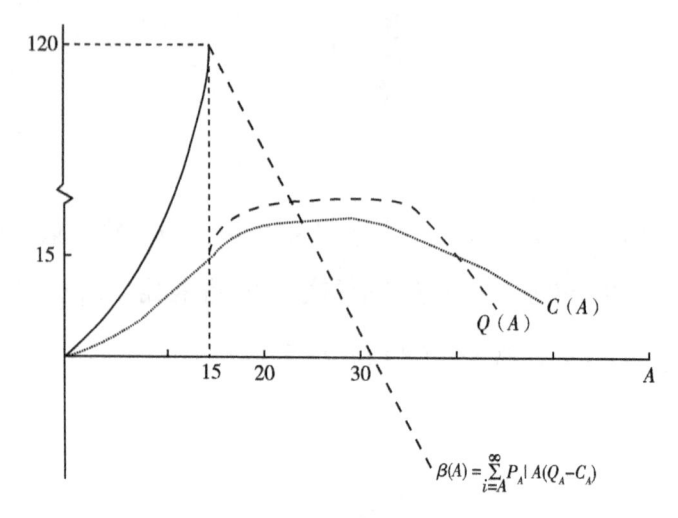

图 8-2 生命周期模型中主要变量的运动轨迹

相似的。

在进行计算之前，假设改变 1821~1841 年人口年龄结构的唯一机制是移民。由于总人口（移民＋剩余人口）满足 $\sum_A \beta_A = 0$，那么对于移民人口，$\sum_A \beta_A > 0$；相应地，对于剩余人口，$\sum_A \beta_A < 0$。将 1841 年爱尔兰总人口代入式（8.2）和式（8.9），得出 $\sum \beta_A \approx -29000000$，相当于人均值为 −3.55。负号表示在 1821~1841 年，爱尔兰遭受了损失。

当然，我们不能肯定的是，1821~1841 年年龄结构的变化和伴随而来的无劳动能力人口比例（dependency rate）的上升完全是由移民导致的。特定年龄死亡率的下降，特别是 31 岁以上的人的死亡率下降也可能导致这一现象。又或者，在 18 世纪末出生率突然达到峰值，使得 1821 年劳动力队伍异常庞大。在 1821 年，这些突然增多的劳动力的年龄在 15~30 岁，到 1841 年，他们都进入了 35~50 岁，逐渐成为需要被赡养的群体。在缺乏关于出生率或特定年龄死亡率趋势的数据资料的情况下，这样的估计已经是相对合理的了。

$β$ 值以及其他有关饥荒前移民人数的信息可以从抵达纽约港的乘客名单中获取。自 1820 年 1 月至 1897 年 6 月中旬，依据法律规定，抵达美国岸口的船只需要向目的地港口的海关署提交一份乘客名单。这一份名单可以帮助我们粗略地得出移民到美国的爱尔兰移民人数。名单提供了以下信息：姓名、年龄、性别、职业和原国籍，大多数情况下国籍只是简单地标注为"爱尔兰"，但有时候，也会具体到郡或教区。更多有关乘客名单的细节和其作为历史依据的价值讨论可以参见 Erickson（1981）、Mokyr 和 Ó Gráda（1982b）。

关于这份数据的具体处理方法如下：名单中涉及爱尔兰移民的船只样本都被留下了。此外，所有载有原籍地属爱尔兰境内的爱尔兰移民的船只样本也都被留下。样本涵盖的年份为 1820~1848 年，共有 30535 名移民。对于爱尔兰总移民人数来说，很难说这一样本的代表性如何。但是，我们可以将这一数据作为爱尔兰人移民到美国的代表。此外，我在之前提到，美国只吸收了爱尔兰移民总数的 1/3 左右。在前往加拿大的移民中，有很大一部分最终到达了美国，但由于这些移民中的大多数是通过陆路到达的，所以他们的行踪无从得知。通过对比去美国和去加拿大的费用，我们可以得知这批前往美国的爱尔兰移民整体上要比前往加拿大的移民更富有。同样的推理逻辑也适用于英国。此外，从阿尔斯特的爱尔兰人更倾向于移民到加拿大可以看出，爱尔兰移民在选择目的地时还存在着地域差异。

表 8-3　1820~1848 年的 $β$ 值（基于全部移民人口）

时期	移民人数（人）	$β$ 的均值	移民人口年龄中位数（岁）	16~34 岁移民人口占比（%）
1820~1824 年	628	41.07	21.3	70.0
1825~1829 年	1921	32.56	22.3	67.3
1830~1834 年	3968	38.75	21.4	71.6

续表

时期	移民人数（人）	β的均值	移民人口年龄中位数（岁）	16~34岁移民人口占比（%）
1835~1839年	6904	43.93	20.9	73.8
1840~1844年	7657	38.42	21.3	70.2
1845~1846年	3295	46.31	20.3	72.1
1847~1848年	6162	38.97	21.3	66.7
合计	30535	40.35	21.7	70.5

资料来源：纽约港的爱尔兰移民样本。

表8-3和表8-4展现了前往美国的爱尔兰移民的年龄结构情况。对于1820~1848年这整个阶段，β的近似平均值为40。如果我们把这个数字乘以爱尔兰的移民总数，结果将意味着社会损失高达6000万个单位。这是依据1841移民人口年龄结构估计得出的损失值（2900万个单位）的两倍。单从生命周期效应来看，移民给爱尔兰带来了非常惨重的代价。

表8-4 基于移民原籍地统计的 β 值

单位：人

省份	移民人数	β的均值
阿尔斯特	4374	41.54
伦斯特	3417	41.89
明斯特	1648	38.00
康诺特	1671	43.65
其他	19425	39.74
合计	30535	40.35

资料来源：见表8-3。

6000万个"单位"是什么概念？通过对比的方法来解释这一数字会更加直观。将公式应用于修正了年龄堆积问题后的1841年年龄结构，我们观察到，所有在20~24岁移民的人的生命周期效应给经济带来的损失大约为5400

万个单位。而在 15~16 岁移民的人所造成的损失为 4900 万个单位。因此，1821~1845 年爱尔兰遭受的这 6000 万个单位的损失相当于，所有 15~16 岁的人或所有 20~24 岁的人在 1841 年的某一天突然全部移民离开爱尔兰。这一损失难以用货币价值度量，但是基于一些大胆的假设，也许也是可以粗略估计的。饥荒前人均收入约为 10 英镑。婴儿和儿童的支出要比成人少得多。假设任何一个孩子在他生命的前 15 年里，他的支出仅为全国平均水平的 25%。这意味着每名儿童的养育成本约为 40 英镑。除此之外，我们还应该加上母亲为养育孩子而放弃的收入。总而言之，将一个孩子抚养到 15 岁的成本为 60 英镑，这合情合理。与此同时，我们唯一发现，卡普（Kapp，1870）也引用了恩斯特·恩格尔（Ernst Engel）研究中对社会抚养孩子成本的估计。恩格尔估计，在普鲁士，将一个孩子从出生抚养到 15 岁成本约为 750 泰勒，相当于 115 英镑。在 19 世纪 60 年代，饥荒前的爱尔兰和普鲁士在抚养孩子的成本上存在近三倍的差距，这有些不太现实。基于这些假设，鉴于 15 岁时，$\sum \beta = 120$，那么 β 的近似值为 10 先令。这将使移民成本在 25 年内达到 2500 万~3500 万英镑，相当于全国个人收入总值的 1.3%~1.6%。爱尔兰的净流出要小一些，因为海外回流的资金部分抵消了"生命周期资本"的流出。饥荒前的资金回流可能比想象得要高，在饥荒前的那些年，资金回流每年可达 100000~125000 英镑（Ó Gráda, 1981）。这些资金中有一部分是用来帮助亲属过境的，因此不能被认为是向爱尔兰的经济转移（Pim, 1848）。总而言之，从移民的生命周期效应来看，移民给爱尔兰造成了巨大的资源损失，尤其是在 19 世纪 50 年代末，那时的移民的数量急剧增加，β 的平均值超过了 40。

（三）劳动质量效应

移民人口是否都是卓越的工人？而与他们同龄的技能较差的工人则留在

了爱尔兰？那时候最见多识广、最有洞见的观察家肯定都是这么认为的。土地经纪人兼农业专家威廉·布莱克尔写道：

> 移民远不是拯救爱尔兰罪恶的方法，相反，移民导致了这种罪恶在爱尔兰继续延续下去。移民的是富人，是勤者，是年轻、健康和强壮的人……如果他们继续留在这个国家而不是离开她，这个国家的命运将会发生改变，她会变得进步、舒适、安逸，工业实现现代化，就业充足，农业繁荣（Blacker, 1846）。

济贫法委员会在报告附录F（Great Britain，1836b）中对移民的性质和动机做出了许多解释。一位证人说，对爱尔兰来说，"不幸的是，移民一般是他们阶级中最勤劳、最守规矩的人，且在大多数情况下，移民是最富有的人，因此，最坏的和所有不三不四的人都留了下来，这给国家增加了负担"。移民包括许多上层人士（Palatinate），他们的勤奋和财富令亚瑟·杨格（1892）以及霍尔和霍尔（1825~1840）叹为观止。[8]根据济贫法委员会提供的资料，受访者的回答满是对移民者品质的褒奖。移民是"有勤劳习惯的青年男女"；"大多数是劳工、商人和年轻妇女……总而言之，是国家的劳动力和企业家"；"一般都是行业的典范和行为的标杆"。一名可能非常了解移民人口特质却并不了解移民接受国命运的人说："最优秀和最有进取心的人正在匆忙离开，开垦美国的荒地去了。"英国地形测量局的回忆录中也有类似的评论：移民都是勤奋且行为端庄的人，而"身体健壮的懒人和行为混乱的人却很少离开这个国家"（OSM）。1845年以前，有关爱尔兰移民的最佳著作的作者Adams（1932）也认同这一观点。

爱尔兰移民是什么人？爱尔兰移民的主体是佃农和雇农。许多移民都是租约已经到期的农民，或被散租户（tenants at will）给取代的佃农。在阿尔斯特省，家庭手工业的衰落导致大量农民流离失所。阿尔斯特省的纺纱工和纺织工之所以大量外流，缘于家庭手工业的突然衰颓、非农业就业机会的缺乏以及阿尔斯特省的地理位置。

因此，我们有充分的理由相信，移民的劳动力质量效应是非常重要的。那么劳动力质量可以被度量吗？许多品质，例如不怕风险、主观时间偏好（愿意延迟消费和享受）、充满野心，都被认为是经济外部性的来源，如果没有经过仔细控制的实验，是难以被度量的。一种品质，可能与其他一些品质相关，就是所谓的"量化复杂性"（quantitative sophistication）。度量量化复杂性的一个可能的方法是通过测量人口年龄堆积（age heaping）程度实现。年龄堆积现象在各国都是非常普遍的，饥荒前的爱尔兰也不例外。相较于总人口，移民的年龄堆积程度发生了持续且显著的下降，这意味着移民人口比剩余人口更擅长计算，因为，他们总能准确地回忆起自己的出生日期和做出正确的减法，而且非常清楚自己的年龄，这表明他们有着非常敏锐的时间概念。

年龄堆积程度可以通过以下方法度量。我们把分析对象定为年龄在15~34岁的群体，因为这个群体构成了移民的绝大部分。人口的真实年龄结构可以通过"去堆积"或平滑的方法来近似估计。现阶段，已经有非常精密复杂的平滑方法。这里使用的方法是格雷比尔的斯普拉格系数的加权移动平均法（Graybill's Weighted Moving Average of the Sprague Coefficients）（Shryock and Siegel，1973）。这种方法对人口进行了大幅度的平滑，并且没有保留每个年龄小组的人数。对于每个年龄（i=15，16，…，34），我们分别计算了$\frac{\hat{n}_i}{\sum \hat{n}_i}$和$\frac{n_i}{\sum n_i}$，前者代表每个年龄的人口占平滑后总人口的比例，后者代表每个年龄的人口占报告总人口的比例。年龄堆积程度 γ 为：

$$\gamma = \sum_i (\frac{\hat{n}_i}{\sum \hat{n}_i} - \frac{n_i}{\sum n_i})^2$$

另一种与人口规模变量无关的年龄堆积程度 λ，定义为：

$$\lambda = \frac{\sum |n_i - \hat{n}_i|}{\sum \hat{n}_i}$$

在研究移民数据之前，我们先看看报告人口中年龄堆积的严重程度。表8-5 包含了四个爱尔兰省份以及其他三个参考人口的 γ 值和 λ 值，这三个参考人口数据分别为，1960 年的墨西哥的人口（Shryock 和 Siegel 的研究以墨西哥为例）和 1880 年、1970 年的美国人口。除了 γ 和 λ 外，表中还包括了 δ 的值，δ 定义为：

$$\sum_i \frac{(n_i - \hat{n}_i)^2}{\hat{n}_i}$$

当零假设——没有年龄堆积问题——为真时，δ 遵循自由度（degrees of freedom）为 19 的卡方分布，在 99% 的置信水平上，卡方临界值为 36.2。δ 的值超过这个临界值，表明我们应当拒绝原假设。[9]

表8-5 选中样本的 γ、λ、δ 统计结果

样本选择	人口规模（年龄15~34岁）	γ	λ	δ
阿尔斯特（1841）	792094	54.53	0.238	4745
伦斯特（1841）	771429	54.99	0.233	4317
明斯特（1841）	860130	72.22	0.255	6828
康诺特（1841）	483717	98.94	0.296	5261
爱尔兰（1841）	2841546	66.18	0.251	20744
美国（1880）	17548751	10.20	0.111	396200
美国（1970）	60348798	1.14	0.038	139900
墨西哥（1960）	11038864	23.64	0.177	595400

资料来源：爱尔兰人口数据：Great Britain（1843）；美国人口数据：Department of Commerce（1970）；墨西哥人口数据：UN（1962）。

表8-5证实了我们的猜想，变量γ和变量λ与经济发展程度负相关。根据λ值得出的四个爱尔兰省份的排名与收入水平排名是一致的，而根据γ值得出的排名，唯一不同的地方在于，伦斯特省和阿尔斯特省互换了位置。同样明显的是，1970年美国的数据几乎没有年龄堆积问题。δ的值很高，说明报告人口的分布仍然与平滑处理后的人口分布有显著差异，但这主要是由于平滑处理后的人口数据无法充分体现1946年的婴儿潮。然而，1880年美国的人口数据仍然受到年龄堆积问题的影响，尽管堆积程度要比1960年的墨西哥轻微一些。饥荒前爱尔兰的年龄堆积问题比1960年的墨西哥严重得多。

运用同样的计算方法，得出的移民样本的统计结果见表8-6。从这些结果中得出的结论是，移民人口比总人口更精于计算的这一假设断然被拒绝了。移民人口的变量γ和变量λ的值始终高于1841年爱尔兰统计人口的同一指标值。移民人口的年龄堆积往往更为严重。同样很清楚的是，饥荒年代（1847~1848年）移民中的堆积现象比早期移民浪潮中的堆积现象更为严重。

表8-6 移民人口的γ、λ统计结果

时期	参与计算的人数	参与计算的人数与总样本人数之比	γ	λ
1820~1824年	440	70.0	107.4	0.408
1825~1829年	1293	67.3	114.2	0.383
1830~1834年	2843	71.6	96.75	0.384
1835~1839年	5096	73.8	104.9	0.370
1840~1844年	5374	70.2	103.8	0.374
1845~1846年	2374	72.1	150.0	0.382
1847~1848年	4106	66.7	239.9	0.472
合计	21526	70.5	120.52	0.351

资料来源：见正文。

因此，年龄堆积程度与一些其他品质，如算术能力、追求准确性、有强烈的时间概念等是相关的。年龄堆积变量可以度量有价值的人类属性，这些属性包括创造重要经济外部性的能力和对经济发展发挥重要作用的能力。基于此，爱尔兰在饥荒前几年，人才不断流失的假设并没有得到证实。

当然，年龄堆积与真正重要的品质之间的相关性可能很弱。在那些离开爱尔兰的人中，愿意承担风险和推迟享乐这两种几乎是经济发展所必需的品质，可能也只有一小部分移民人口才具备，而不是每一个移民者都有这样的重要品质。但这一结论不太可能被直接检验，也颇有一些投机的色彩。

我们也不太可能确定爱尔兰移民是否真的比一般人更勤奋。在1841年人口普查中，年龄在15岁以上的爱尔兰男性人口中，绝大部分（94.3%）属于"有工作"的那一类，只有很小的一部分被报告为"靠救济度日"的那一类。通过对比，可以看出，移民人口中，"有工作"的人口比例要高得多。在1835~1844年离开爱尔兰的移民中，15岁以上且"有工作"的女性占比为47.15%，而这一部分人在总人口中的占比为41.74%。此外，移民人口中，15岁以下且"有工作"的儿童比例为11.53%，而这一部分人占1841年人口统计总数的6.68%。然而，这些差异在一定程度上具有误导性，因为它们反映了移民中未婚女性的比例较高，以及移民儿童的年龄结构不同。

（四）人力资本效应

爱尔兰移民的平均受教育程度和技术水平是否高于剩余人口？由于没有让爱尔兰移民填写过任何表格，因此无法估计他们的识字率。然而，我们有理由相信，在移民的过程中，读写能力是非常重要的。帆和船身上都印有广告，为了获得各种移民信息，移民人口中至少有一些成员是必须具备阅读能力的（Adams，1932）。在19世纪40年代，教育似乎是引发移民现象的重要因素,在此之前,从未出现过移民现象(Adams,1932)。但是移民和教育似乎互为因果,因为有些有着明确移民目标的人,一直在努力地学习(OSM)。美国人经常为爱尔兰移民的高识字率所震撼(例如,Mayo-Smith,1890),这并不排除一种可能性,即爱尔兰的移民人口比剩余人口更有文化。施里尔(Schrier,1958)注意到,爱尔兰移民寄回了大量信件。无论如何,1841年的爱尔兰仍然是一个识字率很低的国家。在所有15岁及以上的男性中,只有45.5%的人会读和写,15.5%的人只会读,39.0%的人不会读和写。女性的识字率则要低得多,分别为21.2%、23.7%和55.1%(Great Britain,1843)。

无论如何,识字率可能并不能很好地代替人力资本(human capital)这个变量。技能、经验、专业的贸易培训和手艺是人力资本的主要形式。因此,人力资本可以用职业数据来近似代替。将移民人口的职业结构与整个国家的职业结构进行比较,可以提供一些线索,说明移民是否与剩余人口有显著的不同。我们可以获得的数据有,纽约港的负责人提供的职业统计以及1841年人口普查的职业数据(见表8-7)。

表 8-7 1841 年爱尔兰人的职业结构

单位:%

职业类别	职业描述	成人 男性	成人 女性	儿童(15岁以下)男性	儿童(15岁以下)女性	合计
1	一般劳工	52.65	10.40	82.84	21.21	40.11
2	佣人	2.70	23.29	7.07	28.01	9.75
3	农场主	20.69	1.92	0.16	0.04	13.73
4	工厂工人、矿工、机械工人	0.59	0.03	0.16	0.03	0.39
5	纺织工人	7.08	59.93	5.59	49.95	24.16
6	皮革工艺师	2.55	0.33	1.03	0.16	1.76

续表

职业类别	职业描述	成人 男性	成人 女性	儿童（15岁以下）男性	儿童（15岁以下）女性	合计
7	木匠	1.75	—	0.17	—	1.12
8	其他木工	0.79	0.02	0.16	—	0.52
9	建筑工人	1.53	—	0.22	—	0.98
10	金属工	1.65	0.04	0.64	0.05	1.09
11	食品工艺师	1.22	0.13	0.36	0.03	0.83
12	其他技工	0.45	0.11	0.67	0.17	0.35
13	商贩和贸易商	2.37	2.80	0.49	0.30	2.38
14	白领	2.54	0.63	0.10	0.01	1.81
15	其他	1.45	0.35	0.34	0.04	1.04

资料来源：Great Britain（1843）。

职业类别划分所参照的标准是1841年人口普查的职业类别清单。人口普查中的职业数据是以一种特殊的方式收集的。统计员没有把人口按职业表中的职业分类。相反，每个人都陈述了自己的职业，统计员根据受访者的陈述，将相同职业的人汇总在一起。结果出现了各种各样、令人眼花缭乱的职业类别，职业种类不少于435个（Great Britain，1843）。其中一些职业令人匪夷所思：爱尔兰唯一的台球桌制造商、唯一的卷发生产商、唯一的火箭制造商和四种鸟类玩具制造商。此外，很多职业实际上几乎是没有区别的："盐匠"和"盐制造者"是分开列出的，"兽医"和"牛医生"也是分开列出的。当然，移民人口中则没有这些令人匪夷所思的职业。同样令人怀疑的是，移民船只的主人是否能清楚地区分"油漆工"和"电镀工"、"玻璃贸易商"和"瓷器贸易商"之间的细微差别。为了比较移民和1841年总人口的职业结构情况，人口普查中列出的数百种职业被分成了十来个主要类别。表8-8列出了这十来个职业类别以及相应的人口比例数据。

移民的职业结构多少会与总人口的职业结构有些不同。一个主要的原因是，将移民划分为不同的职业的这一统计过程，并不是由熟悉爱尔兰情况的熟练的统计人员来完成的。此外，移民的年龄结构也不同于总人口的年龄结构。并且，每个地方的语言和习俗不同，爱尔兰和其他移民接受国的地理环境差异也非常大，因此职业形态也会有差别。这些因素综合在一起，使得比较不同人口的职业结构得出的结论会存在一定的误导性。

表 8-8 前往纽约的移民人口的职业结构*（1820~1848 年）

单位：%

职业类别	1820~1824年	1825~1829年	1830~1834年	1835~1839年	1840~1844年	1845~1846年	1847~1848年
1	25.56	44.71	43.38	44.87	45.71	50.75	51.80
2	5.43	4.25	11.52	9.42	14.15	30.22	13.00
3	28.44	19.64	15.45	16.55	14.48	4.79	12.09
4	—	—	0.33	1.61	1.19	0.23	0.14
5	16.29	16.11	13.49	13.30	12.78	5.25	14.10
6	5.75	3.07	2.26	2.13	2.03	2.51	1.29
7	4.47	1.81	2.05	2.46	1.86	0.70	1.20
8	0.64	1.63	1.29	0.82	0.68	0.61	0.59
9	0.95	2.09	1.63	2.58	1.00	1.04	1.27
10	0.31	0.81	2.22	1.54	1.21	0.81	0.79
11	0.95	1.35	2.01	0.99	1.51	0.70	0.88
12	0.95	0.72	0.71	0.86	1.23	0.85	0.69
13	5.75	2.09	1.97	1.46	0.70	0.20	0.98
14	4.47	1.72	1.71	1.41	1.45	1.35	1.17

注：*具体的职业类别见表 8-7。
资料来源：见正文。

表 8-9 呈现了样本所涵盖的 28 年间，爱尔兰移民男女职业结构的变化情况。虽然职业结构在这段时间内发生了相当大的变化，但很明显，也许除了 19 世纪 20 年代外，一般性劳工（1 类和 2 类）占移民人口的比例超过了

50%，并且这一比例超过了他们在总人口中所占的比例。然而，从某种程度上来说，只看劳工和佣人数据是不太合理的。移民中劳工人数如此之高的一个主要原因是，许多在1841年人口普查中把自己归类为纺织工人或待业居民的女性，在移民后，又称自己为纽约劳工。这些女性同时有三个身份：妻子和母亲，偶尔也是农业劳动者或家庭手工业中的纺织工或女裁缝。在不同的情况下，面对略有不同的问题，她们针对自己的职业做出的回答可能会有所不同，因此，出现了一大堆与她们的陈述相左的职业类别是非常正常的。

表8-9 前往纽约的移民人口的职业结构*（1820~1848）

单位：%

职业类别	成人 男性	成人 女性	儿童 男性	儿童 女性	合计
1	56.84	26.11	52.70	34.65	46.86
2	2.75	36.78	13.18	28.72	14.03
3	15.68	9.18	19.09	12.01	13.73
4	0.94	0.42	0.17	—	0.73
5	6.95	24.42	6.25	18.54	12.49
6	2.80	0.61	3.04	1.06	2.10
7	2.44	0.45	1.18	0.46	1.74
8	1.17	0.17	0.17	0.30	0.81
9	2.23	0.23	0.68	0.61	1.53
10	1.71	0.24	0.68	0.15	1.19
11	1.70	0.35	0.84	0.61	1.24
12	1.21	0.28	—	0.76	0.89
13	1.50	0.52	1.35	0.46	1.17
14	2.09	0.23	0.68	1.37	1.47

注：*具体的职业类别见表8-7。
资料来源：见正文。

为了阐明爱尔兰移民的影响，我们在对数据进行对比分析时，或许应该更多地关注工匠和手艺人，而不是"职员"和"劳工"或"农民"。职业差异指数（Occupational Difference Index，ODI）见表8-10。这个指数定义为，移民人口中某一职业人口的占比除以1841年总人口中这一职业人口的比例。ODI值大于1意味着，该国流失了在这一职业领域的劳动者。

表8-10显示，移民的确让爱尔兰损失了很多技艺精湛的熟练技工。除纺织工和金属工外，其他职业类别的移民比例和总人口比例之间的差异通过了1%的显著性检验。此外，由于移民人口中有更多的年轻人口，移民的影响可能远大于表8-10显示的那样。例如，考虑木匠和其他木工，他们在1841年占爱尔兰职业人口的1.64%，占爱尔兰移民人口的2.55%。由于职业人口占移民人口的比例为66.7%，而职业人口占1841年总人口的比例只有42.5%，因此木匠和木工占总移民人口的比例为1.62%，占1841年总人口的比例为0.69%。假设木匠和木工占总移民人口的比例和他们占移民到纽约的移民人口比例没有很大不同，那么，在没有移民的情况下，木匠或木工占爱尔兰总人口的比例将等于0.85%，比前文中的0.69%高了0.21个百分点。其他职业也可以进行类似的推算。[10]如果没有移民，爱尔兰工厂工人和机械师的比例将提高28个百分点，皮革工人的比例将提高12个百分点。相反的是，建筑工人的比例下降了21个百分点，金属工人的比例下降了1个百分点，而食品加工工人的比例下降了19个百分点，"其他工匠"的比例下降了44个百分点。商人和其他商业工作者占总人口的比例将会降低4个百分点。对于所有非纺织业工人（第4类和第6~12类），按这种方式计算将下降12个百分点。

表8-10 前往纽约的爱尔兰移民的职业差异指数（ODI）

职业	成人 男性	成人 女性	儿童 男性	儿童 女性	合计
劳工、佣人和农场主	0.99	2.02	0.94	1.53	1.17
纺织工人	0.98	0.41	1.12	0.25	0.52
其他技工	1.35	4.17	1.98	8.98	1.45
白领和商人	0.73	0.22	4.61	5.90	0.63

资料来源：见表8-8。

移民造成的人力资本损失也可以通过其他数据来源加以说明。伦敦德里郡的 Templemoyle 农业神学院是饥荒前爱尔兰同类机构中较好的一所，它对从该校毕业的校友的职业生涯进行了跟踪调查，这使我们能够计算出移民给爱尔兰造成了人力资本损失。学校（由爱尔兰西北社区）建于 1828 年。1834 年 126 名 21 岁的毕业生离开了爱尔兰，相当于毕业生（仅限职业生涯数据已知的学生）总量的 19%（OSM）。到 1843 年，这一比例已升至 27%（93/341）甚至更多（因为只统计了移民海外的毕业生），这意味着爱尔兰损失了巨大的稀缺且高价值的人力资本（Kennedy, 1847）。

因此，尽管数据证实了，移民给爱尔兰造成了人力资本损失，但是，就可量化的数据资料而言，很显然，我们正在处理次级效应（second-order effect）。在所有移民中，超过 60% 的人被归类为劳动者和职工，这一比例超过了他们在总人口中的比例，大约为 50%。此外，在成年男性劳动力中，移民人口的职业构成与 1841 年总人口的职业构成之间的差异并不明显，这可能是因为移民人口的年龄结构与总人口的年龄结构不同。移民人口高度集中在 16~25 岁这一年龄段，这就解释了为什么移民人口中的职工比例很高，而农民比例很低。此外，在移居国外的工匠中，很可能有一些结构性失业的工人，国内工业生产的工艺品日益给他们造成巨大的生存压力。由于这些工人的人力资本已经过时（Mokyr and Ó Gráda, 1982b），因此这部分人的离开并不会对经济构成"损失"。

（五）国外的爱尔兰人

我们能从移民者的命运中了解到移民对剩余人口造成的影响吗？运用这种方法的主要困难是，无法区分移民者的个人素质对命运的影响与新环境对命运的影响。即使这些移民代表了爱尔兰最顶尖的那 5% 的劳动力，他们敢于承担风险，富有技能和独创性，他们仍然很有可能只是处于英国和美国经济阶梯的底端，因为适应能力，歧视，或者只是因为这些国家的生活水平要比爱尔兰的高得多。第二个困难在于，大多数有用的数据资料都来自饥荒后，因此基于此的结论可能"稀释"了早期移民对19世纪40年代末剩余人口的影响。

在英国和北美，爱尔兰移民大多在城市地区从事低技术含量的工作。这种描述对于19世纪下半叶的爱尔兰移民来说是毫无争议的，甚至对早期的爱尔兰移民来说也是如此。1841年，英国的两个工业城市，兰开夏郡和拉纳克郡吸收了38.6%的爱尔兰移民，米德尔塞克斯（伦敦）吸收了13.9%的爱尔兰移民（Great Britain, 1843）。李（1979）从事了大量与1851年及以后的人口普查有关的工作，他得出的结论是，"爱尔兰人（在伦敦）主要集中在几个行业，他们从事的大部分是非常低级的工作"。19世纪30年代生活在英国的爱尔兰人也是如此。济贫委员报告附录G（Great Britain, 1836b）中有一篇非常出色的文章，其中刘易斯（George Cornewall Lewis）认为，在英国的爱尔兰人大部分是普通劳动者，他们大多聚集在建筑行业和运输行业（例如，做搬运工）和低技术含量的农业领域。根据居住在英国农村的爱尔兰人的数量来看，农业吸引了大量的爱尔兰人来到英国。

在美国，农业领域的爱尔兰人比例并不高。亚当斯（Adams, 1932）推测，饥荒前，爱尔兰人在美国农业中所占的比例最多为10%。在1870年出生的爱尔兰裔美国人中，有14.6%是农民或农业劳动者，而农民或农业劳动者占美国总人口的比例为47.4%。值得思考的是，1845年美国农业中的爱尔兰人所占的比例是否远高于1870年的这一比例。可能是美国本土雇佣劳动力的缺乏，向西方迁移的高固定成本，以及美国正在向商业化农业发展这些因素，造就了上述这意料之外的景象。约翰·米切尔（John Mitchel）曾说，"土地就是生命"。爱尔兰移民所习惯的农业生活，一种规模相对较小、土地广泛的自给自足式的生产生活模式,使他们的资源和经验都比较有限,因此他们天生就被19世纪30年代和40年代在美国中西部蔓延的更加商业化的农业吸引着。然而,斯堪的纳维亚或德国的移民也是如此,他们之中有更大一部分人的工作是与农业生产相关的。正如威特克(Wittke,1956)所言,爱交际的爱尔兰人"害怕孤独的牧场,那里既没有城镇,也没有村庄,更没有教堂"。爱尔兰人还是有些不同的。他们中的绝大多数人都被吸引到了城市中心,在那里,他们中的大多数人又成为带薪劳动者。[11]即使在加拿大,那儿的城市规模较小,经济吸引力较低,"大量移民也成为城市工人阶级的一部分"(Adams,1932)。

爱尔兰移民对英国工业革命的重要性一直受到许多学者的重视(例如,Clapham,1964;Pollard,1978)。李(1979)指出,尽管居住在伦敦的爱尔兰人处于社会和经济阶层的最底层,但他们为交通、建筑和食品分销行业提供了大量的临时劳动力,因此是英国城市经济的重要组成部分。在苏格兰,爱尔兰移民劳工,或称"苦力",参与了运河的挖掘和铁路的建设(Handley,1945)。1820~1940年,爱尔兰人在美国的首条运河和铁路的建设过程中发挥了重要作用。汉德林(Handlin,1977)曾用一个有些不雅的比喻形容爱尔兰人,"是美国通信系统上的鸟粪……他们贫穷,他们被轻视、抢劫和压迫,但他们却使美国铁路得以发展"。19世纪30年代和40年代初,罗得岛州和马萨诸塞州的纺织业开始感受到他们的存在。早在1833年的洛厄尔,"纺织重镇",几乎成立了一个"新都柏林",并形成了"爱尔兰英亩"的概念(Wittke,1956)。到1860年,新英格兰一半以上的工厂工人都是爱尔兰后裔(Taylor,1951)。

当然,从当时人们对爱尔兰移民与剩余人口的性格的印象和偏见中,很难推断出什么结论。例如,我们不能肯定爱尔兰移民与剩余人口有不同的储蓄倾向。然而,我们很清楚的是,与当地居民相比,爱尔兰移民被认为是低储蓄者。路易斯（G.C.Lewis）发现了一个有趣的事实，在英国的爱尔兰移民由两个截然不同的群体组成。其中一群人是勤奋、聪明、诚实的；另一群人则成天醉醺醺的，无所事事。然而，这两个群体都有一个共同的特性。他们都被普遍认为是"无远见"的，把钱花在眼前的奢侈品上（尤其是衣服和饮料），他引用别人的话说，"他们一般不会为未来攒点积蓄"（Great Britain，1836b）。路易斯也几乎不认为爱尔兰移民是特别有野心且充满干劲的。一位制造商表示，他不得不解雇仅有的那几个爱尔兰工人，因为他们做事马虎、不利索。爱尔兰的劳动力质量之所以低，是因为"他们安于现状"且不愿努力工作（Great Britain，1836）。移民是需要勇气、耐心和毅力的，但是目前看来，爱尔兰移民似乎并不具备这样的特性。然而，路易斯指出，爱尔兰移民误以为英国的经济正等待着他们，并有些自负地认为在英国，成功的机会大得多（Great Britain，1836）。

美国的爱尔兰移民的形象往往受到仇外心理和歧视心理的扭曲，因此，我们很难将这种充满偏见的印象与爱尔兰移民的真实特征区分开来，并对爱尔兰移民做出最准确公允的评价（Wittke，1956）。奥斯卡·汉德林（1977）在《波士顿的爱尔兰人》（*The Irish in Boston*）一书中提到的事实表明，爱尔兰人来到美国时并不具备与印第安人或其他移民竞争的条件。爱尔兰人根本找不到理想的职业，这不仅仅因为他们备受偏见困扰和遭到怀疑，还因为他们缺乏资金和培训。甚至在职业经历上与爱尔兰人最为相似的黑人也比爱尔兰人要强。"虽然他们（波士顿黑人）也只是比其他黑人同类要幸运一些，但无论如何，他们还是要比波士顿的爱尔兰人更接近那里的原居民。波士顿爱尔兰人的职业等级毫无疑问是最低的"（Handlin，1977）。即使在向自己的亲属兜售食品和杂货方面，美国的爱尔兰移民的表现似乎也不如英国的爱尔兰移民（Great Britain，1836b；Handlin，1977），这与我们的结论是完全一致的，从事商业贸易的爱尔兰移民的比例非常低，总的来说，他们不是很会计算。

（六）移民与爱尔兰的经济落后

衡量移民对剩余人口造成的影响，非常有助于我们研究爱尔兰在饥荒前三十年遭遇的经济问题。前几部分中，我们试图衡量这些成本，这些工作帮助我们得出了一些结论。首先，移民的年龄结构与剩余人口的年龄结构有很大的不同，这给经济造成了负担：70%的移民正处于他们一生中经济最活跃的时期（15~34岁），这一部分占总人口的比例为34%。据估计，移民成本每年要消耗掉2%的个人收入。其次，移民从某种程度上造成了爱尔兰的"人才外流"，因为从某种意义上说，离开的技术工人比例高于一般人的比例。如果纽约港提供的数据样本是具有代表性的，我们可以得出这样的结论：爱尔兰损失了一部分训练有素的工匠，尽管这种损失很有可能不是毁灭性的。最后，没有证据表明移民的"计算能力"要比剩余人口更强。此外，似乎也没有什么证据支持这一看似合理但未经证实的说法，即一般而言，移民比剩余人口更节俭或更勤奋。因此，有关于饥荒前的移民人口对剩余人口的经济状况影响的实证结果，是相对复杂的。

我们无法充分量化移民对爱尔兰的影响。本书中使用的汇总数据（aggregate data）可能在两个方面具有误导性。第一，如果富有天赋的人在人口中所占的比例非常小，且这种特性的分布不是连续的，那么使用汇总数据可能掩盖了具有重要品质（例如创业精神）的人口的流失。比如说，假设移民前的社会由三个不同的阶层组成，即"潜在企业家"、"熟练工人"和"非技术工人"。他们在特性z方面的禀赋各不相同，企业家的z禀赋最高，非技术人员的z禀赋最低。假设这三个阶层在生产过程中都是不可或缺的。第二，假设在移民前的人口中，企业家占总人口的1%，熟练工人占49%，非技术工人占50%。假设25%的人口移居国外，使得这个国家丧失了所有潜在的核心企业家，取而代之的全部是非技术工人。潜在企业家只占移民总数的 4%，因此移民人口的 z 禀赋的平均指数很可能低于移民前总人口的 z 禀赋的平均指数。尽管如此，这个国家还是失去了所有的"高 z"人口，基于此，它将遭受严重的损失。

爱尔兰就是这样的吗？在英国和美国，非常成功的爱尔兰裔企业家非常少，也许一些潜在企业家在移民之后，最终成为英国建筑业或美国铁路行业的低级工人，如果他们留在爱尔兰，可能会非常成功。[12] 在爱尔兰，他们可能是有机会的，但是注意，许多在爱尔兰成功的企业家却是外国人。

移民与爱尔兰没有发生工业革命之间可能还有进一步的联系。在英国、比利时和其他成功进行了工业革命的国家，现代工业部门中雇用的劳动力有很重要的一部分是从乡村（主要是从乡村家庭手工业）招募来的。纺织工、钉匠、纺纱工、框编工，（也许更重要的是）他们的子女也提供了充足的劳动力，没有他们，就不会也不可能发生工业革命（Mokyr,1976b）。贫困和拥挤的农村往往是附近工业中心资本积累的主要来源。从事现代工业的工人通常要搬到新的地方，但在大多数情况下，他们不会搬得太远。因此，家庭手工业中心与现代制造业的兴起之间存在着明显的空间关联。这种联系在很大程度上由于移民而被中断。在爱尔兰，农村工人的确逐渐地被"现代"产业所吸收，就像在其他国家一样。但是，不同的是，（因现代工业建设而）流离失所或无法再就业的工人通常被重新安置在了爱尔兰边境之外。柯林斯（1981）表示，那些失业的原家庭手工业工人被重新安置在了苏格兰低地（Scotland Lowlands）。爱尔兰移民的结果是，爱尔兰不仅在饥荒前的几十年里，而且在饥荒后的一个世纪里，都没有实现工业化。

移民与工业化失败的因果关系是怎样的？一方面，爱尔兰人之所以选择移民海外，而不是移居到其他城市，例如德罗赫达或沃特福德，是因为在英

- 341 -

国和美国有更好的就业机会。另一方面,如果大量廉价劳动力流向了城市,有洞察力的企业家就会把握住这次机会,那么爱尔兰的工业革命可能会更快、更剧烈。这两种解释并不相互排斥。首先,还需要其他外因的存在,这些外因阻碍了爱尔兰非农业经济中的资本积累,比如储蓄倾向低、担心财产安全、创业能力差等。其次,我们需要进一步解释为什么爱尔兰人选择移居海外而不是移居他们自己的城市中心。如果他们留在爱尔兰,整个爱尔兰经济都将受益。

一个简单的经济模型可以用来推测19世纪上半叶爱尔兰移民现象不同于其他国家的移民现象的原因。简单起见,假设不考虑任何不确定性(uncertainty),一个人会选择在移民能产生的回报现值超过了移民成本时移民。如果考虑不确定性,我们应该用期望现值(expected present value)代替上述现值,并且成本应该考虑风险溢价(risk premium)。移民的成本包括两部分:一部分是固定成本,它与旅途距离无关;另一部分是变动成本(viriable cost),它是有关距离的正函数。语言、风俗习惯、社会组织等方面的差异越大,固定成本越高。固定成本还取决于移民变卖土地、牲畜、住房和"商誉"等不动产的灵活程度。变动成本不仅反映了交通成本,还反映了移民与原社会分离的难易程度。

爱尔兰移民的成本结构与其他国家移民的成本结构有很大不同。一方面,爱尔兰乡村生活的落后和孤立的性质使得任何形式的人口流动都是昂贵而痛苦的,爱尔兰农民所钟爱的权利都是一些习惯(例如,拥有开采泥炭、获取海藻的权利,等等),除"租赁权可出售"(例如在阿尔斯特)以外,这些权利都是不可能轻易出售的。因此,对于普通的爱尔兰移民来说,固定成本可能很高。另一方面,爱尔兰是木材和原棉运输货船返回美国时必然途经的良港(Hansen, 1961)。相对容易进入海港也使得爱尔兰更依赖水运,因此迟迟没有进入铁路时代。在波士顿、纽约、格拉斯哥和曼彻斯特等地逐渐形成的爱尔兰社区，降低了人们移民到诸如这些更偏远的地方的心理成本。因此，相对于其他国家，爱尔兰移民的变动成本可能较低。

如果我们接受爱尔兰移民的变动成本－固定成本比率低于其他移民的假设，我们就会明白为什么爱尔兰人去了英国和北美而不是爱尔兰国内的城市中心。可以看出，在移民成本结构差异的假设下，爱尔兰人更有可能远渡重洋，移民到国外。这种行为使他们有别于 1850 年以前其他国家的以短途移民为主的移民（Deane and Cole，1969；Great Britain，1836b）。爱尔兰的国内移民人数较少。[13] 移民的经济成本差异有很多种表现形式，认识到这一点，我们就能解释为什么爱尔兰农村人口大量离开，而英国南部非工业化地区的人口在 1850 年以前很少有移民的倾向。救济不足可能是造成这种成本差异的一个原因。在英国，穷人的救济至少能维持生活，而在爱尔兰并不提供这种救济。事实上，人们一直认为英格兰南部的斯宾汉姆兰制（Speenhamland System）是为了在农闲季节为农业工作者提供补助，防止他们移民，从而确保在接下来的农忙时节有充足的劳动力供应（Boyer，1982）。

移民史上最有趣的问题之一是：是什么让人选择离开农村的小屋，到城市（有时是国外）的工厂、造船厂、办公室或铁路上为他人打工，而其他人却没有做出这样的选择？显然，在这个决策过程中，很多因素起了作用，并且运气或随机噪声（random noise）并不是最不重要的因素。但是，如果我们能观察到 19 世纪初移民的所有特征，并把它们与那些没有移民的人的特征进行比较，我们很可能会发现，平均来看，移民与具有相同社会经济特征的剩余人口是有些不同的。我推测，移民的风险厌恶程度可能较低，主观时间偏好率也较低。在适应不同的工作制度的意愿和能力方面，移民也可能不同于剩余人口。爱尔兰农民，无论是专门在农业还是家庭手工业中工作的，基本

- 343 -

上是自雇人士。移民需要的不仅是把自己从自己熟悉、信赖的社区生活中解救出来的勇气。移民还意味着必须要适应新的纪律、监督、秩序和严格的工作制度。这意味着移民将被融入一个等级体系，而在这个体系中，他处于最底层且几乎没有任何往上爬的机会。并不是所有农民都愿意而且能够接受这种新变化，因此他们选择留了下来。而在选择移民的人中，他们在工厂或类似的环境中工作的平均意愿肯定更高。

尽管当时有许多人抱怨爱尔兰人不守规矩、好斗，但也有证据表明，爱尔兰人愿意在严格的纪律下工作。据报道，1846年罗德岛郡的一位雇主就更青睐爱尔兰工人，因为他们"比本地人更顺从"（Clark，1929）。爱尔兰妇女在波士顿非常受欢迎，因为她们愿意做家政服务，且比美国妇女更温顺和忠诚（Handlin，1977）。在苏格兰，"高地人普遍倾向于雇用爱尔兰人，因为他们勤奋而灵活，而本地人则被认为更加死板"。一位格拉斯哥的染色厂老板表示，"没有哪个阶层的男人比爱尔兰人更容易管理。他们不卑也不亢"。爱尔兰工人最宝贵的品质是"在最令人厌烦、讨厌的苦活中，他们表现出非凡的意志、敏捷能力和毅力"（Great Britain，1836b）。苏格兰煤铁大王威廉·迪克森这样描述他手下的煤矿工人："煤矿里的爱尔兰人……他们比当地人更听话、乖巧，也擅长单打独斗……有一个爱尔兰工人，即使面对着一个陌生的煤坑口，他也会毫不犹豫地下去"（引自Handley，1945）。在苏格兰的糖厂里，爱尔兰工人是不可或缺的：本土工人无法忍受这里艰苦的工作条件，只有爱尔兰人能忍受酷热（Great Britain，1836b）。因此，很有可能的是，就算潜在的企业家没有流失，爱尔兰肯定也损失了一批潜在的工业无产阶级。从各方面考虑，失去这部分人口的损失可能比失去潜在企业家的损失更严重，因为像这样愿意在工厂工作的工人也难以被替代。

爱尔兰未能经历工业革命的原因关系着饥荒前后整个国家的命运。在19世纪20年代，许多观察家认为，爱尔兰充足的廉价劳动力非常有利于制造行业的发展，可以在劳动力密集型的行业中与英国竞争。一位观察人士在1825年向英国上议院特别委员会表示：

> 目前，将英国资本转移至爱尔兰产业的唯一诱惑，仅仅在于爱尔兰的廉价劳动力，以及资金的回流速度。我认为资本转移很快就会发生。我设想兰开夏郡和劳斯郡将会合并为一个工厂，它们都将专攻自己最擅长的生产工艺。我认为，最适合使用人力的生产活动，都将在爱尔兰进行，因为在这里，劳动力价格是廉价的，并且劳动力也是最适合劳动密集型产业发展的（Great Britain, 1825c）。

这一预言未能实现的原因是当时最令人费解的谜团之一。拿索·西尼尔（Nassau Senior）在1843年指出，英国资本家"在野蛮、涣散、虚伪的政府统治下"向外国投资，而爱尔兰与英国有着同样的法律和政府，却很少从英国获得资本。"很明显"，他写道，"在爱尔兰的制度或人民的习惯中，有'某种东西'阻止了英国资本向爱尔兰获取劳动力，尽管这种劳动力是最容易获得且最便宜的"（Senior, 1868）。西尼尔指出，他认为"这种东西"有三个：缺乏保障、无知和懒惰。包括他在内的许多人显然忽视了一点，那就是英国资本并不一定要流向廉价的爱尔兰劳动力，因为廉价的爱尔兰劳动力可以流向英国资本，无论英国还是美国。西尼尔总结的原因，只解释了资本向劳动力转移的成本，然而，最终的结果应该由劳动力向资本转移的成本与资本向劳动力转移的成本共同决定。不论是像我们推测的那样，还是事实如此，在爱尔兰没有工业化的情况下，爱尔兰的移民成本较低，都威胁着爱尔兰的经济发展。

注释

1. 1836年的数据无从获得,故我只能用插值法进行估计。

2. 维里拉(Verrière, 1979)提供的数据表明,移民总数为1390000人,他引用了移民委员会(The Commission on Emigration, 1954)提供的数据作为他的资料来源。我从同样的数据来源中无法得到相同的估计结果。

3. 应该说明的是,在这项分析中,爱尔兰人口实际上是在增长的,因此贝里-索利戈模型应该被解释为,在没有移民的情况下,工人收入下降的幅度要更小。

4. 生命周期效应只关注了从欧洲到北美的转移。基于此,不应得出这样的结论,即移民是一种零和游戏,移民并没有使全球经济状况得到全面改善。移民从低薪资社会流向高薪资社会,改变了他们的命运,并可以通过海外汇款来补偿原籍国,在保证原籍国经济不受较大损失的同时,还改善了接受国的经济状况。

5. 注意,培训费用不一定以货币形式偿还。我们可以设想一种代际转移,在这种情况下,每个学徒在成为熟练的工匠后,可以通过培训年轻学徒来偿还自己欠下的社会培训成本。一名18岁的工匠,如果他已经完成了自己的培训,但没有自己的学徒,那么他的移民显然对社会造成了损失。

6. 实际上,人们偿还社会"债务"的方式比上面提到的要多得多。例如,人们支持自己的兄弟姐妹,或支持已故或丧失行为能力的兄弟姐妹的孩子,等等。因此,"债务"应该被理解为是欠社会的,而不只是欠直系亲属的。

7. Great Britain(1824)。1821年的年龄结构不是按年列出的,而是按年龄,年龄分组的标准是,20岁以下每5岁为一个年龄组,年龄较大的以10岁为一组。这使得计算结果并不准确。然而,记住,即使按年龄对人口进行了更精细的划分(像1841年人口普查报告一样),由于年龄堆积问题的存在,计算结果仍然会不准确。本章中使用的年龄结构对年龄误差并不是太敏感,这样的误差彼此之间也会相互抵消。

8. 有关这些上层人士(Palatine)的历史和经济状况的更多细节,见 Salaman(1949)。

9　注意，δ 是由 $\hat{n}$ 和 n 的真实值计算出来的，因此对总人口规模很敏感，不能直接被用于比较研究。

10　注意，在没有移民的情况下，爱尔兰工匠的绝对数量是不会出现这样的增加的，否则那时爱尔兰的总人口将增加 150 万。

11　早期的相关数据是存在的。1870 年，在原居民规模为 50000 人的美国城市中，美籍爱尔兰裔人口的比例为 38.3% 甚至更多，而这些移民占总人口的比例仅为 12.7%，在所有 10 岁或 10 岁以上的职业人口（occupied population）中，属"劳工"或"公司雇员"的爱尔兰移民比例为 39.6%，而在总人口中这一比例仅为 16.1%。参见美国第 9 次人口普查（1872）。1850 年，在波士顿的爱尔兰人中，48% 是"劳工"，另有 15.7% 是"雇员"（Handlin，1977）。

12　酒行业（dispensaries of liquor）是唯一有成功的爱尔兰企业家身影的地方（Wittke，1956）。

13　1841 年，40.5 万爱尔兰人没有居住在出生地。其中 2/3 的人住在出生地的邻郡。这些人不都是通常意义上的移民：其中很多是住在两郡交界地区的妇女，她们碰巧嫁给了住在交界线另一边的男子。能为这一疑点提供支撑的论据是，在移居到邻郡的居民中，妇女占大多数（51.5%），而在其他国内移民中，男子占大多数（51.7%）。虽然男性和女性移民之间的这些差异看起来很小，但在统计上却非常显著。卡方统计结果为 340（在 1% 的显著性水平下的临界值为 7.88）。

9 大饥荒：
脆弱性的经济学含义

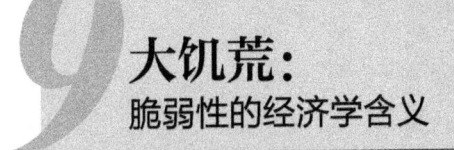

饥荒前的历史不可避免地要用饥荒来解读和评价。我在第 2 章中提出了一个定义贫困的方法，用生存危机的可能性定义贫困。我认为，仅仅因为爱尔兰遭遇了一场空前的灾难，就认定饥荒前的经济表现是"失败"的，这是一种逻辑谬误。在饥荒之前的一个世纪，人们对土豆的依赖到达了巅峰。尽管夏天还没结束，土豆往往就不够吃了，即便是经历过 1816 年发生的灾难，爱尔兰人也没有从中领悟到，依赖单一食物是不明智的。当他们意识到土豆根本不可靠，并建议食物供应多样化时，一切都太晚了。依赖土豆具有"不确定性"，但没有"风险"，因为人们在很长一段时间内都不知道这种作物会发生怎样的变化。因此，可以认为贫穷与饥荒没有什么关系。发生饥荒的"原因"是运气不好：信号具有误导性，但考虑到当时人们的认知，人们对这些信号的反应可以说是完全理性的。在 19 世纪 40 年代以前，袭击爱尔兰土豆作物的真菌从未出现过，也不可能被预料到。

虽然这种观点有一定的道理，但也暴露了两个有待进一步验证的假设。其一，在爱尔兰较贫穷的地区，人们对土豆的依赖在 1850 年后仍然没有消失。饥荒过后，西部对土豆的依赖几乎没有减少。即便意识到这种依赖是不明智的，爱尔兰人仍然对这"变化无常"的主食保持着惊人的忠诚。萨拉曼（1949）有些意外地指出，"土豆饥荒带来的教训是显而易见的，但直到 30 年后，大多数人才开始意识到将社会存亡托付于如此单一且充满不确定性的事物，是一件多么危险的事情。可是，土豆的霸主地位在接下来的 30 年里仍然几乎没有动摇过"。虽然萨拉曼的看法更适用于贫穷的西部，但他的看法提出了有关"理性"的假设：对于爱尔兰农民，特别是那些无法摆脱土豆依赖的穷人，依赖土豆要比他们之前以为的那样更具风险吗？当然，严格意义上的非理性是肯定存在的，但饥荒后农民对土豆相对价格变化做出的反应恰恰已经体现了一种非理性（Ó Gráda, 1973）。在饥荒之前的 30 年里，土豆生产越来越不稳定，尽管没有迹象表明即将发生如此大规模的饥荒。事实上，有证据表明，在饥荒之前的20年里，土豆也要比其他作物的产量更不稳定。法国提供的估值对此做出了支撑；而饥荒前爱尔兰的面板数据无从得知（Mokyr, 1981b）。

人口对土豆的依赖是关于人均收入的函数。莫克尔（1981a）报告的回归结果表明，在贫穷地区，土豆种植更为普遍。早在饥荒之前，人们就有了使饮食多样化的愿望，可是土豆具有惊人的生长能力，每英亩土豆可以为大量人口提供食物，况且爱尔兰的穷人根本吃不起其他食物。[1] 很明显，即使在饥荒过后，人们对于饥荒的察觉能力提高，从而提高了土豆的价格，对大部分人来说，土豆还是占据着不可动摇的地位。即使爱尔兰人更加充分地认识到过度依赖土豆的危险，他们也不知道为此自己可以做些什么。毕竟，爱尔兰的农业是多样化的，土豆种植面积大约占农田的1/3，耕地（包括牧场）的1/7，而底层人民的消费形态是不够多样化的。

第二个假设在第6章中有详细的讨论。简单地说，较低的人均财富意味着抵御任何灾难的能力较弱。个人财富（private wealth）可以理解为是人们自己的食物；社会间接资本有助于缓解受灾最严重地区的负担。然而，很明显，这两个假设都无法利用先验法进行检验。因此，我们真正要做的就是，检验那些导致爱尔兰在面对致病疫霉菌时如此脆弱的因素。为了做到这一点，我们必须对这场饥荒可量化的部分进行更详尽的讨论。[2]

历史人口学家对这一场灾难的研究兴趣是不言而喻的。就经济历史学家而言，饥荒历来是爱尔兰历史的一个主要分水岭。这一观点最近受到了质疑。一位作者（Cullen, 1972）甚至认为"饥荒与其说是一场国家灾难，不如说是一场地区性的灾难……即使没有饥荒，人口下降也是在所难免的"。当然，要验证大饥荒是爱尔兰经济史上一个重要分水岭的假设并不容易，除非准确定义"分水岭"的具体含义。无论如何，这种反对意见依旧没有显著削弱大饥荒给爱尔兰历史留下的巨大阴影。

爱尔兰饥荒一直被爱尔兰历史学家视为一件具有特殊重要性的事件。可是，令人相当惊讶的是，历史学家们对死于这场由致病疫霉菌引起的饥荒的实际人数的估计非常不准确。1851年人口普查委员会（Great Britain，1856a）做了一个简单计算，推断出，在没有灾难的情况下，1841年人口也会下降到1851年的水平。他们没有披露完整的计算过程，而是简单地报告了总死亡率（而不是超额死亡率）。据1851年人口普查估计，1846~1850年的死亡人数为985366人，但这个数字基本上是无用的。1874年，奥罗克（1902）对此做出的估计为124万人。即使是当今历史学家给出的估值结果，差异也十分大。格林（1957）表示，死亡人数略高于50万人，但奥尼尔（1957）却认为有100万人，而麦克阿瑟（1957）认为，超额死亡率"最有可能在50万和一百万之间"。柯森斯（1960）似乎是唯一一位提供了计算细节的学者，据他估计，饥荒期间的超额死亡人数为800645人。一些关于19世纪爱尔兰的优秀研究成果都采纳了这一估值（例如，Donnelly，1973；Lee，1973a）。此外，下文还罗列了有关饥荒期间死亡人数的其他估计。弗林（1977）的估计结果是现代历史学家中最高的，他认为可能有150万人死亡。Verrière（1979）估计有160万人，但这个数字显然是总死亡人数，而不是超额死亡人数。Dupâquier（1980）在Verrière的基础上计算得出的超额死亡人数为60万人。

这些结果似乎迎合了爱德华兹和威廉姆斯（1957）所说的："很难知道1845年至1852年间，到底有多少爱尔兰人死于饥荒。"许多经济历史学家也许会自相矛盾，"或许最重要的就是要明白，的确很多很多人死于这场灾难"。如果可能的话，能够精确地计算出到底有多少人死于这场饥荒自然是好的。现有数据可以相当准确地估计出与饥荒相关的死亡人数。"超额"死亡是指那些死于饥荒的人，否则他们是不会死的。通常情况下，根据有缺陷和不完整的信息重建历史数据需要建立假设。这些假设将被明确地阐述，以便读者自己判断基于此的估计结果的准确程度和可靠程度。在这里，第一个假设是，在大饥荒之前,爱尔兰的人口是"稳定"的(后称"稳定"假设)。1841年计算的出生率和死亡率一般适用于1821~1845年。从19世纪30年代中期开始,移民成为人口变动的一个主要因素。在估计过程中,我们将考虑移民对人口造成的直接影响,但根据现有数据很难评估移徙对人口变动的间接影响(secondory effect)。显然,"稳定"假设过于简化了问题,但是这场突然的灾难的影响是非常巨大的,以至于通过直接测量饥荒对这种"稳定"状态造成的影响,并不会过于扭曲结果。

在1841年人口普查之后的十年中所获得的人口资料质量参差不齐。直到1846年,除了总移民数据,其他例如死亡率、出生率、结婚年龄等这样的数据基本没有较大的变化。但是,1846~1851年这5年间的人口普查结果根本无法让"稳定"假设成立。因此,为了方便讨论,将这十年分为两个长度相等的子时期:1841~1845年和1846~1850年。

可以用两种不同的方法来估计1846~1850年的死亡率。其中一个方法是,从1851年人口普查报告中获取饥荒年份的死亡率。另一种方法是,通过比较1846年和1851年的总人口数,将新生人口、海外移民和国内移民考虑在内,将死亡率作为一种残差来估计。本章将采用第二种方法。柯森斯(1960a)的估计结果就是基于第一种方法。在此,我需要解释不采用这一种方法的原因。柯森斯利用了Great Britain(1856b)提供的资料,而这一资料提供了1841~1851年报告的死亡人数。1851年人口普查报告提供了两份有关饥荒期间死亡人数的资料,分别是,幸存者上报的在饥荒期间死亡的人数,以及死于公共场所(厂房、监狱、医院等)的人数。柯森斯在对这两份数据进行简单的修正后,将这两项数据相加,得出了各郡的死亡率。然后,利用各郡的死亡率减去各郡每年的正常死亡率(多少有些武断地设定为2.2%),就计算出了超额死亡率。这一做法的明显不足是,重复计算了那些反正也会被亲属报告死亡的在公共场所中死亡的人数,同时低估了在这两种情况以外的死亡人数。第二个不足可能要严重得多。如果整个家庭都没有幸存者，那1851年人口普查永远反映不出这类死亡人口有多少人。此外，在那个动荡的年代，对已故亲人的记忆——就像一根脆弱的芦苇——可能特别模糊。柯森斯的数据不仅存在低估，而且这种低估因地区而异。因此，1851年人口普查数据不能用于估计爱尔兰饥荒期间的超额死亡率。

因此，唯一的替代方法就是将死亡率当作残差来估计。我在之前的著作中提供了关于这一计算过程的全部细节（Mokyr, 1980b）。计算过程主要分为以下几个步骤：第一步，假设1841~1846年的平均出生率和平均死亡率与第3章中得出的计算结果近似，减去这些年的移民者，那么就可以推算出1846年每个郡的总人口数。第二步，如果1846~1850年的死亡率和出生率和之前一样，并减去饥荒期间的移民，那么就可以推算出1851年的人口，将这一推算结果和真实人口进行对比。

第三步，假设出生率不受饥荒影响，那么就得到了饥荒期间死亡率的上限。在这种情况下，饥荒期间的死亡率就等于使得1851年实际人口和推算结果相等的死亡率。第四步，假设1851年妇女和儿童的人口比例较1841年低，完全是因为出生率下降（实际上，还因为婴儿死亡率上升的比例超过17~45岁妇女死亡率上升的比例），那么我们就得到了饥荒期间死亡率的下限。第五步，超额死亡率等于饥荒期间的死亡率减去饥荒前的死亡率。第六步，饥荒期间的"超额死亡人数"等于超额死亡率乘以1846年的人口总数。

凭借这些计算，我们无法得出一个明确的答案。首先，我们不知道饥荒期间的出生率有何变化，因此只能得到超额死亡人数的上下限。上限估计值的准确含义是，它代表了饥荒造成的人口赤字。当然，如果出生率没有下降，这一人口赤字完全是由死亡率过高造成的。由于出生率显然下降了，尽管程度不明，人口赤字的一部分应归因于这一下降的出生率，而这又取决于个人观点，可以被认为或不被认为是饥荒期间的死亡人数。[3] 另外还有两个原因。其中一个原因是第 3 章中得出的死亡率数字也不够明确。但是因为没有更好的方法，所以我们必须使用这一数据。另外，在饥荒的这十年间，爱尔兰移民人口的原籍数据出现了一个严重的问题。关于爱尔兰移民人口的原籍数据是从 1851 年人口普查数据中获得的，并可用于估计 1821~1841 年的数据。但在 1841~1851 年这段时期，这一问题并没有明显的解决办法，人们不得不提出一系列重要的假设。[4] 对于估计饥荒期间的死亡总人数来说，最后一个问题没有造成太大的困难。依据有关 1846~1851 年移民的地理分布所做的各种假设，表 9-1 和表 9-2 给出了超额死亡率的估计结果。三种估计结果的平均值并不一定比单个估计结果要好。然而，大多数结果似乎对所采用的假设并不敏感。这两张表显示，饥荒死亡率高于大多数现代历史学家的估计。超额死亡人数的上限接近 150 万人，下限也远远超过 100 万人。这些都是超额死亡人口：在灾难以外的其他年代本不该死亡的人。可见，1851 年人口普查报告的结果就接近这一数字，他们发现人口少了 250 万，其中移民海外的人口就占了约 100 万。由于人口普查委员会采用的自然增长率为 1.0036%（Great Britain，1856a，1856c），这一比例比真实比例低了约 0.6 个百分点，因此，人口普查报告的结果低估了大概 25 万人。但在移民人口估计方面，他们没有将那些移民英国的爱尔兰人包括在移民数据中，因此这 25 万人的低估被抵消了。

表 9-1　1846~1851 年平均超额死亡率和总超额死亡人数

单位：‰，人

	阿尔斯特	伦斯特	明斯特	康诺特	合计
死亡率组 I[*]
超额死亡率最大值	26.7	13.8	36.2	60.5	33.0
超额死亡率最小值	19.8	8.6	24.8	49.7	24.3
总超额死亡人数最大值	345264	140088	489779	516468	1491599

续表

	阿尔斯特	伦斯特	明斯特	康诺特	合计
总超额死亡人数最小值	251613	85843	326017	411885	1075358
死亡率组 II *					
超额死亡率最大值	24.6	14.5	36.4	62.8	33.2
超额死亡率最小值	17.9	9.2	25.0	52.0	24.5
总超额死亡人数最大值	315277	147342	492546	542623	1497788
总超额死亡人数最小值	223933	92827	328547	436821	1082128

注：* 对比表 3-2。
资料来源：Mokyr（1980b），略有修改。

此外，表 9-1 和表 9-2 中的数值实际上存在低估，尽管这种偏差很小。造成这种偏差的原因有两个。其一是计算方法导致的。该算法将移民现象视为 1851 年发生的一件突发事件，而不是这 5 年间不断发生的连续事件。这一做法往往使饥荒期间的死亡率被低估一小部分。[5] 第二个原因对这一偏差的影响要更显著。到目前为止，人们一直认为死亡率和迁移率是相互排斥的，因此在计算超额死亡率时，减去了所有移居国外的人。这一计算过程完全忽略了所有受致病疫霉菌影响，在海上或抵达异国后不久就死亡的人。出于两方面原因的考虑，理论上这些人应该被纳入计算。首先，考虑到船的条件，移民总是有一些风险的，移民的增加本身就导致了更高的死亡率。其次，有很多证据表明，受饥荒影响，饥荒期间前往美国的移民在途中死亡的概率急剧上升。由于过度拥挤、营养不良，许多移民的身体状况本已非常虚弱，外加在爱尔兰肆虐的传染病的影响，大量移民死亡。许多移民在深秋时一抵达美国和加拿大就要面临寒冬，由此死亡率上升。最后，前往美国的移民需求突然激增，使得许多不具备航海条件的船只也参与到了移民贸易中，其中一些船只沉没了。

表9-2　1846~1851年各郡平均超额死亡率（取组Ⅰ、Ⅱ的均值）

单位：‰

郡	最大值	最小值	郡	最大值	最小值
安特里姆	20.3	15.0	利默里克	20.9	10.0
阿尔马	22.2	15.3	伦敦德里	10.1	5.7
卡洛	8.8	2.7	朗福德	26.7	20.2
卡范	51.8	42.7	劳斯	14.6	8.2
克莱尔	46.5	31.5	梅奥	72.0	58.4
科克	41.8	32.0	米斯	21.2	15.8
多尼哥	18.7	10.7	莫纳亨	36.0	28.6
唐	12.5	6.7	皇后	29.1	21.6
都柏林	0.7	-2.1	罗斯康芒	57.4	49.5
费马纳	39.1	29.2	斯莱戈	61.1	52.1
戈尔韦	58.0	46.1	蒂珀雷里	35.0	23.8
凯里	36.1	22.4	泰伦	22.3	15.2
基尔代尔	12.0	7.3	沃特福德	30.8	20.8
基尔肯尼	18.1	12.5	韦斯特米斯	26.3	20.0
皇后	24.9	18.0	韦克斯福德	6.6	1.7
利特里姆	50.2	42.9	威克洛	14.6	10.8

注：表9-1和表9-2的微小差异源于取近似值和均值。
资料来源：同表9-1。

如果要考虑移民死亡人数，那么我们应该在现有的超额死亡人数的基础上加多少呢？毫无疑问，一些"棺材船"的死亡率是惊人的：在锡兰号（Ceylon）上，几乎45%的头等舱乘客在途中死亡；在卢瑟汉克号（Loosthank）上，死亡率为33%（McArthur，1957）。许多活着到达的人不久后也死了。1847年，"阿格尼斯"号（Agnes）载着427名乘客抵达，其中只有150人在15天后幸存（Woodham-Smith，1962）。然而，这些恐怖故事并不一定代表整个饥荒时期的移民景象。1847年，移民船上的死亡率异常高，远高于其他任何年份（Great Britain，1847a，1851，1854）。然而，即便是在如此极端的年份，抵达魁北克的大多数船上的乘客健康状况良好，死亡率非常低（Great Britain，1847-1848）。1847年，魁北克政府移民办公室报告说，在登船的98125人中，绝大多数是爱尔兰人。其中5282人（5.38%）死于海上，3389人（3.45%）死于格罗斯岛检疫，8154人（8.3%）死于医院。因此，1847年，前往加拿大的移民总死亡率约为17%（MacDonagh，1957）。次年，死于海上或检疫的移民比例为11%。前往美国的航程对客船实施了更严格的监管，总体上死亡率相对就更低了。

总而言之，也许至多应该将海外移民中的5%加入死亡人数。在1846~1851年，这一比例最多将使死亡总数增加46000人，当然，这意味着超额死亡人数的增加就更少了。因此，虽然这一偏差使我们的估计结果偏小，但它并不会改变任何结论。

如表9-3所示，饥荒对爱尔兰各地区的影响绝不是一致的。一些地区遭受的苦难要比其他地区严重得多。按省份列出的死亡率并没有完全反映这些差异，即便各省之间也有相当大的差异。如上文所示，超额死亡率对我们关于饥荒移民率和饥荒前死亡率的假设多少有些敏感。然而，根据饥荒的严重程度，可以将所有郡划分为四组。首先，在包括都柏林在内的东伦斯特，以及阿尔斯特的北部和东北部各郡，超额死亡率都较低。爱尔兰中部（西伦斯特和蒂珀雷里），以及阿尔斯特中部（泰伦和阿尔马），死亡率中等。高死亡率出现在明斯特和阿尔斯特南部各郡。其次，超高的死亡率出现在康诺特的大部分地区，尤其是斯莱戈、戈尔韦，最糟糕的是梅奥郡。

表9-3 超额死亡率和饥荒前死亡率（组1、2）的回归分析结果（括号为t值）

回归编号	（1）	（2）	（3）	（4）	（5）	（6）	（7）	（8）
因变量[1]	最大超额死亡率	最大超额死亡率	最大超额死亡率	最低超额死亡率	最大超额死亡率	最大超额死亡率	最大超额死亡率	最低超额死亡率
常数项	0.062 (3.64)	0.08 (2.71)	0.058 (2.86)	0.045 (2.29)	0.063 (1.76)	0.085 (2.67)	0.047 (2.58)	0.076 (2.66)

续表

回归编号	(1)	(2)	(3)	(4)	(5)	(6)	(7)	(8)
因变量[1]	最大超额死亡率	最大超额死亡率	最大超额死亡率	最低超额死亡率	最大超额死亡率	最大超额死亡率	最大超额死亡率	最大超额死亡率
人均收入		−0.0072 (−3.15)						−0.0061 (−2.64)
劳动收入	−0.0028 (−0.40)		−0.021 (−3.32)	−0.017 (−0.40)		−0.016 (−2.30)		
住房指数[2]					0.042 (1.51)		0.089 (3.31)	
人均牲畜持有量					−0.0067 (−2.08)		−0.0094 (−2.19)	
小型农场比例[3]	0.046 (1.92)	0.033 (1.55)	0.054 (2.76)	0.053 (2.83)	0.011 (0.48)	0.045 (1.78)		0.044 (1.96)
平均农场规模 ×100							0.0090 (0.18)	
识字率	−0.094 (−2.15)	−0.12 (−3.23)	−0.10 (−2.58)		−0.085 (−2.34)	−0.093 (−2.27)		
城市人口比例		0.070 (3.44)	0.072 (3.34)	0.063 (3.08)				
非农业人口比例					−0.050 (−1.77)		−0.076 (−2.51)	
乡村产业[4]	0.066 (2.15)							−0.070 (−3.13)
人均土豆种植面积		0.53 (1.44)			−0.049 (−1.10)		−0.010 (−0.29)	
土豆种植面积比例				0.0036 (0.08)		−0.032 (−0.53)		
人均租金	0.013 (1.98)							
F（自由度）	12.53 (5, 26)	16.71 (5, 26)	17.93 (5, 26)	14.17 (5, 26)	15.57 (5, 26)	13.74 (5, 26)	13.22 (5, 26)	13.39 (5, 26)

注：1 因变量为平均年超额死亡率，定义如下：
（1）：关于饥荒前的死亡率基于假设Ⅰ；饥荒期间移民人数为1851年和饥荒前移民人口的均值；
（2）、（3）和（4）：关于饥荒前死亡率基于假设Ⅰ；饥荒期间移民人数为1851~1855年和饥荒前移民人口的均值；
（5）：关于饥荒前死亡率基于假设Ⅱ；饥荒期间移民人数为1851年和饥荒前移民人口的均值；
（6）、（7）和（8）：关于饥荒前死亡率基于假设Ⅱ；饥荒期间移民人数为1851~1855年和饥荒前移民人口的均值；
2 表示四等（最差）房的比例。
3 临界值：20英亩。
4 定义是在从事纺织业的农村男女工人总数占农村就业总数的百分比。

是什么造成了这种局面？要对造成这种局面的因素进行详尽的讨论将是非常困难的，但我们可以针对其中几个因素进行分析。第一个重要因素是，枯萎病导致土豆减产，因此，很显然，对土豆的依赖程度决定了饥荒期间人口死亡率的高低。第二个重要因素是饥荒前的收入。收入较高的农民在面临粮食匮乏时，可以通过减少储蓄或更轻松地借贷来养活家人，也更具有移民的经济条件。第三个可能的因素是城镇化。由于城市地区更加商业化，土豆的缺乏并没有完全切断食物供应，尽管它确实将土豆的价格提高到了危险的、有时甚至是致命的水平。在西部和南部较偏远的省份，食品零售体系的缺失常常被认为是造成死亡的主要原因。无法轻易衡量（每个家庭）粮食的自给自足程度，但它很可能与城市化水平负相关。第四个因素是，城市化地区的超额死亡率之所以较低，很可能是因为在饥荒前，这些地区的死亡率就非常高了。

人口的一些社会经济特征也可能是决定饥荒影响的因素。识字率就是其中一个因素。读写能力可能与其他对生存而言至关重要的技能相关［例如，个人卫生、对新型食物（例如印度玉米）的快速适应能力、获取移民机会的能力等］。人口的职业结构也是一个重要因素。可以说，在其他条件相同的情况下，依赖农业的人口比例越大，一个社会就越容易受到饥荒影响。对于一般国家而言，这种关系是不成立的，但它非常适用于任何对某种粮食高度依赖的经济体。

还有一个观点是，农场规模也会决定受饥荒影响程度的大小。饥荒的主要受害者是雇农、佃农和普通农民。那么，农场规模真的很重要吗？许多普通农民和佃农在一些乡村产业或其他农场做兼职，其他人则季节性移居到英国。因此，在正常年份，这些人要比那些依靠土豆过上舒服日子的大农场主能获取到更多与土豆不相关的资源。另一个影响因素是，爱尔兰的住房质量。住房质量是个人资本形成和个人财富的指标，尽管它与超额死亡率的具体关系并不很明确（参看 Mokyr，1980b）。这些假设统统需要进行实证检验以得到进一步肯定。

  牲畜是粮食出现危机时的紧急替代品，因此也是一个影响因素。与住房相反，这种形式的资本可以很容易地从资本品转换为消费品。虽然牲畜的所有权主要集中在较富裕的农民手中，但是一个地区如果有大量牲畜，也可能会给贫民造成影响。有关牲畜被盗的报告很常见，许多被盗的牲畜最终可能被卖掉（Green，1957）。令人困惑和惊讶的事实是，在19世纪40年代，爱尔兰牲畜的价值增加了。根据1841年人口普查，爱尔兰的牲畜价值为2070万英镑（Great Brtain，1843），而在1847年，牲畜价值为2250万英镑，1848年为2310万英镑（Great Britain，1849a）。如果一个国家有数百万人正在挨饿，这些牲畜就可能被用来充饥或出售而不是继续待在栅栏里。将数据进行分解，我们会发现事实的确如此。以土豆为主要饲料的猪的数量从1841年的1353101头下降到了1847年的517446头，相应地，猪占牲畜总价值的比例从8.1%下降到2.8%。同时，大型农场（面积30英亩以上）拥有的牲畜比例从34.8%增加到56.4%。因此，在某种程度上，这说明只有一小部分牲畜是由数百万最容易遭受饥荒影响的普通劳动者、农民和佃农拥有。莱夫格伦（1973）在研究1867~1868年芬兰饥荒时也观察到了类似的现象。莱夫格伦对饥荒期间没有更多的动物被屠杀感到惊讶。对此，人们可能会常常得出这样的结论：因为没有多少证据表明，吃牲畜（除了猪）可以有效地抵御饥饿。然而，也有其他理由可以说明为何饥荒期间没有更多的牲畜被当作食物吃掉。例如，人均牲畜占有量可以很好地代表人均资本充足率，资本充足率与农业技术发展和作物多样化程度有很强的相关性。此外，饥荒期间，牛、羊和家禽生产的乳制品可能是对食物的重要补充，因此，这也成为不屠宰牲畜的一个理由。

  最后，有人可能会说，人均租金应该也是一个影响因素。柯森斯（1963）

和阿尔奎斯特（1977）在不同文章中提出，将这一因素考虑在内的原因是，人均租金是衡量人口压力的一个很好的指标。尽管从纯理论的角度来看，人均租金与人口压力成反比不一定是正确的（Mokyr, 1980b）。但更重要的是，地主需要支付贫民救济税（poor rates），而贫民救济税可以用于救济饥荒。1847年春天，英国政府在罗素时期通过了紧急救济措施，并在爱尔兰各地开设了救济厨房。1847年6月，英国政府决定，任何进一步的援助都应由爱尔兰济贫体系（Irish Poor Law System）自己负责。伍德汉姆－史密斯（1962）轻描淡写地指出，"从这一刻开始，英国政府的好意就越来越难看见了。"无论如何，如果爱尔兰的财产是用来救济爱尔兰贫民的，那么，这就意味着地主支付的济贫税越多，居民从地方联盟中得到迫切需要的紧急救济的机会就越大。绝大多数爱尔兰工会的财政状况都让人感到绝望，所以地主支付济贫税的能力可谓是生死攸关的（O'Neill, 1957）。救济忍饥挨饿的农民与同情饥荒受害者是一样的。无论从哪一方面来说，不可否认的是，与苏格兰和欧洲大陆的上层阶级相比，爱尔兰上层阶级在缓解饥荒造成的冲击方面提供的帮助要少得多。可以肯定的是，大量的地主，无论居住在当地，还是居住在别地，都与他们的农民非常疏远，并且自身的财政状况也非常困难。然而，1838年英国强加给爱尔兰的《爱尔兰济贫法》（Irish Poor Law）简直是雪上加霜，该法的设计与1834年的《英国济贫法》类似。爱尔兰济贫体系不仅没有缓解这一紧急情况，反而在饥荒猛烈地攻击下崩溃了。爱尔兰的每一个济贫联盟是爱尔兰济贫体系的基本行政单位，这一单位比英国的大得多。爱尔兰的济贫法联盟平均有6.3万人，而英格兰和威尔士只有2.7万人。这种结构导致了严重的管理和信息传递问题，也增强了"搭便车"效应。地主自愿尽力雇用农民以为农民提供生计的行为，并没有降低他们应当缴纳的济贫税，因此地主变得越来越缺乏激励去提供这样的志愿扶持（Central Relief Committee, 1852）。

表9-3为上述因素与超额死亡率的回归结果。大量相关模型可以参看我

之前的著作（Mokyr，1980b）。[6] 表9-3中的结果是使用广义最小二乘法回归得出的，以消除由于郡的大小不等而可能出现的误差项异方差。

表9-3中给出的回归结果具有一定的启发性，但由于数据库存在不可避免的局限性，表9-3的结果也存在一些问题。所有回归方程的F值都大于10，说明所有的方程都具有较高的解释力度。$F_{5,26}$在1%的水平下的临界值为3.82。广义地说，自变量的整体解释能力都相当可靠。然而，与此同时，个别变量的系数随着假设发生变化也在显著和不显著之间变化着，这在一定程度上削弱了报告的解释力度。因此，对系数进行解释应该谨慎一些。

在对特定某个郡的脆弱性进行评估时，有些自变量显然是不太重要的。首先，饥荒前土豆的种植面积在任何定义下的显著性都不强，不论是定义为人均种植面积，还是定义为土豆种植面积占总种植面积的百分比。尽管这似乎令人惊讶，但据此可以推断的结论是，对土豆的依赖程度似乎对爱尔兰超额死亡率的地域分布没有多大影响。这怎么可能呢？对此，一种解释是，数据来源——1844~1845年的警署调查报告（Bourke，1959-1960）存在缺陷，并不可信。然而，另一种更有可能的解释是，饥荒前人们对土豆的依赖非常普遍，而1846年饥荒造成的破坏太彻底，以至于这一指标的变化对饥荒的影响程度而言几乎无关紧要。土豆的产量发生了断崖式下跌，以至于无论一个郡的人均土豆种植面积是0.46英亩（像最依赖土豆的沃特福德郡那样）还是0.17英亩（像利特里姆郡除都柏林以外的对土豆依赖程度最小的地区），在分析地区遭受饥荒的严重程度时，这一指标都无关紧要。最后，由于我们对饥荒前每英亩地土豆产量的变化知之甚少，我们使用的自变量是土豆种植面积，而不是土豆产量。但如果某个郡的每英亩产量高是因为土地面积小，或每英亩土地的产量小是因为土地面积大（如果人均土豆消费量相对稳定），那么这一指标就不能很好地代表某个郡对土豆的依赖程度。

在与一个郡受饥荒影响程度无关的其他变量中，人均租金似乎是最出人意料的。尽管人均租金与经济体韧性之间的正相关关系具有优先合理性，但统计结果表明，人均租金与脆弱性之间不存在显著关系。而且很明显，没有任何证据支持城市化程度，或任何与之密切相关的变量，在某种程度上可以抵御饥荒的假设。统计结果清楚地表明，在城市化程度高的郡，超额死亡率往往更高。乡村产业的发展长度对脆弱性的作用效果并不明显，有时候二者似乎为负相关，而有时候又似乎是正相关。我们很快得出结论，乡村产业发展程度这个变量的系数取决于所使用的特定假设，因此我们无法根据现有的数据判断乡村产业发展与饥荒影响之间的关系。

人均收入系数（劳动收入或总收入）在大多数情况下处于 -0.0040 和 -0.0015 之间。这意味着，人均收入每增加一英镑，这 5 年的年均超额死亡率就会降低 0.15~0.4 个百分点。因此，在所有其他因素不变的情况下，人均收入每增加一英镑，整个饥荒期间的超额死亡人数就会减少 63000~168000 人。如果我们做一个多少有些不合理的假设，假设是非边际变化也是线性的，就能推测出爱尔兰经济相对落后的净成本是多少。1841 年英国的人均收入大约比爱尔兰人均收入高 9 英镑。因此，取超额死亡率下限进行估计，贫困（狭义上指低收入）至少造成 600000 人因饥荒死亡。

识字率是又一个可以对饥荒影响做出解释的变量。这一变量的系数介于 -0.06 和 -0.10 之间，表明识字率每提高 1 个百分点，超额死亡率就会下降 0.06~0.1 个百分点。我们再举个例子。根据 1841 年人口普查，爱尔兰的平均识字率（定义为年龄为 5 岁及以上且读写兼会的人口比例）为 28.3%。如果在这一比例的基础上再乘以 1.5 倍（这很可能使爱尔兰人的识字率与英国相当，尽管这样的比较有些鲁莽），取 -0.06 这个较低的系数，那么超额死亡率将从 0.033% 下降到 0.024% 左右，这意味着超额死亡人数将减少约 50 万人。

回归结果表明，农场规模并不是超额死亡率的重要决定因素。平均农场规模（定义为农场总面积除以农场数量）与超额死亡率无系统关联；而且这种关联很弱，对假设非常敏感。更重要的是，结果表明，在农场规模低于某一特定水平时，超额死亡率与这一因素正相关。该临界水平为20英亩左右：低于这一规模时，二者呈现显著正相关关系。牲畜和住房质量变量作为总资本存量（注意到保留意见）的指标，总体表现良好，回归结果和预期假设一样。由于这两个变量不能明确代表一个经济体面对灾难的韧性，因此分析这些变量的系数多少有些不够严谨。住房质量变量指的是四级住房的比例，因此，即使我们认为样本数据严格遵循了1841年人口普查中使用的分类方法，这一变量也不能准确地反映住房的总体质量。在上文中，我已经指出了牲畜这一变量的问题所在。但总的来说，这一变量相关系数为0.006~0.009，和我们此前的分析是一致的。1841年，爱尔兰人均占有活畜价值约为2.5英镑。如果这个数字增加1英镑（或40%），那么超额死亡人数将至少减少25万人。最后，从事非农生产的人口比例这一变量的系数符号和我们预想的一致，但如果加入收入变量，这一变量的系数大小和显著性水平就会降低。虽然该变量对超额死亡率的作用效果相对复杂，但在现阶段，我们找不到更好的代替变量。

　　总而言之，1846~1851年的爱尔兰土豆饥荒是欧洲史上一场空前规模的自然人口灾难。它向我们提供了一个机会来详细研究超额死亡率的决定因素及其影响。尽管有关爱尔兰饥荒的信息库比欧洲历史上任何类似事件的信息库都要好得多，但对这些数据进行解读时，我们应当持谨慎态度。超额死亡人数的计算不可避免地要基于一系列简化假设。但是，这个计算过程所涉及的假设优于之前估计与饥荒相关的死亡人数时所涉及的假设。

　　一定程度上，我们已经明确了导致爱尔兰如此脆弱的因素。统计表明，土豆的实际种植面积无法对饥荒期间的超额死亡率做出解释。如收入、文化程度和资本-劳动比率这样的变量的影响要更为显著。同时，农场规模看起来似乎也是一个重要因素，但很明显，饥荒不仅摧毁了小农民（佃户和没有土地的劳动者），也摧毁了那些农场面积多达20英亩的大农场主。人均租金并不是重要因素，无论它是否反映了劳动力对土地的压力，或者更具体地说，无论它是否反映了地主支付济贫税的能力，结论都是一样的。

没有一个单一的原因可以解释为什么致病疫霉菌给爱尔兰带来了这样的灾难，而与爱尔兰相比，这一灾难对其他国家的影响可能相对较轻（或与这些国家此前经历过的任何灾难相比都不那么严重）。荷兰的超额死亡率约占总人口的2%，比利时约占1.1%（Mokyr，1980a）。现有数据不允许对苏格兰的饥荒死亡率进行准确估计，但弗林（1977）提供的数据显示，1841~1851年这十年间的人口增长率与前十年的增长率相同。弗林（1978）指出，在苏格兰西北部"几乎没有人挨饿"，并在1846年援引一位官员的话说，"如此健康的原因鲜为人知"。爱尔兰对土豆的依赖程度可能比弗兰德斯或苏格兰高地都要高。在爱尔兰国内，土豆产量的变化并不能解释超额死亡率的地域差异，但是，当我们将爱尔兰与其他经济体进行比较时，这一结论却是相反的。很显然，苏格兰和比利时的总体发展水平和工业化速度可以保证它们的人民的命运并不会像爱尔兰人的命运那样。为何爱尔兰的命运与这些国家截然不同？斯莫特（1978）将背后的原因归结为这些国家的"技术水平和国家财富已经达到了一个水平"，并且这些国家缓解饥荒的能力和效率都要高于爱尔兰。有关苏格兰地主的记载相对而言更加正面，但这在一定程度上反映了他们的能力，而不仅仅是意愿。同样，在比利时，经济实力较强的部门能够把弗兰德斯①的灾民解救出来。最初，比利时政府虽然不愿直接通过购买粮食进行干预，但它最终仍然违背了自己的原则，购买了大量粮食，并免费进行粮食运输，社会救援工作也井然有序。英国则消除了所有食品的进口关税壁垒。布鲁塞尔政府一定程度上也在补助地方政府开展救济工作。施粥所、公共面包房和粮食购买协会遍布整个弗兰德斯（Jacquemyns，1929）。

---

① 弗兰德斯是西欧的一个历史地名，泛指古代尼德兰南部地区，位于西欧低地西南部、北海沿岸，包括今比利时的东弗兰德省和西弗兰德省、法国的加来海峡省和北方省、荷兰的泽兰省。

私人慈善机构也为饥荒救济做出了重大贡献。比利时的经济条件使其能够通过进口弥补由于土豆和黑麦歉收而造成的大部分财政赤字（Mokyr，1976）。有趣的是，荷兰的工业化程度比比利时和苏格兰低得多，死亡率也高得多，但是荷兰饥荒远不像爱尔兰饥荒那样造成了灾难性的后果。

马克·布洛赫（Marc Bloch）曾写道："正如疾病的蔓延向医生展示了身体的奥秘一样，对历史学家来说，一场大灾难也提供了受其重创的社会本质的宝贵信息。"爱尔兰在19世纪上半叶的这场经历是一个残酷的提醒，提醒着人们未能实现工业化所付出的惨重代价。这一代价往往被所谓的"悲观主义"学派的追随者所忽视，他们认为工业革命对那些经历过工业革命的人来说，充其量只是一种喜忧参半的经历，而对于出于某种原因躲过工业革命的经济体而言，它们应当认为自己是幸运的。工业化是一个代价高昂的过程，从哈蒙兹（Hammonds）到霍布斯鲍姆（Hobsbawm），作家们一直是这般传唱的。爱尔兰的饥荒——以及19世纪40年代荷兰和奥地利饥荒、1868年芬兰饥荒——都在一定程度上说明了未能实现工业化的风险和代价。

注释

1　被调查者向济贫法委员反复表达了他们对单调饮食的不满。一位戈尔韦郡的受访者表达了大多数人的心声，"比起吃两顿土豆，我们都更喜欢一顿吃燕麦，另一顿吃土豆"（Great Britain，1836）。

2　下文大多基于我此前的著作（Mokyr，1980b）。

3　1867~1868年芬兰饥荒的数据表明，如果爱尔兰的经历与芬兰相似，那么超额死亡人数的下限数字更接近事实。芬兰的相关数据总结如下（1860-1865=100）（Lefgren，1973）：

年份	出生率（‰）	死亡率（‰）	婴儿死亡率（‰）
1866	86.7	131.2	126.1
1867	87.5	148.8	128.3
1868	66.7	303.1	225.2
1869	91.3	98.4	79.6

4　这三个假设是：(a) 每个郡的移民人口在全部移民人口中所占的比例是 1851 年比例和 1821~1841 年比例的平均数；(b) 每个郡的移民人口占总移民人数的比例是 1851~1855 年这一比例和饥荒前这一比例的平均数；(c) 如果趋势显著，每个郡的移民人口占总移民人数的比例可以通过根据 1851~1855 年这一比例的变化趋势向后推算出饥荒中期的这一比例；如果没有明显趋势，则用 1851~1855 年这一比例的均值代替。

5　这种偏差的来源如下。设 P_1 为饥荒开始时的人口，P_2 为饥荒结束时的人口，E 为饥荒期间的移民人口。假定所有移民现象都发生在饥荒结束。那么，人口下降的速度是：

$$x = \log \frac{(P_2 + E)}{P_1}$$

另一种计算方式是，假设所有移民现象都发生在饥荒开始的这一天，在这种情况下，人口下降的速度是：

$$x' = \log \frac{P_2}{P_1 - E}$$

当然，真正的下降速度介于两者之间。由于 $\frac{P_2 + E}{P_1} > \frac{P_2}{P_1 - E}$，人口下降速度的绝对值 $|x|$ 小于 $|x'|$，且小于任何介于 x 和 x' 之间的任何值。

6　表 9-2 的结果与 Mokyr（1980b）报告的结果略有不同，这是由于对土豆种植面积变量的计算做了一些小的调整。这些调整的本质载于 Mokyr（1981）。没有一项结论因这些调整发生了改变。

10 有关爱尔兰贫穷问题的总结与反思

爱尔兰为何挨饿？首先，应该强调的是，爱尔兰的贫困并不是一个单一的事件。相反，它由一系列相互关联但又相互独立的现象组成，这些现象不一定具有相同的因果机制。爱尔兰的农业发展落后；爱尔兰没有经历工业革命；19世纪40年代，爱尔兰土豆歉收。这三个事件都是爱尔兰经济困境的一部分，但它们不一定是由相同的因素造成的。虽然这三个事件相互对彼此造成了一定影响，但它们彼此之间并不必然存在因果关系。因此，"爱尔兰为何挨饿"这个问题不能用一句话来回答，也就不足为奇了。

本书对爱尔兰贫困这一重大问题提供了怎样的见解？首先，我们谈一谈已经被证伪的结果。过去曾有3篇颇具影响力的论文解释了爱尔兰经济落后的原因。第一，认为爱尔兰贫困与人口过剩有关。我在第3章中已经指出，这一假设是可以被证伪的，它确实没有充分的证据支撑。第二，认为爱尔兰农业发展缓慢与土地租佃制有关。我在第4章讨论了这一观点固有的局限性。第三，如煤和铁等自然资源的缺乏的重要性被证明是夸大了的。第四，将爱尔兰的贫困与移民联系起来。这一假设在文献中所占的地位不如其他三种假设突出，由于移民存在许多不可测量的方面，其检验结果不那么清晰明确。但是，就定量证据而言，移民假设——和其他三个假设一样——必须归入"落选者"行列。

那么，对于造成贫困的原因，我们能说些什么呢？我们可能得重新构建因果关系模型，并对两种类型的因果因素进行区分。我们将面临两个麻烦，其一可能是"暂时性"或"周期性"冲击，这些冲击是1800~1850年这些年来特有的，而且大多数在欧洲的其他地方也出现过。其二是，爱尔兰经济特有的根本性的长期疲软。当然，不可能把造成这个国家贫困的原因完全归为这两类原因。至今，人们几乎都认为任何经济承受短期外生冲击的能力在很大程度上依赖其经济体系的"结构参数"（structural parameters）。例如，西方经济体在20世纪70年代承受能源价格外源性上涨的能力，就取决于其经济弹性的决定因素。尽管德国和瑞士与葡萄牙或土耳其一样，同样受到油价上涨的影响，但它们的结局却大不相同。

当然，给爱尔兰经济带来最剧烈、最惊人的扰动的是大饥荒。另外两种外部冲击虽然也给1790~1850年的爱尔兰经济带来了巨大冲击，但远不像大饥荒给爱尔兰留下了深刻的印记。这两个冲击分别是价格水平变化（在法国战争期间上升，随后下降）和家庭手工业的衰颓——这是纺织工业机械化的结果。当一个国家的经济越来越成为一个更大的经济体的组成部分时，它就更容易受到来自外国事件的外来干扰。1760年以后，特别是1790年以后，爱尔兰逐渐融入一个更大的经济体中，这个经济体由大不列颠和后来的整个环北大西洋经济体组成。《刑法典》和《牲畜法案》的废除、独立战争和拿破仑战争、大不列颠及北爱尔兰联合王国的诞生，英爱贸易限制的逐步取消、1817年两国财政部的合并以及1824年商联（Commercial Union）的成立，都使爱尔兰日益成为英国经济的一部分。由于横跨爱尔兰海的汽船服务业的兴起以及英国和欧洲大陆国家铁路网络的建设，运输成本降低，1825年后这一趋势越发明显。在饥荒爆发前的75年里，爱尔兰正逐渐成为经济学家们所说的"小型开放经济体"，也就是说，它所面临的一系列价格是由它无法控制的世界市场决定的。国际事件也对爱尔兰经济产生了影响。

这些冲击能解释"爱尔兰贫困"吗？在我们更详细地讨论这些问题之前，应该强调的是，爱尔兰并不是唯一受到这些问题影响的国家。事实上，拿破仑战争和大陆封锁对爱尔兰的影响可能小于其他欧洲国家，毕竟战争就是在这些国家的土地上进行的，又或者这些国家（例如荷兰）更依赖国际贸易。因为爱尔兰的经济比其他西方经济体更落后、更僵化，因此更容易受到这些动荡的影响，所以相似的原因竟导致了不同的结局。

一些例子可以解释爱尔兰独特的经济特征是如何将这些冲击的影响放大的。想想土豆吧，它被当时的人们普遍视为幸运之物，被历史学家视为营养奇迹。[1] 然而，土豆不能存放超过一年的时间，因此没有缓冲存货（buffer stock）。此外，由于其单位体积或重量的价值很高，运输成本非常高，所以土豆贸易发展受限。只有大约 2% 的土豆直接出口。因此，爱尔兰很难找到一种丰收的作物，并将其作为一种价值贮藏（store of value），以在土豆歉收时稳定市场。养猪可能是唯一能达到这一效果的做法。在饥荒年代，猪的数量确实大量减少了。当时的人意识到了过分依赖土豆的危害："生与死取决于土豆的收成……当土豆歉收时，人们必然挨饿，因为前一年收获的土豆都不能保存到一年后的现在。如果任何一年土豆出现了歉收，一场灾难将在所难免"（Great Britain，1836b）。泥炭的情况也差不多。由于其体积大、重量大，使得内陆运输成本很高，因此也没有开展大规模的贸易。爱尔兰的土豆和泥炭与纽卡斯尔（Newcastle）的煤炭和沙特的石油存在本质不同：爱尔兰的土豆和泥炭很难转化为流动资产，而流动资产本可以对冲"冲击"带来的风险。

土豆和泥炭的交易成本非常高导致的一个结果是，爱尔兰农村经济的商业化水平很低。商业化程度用农产品在市场上销售的比例，和人们从市场上购买消费品的比例衡量。再直观一些，我们可以假定在农村商业化之前，农民完全自给自足。把自给自足的农民与一个在市场上购买一篮子消费品的农民相比。前者收入的方差按定义等于外因引起的农业产出的方差。但对于一个将农作物大量出售的农民来说，这不再正确。当产量因歉收下降时，农产品价格上涨，这可以部分对冲或完全对冲歉收造成的收入下降。这样一来，向下的需求曲线的斜率相当于给农民提供了保障，也就是说，当作物歉收时，农产品价格通常较高，相比于收成较好时，农民反而可能会得到更多的收入，尽管在现实情境下，这不一定会成立。然而，这似乎表明，与自给自足的农民相比，商业农民因作物歉收而挨饿的风险要小一些。尽管这是可能的，但我们也不能得出这样的结论：市场经济的崛起必然会降低农民面临的风险。原因是，市场经济中的农民也会受到与作物收成不相关的其他经济波动的影响，这种经济波动可能源于非农业部门，甚至有可能来自另一个半球。这种波动被农民视为需求曲线的运动（不是沿着曲线的运动）。但无论如何，这样的波动似乎还是要比一场大规模的农业歉收温和得多。

爱尔兰特有的另一个僵化的经济特征是土地制度。正如第4章所示，在饥荒前，大部分土地是长期租赁的。虽然长期租赁通常可以鼓励农业发展，但名义租金显示，1790~1814年，农产品价格的变动使收入由地主转移到了佃户，而1814年以后又由佃户转移到了地主。1790~1813年，农产品价格（以及以农产品价格为主要组成部分的总体价格水平）居高不下。1814年，农产品价格急剧下降，虽然之后受天气等短期随机因素的影响发生了上下波动，但农产品平均价格并没有回升。1790~1814年农产品平均价格水平为125.52，1815~1845年为107.36（1821-1825=100），标准误差为4.61，在1%的水平上显著。[2] 由于名义租金缺乏弹性，爱尔兰农业面对不断变化的市场时表现出严重的滞后性。1814年后农产品价格的下跌导致了实际租金的上涨，尽管人口增长导致了对土地需求的增加也使实际租金发生了上涨。价格波动造成了一系列混乱的局面。租金拖欠是普遍存在的。许多地主别无选择，只能减免拖欠的租金，或者以其他方式降低名义租金，使租金水平与物价水平保持一致（Blacker, 1834; Weld, 1832; Great Britain, 1836b; OSM; Clark, 1979）。然而，一些地主坚持保持固定的租金水平，这加剧了与佃户之间业已紧张的关系，并阻碍了资本形成。与此同时，名义税收也没有下降。此外，有可能是一些佃户恰恰利用了地主减免拖欠租金的这一心理，得以支付较低的实际租金。简言之，价格水平的变动提高了交易成本，尤其是地主和佃户之间的交易成本，由于租期较长，其间的不确定性更大。短期租赁本来可以解决价格波动带来的问题，却为"掠夺性地主"打开了大门。因此，唯一有效的解决方案是以实际条款（而不是名义条款）签署长期租赁协议，并附带相应的伸缩条款（escalator clauses）。鉴于许多现代西方经济体在面对持续的通货膨胀时，都不曾普遍采用这种按实际价值计算的合同，这种解决办法在

19世纪的爱尔兰行不通就不足为奇了。爱尔兰农业经济缺乏灵活性的其他几个原因已在前几章中得到讨论和确认。其中最重要的是，发展混合农业受阻，以及高度不完善的土地市场，都使土地无法集中在最有能力的人手中。

大饥荒之前，最具破坏性的冲击是爱尔兰家庭手工业的衰落。家庭手工业是爱尔兰农村经济的重要组成部分；它们在1825年之后迅速衰落，严重影响了爱尔兰。英国的工业革命，对成百上千的以家庭手工业为生的纺纱工、织布工等工人的收入造成了毁灭性的影响。爱尔兰的家庭手工业包括亚麻的生产、纺纱和织造，也包括一段时期的棉布织造。与此相关的职业还有制钉、制刀、纽扣制造等。尽管纺织业的消亡对成百上千的人来说是灾难性的，但仅凭纺织业的消亡并不能完全解释爱尔兰的贫困。在南部和中部的大多数地区，家庭手工业从来就不是重要的经济生产部门，但这些地方的经济状况依旧糟糕。如果康诺特从未有过任何乡村制造业，它在19世纪30年代和40年代的历史也不会有显著的不同。阿尔奎斯特（1977）认为，乡村制造业导致人口爆炸，当非农业收入来源消失后，人口爆炸将是难以承受的。家庭手工业对人口增长确实有积极的影响。然而，如果没有家庭手工业，人口增长仍然会相当快。在凯里、威克洛或国王郡（那里的农村工业并不发达），人口增长仍然可观。表3-10和Mokyr（1981a）中的回归结果证明的确是这样的。[3]

同样，纺织工人和纺纱工人因收入急剧下降而承受的痛苦是真实存在的。爱尔兰的乡村制造业由两个部分组成：康诺特省的粗制造工业，专门生产粗支纱，在这里纺纱比纺织重要得多；阿尔斯特省的精制造工业，专门生产高级的亚麻面料，例如棉布和花缎。这样的地理分布很不幸。因为，英国工业革命先冲击了纺纱工业和粗制造工业。换句话说，工业革命首先袭击了最脆弱的地区。19世纪30年代，阿尔斯特省的织布工的处境非常糟糕；在梅奥、斯莱戈和利特里姆，整个纺织行业已经瓦解。奥特威（C.G.Otway，1838）在描写勒根（位于阿尔马郡）时写道，"几乎所有的人都是纺织工；

- 377 -

在农忙时节，这些工人的工资很高。据说，所有的纺织工都有充分的就业机会，现在的年轻工人比以前多得多，以前纺纱妇女现在也普遍来织布了"（Great Britain，1840）。在斯莱戈，完全是另一番景象，"手工纺出的纱根本不值一提……传统的亚麻纺织行业已死，而新的，正濒临死亡"（Great Britain，1840）。纺纱业甚至在更早的时候就已经衰颓了。在19世纪20年代末，湿纺技术使机械可以生产出更精细的亚麻布。到19世纪30年代末，手工纺纱完全被取代（Gill，1925）。相较纺纱工人，纺织工人暂时没有受到如此强烈的冲击，虽然其收入在下降，并逐渐沦落为替别人打工的工人。

家庭手工业的衰退对爱尔兰经济造成了什么影响？19世纪30年代和40年代，欧洲各地的家庭手工业都在逐渐衰颓，这使得从苏格兰到西里西亚的6个地区的人民都过着艰难的生活。尽管如此，大多数这些经济体的现代生产部门能够吸收许多农村工人及其子女。在爱尔兰，纺织工人面临着越来越低的工资，他们的布再也卖不出去了。他只有两个选择，其中之一就是移民。在整个欧洲地区，这种选择在爱尔兰最为普遍。而留下来的人仍旧依靠务农为生，因此，在饥荒前夕，依赖土豆生活的贫民数量又激增了起来，这种现象不仅发生在梅奥和多尼哥郡，在经济相对较好的安特里姆、伦敦德里也是如此（OSM；Great Britain，1836b）。

来自国外经济或政治事件的冲击带来的这种暂时性失衡扰乱了爱尔兰，并造成了更为严重的经济困境，但是它们还不足以解释为什么爱尔兰受到的影响比其他国家严重得多。从诸多导致爱尔兰经济缺乏韧性的原因中，无论是农业、制造业、渔业、运输业、住房还是人力资本，我们发现大多数原因都是通过作用于资本形成，最终对爱尔兰的贫困造成了影响：生产率之所以低，是因为劳动力无法获取充足的非劳动要素（nonlabor inputs）。这些要素是有形或无形的可再生生产耐用品。导致资本形成迟缓的各种原因可以被简单划分为资本形成的需求方面和供给方面，在这里，请不要太专注于"需求"和"供给"的字面意义。

资本形成的"需求"主要取决于生产力。乍一看，爱尔兰有着廉价的劳动力、农业改良的巨大机遇，以及总体上相当有利的自然禀赋，似乎可以获得非常高的投资回报率。可实际上，回报率比人们预期的要低得多。在农业方面，大量的试验和一些上进的地主及其代理人的成功经验充分表明，投资机遇也需要信息、监督和愿意承担风险且坚持不懈的地主的努力。阻碍农业进步的社会障碍不仅在于人们没有利用好本可以获得的高回报率，更在于即便有最好的生产实践，这一回报率也未必会有理论上得出的那么高。例如，爱尔兰的"土豆经济"使得爱尔兰的社会经济条件非常特殊，这使得任何农业重组的成本都远远高于实验数据所显示的成本。毕竟，在实践中，采用新生产技术的成本不仅包括购买新的工具、劳动力、化肥等投资支出，而且往往还包括安置被驱逐的佃户的成本，以及承担农业暴动所带来的风险。地主和佃户之间的关系不好，缺乏信心，导致地主和佃户之间的信息流中断，大大降低了合作投资的效率。在制造业方面，工人的工资普遍较低，但大多数雇主仍然认为劳动力并不便宜。熟练工的劳动力成本高昂，工会对企业家制定工资的自由施加限制，与此同时，由于管理不善，最优秀的工人移民到英国和北美，以及生活质量差导致的营养不良使得普通工人生产效率十分低下。在这个人口流动频繁的社会中，对人力资本的投资，表面上是一项高回报的活动，实际上回报可能是非常低的，因为训练有素的工人很可能移民了（留下的都是生产能力低下的劳动力）。这些因素的共同作用降低了劳动力投资可以实现的生产率。

阻碍资本形成的因素大多来自"供给"方面。然而，在缺乏运转良好的资本市场的情况下，需求和供应之间的区别是模糊的。通俗来讲，投资是指人（地主、农民、商人或制造商）利用资源来购买或生产耐用品。抑制这类资本形成的原因有很多。然而，最主要的原因是爱尔兰是一个农民社会，在这个社会里，穷人没有能力投资，而大多数不那么穷的人也不愿意进行农业投资。爱尔兰社会的下层阶级，雇农和小佃农，实在太穷了，无法独自开展任何重大的改良工程。在爱尔兰，中产阶级农民的数量非常少。面积超过20英亩的农场不到总数的25%，只有大约30%的农村人口自称为农民资本家（capitalist farmer）（见表2-3和表2-4）。而一小部分拥有大规模农场的农民，由于爱尔兰农村地区经常出现暴乱，投资于生产性项目的积极性也大大降低。我们已经在第5章中讨论了导致这种情况发生的爱尔兰的经济特点。其结果是，潜在的有改良意愿的农民决定不这样做，因为他们觉得结果不总像预想的那般好，因为在爱尔兰，财产总是得不到保障的。年轻农民及其后代的移民，增加了受抚养人（总消费大于总产出值的人）的比例，从而减少了社会"储蓄"。地主是爱尔兰社会中唯一能进入资本市场的人，他们却对农业发展并不太上心，整体而言，他们的投资微乎其微。

资本形成的制度障碍表现为多种形式。其中一种形式是资本市场失灵。当然，爱尔兰经济之所以落后，是因为19世纪上半叶爱尔兰没有投资银行，这一解释不是全部的理由。爱尔兰不是唯一一个资本市场失灵的国家，只是，它与欧洲其他国家的不同之处在于，直到1838年，爱尔兰仍然没有正式的济贫法（Poor Law），也没有任何有组织的地方或国家济贫体系。尽管，我们不清楚与英国或荷兰等福利制度完善的国家相比，爱尔兰缺乏正式的贫困救济制度，对资本形成、工资水平和人口增长等方面究竟会造成怎样不同的影响，但是，我们很清楚1838年以前，缺乏贫困救济制度对爱尔兰造成了什么影响。总体上风险提高了。在爱尔兰，如果冒险投资失败，几乎没有退路。换句话说，挨饿的不仅仅是这个投资失败的农民，其他与他相关的人都会挨饿。在英格兰或苏格兰，人们还能向教区领取救济金；而在爱尔兰，他们只有乞讨这一条路。

对资本形成造成阻碍的另一个可能原因是，爱尔兰人储蓄较少，因为他们推迟消费的意愿较低，且没有耐心。尽管这一假设多少有些建立在猜测上，但我们可以从其他文献中得知爱尔兰人的时间偏好率（rate of timepreference）高。福斯特在他的一篇颇有见地的文章中指出，很难理解为什么佃户不进行改良投资，即使地主提高了租金，他们显然仍旧可以从中获得利益。福斯特在书中写道，这些佃户认为"困难就在眼前，而天平另一端的利益还在远处，因此他们不会进行任何改良投资"（Foster，1847；Great Britain，1836）。如果真是如此，那么是什么原因导致了爱尔兰人如此高的时间偏好率呢？至少，贫困本身就是主观时间偏好率较高的原因。如果储蓄（相对投资）是一种更好的商品，那么储蓄率会随着收入的增加而上升。[4] 至少对于相当贫穷的经济体来说，这个假设似乎是合理的，尽管相关的证据非常有限（Mikesell and Zinser，1973）。在预期寿命较短的社会中，假设其他条件不变，人们往往更不愿意推迟消费。这一模型为："贫困陷阱"这一概念提供了理论基础，在某种程度上，贫困造就了贫困。但是，注意，不必要为了制造贫困陷阱而去做这个假设，因为非常相似的陷阱也可以从麦金农模型（Mckinnon Models）中产生（见第6章）。

在一些人看来，"贫困陷阱"模型可能涉及循环推理。然而，在这里，基于一些相对合理的假设，我们可以利用一个简单的增长模型来说明。例如，康奈尔认为人口增长率是收入的负函数。因此，收入水平越低，人口增长速度越快，资本-劳动比率增长越慢，收入增长速度越慢，收入水平越低，由此循环往复。当然，康奈尔假说的定量证据并不十分充分（见第3章），并且资本形成和收入之间的关系大部分基于猜测。尽管如此，这种模式作为一种教学工具仍然具有重大价值，它帮助我们清楚地思考贫困在什么条件下会成为一种改变历史轨迹的力量。

储蓄率和（或）人口增长率取决于收入水平的经济体具有经济学家所说的"非唯一"均衡的特征。本书不打算对这个模型进行正式的介绍，但是可以在文献中找到它（Jones，1976；Johnson，1966；Leibenstein，1957）。这些模型得出的基本结论是，在一定的假设条件下，资本-劳动比率可以有多

-381-

个"稳态"或增长均衡（growth equilibria）。可以看出，如果存在三个均衡，其中两个可能是稳定的，另一个可能是不稳定的。不稳定的这一个处于高收入和低收入状态对应的稳态均衡点之间，但这一点本身没有多大意义，因为即使是最轻微的扰动，经济也不会停留在这个状态。然而，这一点很重要，因为它代表了一条重要的分界线：它像一个岔道口，一边是将经济引向低水平均衡陷阱（low-level equilibrium trap）的道路，另一边是将经济引向资本积累和最终繁荣的道路。重点是，这一最初的分歧可能非常小。这就如同收入对储蓄率和人口增长率的作用方式上的微小差异，可能在决定经济的历史轨迹方面起决定性作用。历史学家得出了一个令人不安的结论：几个世纪以来决定了无数人的物质生活水平的非常重要的历史进程不一定有非常深刻的原因。

在影响爱尔兰经济的非经济因素中，最复杂、最具争议性的是源于政治领域的因素。爱尔兰经济历史学家，如奥布莱恩（1921）和察特（Chart, 1920）都在20世纪20年代所写的文章中坚定地认为，爱尔兰的大部分或全部经济困境都可以归咎于英国的政策。现代激进主义作家，如吉本（Gibbon, 1975）和赫克托（Hechter, 1975），倾向于指责英国资本主义或产业主义，而不是英国固有的打压爱尔兰的倾向。这些指控有多少真实性？正如奥法雷尔（O'Farrell）所指出的，大多数对英格兰统治爱尔兰的指责都不过是哗众取宠。这些论点中有许多"并不是建立在经济调查的基础上，就像爱尔兰经济发展迟缓可能源于它的经济特征，尤其是其强大的农村经济特征"（O'Farrell, 1975）。

如何检验爱尔兰贫穷是因为阿尔比恩（Albion）[①] 背信弃义的政策这一假设呢？当然，传统的实证检验并不适用于这样的问题，但通过厘清一些混淆的地方，问题的利害关系可以变得稍微清楚一些。首先，我们应该区分哪些

[①] 英格兰旧称。

是英国有意制定的政策，哪些是因为英国恰好在爱尔兰附近，且经济繁荣，所以对爱尔兰不经意间造成的影响。其次，我们必须区分1780~1845年英国对爱尔兰的政策和早期英国对爱尔兰的政策。可想而知，在土地征用（land confiscation）和重商主义时代，爱尔兰的经济利益公然遭受英国压力集团的摆布，并且在此期间爱尔兰天主教徒也遭到了严重的迫害，这给爱尔兰脆弱的经济基础造成了不可挽回的损害，以至于1870年后爱尔兰再也无法繁荣起来。这一推理的核心是，地主阶级遭遇的空前变化和一个新兴暴发户阶层的出现，是造成18世纪和19世纪爱尔兰乡村上层阶级经济缺陷的核心因素。

比较困难的是评价诸如《1698年羊毛法案》和《牲畜法案》（Cattle Acts）等重商主义措施以及《刑法典》（Penal Acts）带来的经济影响。当时的人们对这些法律的负面影响大谈特谈，但实际上这些法律几乎没有得到过多的实践（Cullen, 1968）。19世纪的现代历史学家一致认为，《刑法典》几乎没有得到充分执行，英国的重商主义在理论上比在实践中更糟（Johnston, 1974）。其他经济活动，特别是亚麻和粮食出口，取代了受重商主义阻碍的工业。一位历史学家写道，《羊毛法案》和《牲畜法案》"扭转了爱尔兰的经济发展，而不是摧毁了它"（James, 1973）。走私在一定程度上减少了英国对爱尔兰对外贸易的破坏（O'Brien, 1918; James, 1961）。也许1778年以前对英国镇压最严厉的一条指控是，它故意阻止了爱尔兰天主教中产阶级的出现，摧毁了爱尔兰的贸易和制造业（Lecky, 1972; O'Brien, 1918）。很难确定上述这一危害的严重程度。亚麻布出口量在18世纪10年代徘徊在200万~250万码，1740年达到700万码，1762年达到1500万码，18世纪80年代中期达到2500万码。沃尔（Wall, 1958）指出，天主教城市中产阶级在18世纪下半叶的崛起出人意料却非常引人注目，到18世纪末，天主教徒控制了爱尔兰大部分商业。

无论如何，到1780年，大多数镇压性的立法已被暂停或废除，爱尔兰经济正处于快速扩张时期。进口统计数字也许比出口统计数字更能说明这些年来爱尔兰经济的变化。从1772年到19世纪早期，如烟草和茶叶以及生铁和五金件等消费品的进口，迅速增长，并且当时人们的观点和当代历史学家的研究都证实了这一番繁荣的景象是确实存在过的（Wakefield，1812；Cullen，1967；James，1973）。从那以后，越来越难以发现英国对爱尔兰政策中存在任何蓄意的经济剥削。1780年以后，英国的重商主义政策从实践上到理论上都在逐渐走向没落。

1800年的《联邦法案》（Act of the Union）也受到了严厉的批判，它被一致认为是一个充满欺诈的彰显政治机会主义的法案。爱尔兰的经济问题是否可能归因于1800年爱尔兰被迫放弃经济独立，并从1824年起完全融入英国共同市场？这个假设非常诱人。在取消最后的关税壁垒后，阿尔斯特棉纺织工业几乎立即崩溃，几年后，农村纺织业陷入了危机，从此再也没有恢复过来。地方自治联盟（Home Rule League）领袖，三一学院（Trinity College）政治经济学教授艾萨克·巴特（Isaac Butt）最先开始倡导保护爱尔兰制造业，随后爱尔兰民族主义和民族主义史学也挥舞起了保护爱尔兰制造业的旗帜（Black，1972）。有人认为，联合王国使脆弱的爱尔兰经济遭遇了"自由贸易帝国主义"（imperialism of free trade）的恶劣行径。与英国的经济统一迫使爱尔兰陷入一种非最优的专业化模式，如果它实行自治，它绝不会选择这种模式。正如恩格斯在1869~1870年所著的《爱尔兰史》一书中所表达的那样："今天英国需要迅速而可靠的粮食，那么爱尔兰正是种植小麦的完美之地。明天英国需要肉，那爱尔兰就只适合牧牛"（Marx and Engels，1972）。

与17世纪的重商主义相比，1800年的《联合法案》算不上是英国人精心策划的、令人憎恶的自私经济行为，这一点是肯定的。例如，麦克多纳（MacDonagh，1977）认为："《联合法案》和许多其他的法律一样，是一种误判……最终导致了爱尔兰经济崩溃的是在不列颠群岛建立了一个自由贸易区……在1800年，这完全是预料之外的事情。"不管英国是否有意为之，结果都是一样的：爱尔兰成为另一个庞大经济体的组成部分，而这个经济体恰好包含着世界上最先进的工业国家。短期后果之一是 1815 年后所谓的经济萧条，这时候爱尔兰镑升值了，但在 1826 年爱尔兰镑就被王国货币所取代而不复存在（Lynch and Vaisey, 1960）。这个经济萧条的存在饱受争议（Lee, 1971），并且在任何情况这也只能算是"暂时性冲击"而不是"结构性缺陷"。

与此同时，联合王国自身可否因与英国日益紧密的经济关系而受到指责，对这一点尚不能做出评判。爱尔兰与英国的贸易比例从 1740 年（当时对英进出口额约占爱尔兰对外贸易的一半）持续上升到 1800 年（占爱尔兰出口总额的 85% 和进口总额的 79%）（Cullen, 1968）。要探明与大不列颠经济一体化对爱尔兰经济造成的影响，我们最好假设如果联合王国从不存在。迈克尔·赫克托最近把弗兰克和沃勒斯坦（Frank and Wallestein）提出的世界体系理论这杯新酒倒入了旧民族主义的瓶子里，他认为：如果爱尔兰没有被迫加入联合王国，经济发展将会更加多样化（Hechter, 1975）。赫克托没有解释这种多样性是如何产生的，但他一定是想到了爱尔兰保护性关税被取消一事，因为除此之外的作用机制是难以想象的。奥马利（O'Malley, 1981）明确声明，爱尔兰工业化进程缓慢应当归咎于保护性关税的缺失。

大多数经济学家对关税本可以减少爱尔兰贫困的这一观点的直觉反应可能是不认同的。如果爱尔兰制造商不能与英格兰和苏格兰竞争，他们就不应该参与竞争（而不是诉诸关税的保护）。如果爱尔兰的部分产业，比如亚麻和酿酒，可以经受得住竞争，那这种保护就更不必要了。当时有学者大肆宣扬的"婴儿产业"（infant-industry）的观点，但这一观点被传统的经济思想所反对。鲍德温（Baldwin, 1969）提出的许多反对论点在这里都是直接适用的，而且，没有任何严肃的证据表明"干中学效应"（learning by doing effects）存在于爱尔兰产业中，而这一效应可能是保护性措施可以存在的唯一正当理由。虽然经济学家们的直觉往往是明智的，但在研究复杂的历史问题时，我们仍需要非常谨慎。正如卡夫卡（Kafka，1962）所指出的，在没有资本市场的情况下，资本积累的速度受到关税的影响，因为关税往往会将收入从消费者那里重新分配给资本家，也就很可能意味着是从低储蓄者那里重新分配给企业家，而企业家可以获得的丰厚利润为现代工业奠定了基础。关税还可以降低投资的不确定性，从而可能促使爱尔兰商人将更大比例的资金再投资于企业，而不是投资于政府债券或土地等更安全的领域。

然而，保护性关税是否真的会对爱尔兰的经济财富产生实质性的影响，这一点令人怀疑。任何政府政策似乎都不太可能让爱尔兰走上渴望已久的工业化道路。高关税政策更有可能的结果是延长乡村产业的寿命，而爱尔兰的乡村手工业又是兰开夏郡[①]纺织厂的主要受害者。这样的延长可能会给康诺特和阿尔斯特的乡村带来一些暂时的缓解，但爱尔兰家庭手工业的最终命运依旧会是走向没落，正如拥有自治权（且受关税保护）的比利时一样。此外，农业专业化本身是爱尔兰经济落后的一个原因这样的假设也没有击中问题要害。造成爱尔兰贫困的根源不是农业专业化，而是农业生产率本身的低下。即使在爱尔兰农业专业化做得最好的时候，爱尔兰经济也没有表现得很好。在没有联合王国的情况下，爱尔兰很可能仍会继续向英国出口农产品，如果政府采取极端干预措施，阻止此类出口，爱尔兰农村的经济状况将会严重恶化。归根结底，对于爱尔兰经济而言，英国在政治上的主导地位或许不如其在地理上的绝对邻近那么重要。克罗蒂（Crotty，1979）坚持认为，大概始于1820年的"边缘化"（peripheralization）进程实际上是在1922年爱尔兰独立后才加速的。

当然，这一切都是推断的。更确定的是，英国的统治并非对爱尔兰没有好处。1800年后的英国统治为爱尔兰提供了一种安全与稳定的保障，爱尔兰民族主义者可能对此感到反感，但这的确有利于爱尔兰的经济发展。一位

[①] 兰开夏郡是英国工业革命的发源地，后成为英国最大的纺织工业区。

现代历史学家（Beckett，1972）指出，如果没有联合王国，1819~1922年爱尔兰的宪法变革就会带有暴力色彩，而事实上，这些变革大多是由英国人和平引入的。正如我在第5章中所指出的，爱尔兰自身肯定缺乏法律和秩序。一旦有组织的政治暴力加剧了经济和社会冲突，爱尔兰的情况可能会更糟。在《联合法案》颁布后的50年里治理爱尔兰与治理英国完全是两码事。没有受过良好教育的绅士参与到地方事务中，使得在英国可行的"业余人士执政"（government by amateurs）在爱尔兰根本行不通。在爱尔兰联合政府迅速集权之后的几年里，早在英国之前，爱尔兰就由受过良好训练的专业行政人员管理，其中最优秀的有约翰·伯戈因（John Burgoyne）、理查德·格里菲斯（Richard Griffith）、托马斯·拉康（Thomas Larcom）和托马斯·德拉蒙德（Thomas Drummond）。按照当时的标准，爱尔兰在教育、公共卫生和警察部队方面都有着良好的管理。1828年和1840年的法案对地方政府进行了改革，允许其设立职能部门来提供城市服务，淘汰了过时的城市"公司"（Urban "Corporations"）。1838年的《什一税代偿法案》（*The Tithe Commutation Act of 1838*）一劳永逸地解决了困扰爱尔兰几代人的棘手问题。爱尔兰也在英国财政部支持下接受了地形勘测，并基于此绘制了详细的地图。当然，并非所有这些措施的实施都是一种利他行为。警署的改组在很大程度上是爱尔兰乡村动乱的结果。至于地形测量（The Ordnance Survey），索尔兹伯里勋爵（Lord Salisbury）在1833年说的话简直是一语中的："联合王国中最难相处的就是爱尔兰，因此爱尔兰才有了一幅壮丽的地图"（Andrews，1975）。

  英国对爱尔兰的统治唯一失败的地方就是救济不足，这一点很明显。尽管济贫调查委员会在1836年提出了大量明确的反对意见，但英国议会还是坚持在爱尔兰实施1838年济贫制度（The 1838 poor relief system）。爱尔兰的济贫法与英国的济贫法有两个关键区别。首先，在爱尔兰，所有救济都在济贫院内进行，而在英格兰和威尔士，只有身体健全的穷人才能得到专门的室内救济。其次,在英国,每个贫困者都有获得救济的合法权利,而在爱尔兰,即使在1838年以后,也没有人有获得资助的合法权利,并且如果济贫院没有多余的名额了,那些申请救济的人也只能吃闭门羹。由于每个济贫联盟只有一个济贫院(这意味着平均每62884人共有一个济贫院),爱尔兰济贫法减轻贫穷的潜力实在有限。我们很难对爱尔兰济贫法的作用做出评判,因为该制度在实行了几年后,就在大饥荒的重创下崩溃了。然而,正如我们在第9章中所看到的,我们有理由相信,爱尔兰的济贫法可能使情况变得更糟。

大饥荒前的半个世纪,爱尔兰与英国关系的真正问题不在于,爱尔兰是否并入大英帝国会严重损害其经济发展,而在于爱尔兰与英国的一体化还远远不够。联合王国成立了一个联合议会,并最终建立了一个自由贸易区。到19世纪20年代中期,爱尔兰和英国之间的商品、服务和劳动力实现了自由流通。但是,统一的经济体并没有创造出一个统一的国家,更不用说一个统一的社会了。在联合王国成立到饥荒爆发之前的这几十年里,爱尔兰和英国彼此之间的关系远比今天的共同市场(Common Market)上的法国、德国和荷兰彼此间的关系要疏远得多。奥法雷尔曾说:"最终,工业革命使英格兰和爱尔兰不可逆转地走向了殊途"(O'Farrell,1975)。从某种意义上说,这种观点是正确的,但爱尔兰和英国并没有"分开"过,因为它们从未真正在一起过。英国的工业革命并没有使英国的工业城市与南方城市"分开",也没有使苏格兰低地与高地分离。总的来说,工业化区域与那些仍然以农业为主的区域之间的和平共生关系是常见的,而不是例外。两国之间的裂痕不是因为爱尔兰缺乏工业部门,甚至不是因为它的贫困。真正的问题是,英国认为爱尔兰是一个陌生的,甚至是敌对的国家。

这种敌对态度对经济的影响是非常深远的。英国和苏格兰的首都远离爱尔兰。当时有人表示,"只要国家的成文法对(另一个国家的)4/5的人口保持敌对,这将会使得英国部分资本家不再对爱尔兰进行投资"(Great Britain,

1825）。现实是，有一些英国企业家还是去向了爱尔兰，但更多的人去了法国、比利时和普鲁士。

勒本（Lebow，1977）也指出，英国人对爱尔兰贫困的态度与英国人对本国贫困的看法是截然不同的。在英国，贫穷被认为是经济波动和经济结构变化的结果，而爱尔兰的贫穷则被认为是懒惰、冷漠和无能造成的。因此，英国政府并没有像对本国穷人一样负责地去对待爱尔兰穷人。尽管勒本的论述有些过于简化（他没有提及1838年在爱尔兰实施的英国式济贫法），但他的观点的确正中靶心。当代媒体和政客们似乎相信——用勒本的话来说——爱尔兰"与邻国英国不同，他们不介意自己的贫穷"，因此"英国的使命不是缓解爱尔兰的苦痛，而是教化爱尔兰人民，让他们能像人一样思考和生活"。

最严重的是，在1847年那个可怕的夏天，英国人彻底抛弃了爱尔兰人，任由他们灭亡。毫无疑问，英国是有能力拯救爱尔兰的。英国财政部在饥荒救济上总共花费了约950万英镑。虽然这笔钱的一部分在当初被界定为（爱尔兰欠的）贷款，但实际上大部分从未归还（O'Neill，1957）。救济厨房在很大程度上是由伦敦精英阶层资助的，尽管它有很多不足，但仍然挽救了许多人的生命。当最后一间厨房在1847年10月关闭时，克莱伦登勋爵（Lord Clarendon）在写给首相罗素的信中绝望地说道："不能抛下爱尔兰，我们不能让人民饿死。"但罗素的回答是："今后几个月，爱尔兰一定会遭受巨大的痛苦。不幸的是，要求停止（救济法案）的鼓动破坏了对这个国家几乎所有的同情"（Cited by Woodham-Simth，1962）。饥荒过后几年，英国政府在克里米亚战争中白白投入了6.93亿英镑（Hughes，1960）。在1846~1849年这个关键时期，如果这笔钱中的一半可以用在救济爱尔兰上，它将挽救成千上万的生命。这种"奢侈"与英国救济不足的说法很难调和，因为这个问题"太大了，英国政府无法克服"（Cullen and Smout，1978）。1847年6月以后，英国就救济工作几乎无迹可寻：济贫联盟的负责人或副负责人（后者是当第一负责人被认为不称职或第一负责人拒绝连任时接替第一负责人的人）拼命地寻找资金援助，反复奔走于锡拉（Scylla）的灾民和卡律布狄斯（Charybdis）的不堪重负的纳税（济贫税）者之间，实际上这些纳税者大多数自身也面临着经济损失甚至挨饿。英国政府对这场灾难的援助微不足道。英国给出的救济指导是，每个济贫联盟利用济贫税来救济当地的灾民。当英国政府最终承认这一指导有些荒谬时，1850年它对每一英镑征收了2便士的援助利率，从而在一定程度上牺牲了较富裕地区的利益，支持较贫穷地区。正如奥尼尔（1957）所指出的，如果英国和爱尔兰在真正意义上统一了，那么英国将不仅针对爱尔兰，而是整个联合王国征收这一税率。

我们有理由推测，如果英格兰或威尔士发生了类似的饥荒，英国政府就会克服顾虑，尽更大的可能救助饥民。爱尔兰不被认为是英国社会的一部分。如果它被认可为英国的一部分，其人均收入可能不会变高，但大规模的饥荒将有可能得到缓解，也就是说，根据我们之前对贫困的定义，爱尔兰可能就不会这么贫困。

贫困经济学应该是经济学家最感兴趣的问题。正如西奥多·舒尔茨在他的诺贝尔奖获奖演讲中所说，"世界上大多数人都很穷，所以如果我们知道贫穷的经济学原理，我们就会知道很多真正重要的经济学"（Schultz, 1980）。当然，欧洲西部是19世纪经济发展的重点地区。只要人们问，为什么今天的法国、瑞典、比利时和德国如此繁荣，而印度尼西亚人和玻利维亚人仍在与饥饿和贫穷做斗争时，我们就会不由自主地对欧洲的经历发问。对于那些急于站在宏观层面来解决问题的人来说，他们很容易忽略一点，即不同的欧洲经济体之间甚至是同一个经济体的内部，在发展进程上都存在着很大的差别。例如，伊斯特林（Esterlin, 1981）曾写道："西方学者目前对欧美经济史（主要是西北欧经济史）的关注只局限在某个领域，因为这些领域具有一个显著的特征是，它们的经历基本相似。"这种说法很可能遭到譬如研究法国工业化等领域的学者的强烈反对。但同样熟悉比哈尔或加蓬经济史的学者却不大可能反对这一说法。无论工业化进程是慢是快，也无论它是精于生产钢铁还是人造奶油，许多国家都在法国大革命之后和第一次世界大战之前改变了它们的经济环境，并造就了目前存在于"发达世界"和"第四世界"之间的差距。在欧洲的经历中，爱尔兰是最引人注目和值得注意的例外之一。为什么爱尔兰的经历如此独特？又或，它真的独特吗？也许真正应该解释的不是爱尔兰独特的"贫穷"，而是发生在其他西欧国家身上的前所未有的经济变化？当然，如果我们从全球的角度来看，爱尔兰的经历才是正常的，而比利时和苏格兰才是例外。欧洲的成功确实是不可思议的，是欧亚大陆的奇迹（Johns，1981a）。

造成一部分国家贫穷，另一部分国家富裕的原因是未知的，并且无从得知。就像宇宙的起源或先知以赛亚（Isaiah）一样，也是不可知的。人们可能会猜测是环境、教育或西方的理性造就了这个"欧洲奇迹"，但我们永远无法确定，譬如就像我们永远无法确定一场流行性斑疹伤寒的暴发是由立克次氏体（Rickettsia Prowazeki）引起的一样。这种微生物的确是一种致病体，但不能把疫潮的暴发全部归咎于这一微生物本身。这种微生物的确是一个因素，但人们对它表现出来的脆弱性也是一个合理的因素。

认识到我们不能对这些问题做出明确和毫不含糊的回答并不等于我们对这一问题的相关研究成果持悲观态度。从19世纪爱尔兰的历史中，我们可以得到非常多有益的启示。但在前人的研究中，并非所有的启示都得到了正确的认知。饥荒前爱尔兰的贫困产生了重大而深远的影响，这一影响甚至不仅仅局限在爱尔兰岛内。爱尔兰移民为了逃离家园的苦痛，涌入了英国和北美的城市。半个多世纪以来，爱尔兰问题一直困扰着英国政治。爱尔兰使得年轻的经济学家看见了另外一个世界，在这里私有财产不是神圣不可侵犯的，他们还意识到在某些情况下，亚当·斯密的"看不见的手"可以变成将经济牢牢困在贫穷之中的绳索。对于现代经济学家来说，爱尔兰的经验提供了一些重要启示。冲突、界定不清的产权、讨价还价和交易成本、缺乏灵活性的合同、不完善的信息流动机制以及各种类似的现象被经济学家认为是市场机制在分配资源、允许和促进经济增长方面的失灵。最后，爱尔兰的经历也证明着：在19世纪，其他欧洲经济体的幸运，从来都不是一件必然或自然而然的事情。

注释

1　以下内容基于 Hoffman 和 Mokyr（1981）。

2　有关所使用的价格数据的详细信息，请参阅第5章附录。

3　出生率和人口增长率与家庭手工业回归后的大多数系数的值介于 0.025 和 0.035 之间。梅奥、斯莱戈和利特里姆的家庭手工业变量[定义为从业于纺织行业的农村就业人数占农村总就业人数（包含没有特定职业的人）的比例]的值介于 0.18 和 0.25 之间。假设人口自然增长率与家庭手工业的相关系数为 0.030，如果康诺特省的家庭手工业水平和利默里克郡一样低，那么梅奥郡的人口自然增长率（出生率减死亡率）将从 2.1% 下降为 1.9%；斯莱戈从 2.2% 下降为 2.0%；利特里姆从 1.5% 下降为 1.1%。

4　储蓄（相较于投资）成为更优的商品的形式条件是，标准费雪式（Standard Fisherian）（两周期）图中的曲线路径不是直线，而是凸曲线。有趣的是，欧文·费雪（Irving Fisher）本人明确表示，他认为时间偏好的比率与收入有关，但这一成果并不被他的追随者认同。用费雪的话说，"当其他条件相同时，收入越小，人们对目前手中的资金的时间偏好率越高；也就是说，人们非常急于尽早地获得收入……贫困给一个人在生活的各个方面都带来压力。它增加了对即时收入的需求，这种需求甚至远超对未来收入的需求……目前的最低收入不仅仅是维持生存的水平，越接近这个最低收入，即时收入相对于未来收入就显得越珍贵"（Fisher, 1930）。

参考文献

Aalen, F. H. A., *Man and the Landscape in Ireland* (London: Academic Press,1978).

Adams, Catherine F., *Nutritive Value of American Foods*, United States Department of Agriculture, Agricultural Research Service, Agriculture Handbook No.456, Washington, D.C., USA, 1975.

Adams, W. F., *Ireland and Irish Emigration to the New World from 1815 to the Famine* (New York: Russell, 1967; originally published in 1932).

Akenson, Donald H., *The Irish Education Experiment* (London: Routledge & Kegan Paul, 1970).

Allen, Robert C., "Entrepreneurship and Technical Progress in the Northeast Coast Pig Iron Industry: 1850-1913", *Research in Economic History*, vol. 6(1981), pp.35-71.

Almquist, Eric, *Mayo and Beyond: Land, Domestic Industry, and Rural Transformation in the Irish West*, unpublished Ph.D. dissertation, Boston University, Massachusetts, USA, 1977.

Almquist, Eric, "Prefamine Ireland and the Theory of European Protoindustrialization", *Journal of Economic History*, vol. XXXIX, no. 3(September 1979), pp. 699-718.

Almquist, Eric, "Labor Specialization and the Irish Economy: An Aggregate Occupational Analysis", unpublished manuscript, Boston, Mass., April 1980.

Anderson, Barbara, "Male Age and Fertility- results from Ireland Prior to 1911", Population Index, vol. 41, no. 4 (October 1975), pp.561-7.

Andrews, John H., *A Paper Landscape: The Ordnance Survey in the Nineteenth Century*(Oxford: Clarendon Press, 1975).

Andrews, John H., "Limits of Agricultural Settlement in Prefamine Ireland", in L. M. Cullen and F. Furet (eds.), *Ireland and France, 17th- 20th Centuries:Towards a Comparative Study of Rural History* (Paris: Editions del'Ecole desHautes Etudes en Sciences Sociales, 1980, pp. 47-58).

Armstrong, D. L., "Social and Economic Conditions in the Belfast Linen Industry", *Irish Historical Studies*, vol. VII, no. 28 (September 1951), pp.235-69.

Baldwin, Robert E., "The Case Against Infant-industry Tariff Protection", *Journal of Political Economy*, vol. 77, no.3 (May-June 1969), pp.295-305.

Balfour, Graham, *The Educational Systems of Great Britain and Ireland*(Oxford: Clarendon Press, 1898).

Banfield, E. C., *The Moral Basis of a Backward Society* (New York: The Free Press, 1958).

Bardhan, Pranab K., "Wages and Unemployment in a Poor Agrarian Economy:A Theoretical and Empirical Analysis", *Journal of Political Economy*, vol.87, no.3 (June 1979), pp.479-500.

Barrow, G. L., *The Emergence of the Irish Banking System* (Dublin: Gill & MacMillan, 1975).

Barrow, G. L., "The Use of Money in Mid-nineteenth Century Ireland", *Studies*, vol. LIX, no. 233 (Springer 1970), pp.81-8.

Beames, M. R., "Cottiers and Conacre in Pre-famine Ireland", *Journal of Peasant Studies*, vol.2, no.3 (April 1975), p.3524.

Beames, Michael R., "Rural Conflict In Pre-famine Ireland: Peasant Assassinations in Tipperary, 1837-1847", *Past and Present*, no.81 (November 1978), pp.75-91.

Beaumont, Gustave de la Bonniniere (ed., W. C. Taylor), *Ireland, Social, Political, and Religious*, 2 vols (London: Bentley, 1839).

Beckett, J. C., "The Eighteenth-century Background", in T. W. Moody and J. C. Beckett (eds.), *Ulster since 1800, a Political and Economic Survey* (London: BBC, 1954).

Beckett, J. C., *The Making of Modern Ireland* (London: Faber, 1966).

Beckett, J. C., "Ireland under the Union", in J. C. Beckett (ed.), *Confrontations: Studies in Irish History* (London: Faber, 1972, pp.142-59).

Bergman, M., "The Potato Blight in the Netherlands and Its Social Consequences (1845-1847)", *International Review of Social History*, vol. 17, pt 3(1967), pp.391-431.

Berkeley, George, "A Word to the Wise", in A. A. Luce and T. E. Jessup (eds.), *The Works of George Berkeley, Bishop of Cloyne*, vol. 6 (London: Nelson, 1953, pp. 235-49; originally published in 1749).

Berry R. Albert and Soligo, Ronald, "Some Welfare Aspects of International Migration", *Journal of Political Economy*, vol. 77, no. 8 (September-October

1969), pp.778- 94.

Bicheno,J. E., *Ireland and Its Economy*(London: Murray, 1830).

Black R. D. Collison, *Economic Thought and the Irish Question, 1817-70* (Cambridge: Cambridge University Press, 1960).

Black R. D. Collison, "Economie policy in Ireland and India in the Time of J. S.Mill", *Economic History Review*, vol. XXI (2nd series)(1968), pp. 321-36.

Black R. D. Collison, "The Irish Experience in Relation to the Theory and Policy of Economic Development", in A. J. Youngson (ed.), *Economic Development in the Long Run* (New York: St Martin's Press, 1972).

Blacker, William, *Prize Essay on the Management of Lorded Property in Ireland*(Dublin: Curry, 1834).

Blacker, William, *An Essay on the Improvemenl to be Made in the Cultivation of Small Farms by the Introduction of Green Crops, and House- Feeding the Stock Thereon*, 6th edn (London: Groombridge, 1845).

Blacker, William, *An Essay on the Best Mode of Improving the Condition of the Labouring Classes of Ireland* (London: Groombridge, 1846).

Bliss, Christopher, and Stern, Nicholas, "Productivity, Wages and Nutrition", *Journal of Development Economics*, vol. S, no. 4 (December 1978), pp.331- 98.

Bonn, Moritz J., *Modern Ireland and Her Agrarian Problem* (trans… T. W.Rolleston) (Dublin: Hodges, Figgis, 1906).

Bourke P. M. Austin, "The Extent of the Potato Crop in Ireland at the Time of the Famine", *Journal of the Statistical and Social Inquiry Society of Ireland*, vol. XX, pt 3(1959-60), pp. 1-35.

Bourke P. M. Austin, "The Scientific Investigation of the Potato Blight in 1845- 6",

Irish Historical Studies, vol. XIII no.49 (March 1962), pp.26-32.

Bourke P. M. Austin, "Notes on Some Agricultural Units of Measurement in Use in Pre- famine Ireland", *Irish Historical Studies*, vol. XIV, no. SS (March 1965a), pp. 236-45.

Bourke P. M. Austin, "The Agricultural Statistics of the 1841 Census of Ireland, a Critical Review", *Economic History Review*, vol. XVIII, no. 2 (2nd series) (August 1965b), pp. 376-9.

Bourke P. M. Austin, "The Use of the Potato Crop in Pre-famine Ireland", *Journal of the Statistical and Social Inquiry Society of Ireland*, vol. XII, pt 6(1968), pp. 72-96.

Bourke P. M. Austin, " The Average Yields of Food Crops in Ireland on the Eve of the Great Famine", *Journal of the Department of Agriculture* (Ireland), vol. LXVI, no. 7(1969), pp. 26-39.

Boyer, George, "The English Poor Law as an Endogenous Response to Peak Requirements for Seasonal Labor, 1795-1834", unpublished paper, *Dept.of Economics*, University of Wisconsin, Madison, Wisconsin, March 1982.

Boyle, Phelim, and Ó Gráda, Cormac, "Fertility Trends, Excess Mortality, and the Great Irish Famine", unpublished discussion paper, University of British Columbia, Vancouver B.C. Canada, January 1982.

Brainard, William C., and Cooper, Richard N., "Uncertainty and Diversification in International Trade", *Stanford University Food Research Institute Studies in Agricultural Economics, Trade and Development*, vol. 8, no. 3(1968), pp.257-85.

Broeker, Galen, *Rural Disorder and Police Reform in Ireland, 181-236*(London: Routledge & Kegan Paul, 1970).

Burke, John F., *Industrial and Economic History of Ireland* (Dublin: Fallon,c.1920).

Burton, W. G., *The Potato: A Survey of Its History and of Factors Influencing Its Yield, Nutritive Value. Quality and Storage*, 2nd rev. edn (Wageningen, Holland: Veenman & Zonen, 1968).

Carlyle, Thomas, "The Present Time", in Latter Day Pamphlets, vol. 20 of T.Carlyle, Complete Works (Boston, Mass: Estes & Larriat, 1884a, pp.261-303).

Carlyle, Thomas, "Chartism", in Critical and Miscellaneous Essays, vol. 16 of T. Carlyle, Complete Works (Boston, Mass: Estes & Larriat, 1884b, pp.36-117).

Carney, F. J., "Pre-famine Irish Population: The Evidence from the Trinity College Estates", *Irish Economic and Social History*, vol. II (1975),pp. 35- 45.

Central Relief Committee of the Society of Friends, *Transactions of the Central Relief Committee of the Society of Friends during the Famine in Ireland in 1846 and 1847* (Dublin: Hodges & Smith, 1852).

Chambers, J. D., and Mingay, Gordon, *The Agricultural Revolution, 1750-1880* (London: Batsford, 1966).

Chart, D. A., *An Economic History of Ireland*(Dublin: Talbot Press, 1920).

Clapham, John H., *An Economic History of Modern Britain* (Cambridge:Cambridge University Press, 1964).

Clark, Samuel, *Social Origins of the Irish Land War* (Princeton, NJ: Princeton University Press, 1979).

Clark, Victor S., *History of Manufactures in the United States, Volume I.1607-1860*(New York: McGraw-Hill, 1929).

Clarkson, L. A., "The Writing of Irish Economic and Social History since 1968", *Economic History Review*, vol. XXII (2nd series) (February 1980), pp.100-11.

Clarkson, L. A., "Irish Population Revisited, 1687-1821", in J. M. Goldstrom and L.

A. Clarkson (eds.), *Irish Population, Economy and Society, Essays in Honour of K. H. Connell* (Oxford: Clarendon Press, 1981, pp.13- 35).

Coale, Ansley J., "Factors Associated with the Development of Low Fertility: An Historic Summary", *Proceedings UN World Population Conference, 1965*, vol. 2 (New York: United Nations, 1967, pp.205-9).

Coale, Ansley J., "Age Patterns of Marriage", *Population Studies*, vol. 25, no.2(1971), pp.193-214.

Coale, Ansley J., and McNeil, D. R., "The Distribution of the Frequency of First Marriage in a Female Cohort", *Journal of the American Statistical Association*, vol. 67, no.340(December 1972), pp.743-9.

Coe, W. E., *The Engineering Industry of the North of Ireland* (Newton Abbot:David & Charles, 1969).

Collins, Brenda, "Irish Emigration to Dundee and Paisley during the First Half of the Nineteenth Century", in J. M. Goldstrom and L.A. Clarkson (eds.), *Irish Population, Economy, and Society, Essays in Honour of K. H. Connell* (Oxford: Clarendon Press, 1981, pp.195- 212).

Colquhoun, Patrick, *A Treatise on the Wealth, Power, and Resources of the British Empire* (London: Mawman, 1815).

Connell, K. H., *The Population of Ireland, 1750 -1845* (Oxford: Clarendon Press, 1950a).

Connell, K. H., "The Colonization of Waste Land in Ireland, 1780-1845", *Economic History Review*, vol. II, no.7 (2nd series)(1950b), pp.44-71.

Connell, K. H., "The History of the Potato", *Economic History Review*, Essays in Bibliography and Criticism, vol. II, no. 3 (2nd series)(1951a), pp. 788- 95.

Connell, K. H., "Some Unsettled Problems in English and Irish Population

History", *Irish Historical Studies*, vol. VII, no. 28 (September 1951b), pp.225-34.

Connell, K. H., "Marriage in Ireland after the Famine: The Diffusion of the Match", *Journal of the Statistical and Social Inquiry Society of Ireland*, vol. XIX(1955- 6), pp.82-103.

Connell, K. H., "Illicit Distillation: An Irish Peasant Industry", *Historical Studies*, vol.3(1961), pp. 58-91.

Connell, K. H., "The Potato in Ireland", *Past and Present*, vol. VII (November 1962), pp.57-71.

Connell, K. H., "Illegitimacy before the Famine", in K. H. Connell, *Irish Peasant Society: Four Historical Essays* (Oxford: Clarendon Press, 1968, pp.51-86).

Connolly, S. J., "Illegitimacy and Pre-nuptial Pregnancy in Ireland before 1864: The Evidence of Some Catholic Parish Registers", *Irish Economic and Social History*, vol. VI(1979), pp.5-23.

Coote, Charles, *General View of the Agriculture and Manufacturing of King's County*(Dublin: Graisberry & Campbell, 1801a).

Coote, Charles, *General View of the Agriculture and Manufacturing of Queen's County*(Dublim: Graisberry & Campbell, 1801b).

Coote, Charles, *Statistical Survey of the County of Armagh* (Dublin: Graisberry & Campbell, 1804).

Cousens, S. H., "Regional Death Rates in Ireland during the Great Famine from 1846 to 1851", *Population Studies*, vol. 14, no.1 (July 1960a), pp. 55-74.

Cousens, S. H., "The Regional Pattern of Emigration during the Great Irish Famine, 1846-51", *Institute of British Geographers, Transactions and Papers, 1960* (Publication no. 28)(1960b), pp. 119-34.

Cousens, S. H., "The Regional Variation in Mortality during the Great Irish Famine", *Proceedings of the Royal Irish Academy,* vol. 63 (section c), no. 3(February 1963), pp. 127-49.

Cousens, S. H., "The Regional Variations in Emigration from Ireland between 1821 and 1841", *Institute of British Geographers, Transactions,* no. 37(December 1965), pp. 15-30.

Cousens, S. H., "The Regional Variations in Population Changes in Ireland,1861-1881", *Economic History Review,* vol. XVII, no. 2 (2nd series) (December 1969), pp.301-21.

Crawford E. Margaret, "A Nutritional Analysis of Diets in Ireland's Workhouses, 1841-69", unpublished paper, Queen's University, Belfast, 1978.

Crawford E. Margaret, "Indian Meal and Pellagra in Nineteenth-century Ireland", in J. M. Goldstrom and L. A. Clarkson (eds.), *Irish Population Economy, and Society, Essays in Honour of K. H. Connell* (Oxford: Clarendon Press, 1981,pp.11-33).

Crawford, W. H., "The Rise of the Linen Industry", in L. M. Cullen (ed.), *The Formation of the Irish Economy*(Cork: Mercier Press, 1969, pp.23-35).

Crawford, W. H., *Domestic Industry in Ireland* (Dublin: Gill & MacMillan,1972).

Crawford, W. H., "Landlord-tenant Relations in Ulster, 1609-1820", *Irish Economic and Social History,* vol. 1(1975), pp. 5-21.

Crawford, W. S., *Depopulation Not Necessary: An Appeal to the Members of the Imperial Parliament against the Extermination of the Irish People* (London:Gilpin, 1850).

Cresswel, Robert, *Une Communaute Rurale de l'Irlande* (Paris: Institut d'Ethnologie, 1969).

Crotty, Raymond D., *Irish Agricultural Production: Its Volume and Structure* (Cork: Cork University Press, 1966).

Crotty, Raymond, "Capitalist Colonialism and Peripheralisation: The Irish Case", in Dudley Scea, Bemard Schafer, and Marja-Lilsa Kiljunen (eds.),*Underdeveloped Europe: Studies in Core- Periphery Relations* (Atlantic Highlands, New Jersey: Humanities Press, 1979, pp.225-35).

Cullen, L. M., "Problems In the Interpretation and Revision of Eighteenth Century Irish Economic History", *Transactions Royal Historical Society*, vol.17 (5th series)(1967), p.122.

Cullen, L. M., *Anglo-Irish Trade, 1660-1800*(New York: Kelley, 1968a).

Cullen, L. M., "Irish History without the Potato", *Past and Present*, vol. 40 (July 1968b), p.72-83.

Cullen, L. M., *Life in Ireland*(London: Batsford, 1968c).

Cullen, L. M., "Irish Economic History: Fact and Myth", in L. M. Cullen (ed.),*The Formation ofthe Irish Economy*(Cork: Mercier Press, 1969, pp.113- 24).

Cullen, L.M., *An Economic History of Ireland from 1660* (London: Batsford,1972).

Cullen, L.M., "The Social and Cultural Modernization of Rural Ireland,1600-1900", in L. M. Cullen and F. Furet (eds.), *Ireland and France,17th- 20th Centuries: Towards a Comparative Study of Rural History* (Paris:Editions de l'Ecole des Hautes Etudes cn Sciences Sociales, 1980, pp.195-212).

Cullen, L. M., *The Emergence of Modern Ireland, 1600-1900* (London:Batsford, 1981a).

Cullen, L. M., "Population Growth and Diet, 1600-1850", in J. M. Goldstrom and L. A. Clarkson (eds.), *Irish Population, Economy and Society, Essays in Honour of K. H. Connell*(Oxford: Clarendon Press, 1981b, pp. 89-112).

Cullen, L. M., "Incomes, Social Classes and Economic Growth in Ireland and Scotland, 1600- 1900", in David Dickson and T. M. Devine (eds.), *Ireland and Scotland: Social and Economic Developments, 1650-1850* (Edinburgh: Donald, 1982; forthcoming).

Cullen, L. M., and Smout,T. C., "Economic Growth in Scotland and Ireland", in L.M. Cullen and T. C. Smout (eds.), *Comparative Aspects of Scottish and Irish Economic and Social History, 1600-1900* (Edinburgh: Donald, 1978, pp.3-18).

Currie, E. A., "Land Tenures, Enclosures and Field-patterns in Co. Derry in the Eighteenth and Nineteenth Centuries", *Irish Geography*, vol. IX (1976), pp.50-62.

Curtis, L.P., "Incumbered Wealth: Landed Indebtedness in Post-famine Ireland", *American Historical Review*, vol. 85, no. 2 (April 1980), pp. 332- 67.

Daly, Mary, "The Development of the National School System, 1831- 4", in A.Cosgrove and Donal McCartney (eds.), *Studies in Irish History Presented to R.Dudley Edwards* (Dublin: University College, 1979,pp. 150-63).

Daly, Mary E., *Social and Economic History of Ireland since 1800* (Dublin:Education Co., 1981).

Daultrey, Stuart, Dickson, David, and Ó Gráda, Cormac, "Eighteenth-century Irish Population: New Perspectives for Old Sources", *Journal of Economic History*, vol. XLI, no.3 (September 1981), pp.601-28.

David, Paul A., and Temin, Peter, "Slavery: The Progressive Institution", in Paul A. David, et al., *Reckoning with Slavery*(New York: Oxford University Press, 1976).

Davidson, Stanley, and Passmore, R., *Human Nutrition and Dietetics*, 2nd edn(Baltimore, Md: Willams & Wikins, 1965).

Davidson, W. D., "History of Potato Varieties", *Journal of the Department of Agriculture* (Ireland), vol. XXXIII, no.1 (1935), pp. 57-81.

Davidson, W. D. "The History of the Potato and Its Progress in Ireland" *Journal of the Department of Agriculture (Ireland),* vol. XXIV no.2(1937),pp. 286-307.

Deane, Phyllis, and Cole, W. A., *British Economic Growth, 1688-1959*(Cambridge: Cambridge University Press, 1969).

DeCanio, Stephen J., "Accumulation and Discrimination in the Postbellum South", *Explorations in Economic History*, vol. 16, no. 2 (April 1979a), pp.182-206.

DeCanio, Stephen J., "Review of Ransom and Sutch, One Kind of Freedom", *Economic History Review*, vol. XXII, no.3 (August 1979b), pp.455-57.

De Latocnaye, *A Frenchman's Walk through Ireland, 1796 -7 trans.*, John Sterensa (Belfast: McGaw, Stevenson & Orr, 1917).

Dickson, David, "Aspects of the Rise and Decline of the Irish Cotton Industry" ,in L.M. Cullen and T. C. Smout (eds.), *Comparative Aspects of Scottish and Irish Economic and Social History* (Edinburgh: Donald, 1978, pp. 110-15).

Dickson, David, "Middlemen", in Thomas Bartlett and J. Hayton (eds.), *Penal Era and Golden Age* (Belfast: Ulster Historical Foundation, 1979, pp.162-85).

Donnelly, James S., *Landlord and Tenant in Nineteenth Century Ireland* (Dublin: Gill & MacMillan, 1973).

Donnelly, James S., *The Land and the People of Nineteenth Century Cork* (London/ Boston, Mass.: Routledge & Kegan Paul, 1975).

Donnelly, James S., "The Whiteboy Movement, 1761-5", *Irish Historical Studies*, vol. XXI, no.81 (March 1978), pp. 20-54.

Drake, Michael, "Marriage and Population Growth in Ireland 1750-1845", *Economic History Review*, vol. XV, no. 2 (2nd series)(December 1963), pp.30-

117.

Drake, Michael, "Population Growth and the Irish Economy", in L. M. Cullen (ed.), *The Formation of the Irish Economy*(Cork: Mercier Press, 1969, pp. 65 -76).

Dubourdieu, John, *Statistical Survey of the County of Antrim* (Dublin:Graisberry & Campbell, 1812).

Dupâquier, Jacques, "Les aventures demographiques de la France et de l'Irlande (18e-20e sècles)", in L.M. Cullen and F. Furet (eds.), *Ireland and France, 17th 20th Centuries: Towards a Comparative Study of Rural History*(Paris: Editions de l'Ecole des Hautes Etudes et Sciences Sociales, 1980, pp.167-80).

Dutton, Hely, *Statistical Survey of the County of Clare* (Dublin: Graisberry & Campbell, 1808).

Dutton, Hely, *A Statistical and Agricultural Survey of the County of Galway* (Dublin: Graisberry, 1824).

Easterlin, Richard A., "Why Isn't the Whole World Developed?" *Journal of Economic History*, vol. XLI, no. 1 (March 1981),pp.1-19.

Eaton, Joseph W., and Mayer, Albert J., "The Social Biology of Very High Fertility among the Hutterites: The Demography of a Unique Population", *Human Biology*, vol.25, no. 3 (September 1953), pp.201- 64.

Edgeworth, Maria (ed., George Watson), *Castle Rackrent* (London: Oxford University Press, 1964).

Edwards, Ruth Dudley, *An Atlas of Irish History* (London: Methuen, 1973).

Edwards, R. Dudley and Willams, T. Desmond, "Foreword", in R. Dudley Edwards and T. Desmond Williams (eds.), *The Great Famine* (New York:New York University Press, 1957, pp. vii-xvi).

Erickson, Charlotte, "Emigration from the British Isles to the U.S.A. in

1831", *Population Studies*, vol. XXXV, no. 2(July 1981),pp.175-97.

Feinstein, Charles, "Capital Formation in Great Britain", in Peter Mathias and M. M. Postan (eds.), *The Cambridge Economic History of Europe*, vol. 7 (Cambridge: Cambridge University Press, 1978, pp. 28 -96).

Fischer, Wolfram, "Rural Industrialization and Population Change", *Comparative Studies in Society and History*, vol. 15, no. 2 (March 1973), pp.158-70.

Fisher, Irving, *The Theory of Interest*(New York: Macmillan, 1930).

Flinn, Michael W., *Scottish Population History* (Cambridge: Cambridge University Press, 1977).

Flinn, Michael W., "Malthus, Emigration and Potatoes in the Scottish Northwest", in L.M. Cullen and T.C. Smout (eds.), *Comparative Aspects of Scottish and Irish Economic History, 1600-1900* (Edinburgh: Donald, 1978, pp.47-64).

Flinn, Michael W., *The European Demographic System, 1500-1820* (Baltimore, Md: Johns Hopkins University Press,1981).

Foster, Thomas Campbell, *Letters on the Condition of the People of Ireland*, 2nd edn (London: Chapman & Hall, 1847).

Fraser, Robert, *General View of the Agriculture and Mineralogy, Present State and Circumstances of the County Wicklow* (Dublin: Graisberry & Campbell,1801).

Fraser, Robert, *Statistical Survey of the County of Wexford*(Dublin: Graisberry & Campbell, 1807).

Freeman, T. W., *Pre-Famine Ireland* (Manchester: Manchester University Press, 1957).

Freudenberger, Herman, and Cummins, Gaylord, "Health, Work and Leisure before the Industrial Revolution", *Explorations in Economic History*, vol.13, no.1(January 1976), pp. 1-12.

Gallman, Robert E., "Human Capital in the first 80 Years of the Republic: How Much did America Owe the Rest of the World?", *American Economic Review*, vol.67, no.1(February 1977), pp.27-31.

Gaskin, Katherine, "Age at First Marriage in Europe before 1850: A Summary of Family Reconstitution Data", *Journal of Family History*, vol. 3, no.1(Spring 1978), pp.23-36.

Gayer, Arthur D., Rostow, W. W., and Schwartz, Anna J., *The Growth and Fluctuation of the British Economy, 1790-1850* (Oxford: Clarendon Press, 1953; reprinted edition, 1975).

Geary, F., "The Rise and Fall of the Belfast Cotton Industry: Some Problems", *Irish Economic and Social History*, vol. VI(1981), pp.30-49.

Gibbon, Peter, "Colonialism and the Great Starvation in Ireland, 1845-9", *Race and Class*, vol. XVII, no.2 (Autumn 1975), pp.131-9.

Gill, Conrad, *The Rise of the Irish Linen Industry* (Oxford: Clarendon Press, 1925).

Goldstrom, J. M., "The Industrialization of the North-east", in L.M. Cullen (ed.), *The Formation of the Irish Economy* (Cork: Mercier Press, 1969, pp.101-12).

Goldstrom, J. M., "Irish Agriculture and the Great Famine", in J. M. Goldstrom and L.A. Clarkson (eds.). *Irish Population, Economy and Society, Essays in Honour of K. H. Connell* (Oxford: Clarendon Press, 1981, pp. 155-71).

Grantham, George, "Scale and Organization in French Farming", in W. N. Parker and E. L. Jones (eds.), *European Peasants and Their Markets*(Princeton, NJ: Princeton University Press, 1975, pp.293-326).

Grantham, George, "The Diffusion of the New Husbandry in Northern France, 1815-1840", *Journal of Economic History*, vol. XXXVIII, no. 2 (June 1978), pp.311-37.

Great Britain, *Parliamentary Papers*(1819, Vol. VII), "Reports from the Select

Committee on the State of Disease and Condition of the Labouring Poor in Ireland".

Great Britain, *Parliamentary Papers* (1822a, Vol. XII), "Reports of the Commissioners of Inquiry into the Collection and Management of the Revenue Arising in Ireland".

Great Britain, *Parliamentary Papers* (1822b, Vol. XIV), "Reports from the Commissioners and Miscellaneous Papers (Ireland)".

Great Britain, *Parliamentary Papers* (1823, Vol. VI), "Report from the Select Committee on the Employment of the Poor in Ireland".

Great Britain, *Parliamentary Papers* (1824, Vol. XXI), "Abstract of the Answers and Returns... (of the 1821 Census)".

Great Britain, *Parliamentary Papers* (1825a, Vol. V), "Report from the Select Committee on the Linen Trade of Ireland".

Great Britain, *Parliamentary Papers* (1825b, Vol. VII), "Reports from the Select Committee on the State of Ireland".

Great Britain, *Parliamentary Papers*, (1825c, Vol. IX), "Minutes of Evidence taken before the Select Committee of the House of Lords, Appointed to Inquire into the State of Ireland".

Great Britain, *Parliamentary Papers* (1826, Vol. V), "Report from the Select Committee on the Butter Trade in Ireland".

Great Britain, *Parliamentary Papers* (1830, Vol. VII), "Report of the Select Committee on the State of the Poor in Ireland".

Great Britain, *Parliamentary Papers* (1833, Vol. XXXIX), "Abstract of the Answers and Returns... (of the 1831 Census)".

Great Britain, *Parliamentary Papers*(1835a, Vol. VIII. Pt I), "First and Second

Reports from the Select Committee Appointed to Inquire into the State of Agriculture In Great Britain".

Great Britain, *Parliamentary Papers* (1835b, Vol. XX), "First and Second Reports from the Select Committee on Public Works in Ireland".

Great Britain, *Parliamentary Papers* (1835c, Vol. XXXI), "First Report from His Majesty's Commissioners for Inquiring into the Condition of the Poorer Classes in Ireland".

Great Britain, *Parliamentary Papers*(1835d, Vol. XXXI), "First Report of the Commissioners of Public Instruction (Ireland)".

Great Britain, *Parliamentary Papers*(1836a, Vol. VII, Pt I), "Third Report of the Select Committee Appointed to Inquire into the State of Agriculture".

Great Britain, *Parliamentary Papers*(1836b, Vols. XXX-XXXIV), "Reports of the Commissioners for Inquiry into the Condition of the Poorer Classes In Ireland".

Great Britain, *Parliamentary Papers*(1837, Vol. XIV), "Report from the Secret Committee on Joint Stock Banks".

Great Britain, *Parliamentary Papers* (1837-8, Vol. XXXV), "Reports of the Commissioners Appointed to Consider and Recommend a General System of Railways in Ireland".

Great Britain, *Parliamentary Papers* (1839a, House of Lords, Vols.XVI-XXI), "Report from the Select Committee of the House of Lords Appointed to Inquire into the State of Ireland in Respect to Crime(Wharncliffe Committee)".

Great Britain, *Parliamentary Papers* (1839b, Vol. XLI), "A Return of the Number of Persons Employed in Cotton, Woollen, Worsted, and Flax Factories in the

United Kingdom".

Great Britain, *Parliamentary Papers* (1839a, Vols. XI-XL), "Report from the Select Committee of the House of Lords Appointed to Inquire into the State of Ireland in Respect to Crime (Wharncliffe Committee)".

Great Britain, *Parliamentary Papers* (1840, Vol. XXI), "Reports from the Assistant Handloom Weavers' Commissioners on the West Riding and Ireland".

Great Britain, *Parliamentary Papers* (1843, Vol. XXIV), "Reports of the Commissioners Appointed to Take the Census of Ireland for the Year 1841".

Great Britain, *Parliamentary Papers*(1844, Vol. VI), "Reports from the Select Committee on the Townland Evaluation of Ireland".

Great Britain, *Parliamentary Papers* (1845a, Vols. XIX-XXI), "Report from Her Majesty's Commissioners of Inquiry into the State of the Law and Practice in Relation to the Occupation of Land in Ireland".

Great Britain, *Parliamentary Papers* (1845b, Vol. XXVI), "Third Annual Report from Commissioners Appointed… to Promote the Drainage of Land… in Ireland".

Great Britain, *Parliamentary Papers* (1846a, Vol. XXI), "Fourth Annual Report from Commissioners Appointed… to Promote the Drainage of Land… in Ireland".

Great Britain, *Parliamentary Papers* (1846b, Vol. XXXV), "A Return of All Aggravated Assaults… in Ireland since Dec. 31, 1845".

Great Britain, *Parliamentary Papers* (1846c, Vol. XXXVI), "Correspondence Relating to the Measure Adopted by Her Majesty's Government for the Relief of Distress Arising from the Famine of the Potato Crop in Ireland".

Great Britain, *Parliamentary Papers* (1847a, Vol. XIX), "Report from the Select

Committee of the House of Lords on Colonization from Ireland".

Great Britain, *Parliamentary Papers* (1847b, Vol. LI), "Accounts and Papers: Relief of the Distress in Ireland: Commissariat".

Great Britain, *Parliamentary Papers*(1847-8, Vol. XLVI), "Papers Relative to Emigration to the British Provinces in North America".

Great Britain, *Parliamentary Papers* (1849a, Vol. XLIX), "Returns of Agricultural Produce in Ireland in the Year 1848".

Great Britain, *Parliamentary Papers* (1849b, Vol. XLIX), "Different Works of Drainage in Ireland, Finished or in Progress".

Great Britain, *Parliamentary Papers*(1851, Vol. XIX), "Report from the Select Committee on the Passenger Act".

Great Britain, *Parliamentary Papers* (1854, Vol. XI), "Final Report from the Select Committee on Emigrant Ships".

Great Britain, *Parliamentary Papers* (1856a, Vol. XXIX), "The Census of Ireland for the Year(1851), Pt V: Tables of Death, Vol.1".

Great Britain, *Parliamentary Papers* (1856b, Vol. XXX), "The Census of Ireland for the Year(1851), Pt V: Tables of Death, Vol.2".

Great Britain, *Parliamentary Papers* (1856c, Vol. XXXI), "The Census of Ireland for the Year 1851, Pt VI: General Report".

Great Britain, *Parliamentary Papers* (1870, Vol. LVI), pp.737-57, "Returns Showing the Number of Agricultural Holdings in Ireland".

Green, E. R. R., *The Lagan Valley: 1800- 50: A Local History of the Industrial Revolution* (London: Faber, 1949).

Green, E. R. R., "The Beginnings of Industrial Revolution", in T. W. Moody and J. C. Beckett (eds.), *Ulster since 1800: A Political and Economic Survey*(London:

BBC, 1954, pp.28 -38).

Green,E. R. R., "Agriculture", in R. Dudley Edwards and T. D. Williams (eds.), *The Great Famine* (New York: New York University Press, 1957, pp.89-128).

Green, E. R. R., "Industrial Decline in the Nineteenth Century", in L. M. Cullen(ed.), *The Formation of the Irish Economy* (Cork: Mercier Press, 1969, pp.89-100).

Greig, William, *General Report on the Gosford Estates in County Armagh, 1821*(Belfast: Public Record Office of Northern Ireland, 1976).

Gribbon, H. D., *The History of Water Power in Ulster* (Newton Abbot: David & Charles, 1969).

Grigg, David, *Population Growth and Agrarian Change: An Historical Perspective* (Cambridge: Cambridge University Press, 1980).

Grubel, Herbert G., and Scott, Anthony, *The Brain Drain: Determinants, Measurements, and Welfare Effects* (Waterloo, Ontario: Wilfred Laurier University Press, 1977).

Hajnal, John, "Age of Marriage and Proportions Marrying", *Population Studies*,vol.7, no.2(1953), pp.111-36.

Hall, Mr. and Mrs. S. C., *Ireland, Its Scenery, Character and History,* 6 vols (Boston, Mass.: Niccols, 1911; originally published, 1825-40).

Handley, James Edmund, *The Irish in Scotland, 1798-1845* (Cork: Cork University Press, 1945).

Handlin,Oscar, *Boston's Immigrants, rev. edn* (New York: Atheneum, 1977).

Hansen, Marcus Lee (ed., Arthur M. Schlesinger), *The Atlantic Migration, 1607-1860* (New York: Harper & Row, 1961; originally published, 1940).

Hechter, Michael, "Regional Inequality and National Integration: The Case of the

British Isles", *Journal of Social History*, vol. V, no.1(1971), pp. 96-117.

Hechter, Michael, *Internal Colonialism: The Celtic Fringe in British National Development, 1536-1966*(London: Routledge & Kegan Paul, 1975).

Heelan, J., and E. W. Henry, "Capital in Irish Industry: Financial and Related Aspects", *Journal of the Statistical and Social Inquiry Society of Ireland*, vol. XXI, pt I,(1962- 3),pp.135-66.

Henry, Louis, "Some Data on National Fertility", *Eugenics Quarterly*, vol.8, no.1(March 1961),pp.81-91.

Herring, Ivor J., "Ulster Roads on the Eve of the Railway Age, c.1800- 40", *Irish Historical Studies*, vol. II, no.5 (March 1940), pp.160-88.

Hobsbawm, Eric J., "The British Standard of Living, 1790-1850", in Arthur J.Taylor (ed.), *The Standard of Living in Britain in the Industrial Revolution* (London: Methuen, 1975, pp. 58 -92).

Hobsbawm, Eric J., and Rude, George, *Captain Swing: A Social History of the Great English Agricultural Uprising of 1830* (New York: Pantheon, 1968).

Hoffman, Elizabeth, and Mokyr, Joel, "Peasants, Potatoes, and Poverty: Transactions Costs in Prefamine Ireland", *Center for Mathematical Studies in Economics and Management Science, Discussion Paper No. 474*, Northwestern University, Evanston, Illinois, USA, April 1981.

Hofstee, E. W., *De Demografische Ontwikkeling van Nederland in de Eerste Helft van de Negentiende Eeuw* (NIDI: Van Loghum Slaterus,1978).

Hooker, Elizabeth R., *Readjustments of Agricultural Tenure in Ireland*(Chapel Hill; NC: University of North Carolina Press, 1938).

Hughes, Jonathan R. T., *Fluctuations in Trade, Industry and Finance: A Study of British Economic Development 1850-1860* (Oxford: Clarendon Press,1960).

Huntingdon, *Ellsworth, Season of Birth* (New York: Wiley, 1938).

Hutchinson, Bertram, "On the Study of Non-economic Factors in Irish Economic Development", *Economic and Social Review* (Dublin), vol. l, no. 3 (April 1970), pp.509-29.

Hyman, Louis, *The Jews of Ireland* (Shannon: Irish University Press, 1972).

Hynes, Eugene, "The Great Hunger and Irish Catholicism", *Societas: A Review of Social History,* vol.8 (Spring 1978), pp.137-56.

Inglis, Henry D., *A Journey throughout Ireland during the Spring, Summer, and Autumn of 1834*, 2 vols (London: Whittaker, 1835).

Jacquemyns, G., "Histoire de la Crise Economique des Flanders, 1845-50", *Academie Royale de Belgique, Memoires,* vol. 26(1929), pp. 11-472.

James, Francis G., "Irish Smuggling in the Eighteenth Century", *Irish Historical Studies*, vol. XII, no. 48(1961), pp.299-317.

James, Francis G., *Ireland in the Empire, 1688-1770* (Cambridge, Mass.:Harvard University Press, 1973).

Johnson, Harry G., "The Neoclassical One-sector Growth Model-A Geometrical Exposition and Extension to a Monetary Economy", *Economica*, vol. 33, no.131 (August 1966), pp.265-87.

Johnson, James H., "The Population of Londonderry during the Great Irish Famine", *Economic History Review*, vol. X, no. 2 (2nd series) (December 1957), pp.273-85.

Johnson, James H., "Marriage and Fertility in Nineteenth Century Londonderry", *Journal of the Statistical and Social Inquiry Society of Ireland*, vol. XX, no.1(1957-8), pp.99-117.

Johnson, James H., "The Two 'Irelands' at the Beginning of the Nineteenth

Century", in N. Stephens and R. W. Glasscock (eds.), *Irish Geographical Studies in Honour of E. Estyn Evans* (Belfast: Queen's University of Belfast,1970, pp.224-43).

Johnston, Edith Marie, *Ireland in the Eighteenth Century* (Dublin: Gill & MacMillan, 1974).

Jones, Eric L., *Agriculture and the Industrial Revolution* (Oxford: Blackwell,1974).

Jones, Eric L., *The European Miracle* (Cambridge: Cambridge University Press,1981a).

Jones, Eric L., "Agriculture, 1700-80", in Roderick Floud and Donald McCloskey (eds.), *The Economic History of Britain since 1700, Vol. I:1700-1860* (Cambridge: Cambridge University Press, 1981b), pp.66-86.

Jones, Hywel G., *An Introduction to Modern Theories of Economic Growth* (New York: McGraw-Hill, 1976).

Kafka, A., "An Economic Justification of Protectionism: Further Comments", *Quarterly Journal of Economics,* vol. 76, no.1(February 1962), pp.163-6.

Kane, Robert, *The Industrial Resources of Ireland*, 2nd edn (Dublin: Hodges & Smith, 1845).

Kapp, Friedrich, *Immigration and the Commissioners of Emigration* (New York: Nation Press, 1870; reprinted, 1969).

Kennedy, Brian A., "Tenant Right before 1870", in T. W. Moody and J. C. Beckett (eds.), *Ulster since 1800: A Political and Economic Survey* (London:BBC, 1954, pp. 39- 49).

Kennedy, J. P., *Instruct Employ: Don't Hang Them: Ireland Tranquillized Without Soldiers and Without English Capital* (London: Boone, 1835).

Kennedy,J. P., *Digest of Evidence Taken Before Her Majesty's Commissioners of*

Inquiry into the State of the Law and Practice in Respect to the Occupation of Land in Ireland (Devon Commission)(Dublin: Thom, 1847).

Kennedy, Liam, "The Roman Catholic Church and Economic Growth in Nineteenth Century Ireland", *Economic and Social Review* (Dublin), vol.10, no.1(October 1978), pp.45 -60.

Kennedy, Liam, "Regional Specialization, Railway Development, and Irish Agriculture in the Nineteenth Century", in J. M. Goldstrom and L. A. Clarkson(eds.), *Irish Population Economy and Society, Essays in Honour of K. H.Connell* (Oxford: Clarendon Press, 1981, pp.173-93).

Kennedy, Robert E., Jr., *The Irish Emigration, Marriage and Fertility* (Berkeley, Calif.: University of California Press, 1973).

Kerr, Barbara M., "Irish Seasonal Migration to Great Britain, 1800-38", *Irish Historical Studies*, vol. III, no.12 (September 1943), pp.365-80.

Kindieberger, Charles P., *Economic Growth in France and Britain, 1851-1950*(New York: Simon & Schuster, 1964).

Kohl, J. G., *Ireland*(New York: Harper, 1844).

Kuznets, Simon, *Modern Economic Growth: Rate, Structure, and Spread*(New Haven: Yale University Press, 1966).

Lane, Pádraig G., "An Attempt at Commercial Farming in Ireland after the Famine", Studies, vol. XLI, no.241 (Spring 1972), pp. S4-66.

Large, David, "The Wealth of the Greater Irish landowners, 1750-1815", *Irish Historical Studies*, vol. XV, no.57 (March 1966), pp.21-47.

Larkin, Emmet, "Economic Growth, Capital Investment and the Roman Catholic Church in Nineteenth-century Ireland", *American Historical Review*, vol. LXXII, no.3 (April 1967), pp.853-84.

de Lavergne, Leonce, *The Rural Economy of England, Scotland and Ireland* (Edinburgh/London: Blackwood, 1855).

Leavitt, T. H., *Facts About Peat as an Article of Fuel* (Boston, Mass.: Lee & Shepard, 1867).

Lebergott, Stanley, *Wealth and Want* (Princeton, NJ: Princeton University Press, 1975).

Lebow, Richard Ned, "British Images of Poverty in Pre-famine Ireland", in Daniel J. Casey and Robert E. Rhodes (eds.), *Views of the Irish Peasantry, 1800-1916* (Hamden, Conn.: Anchor, 1977, pp. 57-85).

Lebow, Richard Ned (ed.), *John Stuart Mill on Ireland* (Philadelphia, Pa:Institute for Study of Human Issues, 1979).

Lecky, W. E. H., *A History of Ireland in the Eighteenth Century* (Chicago: University of Chicago Press, 1972; edited and abridged from 1892 edition by L. P. Curtis).

Lee, Joseph, "Money and Beer in Ireland, 1790-1875", *Economic History Review*, vol. XIX, no. 1 (2nd series)(April 1966), pp.183- 90.

Lee, Joseph, "The Construction Costs of Irish Railways, 1830-1853", *Business History*, vol. IX, no. 2 (July 1967), pp.95-109.

Lee, Joseph, "Marriage and Population in Pre-famine Ireland", *Economic History Review*, vol. XXI (2nd series)(1968a), pp.283- 95.

Lee, Joseph, "The Provision of Capital for Early Irish Railways, 1830-53", *Irish Historical Studies*, vol. XVI, no. 6(March 1968b).pp.33- 63.

Lee, Joseph, "Capital in the Irish Economy", in L M. Cullen (ed.), *The Formation of the Irish Economy* (Cork: Mercier Press, 1969a, pp. 53-63).

Lee, Joseph, "Irish Agriculture", *Agricultural History Review*, vol. 17, pt

1(1969b), pp.64-76.

Lee, Joseph, "The Railways in the Irish Economy", in L. M. Cullen (ed.), *The Formation of the Irish Economy* (Cork: Mercier Press, 1969c, pp.77-87).

Lee, Joseph, "*The Dual Economy in Ireland, 1800-50*", *Historical Studies*, vol. VI(1971), pp.191-201.

Lee, Joseph, *The Modernization of Irish Society* (Dublin: Gill & MacMillan,1973a).

Lee, Joseph, "The Ribbonmen", in T. Desmond Williams (ed.), *Secret Societies in Ireland* (Dublin: Gill & MacMillan, 1973b, pp. 26-35).

Lee, Joseph, "Patterns of Rural Unrest in Nineteenth Century Ireland: A Preliminary Survey", in L. M. Cullen and F. Furet (eds.), *Ireland and France,17th- 20th Centuries: Towards a Comparative Study of Rural History* (Paris:Editions de l'Ecole des Hautes Etudes et Sciences Sociales, 1980, pp. 223- 37).

Lee, Joseph, "Irish Economic History since 1500", in Joseph Lee (ed.), *Irish Historiography, 1970-79* (Cork: Cork University Press, 1981a, pp. 173- 224).

Lee, Joseph, "On the Accuracy of the Pre-famine Irish Censuses", in J. M. Goldstrom and L. A. Clarkson (eds.), *Irish Population, Economy and Society,Essays in Honour of K. H. Connell* (Oxford: Clarendon Press, 1981b, pp.37-56).

Lee, Ronald D., "Models of Preindustrial Population Dynamics with Application to England", in Charles Tilly (ed.), *Historical Studies of Changing Fertility* (Princeton NJ: Princeton University Press, 1978, pp.155-207).

Lees, Lynn Hollen, *Exiles of Erin: Irish Migrants in Victorian London*(Manchester: Manchester University Press, 1979).

Lefgren, John, "Famine in Finland", *Intermountain Economic Review*, vol. IV,no.2 (Fall 1973), pp. 17-31.

Leibenstein, Harvey, *Economic Backwardness and Economic Growth* (New York: Wiley, 1957).

Lesthaeghe, Ron J., *The Decline of Belgian Fertility, 1800 -1970*(Princeton, NJ:Princeton University Press, 1977).

Lewis, George Cornewall, *On Local Disturbances in Ireland* (London:Fellowes, 1836a).

Lewis, George Cormewall, "Report on the State of the Irish Poor in Great Britain", *Parliamentary Papers,* 1836b, Vol. XXXIV, pp. 429-74 (Appendix G to the Reports of the Commissioners for Inquiring into the Condition of the Poorer Classes in Ireland).

Lewis, Samuel, *A Topographical Dictionary of Ireland*, 2 vols, 2nd edn (London: Lewis, 1840).

Lucas, A. T., "Paring and Burning in Ireland", in Alan Gailey and Alexander Fenton (eds.), *The Spade in Northern and Atlantic Europe* (Belfast: Ulster Folk Museum and Institute of Irish Studies, Queen's University, 1970,pp.99-147).

Lynch, A. H., *Measures to be Adopted for the Employment of the Labouring Classes in Ireland* (London: Knight, 1839).

Lynch, Patrick, and Vaisey, John, *Guinness's Brewery in the Irish Economy, 1759-1876* (Cambridge: Cambridge University Press, 1960).

Lyons, F. S. L., "Vicissitudes of a Middleman in County Leitrim, 1810-27", *Irish Historical Studies*, vol. IX, no. 35 (March 1955), pp.300-18.

Lyons, F. S. L., *Ireland since the Famine (Glasgow:* Collins/Fontana, 1973).

McArthur, William P., "Medical History of the Famine", in R. Dudley Edwards and T. Desmond Williams (eds.), *The Great Famine Studies in Irish*

History, 1845-52 (New York: New York University Press, 1957, pp. 263- 315).

McCloskey, Donald N., "The Economics of Enclosure: A Market Analysis", in William N. Parker and Eric L. Jones (eds.), *European Peasants and Their Markets* (Princeton, NJ: Princeton University Press, 1975, pp. 123- 60).

McCmacken, Eileen, *The Irish Woods since Tudor Times: Distribution and Exploitation* (Newton Abbot: David & Charles, 1971).

McCulloch, J. R., *A Descriptive and Statistical Account of the British Empire*, 2 vols, 4th edn, (London: Longmans, 1854; originally published, 1837).

McCuloch, J. R., *A Dictionary, Geographical, Statistical and Historical*, rev.edn (London: Longmans, Green, 1866).

McCutcheon, W. A., "The Transportation Revolution: Canals and River Navigation", in Kevin B. Nowlan (ed.), *Travel and Transport in Ireland* (Dublin: Gill & MacMillan, 1973, pp.64-81).

McCutcheon, Alan, *Wheel and Spindle: Aspects of Irish Industrial History* (Belfast: Blackstaf Press, 1977).

MacDonagh, Oliver, "Irish Emigration to the United States of America and the British Colonies during the Famine", in R. Dudley Edwards and T. Desmond Williams (eds.), *The Great Famine: Studies in Irish History, 1845-52* (New York: New York University Press, 1957, pp.319-88).

MacDonagh, Oliver, *Ireland: The Union and its Aftermath* (London: Allen & Unwin, 1977).

McDowell, R. B., "From the Union to the Famine", in T. W. Moody and J. C. Beckett (eds.), *Ulster since 1800 Second Series: A Social Survey* (London: BBC.1957a, pp. 25-34).

McDowell, R. B., "Ireland on the Eve of the Famine", in R. Dudley Edwards and T.

Desmond Williams (eds.), *The Great Famine, Studies in Irish History,1845-52* (New York: New York University Press, 1957b, p.386).

McDowell, R., "The Irish Courts of Law", *Irish Historical Studies*, vol. X, no.40(September 1957c), pp. 363-91.

McEvoy, John, *Statistical Survey of the County of Tyrone* (Dublin: Graisberry & Campbell, 1802).

McHugh, Roger J., "The Famine in Irish Oral Tradition", in R. Dudley Edwards and T. Desmond Williams (eds.), *The Great Famine* (New York: New York University Press, 1957, pp. 391-436).

McKenna, Edward E., "Marriage and Fertility in Post-famine Ireland: A Multi-variate Analysis", *American Journal of Sociology*, vol. 80, no. 3 (November 1974), pp. 688 -705.

McKenna, Edward E., "Age, Region and Marriage in Post-famine Ireland: An Empirical Examination", *Economic History Review*, vol. XXXI, no. 2 (2nd series)(May 1978), pp.238-56.

McKinnon, Ronald I., *Money and Capital in Economic Development* (Washington, DC: Brookings Institution, 1973).

McParlan, James, *Statistical Survey of the County of Donegal* (Dublin:Graisberry & Campbell, 1802a).

McParlan, James, *Statistical Survey of the County of Leitrim* (Dublin:Graisberry & Campbell, 1802b).

McParlan, James, *Statistical Survey of the County of Mayo* (Dublin: Graisberry & Campbell, 1802c).

McParlan, James, *Statistical Survey of the County of Sligo* (Dublin: Graisberry & Campbell, 1802d).

Magnusson, Magnus, *Landlord or Tenant? A View of Irish History* (London:Bodley Head, 1978).

Maguire, W. A., *The Downshire Estates in Ireland, 1801-1845* (Oxford:Clarendon Press, 1972).

Maguire, W. A., "Lord Donegal and the Sale of Belfast: A Case History from the Encumbered Estates Court", *Economic History Review*, vol. XXIX, no. 4 (2nd series)(November 1976).

Malcomson, A. P. W., "Absenteeism in Eighteenth Century Ireland", *Irish Economic and Social History*, vol. I(1974), pp.15-35.

Malthus, Thomas R., *An Essay on the Principle of Population*, 6th edn, 2 vols (London: Murray, 1826).

Malthus, Thomas R., *Principles of Political Economy*, 2nd edn (London:Pickering, 1836).

Mansergh, Nicholas, *The Irish Question, 1840-1921*, 3rd edn (London: Allen & Unwin, 1975).

Martin R. Montgomery, *Ireland before and after the Union with Great Britain* (London: Orr, 1843).

Marx, Karl, and Engels, Frederick, *Ireland and the Irish Question: A Collection of Writings* (New York: International, 1972).

Mason, William Shaw, *A Statistical Account or Parochial Survey of Ireland* (Dublin: Graisberry & Campbell, 1814, Vol.1; 1816, vol. 2; 1819, vol. 3).

Maxwell, Constantia, *Country and Town in Ireland under the Georges* (Dundalk: Tempest, 1949).

Maxwell, Constantia, *The Stranger in Ireland* (London: Cape, 1954).

Mayo-Smith, Richmond, *Emigration and Immigration* (New York: Scribner's,1890;

reprinted, 1968).

Mikesell, Raymond F., and Zinser, James E., "The Nature of the Savings Function in the Developing Countries: A Survey of the Theoretical and Empirical Literature", *Journal of Economic Literature*, vol. XI, no.1(March 1973). pp.1-26.

Mill, John Stuart (ed., W. J. Ashley), *Principles of Political Economy* (London:Longman, 1929).

Miller, David W., "Irish Catholicism and the Great Famine", *Journal of Social History*, vol. IX, no.7 (September 1975), pp. 81-104.

Milward, Alan S., and Saul, S. B., *The Development of the Economies of Continental Europe, 1850- 1914* (London: Allen & Unwin, 1977).

Mingay, G. E., *English Landed Society in the Eighteenth Century* (London:Routledge & Kegan Paul, 1963).

Mirrlees, James A., "A Pure Theory of Undeveloped Economies", in Lloyd G.Reynolds (ed.), *Agriculture in Development Theory* (New Haven, Conn./ London: Yale University, 1975, pp. 84-106).

Mitchell, Brian R., *European Historical Statistics 1750-1970* (London:Macmillan, 1975).

Mitchell, Brian R., and Deane, Phyllis, *Abstract of British Historical Statistics* (Cambridge: Cambridge University Press, 1971).

Mokyr, Joel, "Capital, Labor and the Delay of the Industrial Revolution in the Netherlands", *Yearbook of Economic History* (Amsterdam), vol. XXXVII (1975), pp. 280-99.

Mokyr, Joel, *Industrialization in the Low Countries* (New Haven, Conn./London: Yale University Press, 1976a).

Mokyr, Joel, "Growing up and the Industrial Revolution in Europe", *Explorations in Economic History*, vol. 13, no.4 (October 1976b),pp.371-96.

Mokyr, Joel, "Demand vs Supply in the Industrial Revolution", *Journal of Economic History*, vol. XXXVII, no.4 (December 1977), pp.981-1008.

Mokyr, Joel, "Industrialization and Poverty in Ireland and the Netherlands:Some Notes toward a Comparative Case Study", *Journal of Interdisciplinary History*, vol. X, no.3(Winter 1980a), pp.429-59.

Mokyr, Joel, "The Deadly Fungus: An Econometric Investigation into the Shortterm Demographic Impact of the Irish Famine, 1846-1851", *Research in Population Economics*, vol. II (1980b), pp.237-77.

Mokyr, Joel, "Malthusian Models and Irish History", *Journal of Economic History*, vol. XL, no. 1(March 1980c), pp.159-66.

Mokyr, Joel, "Irish History with the Potato", *Irish Economic and Social History*, vol. VI(1981a), p.329.

Mokyr, Joel, "Uncertainty and Prefamine Irish Agriculture", paper presented to 2nd International Conference on Comparative Irish-Scottish History, Glasgow, (September 1981b) in David Dickson and T. M. Devine,(eds.), *Ireland and Scotland, Economic and Social Developments, 1650-1850* (Edinburgh: Donald,forth coming).

Mokyr, Joel, and Ó Gráda, Cormac, "New Developments in Irish Population History, 1700-1850", paper presented to the conference on British Population History, Asilomar, California, March 7-9, 1982a (mimeo.).

Mokyr, Joel, and Ó Gráda, Cormac, "Emigration and Poverty in Prefamine Ireland", *Explorations in Economic History*, vol.19, no. 4 (October 1982b). pp.360-84.

Monaghan, John J., "The Rise and Fall of the Belfast Cotton Industry", *Irish Historical Studies*, vol. III, no. 9 (March 1942), pp. 1-17.

Morehouse, Frances, "The Irish Migration of the 'Forties'", *American Historical Review*, vol.33, no. 3(April 1928), pp.579-92.

Moyles, M. G., and dé Brun, Pádraig, "Charles O'Brien's Agricultural Survey of Kerry, 1800", *Journal of the Kerry Archaeological and Historical Society*,vol.I(1968), pp.73-99; vol. II (1969), pp.108-32.

Mulhall, Michacl T., *The Dictionary of Statistics,* 4th edn (London: Routledge,1899).

Murphy, John Nicholas, *Ireland, Industrial, Political, and Social* (London:Longmans, Green, 1870).

Neal, Larry, and Uselding, Paul, "Immigration, a Neglected Source of American Economic Growth, 1790-1912", *Oxford Economic Papers*, vol. 24 (March 1972), pp.68-88.

Ncher, Philip A., "Peasants, Procreation and Pensions", *American Economic Review*, vol. LXI, no.3 (June 1971), pp. 380-9.

Nelson, Richard R., "A Theory of the Low-level Equilibrium Trap in Underdeveloped Economies", *American Economic Review*, vol. LVI, no.5(December 1956), pp. 894-908.

Nelson, Richard R., "Growth Models and the Escape from the Equilibrium Trap", *Economic Development and Cultural Change*, vol. VII, no. 4, pt I(July 1960), pp. 378-88.

Nerlove, Marc, and Schultz, T. Paul, *Love and Life between Censuses: A Model of Family Decision Making in Puerto Rico, 1950-1960* (Santa Monica, Calif., Rand Corporation, prepared for the Agency for International Development,

September 1970).

Newenham, Thomas, *A View of the Natural, Political and Commercial Circumstances of Ireland* (London: Cadell, 1809).

Nicholls, George, *A History of the Irish Poor Law* (London: Murray, 1856).

Nicholson, Asenath, *Ireland's Welcome to the Stranger, or Excursions through Ireland in 1844 and 1845*(London: Gilpin, 1847).

O'Brien, George A. P., *The Economic History of Ireland in the Eighteenth Century* (Dublin/London: Maunsel, 1918; reprinted Porcupine Press, 1977).

O'Brien, George A. P., *The Economic History of Ireland from the Union to the Famine* (London: Longmans, Green, 1921).

O'Brien, W. P., *The Great Famine in Ireland* (London: Downey, 1896).

O'Donovan, John, *The Economic History of Livestock in Ireland* (Cork: Cork University Press, 1940).

OFarrell, Patrick, *England and Ireland since 1800* (London: Oxford University Press, 1975).

Ó Gráda, Cormac, "Post-famine Adjustment: Essays in Nineteenth Century Irish Economic History", unpublished Ph.D. dissertation, Columbia University, New York, USA, 1973a.

Ó Gráda, Cormac, "Seasonal Adjustment and Post-famine Adjustment in the West of Ireland", *Studia Hibernica*, vol. 13 (1973b), pp.48-76.

Ó Gráda, Cormac, "A Note on Nineteenth-century Irish Emigration Statistics", *Population Studies*, vol. 29, no. 7 (March 1975), pp. 143-9.

Ó Gráda, Cormac, "Some Aspects of Nineteenth-century Irish Emigration", in L.M. Cullen and T. C. Smout (eds.), *Comparative Aspects of Scottish and Irish Economic and Social History, 1600-1900* (Edinburgh: Donald, 1978, pp.65-73).

Ó Gráda, Cormac, "Primogeniture and Ultimogeniture in Rural Ireland", *Journal of Interdisciplinary History*, vol. X, no.3 (Winter 1980a), pp. 491-7.

Ó Gráda, Cormac, "Irish Population Trends, 1700-1900: A Survey", unpublished manuscript, Northwestern University, Evanston, Illinois, USA,1980b.

Ó Gráda, Cormac, "Irish Agriculture before and after the Great Famine", unpublished manuscript, University College, Dublin, and Northwestern University, Evanston, Illinois, USA,June 1980c.

Ó Gráda, Cormac, "Demographic Adjustment and Seasonal Migration in Nineteenth Century Ireland", in L.M. Cullen and F. Furet (eds.), *Ireland and France, 17th- 20th Centuries: Towards a Comparative Study of Rural History*(Paris: Editions de l'Ecole des Hautes Etudes en Sciences Sociales, 1980d, pp.181-93).

Ó Gráda, Cormac, "Across the Briny Ocean: Some Thoughts on Irish Emigration to America, 1800-50", paper presented to 2nd International Conference on Comparative Irish-Scottish History, Glasgow, September 1981 in David Dickson and T. M. Devine (eds.), *Ireland and Scotland: Economic and Social Developments, 1650-1850* (Edinburgh: Donald, forthcoming).

Ó Gráda, Cormac, "Irish Bogs", unpublished manuscript, private communication, n.d.

O'Malley, Eoin, "The Decline of Irish Industry in the Nineteenth Century", *Economic and Social Review*, vol.13, no. 1 (October 1981), pp.21-42.

O'Neill, Thomas P., "The Scientific Investigation of the Failure of the Potato Crop in Ireland, 1845-6", *Irish Historical Studies*, vol. V, no. 18 (September 1946), pp.123-38.

O'Neill, Thomas P., "Food Problems during the Great Irish Famine", *Journal of* the Royal Society of Antiquaries of Ireland, vol. LXXXII (1952), pp.99-108.

O'Neill, Thomas P., "The Organization And Administration of Relief, 1845-52", in R. Dudley Edwards and T. Desmond Williams (eds.), *The Great Famine* (New York: New York University Press, 1957, pp.209-59).

O'Neill, Thomas P., "Bianconi and His Cars", in Kevin B. Nowlan (ed.), *Travel and Transport in Ireland* (Dublin: Gill & MacMillan, 1973, pp. 82-95).

O'Rourke, John, *The History of the Great Irish Famine of 1847 with Notices of Earlier Irish Famines*, 3rd edn (Dublin: Duffy, 1902).

Ó Tuathaigh, Gearóid, *Ireland before the Famine, 1798- 1848* (Dublin: Gill & MacMillan, 1972).

Ó Tuathaigh, Gearóid, "Ireland, 1800-1921", in Joseph Lee (ed.), *Irish Historiography, 1970-79* (Cork: Cork University Press, 1981, pp.85-131).

Page, H. J., "Patterns Underlying Fertility Schedules: A Decomposition by Both Age and Marriage Duration", *Population Studies*, vol. 30, no. 3 (1978), pp.85-106.

Parliamentary Gazetteer of Ireland, 3 vols (Dublin: Fullerton, 1846).

Petty, Willam, *The Political Anatomy of Ireland*, in C. H. Hull (ed.), *The Economic Writings of Sir William Petty* (Cambridge: Cambridge University Press, 1899; originally published, 1672).

Pigou, A. C., *The Economics of Welfare*, 4th edn (London: Macmillan, 1932).

Pim, Jonathan, *The Condition and Prospects of Ireland* (Dublin: Hodges & Smith, 1848).

Pollard, Sidney, "Labour in Great Britain", in Peter Mathias and M. M. Postan(eds.), *The Cambridge Economic History of Europe*, vol.7 (Cambridge:Cambridge University Press, 1978, pp. 97-179).

Pollard, Sidney, *Peaceful Conquest: The Industrialization of Europe, 1760-1970* (Oxford: Oxford University Press, 1981).

Pomfret, John E., *The Struggle for Land in Ireland, 1800-1923* (Princeton, NJ:Princeton University Press, 1930).

Portlock, J. E., *Report on the Geology of the County of Londonderry and of Parts of Tyrone and Fermanagh* (Dublin: Milliken, 1843).

Ransom, Roger L., and Sutch, Richard, *One Kind of Freedom: The Economic Consequences of Emancipation* (Cambridge: Cambridge University Press, 1977).

Rawson, Thomas James, *Statistical Survey of the County of Kildare* (Dublin:Graisberry & Campbell, 1807).

Raymond, Raymond J., "Dublin: The Great Famine, 1845-1860", *Dublin Historical Record*, vol.31, no.3 (1979), pp.98-105.

Razzell, Peter E., "Population Growth and Economic Change in Eighteenth and Early Nineteenth Century England and Ireland," in E. L. Jones and G. E.Mingay (eds.), *Land, Labour and Population in the Industrial Revolution* (London: Arnold, 1967, pp. 260-81).

Razzell, Peter E., *The Conquest of Smallpox*(Firle, Sussex: Caliban, 1977).

Reid, Joseph D., "Sharecropping and Agricultural Uncertainty", *Economic Development and Cultural Change*, vol.24, no. 3(April 1976), pp.549-76.

Ricardo, David (ed., Piero Srafa), *The Works and Correspondence of Ricardo*,10 vols (Cambridge: Cambridge University Press, 1952).

Robinson, O., "The London Companies as Progressive Landlords in Nineteenth Century Ireland", *Economic History Review*, vol. XV, no.1(2nd series),(August 1962), pp.103-18.

Rodriguez, Carlos Alfredo, "On the Welfare Aspects of International Migration", *Journal of Political Economy*, vol. 83, no. 5 (October 1975), pp. 1065-72.

Rocbuck, Peter, "Landlord Indebtedness in Ulster in the Seventeenth and Eighteenth Centuries", in J. M. Goldstrom and L. A. Clarkson (eds.), *Irish Population Economy and Society, Essays in Honour of K. H. Connell* (Oxford: Clarendon Press, 1981, pp.135-54).

Rogers, Everett M., "Motivations, Values, and Attitudes of Subsistence Farmers: Towards a Subculture of Peasantry", in Clifton R. Wharton (ed.), *Subsistence Agriculture and Economic Development* (Chicago: Aldine, 1965).

Royle, Stephen A., "Irish Manuscript Census Records: A Neglected Source of Information", *Irish Geography*, vol. XI (1978), pp.110-25.

Rudé, George, "English Rural and Urban Disturbances on the Eve of the First Reform Bill, 1830-31", *Past and Present*, no. 3 (7 July 1967), pp.87-102.

Ryan, W. P., *The Irish Labor Movement* (New York: Huebsch, 1920).

Sadler, Michael Thomas, *Ireland, Its Evils and Their Remedies*, 2nd edn (London: Murray, 1829).

Salaman, Redcliffe N., *The History and Social Influence of the Potato* (Cambridge: Cambridge University Press, 1949).

Sampson, George Vaughan, *Statistical Survey of the County of Londonderry* (Dublin: Graisberry & Campbell, 1802).

Schrier, Arnold, *Ireland and the American Emigration, 1850-1900* (Minneapolis, Minn.: University of Minnesota Press, 1958).

Schultz, Theodore W., *Transforming Traditional Agriculture* (New Haven,Conn./ London: Yale University Press, 1964).

Schultz, Theodore W., "The Value of the Ability to Deal with Disequilibria",

Journal of Economic Literature, vol. XIL, no. 3 (September 1975), pp.823- 46.

Schultz, Theodore W., "Nobel Lecture: The Economics of Being Poor", *Journal of Political Economy*, vol. 88, no.4 (August 1980), pp.639-51.

Scott, Sir Walter (ed., H. J. C. Grierson), *The Letters of Sir Walter Scott*(London: Constable, 1935).

Scrope, George Poulett, *Plan of a Poor Law for Ireland* (London: Ridgeway,1833).

Scrope, George Poulett, *A Plea for the Rights of Industry in Ireland* (London:Ridgeway, 1848).

Sen, Amartya, *Poverty and Famines: An Essay on Entitlement and Deprivation*(Oxford: Clarendon Press, 1981).

Senior, Nassau William, Journals, *Conversations and Essays Relating to Ireland*, 2 vols, 2nd edn (London: Longmans, Green, 1868).

Shryock, Henry S. and Siegel, Jacob S., *The Methods and Materials of Demography,* 2 vols, (Washington, DC: US Department of Commerce, Bureau of the Census, 1973).

Simington, Robert C., "Title Applotment Books of 1834 Agricultural Returns: Produce and Prices", *Journal of the Department of Agriculture* (Ireland), vol. XXXVIL, no.2(1941), pp. 239-333.

Smith, Daniel Scott, "A Homeostatic Demographic Regime: Patterns in West European Family Reconstitution Studies", in Ronald D. Lee (ed.), *Population Patterns in the Past* (New York: Academic Press, 1977, pp. 19-51).

Smout, T. C., "Famine and Famine-relief in Scotland", in L. M. Cullen and T.C. Smout (eds.), *Comparative Aspects of Scottish and Irish Economic History 1600-1900*(Edinburgh: Donald, 1978, pp.21-31).

Smyth, George Lewis, *Ireland Historical and Statistical*, 3 vols (London:Whittaker,

1844-91).

Solar, Peter M., "The Agricultural Trade Statistics in the Irish Railway Commissioners' Report", *Irish Economic and Social History,* vol. VI (1979), pp.24-40.

Solar, Peter M., "Agricultural Productivity and Economic Development in Scotland and Ireland in the Early Nineteenth Century", in T. M. Devine and D.Dickson (eds.), *Ireland and Scotland, Social and Economic Developments,1650-1850*(Edinburgh: Donald, 1982; forthcoming).

Solow, Barbara Lewis, *The Land Question and the Irish Economy, 1870-1903* (Cambridge, Mass.: Harvard University Press, 1971).

Solow, Barbara Lewis, "A New Look at the Irish Land Question", *Economic and Social Review*(Dublin), vol.12, no.4(July 1981), pp.301-14.

Stachle, Hans, "Statistical Notes on the Economic History of Irish Agriculture, 1847-1913", *Journal of the Statistical and Social Inquiry Society of Ireland*,vol. XVII (1950-1), pp. 444-71.

Statistique Générale de la Belgique, *Exposé de la Situation du Royaume,1841-1850*(Brussels; Ministère de l'Interieur, 1852).

Steele, J. H., "J. S. Mill and the Irish Question: The Principles of Political Economy, 1848-1865", *The Historical Journal*, vol. XILL, no. 2 (June 1970a),pp.216-36.

Steele, J. H., "J. S. Mill and the Irish Question: Reform and the Integrity of the Empire, 1865-1870", *The Historical Journal*, vol. XIII, no. 3 (September 1970b),pp.419-50.

Stiglitz, Joseph E., "The Efficiency Wage Hypothesis, Surplus Labor, and the Distribution of Income in LDCs", *Oxford Economic Papers*, vol. 28, no. 2

(June 1976),pp.185 -207.

Swan,' T. W., "Economic Growth and Capital Accumulation", *Economic Record,*vol. XXXII, no. 63 (November 1956), pp. 334-61; reprinted in J. E. Stiglitz and H. Uzawa (eds.), *Readings in the Modern Theory of Economic Growth* (Cambridge, Mass.: MIT Press, 1969).

Swif, Jonathan, *Irish Tracts*, 1728-1733, in Herbert Davis (ed.), *The Prose Works of Jonathan Swift*, vol. 12 (Oxford: Blackwell, 1955).

Taylor, George Rogers, *The Transportation Revolution, 1815-1860*(New York: Holt, Rinchart & Winston, 1951).

Taylor, Philip, *The Distant Magnet: European Emigration to the US* (New York: Harper & Row, 1971).

Temin, Peter, "Freedom and Coercion: Notes on the Analysis of Debt Peonage in One Kind of Freedom", *Explorations in Economic History*, vol. 16, no.1 (January 1979), pp.56 -63.

Thackeray, William Makepeace, *The Irish Sketchbook (1843)*(London: Smith, Elder, 1901).

Thom's Directory of Ireland, 1847 and Subsequent Years (Dublin: Alexander Thom, 1848 and subsequent years).

Thomas, Brinley, *Migration and Economic Growth*, 2nd edn (Cambridge: Cambridge University Press, 1973).

Thompson, F. M. L., *English Landed Society in the Nineteenth Century*(London: Routledge & Kegan Paul, 1963).

Thompson, Robert, *Statistical Survey of the County of Meath* (Dublin:Graisberry & Campbell, 1802).

Tighe, William, *Statistical Observations Relative to the County of Kilkenny*(Dublin:

Graisberry & Campbell, 1802).

Timmer C. Peter, "The Turnip, the New Husbandry, and the English Agricultural Revolution", *Quarterly Journal of Economics*, vol. LXXXIII, no. 3 (August 1969),pp.375-95.

de Tocqueville, Alexis (ed.,J. P. Mayer), *Journeys to England and Ireland*(New Haven, Conn.: Yale University Press, 1958).

Townsend, Horatio, *A General and Statistical Survey of the County of Cork*, 2 vols (Cork: Edwards & Savage, 1815).

Trainor, Brian, *The Ordnance Survey Memoir for the Parish of Antrim 1830-40* (Belfast: Northern Ireland Public Record Office, 1969).

Trimmer, Joshua Kirby, *A Brief Inquiry into the Present State of Agriculture in the Southern Part of Ireland* (London: Hatchard, 1809).

Trimmer, Joshua Kirby, *Further Observations on the Present State of Agriculture and Condition of the Lower Classes of the People in the Southern Part of Ireland* (London: Rivington, 1812).

Trussell, James, and Steckel, Richard, "The Age of Slaves of Menarche and Their First Birth", *Journal of Interdisciplinary History*, vol. VII, no. 3 (Winter 1978), pp.477-505.

Tucker, G. S. L., "Irish Fertility Ratios before the Famine", *Economic History Review*, vol. XXII, no.2 (2nd series)(1970), pp. 267-84.

von Tunzelmann, G. N., *Steam Power and British Industrialization to 1860*(Oxford: Clarendon Press, 1978).

United Nations, *Demographic Yearbook*, 1962.

United States, *Ninth Census Volume I: The Statistics of the Population of the United States* (Washington, DC: Government Printing Office,1872).

United States, Department of Commerce, Bureau of the Census, *1970 Census of Population, Volume I: Characteristics of the Population* (Washington, DC: Government Printing Office, 1972-3).

Uselding, Paul J., "Studies in the Technological Development of the American Economy during the First Half of the Nineteenth Century", unpublished Ph.D.dissertation, *Northwestern University*, Evanston, Illinois, USA, 1970.

Uselding, Paul J., "Conjectural Estimates of Gross Human Capital Inflows to the American Economy, 1790-1860", *Explorations in Economic History*, vol. 9, no.1(Fall 1971), pp. 50-61.

Usher, Dan, "Public Property and the Effects of Migration upon other Residents of the Migrants' Countries of Origin and Destination", *Journal of Political Economy*, vol. 85, no. 5 (October 1977), pp.1001-21.

Van De Walle, Etienne, *The Female Population of France in the Nineteenth Century* (Princeton, NJ: Princeton University Press, 1974).

Vaughan, W. E., "Landlord and Tenant Relations in Ireland between the Famine and the Land War, 1850-1878", in L. M. Cullen and T. C. Smout (eds.), *Comparative Aspects of Scottish and Irish Economic and Social History, 1600-1900* (Edinburgh: Donald, 1978, pp. 216-26).

Vaughan, W. E., and Fitzpatrick, A. J., *Irish Historical Statistics: Population, 1821-1971* (Dublin: Royal Irish Academy, 1978).

Verrière, Jacques, *La Population de l'Irlande* (Paris Mouton Editeur, 1979).

Wakefield, Edward, *An Account of Ireland, Statistical and Political*, 2 vols (London: Longman, 1812).

Wall, Maureen, "The Rise of a Catholic Middle Class in Eighteenth-century Ireland", *Irish Historical Studies*, vol. XI, no.42 (September 1958), pp.91-

115.

Wall, Maureen, "The Whiteboys", in T. Desmond Williams (ed.), *Secret Societies in Ireland*(Dublin: Gill & MacMillan, 1973, pp.13-25).

Walsh, Brendan M., "A Perspective on Irish Population Patterns", *Eire-Ireland*, vol. IV, no.3(Autumn 1969),pp.3-21.

Wcbb, J. J., *Industrial Dublin since 1698 and the Silk Industry in Dublin* (Dublin/ London: Mounsel, 1913).

Weiss, Andrew, "Job Queues and Layoffs in Labor Markets with Flexible Wages", *Journal of Political Economy*, vol.88, no.3 (June 1980), pp.526-38.

Weld,Isaac, *Statistical Survey of the County of Roscommon* (Dublin: Gaisberry, 1832).

Werly, John W., "The Irish in Manchester, 1832- 49", *Irish Historical Studies*, vol. XVIII, no.71(March 1973), pp.345-58.

Whyte, Ian D., "Written Leases and Their Impact on Scottish Agriculture in the Seventeenth Century", *Agricultural History Review*, vol. 27, pt I (1979), pp.1-9.

Wiggins, John, *The "Monster" Misery of Ireland: A Practical Treatise on the Relation of Landlord and Tenant* (London: Bentley, 1844).

Wittke, Carl, *The Irish in America* (Baton Rouge, La: Louisiana State University Press, 1956).

Woodham-Smith,Cecil, *The Reason Why* (Harmondsworth: Penguin, 1958).

Woodham-Smith, Cecil, *The Great Hunger: Ireland, 1845-49* (London:Hamilton, 1962).

Wrigley, E., *Anthony and Schofield, Roger, The Population History of England, 1541-1871: A Reconstruction* (Cambridge, Mass.: Harvard University

Press,1891).

Young, Arthur (ed., A. W. Hutton), *Arthur Young's Tour in Ireland (1776-79)*, 2 vols(London: Bell, 1892; originally published, 1780).

Young, Arthur (ed., Constantia Maxwell), *Travels in France during the Years 1787,1788 and 1789*(Cambridge: Cambridge University Press, 1929; originally published, 1790).

索 引

名词索引

A

阿尔斯特条例　125，139，140，174
爱尔兰银行　242，249
奥布莱恩租金收入账簿　127，129

B

白童运动（Whiteboy movement）
暴力　116，137，157，158，169，170，171，175~177，180，187，188，190，191，195，196，198，202，232，252，256，281，285，387
比利时　004，013，016，021，035，049，052，053，059，060，110，111，210，227，238，241~243，249，258，259，291，292，341，367，368，386，389~391
避孕　071，079
不可分性　218，220，221，252

C

财富　025，056，086，141，207，251，326，352，361，367，386
产权　121，139，142，170，174，183，196，198，252，271，392
超额死亡　025，353~362，364~368
超额死亡率　025，353~362，364~367
成年人群　016
出口　022，023，026，031，159~161，199，215，231，238，269，286，375，383，385，386
出口奖励　022
出生率　016，045，048~051，054，071~073，076~081，083，084，087，089，091，093，095，101，102，103，110，111，322，354，355，369，392
出生率数据　049
储蓄　006，068，157，217，218，230，249，252，254，256，258~260，284，286，311，316~320，338，339，342，

- 438 -

361，380~382，386，392

创业失败　269~271，280，284，285，304

脆弱性　013，208，311，349，364，365，391

畜牧业　032，058，118，141，158~167，169，176，182，190，192，195，202，221，226，276，278，284，297，311

D

大不列颠及北爱尔兰联合王国　003，374

大豆　222

大卫·里卡多（Ricardo，David）

贷款　148，221，250，251，253~255，270，316，317，389

贷款基金　148，250，251

德文郡委员会　008，028，039，115，119，123，125，127，129，135，138，140~142，149~151，172，174，176~185，187，188，198，199，202，203，225，226，228，229，232，233，235，236，249~251，256，262，277~280

低利润率　258，260

抵押土地法案　127

地主　006，026，027，030，031，033，035，079，115~123，126~128，130，132~148，151~153，158，160~178，180~183，188~192，195，196，198~202，208，217，221，222，225，227，230，231，234，245，249，252~256，259，265，267~269，271~286，292，299，310，311，363，367，376，379~381，383

地主缺位　006，267，268，269，271~273，275，277，280，283，284

地主在位指数　273

佃农　026，027，030~033，035，126，137，151，158，161，162，167，171，188，189，195，201，202，252，275，278，279，292，300，304，326，361，362，380

F

法国大革命　391

犯罪　158，176，183，184，185，186，187，192，194，198，199，203

犯罪率　184，187

纺织工　213，214，237~239，241，243，327，331，334，335，341，374，377，378，384，386

纺织业　022，212，214，239~243，289，335，338，360，377，384

非熟练工　017，302，303

肥料　137，169，170，220~223，225，228，235，262，278，279，284

G

高利贷　148，175，250，251

耕地　040,058~060,064~070,075,076,078,

- 439 -

083，104，106，126，128，129，
159~162，164~166，175，176，193~196，
200，201，203，220，225，229，231，
234~278，352

工会　286，301，305，363，379

工业化　019，021，022，024，041，072，
081，085，087，158，197，199，207~209，
212~214，217，237，238，257，258，
263，286，303，341，343，345，367，
368，385，386，388，391

公共工程委员会　234

关税　022，158，242，303，367，384，
385，386

规模经济　032，166~168，196，221，
263，278，279，282，312

国家教育委员会　279

国内移民　095，343，347，354

H

合作农业　275

华恩克里夫委员会　176，186

回报率　038，119，143，145~148，152，
157，218~220，225，226，229~231，233，
234，243，246，282，284，293，379

婚外性行为　110

婚姻　045，051，054，071，076，081，
084，088，096，098，110，202

货币化　033~035，086，249，286

货币经济　030，031

J

饥荒　003，005，006，008，013~015，
017，019，020，024~030，036，
037，040，045，048~053，055，
057，058，061~064，072，079~081，
084，086~089，091，094，096，
108~110，117，118，123~125，127，
128，130，134~140，142，151，
157，158，161，167，170~173，
176，177，179，185，189，195，
196，198，202，207，208，214，
216，217，220~224，226，232~236，
239，245~249，251，253~255，
257，259，261，263，267，278，
284~287，289，290，299，300，
304，307，309，311，313，323，
325，327，329，330，336，337，
340，341，344，349，351~369，
374~378，388~391

饥荒救济　368，389

饥荒前的死亡率　355，360

饥荒死亡率　356，367

激励　022，118，138，142，143，164，
253，256，276，285，290，292，
293，295，303，363

吉尼斯啤酒厂　259

集市　031

计算能力　340

季节性失业　036，037，109，286~290

季节性移民　031，151，287，289，300

济贫法　008，013，017，018，020，029，033，035，036，038~040，042，085，086，134，160，173，176，177，179，180，182，184~186，197~199，202，220，221，225，244，245，272，274，278，279，287，288，297，298，301，302，326，363，368，380，387~389

济贫法委员会　008，017，018，020，029，033，035，036，038，039，042，134，160，173，176，177，179，180，182，184~186，198，199，202，220，221，225，245，274，279，288，301，326

济贫院　387，388

继承　088，137，138，166，167，254，271

家庭类别　027

家庭手工业　021，031，032，065，070，072~074，076，077，079~082，085，087，109，151，213，238，239，289，300，327，334，341，343，374，377，378，386，392

交易成本　086，170，271，375，376，392

教区调查　008，016

教区记录　008，046，048，091，093

教育　017，246~248，279，295，315，330，331，387，391

阶级结构　003，027

结婚年龄　051~054，071，072，074，075，079，084，087，088，096，098，099，110，354

结婚倾向　045，051~053，063，071，072，074~076，079，080，084，087，088，096，097，098，110

进口　159，209~211，249，269，367，368，383，384，385

经济作物　030，170，275，278

就业　022，037，042，065，085，165，196，197，225，232，238，240，268，269，278，285~290，298，299，326，327，341，342，360，378，392

K

砍伐森林　231

康诺特　017，019，021，026，027，029，032，034，035，037，038，040，050~052，055，059，060，099，108，110，124，125，178，179，181~183，185~189，221，234，246，273，274，288，324，328，356，357，359，377，386，392

块根作物　020，225

矿　015，085，207~209，215，228，261，331，344

魁北克政府移民办公室　359

L

劳动力　009，031~033，035，041，056，

- 441 -

058，061，063，065~068，085，109，117，118，122，126，136，137，144，151~153，159，162，164~168，170，172，173，176，181~183，192，194，195，197，202，207，208，212，213，216，225，227，235~238，242，243，256~258，260，261，269，270，285，287~292，294~299，301~305，310，313~316，318，322，326，327，336~339，341~345，367，378，379，388

劳动力需求　167，168，170，182，288，289，304，305

劳动质量效应　325

里格利和斯科菲尔德（Wrigley, E.A.and Schofield,Roger）

联合王国　003，005，158，244，248，374，384~388，390

联盟假说（"Cartel hypothesis"）

零售　030，361

陆地调查报告　008

绿色作物　221~225，228，262，278

掠夺性地主　121，143~145，147，148，376

伦代尔制度　172，294

伦敦公司　281，282

轮作　117，153，169，217，221~225，228，278，284

萝卜　020，222~228，252

M

马尔萨斯假说　058~061，064，070，071，087，109，116，158

马尔萨斯模型　058，062，064，070，076，087

麦金农特征　218，226，252

煤　004，208~216，261，262，344，373，375

棉花产业　211，237，238，242，243

苜蓿　221~224，228

N

能源　014，015，209，210，213，214，216，299，373，375，382

泥炭　015，016，019，033，109，151，170，213，215，216，221，233，261，304，342，375

年龄堆积　102，324，327~330，346

农产品和畜产品的价格　201

农场　026~029，031~033，035，085，115，119，126，128，129，139~142，150，151，160，164~167，172，173，175，178~181，195，197，221，225，227，228，235，236，244，252，253，262，276~279，282，284，292，297，304，331，335，360~362，365，366，380

农场建设　244

农场面积　028，175，366

农商银行 250

农业 006, 009, 018, 021~023, 026, 028, 030~032, 035, 036, 057~061, 076, 087, 115~120, 122, 123, 135, 137, 139~143, 146, 148, 153, 158, 161, 163, 164, 166~168, 170, 173, 175, 183~186, 188, 190, 192~197, 199, 201~203, 210, 214, 216~218, 220~229, 232, 235~237, 243, 249, 251~254, 256, 257, 260, 261, 269~272, 275~279, 281~286, 289, 290, 292~294, 301, 303, 304, 326, 327, 334, 336~338, 342, 343, 352, 360~362, 373, 375~380, 386, 388

农业暴动 009, 161, 184, 186, 190, 193, 194, 197, 202, 203, 379

农业社会 167, 279, 294

农业学校 279

农业知识 168, 226, 279

P

排水 117, 141, 217, 224~226, 228~230, 234, 250, 253, 262, 277, 284

贫困 003, 004, 007, 009, 013, 014, 017, 019, 024, 025, 041, 045, 057, 059, 061, 062, 064, 067, 068, 070, 079, 109, 115, 120, 125, 126, 129, 138, 142, 157, 158, 161, 198, 201, 207, 208, 216, 225, 236, 237, 246, 252, 274, 276, 284, 286, 293, 299, 300, 303, 304, 311, 314, 341, 351, 365, 373, 374, 377, 378, 380, 381, 385, 386, 388~392

Q

歉收 189, 368, 373, 375, 376

驱逐 118, 121, 171, 172, 176, 177, 181~183, 188~195, 202, 203, 234, 270, 379

驱逐法案 193

全要素生产率 236

权利运动 202

R

二元经济 030

燃料 015, 017, 210~213, 215, 216, 224, 231, 235, 242, 243, 256, 261, 294, 302

人口 005, 006, 008, 009, 013, 015, 018, 022~025, 027~029, 032, 033, 037, 041, 043, 045~049, 051, 052, 054~077, 079~082, 084, 085, 087~100, 108~111, 158, 159, 167, 185, 187, 192, 194, 201, 207, 209, 217, 232~236, 239, 244, 246, 248, 253, 261, 287, 289, 298, 309~317, 320~338, 340~344, 346,

347，352~356，360~363，365~367，369，373，376，377，379~382，388，392

人口过剩　005，009，013，055~062，067，068，070，088，109，158，373

人口统计　045，091，330

人口增长　045~048，056，057，061~063，066，071~073，076，079，080，084，085，087，108，109，159，187，201，235，320，367，376，377，380，381，382，392

人力资本效应　330

入学率　247

S

三一学院　273，384

商业化　026，030，031，035，041，086，337，338，361，375

商誉　139，342

生产力　056~058，120，126，218，235，290，298~300，303，379

生存危机　024，025，351

生命周期效应　312，315，316，324，325，346

生育力　054，080

牲畜　014，026，031，038，076，170，192，203，207，221，222，224，225，228，245，249，250，278，289，342，360，362，366，374，383

失业　036，037，109，161，183，202，243，268，269，285~290，298，299，304，305，336，341

识字率　065，068，070，073，075，076，078，080~082，247，248，330，331，360，361，365

市场失灵　152，157，158，162，165，201，232，380

收入　008，014，015，017~021，024~026，030，031，033，035~042，048，056，058~074，077，079~082，085，088，105，109，122，126~129，134，137，139，143，145~147，151，152，158，162，164~166，169，173，175，189，192，194~196，207，208，212，217，219，226，228，229，235，236，244，250，252~255，260，268，275，287，288，291，293，297~303，310，311，312，314~316，325，329，340，346，352，360，361，365，366，375~378，381，382，386，390，392

手工织布机　241，295

水力发电　214，239

斯温大尉运动（Captain Swing riots）

死亡率　016，025，048~051，054，055，071~073，076，081~084，087，088，090，091，093~096，100~103，108，

110，111，309，320，322，353~362，
364~369，392

死亡率数据　025，054，076，100

T

天花　108，109

甜菜　226

铁路　022，057，198，209，217，238，
251，338，341，342，343，374

童工　085，086

投资　006，085，086，115~117，119~122，
126，136~143，145~149，151~153，
157，160~162，198，199，208，
216~220，226~231，233，238，243，
245，246，249~256，258~260，269，
275，276，282~284，286，293，
314，315，345，379~381，386，
388，392

土地　005，008，009，018，026~038，
040，041，056~061，063~070，079，
086，104，105，109，113，115~145，
147，148，150~152，157，158，
160~184，188~198，201~203，207，
208，216，217，220~231，233~237，
244，245，249，250，252~256，
259~263，265，267~273，275~283，
287，288，294，298，299，305，
310，326，337，342，364，366，
367，373，374，376，377，383，
386

土地代理人　018，123，160，280，281

土地改良　115~118，120~122，126，136~141，
145，148，151，208，216，226，
233~235，244，249，255

土地 - 劳动力比率

土地市场　031，032，034，035，152，
263，271，377

土地整合　182，189~192，194，196，198，
278~280，294

土地质量　059，065~070，104，105，150，
192，193，203

土地租佃制假说（LTH）　158

土豆　013~020，026，030~033，035，
038，072~083，086，109，128，136，
159，169，170，172，177，188，
189，196，199，201，221~224，227，
228，235，250，275，289，292，
297，300，305，351，352，360~362，
364，366~369，373~375，378，379

拖欠租金　172，177，188，294，376

W

豌豆　222，226

X

相对价格指数　199，200

消费模式　014，015，254，255，319

新耕作模式　223

薪酬 033，064，065，068~070，152，153，162~165，195，271，299

休闲消费 015，016

Y

亚麻布出口 383

亚麻产业 003，238，239，241

羊毛法案 159，383

羊毛纺织业 240

养儿防老 086

移民 006，008，009，031，045，048，049，056，057，063，064，071，084，093~095，108，109，127，128，151，183，192，194，253，285，287，289，291，293，300，303，307，309~347，354~361，369，373，378~380，391

移民率 048，108，192，359

已婚生育率 045，048，050~054，072，077，078，080，084，086，110

议会公报 277

易货交易 031，033，035，042

银行 230，242，249，250，252，285，286，316，380

饮食 014，015，020，080，086，297，300，301，352，368

印花税 126，150

英亩 014，018，027~029，031，040，058，067，128，129，133，151，164，166，171，175，182，193，194，220~225，229~231，233，235，236，261~273，277，282，283，293，338，352，360，362，364，366，380

婴儿产业 158，385

婴儿死亡率 016，048，051，054，055，071，072，076，081~084，086~088，090，091，093，100，101，103，355，369

渔民 232，233

渔业 216，232，233，237，378

运河 245，246，248，338

运输成本 023，161，215，216，221，302，374，375

Z

政府估值法 038，039

职业差异指数 334，335

职业道德 290

职业结构 076，331~334，361

职业数据 023，027，315，331，332

中产阶级 003，137，380，383

中间人 133~135，151

重商主义 005，383，384

住房 014，065，068，070，072，073，075，078~082，088，243~245，263，282，342，360~362，366，378

转租 026，133，135，167，172，180，188，189

索 引

资本　006，009，021，026，027，037，038，056，065，066，068，070，073，075，076，078，116，117，120~122，126，129，141~148，152，153，157，161，162，167，168，192，193，198，199，205，207~209，216~221，225~228，230~238，241~246，248~253，256~260，262，263，269，270，276，283，285，290，293，294，296，301，305，310，311，313，314，316，317，325，330，331，336，341，342，345，352，361，362，366，376，378~382，386，388

资本积累　006，021，117，121，157，207，208，217~220，235，243，245，250~253，258，313，341，342，382，386

资本市场　068，121，148，152，157，167，168，217~220，249，251~253，258，270，379，380，386

资本形成　006，116，216~218，225，238，249，252，253，256~258，361，376，378~381

自给自足　026，030~032，161，164，167~170，173，226，257，286，304，338，361，375

自然资源　004，057，060，061，064，199，207~210，373

自然资源假说（NRH）　209

总生育率　050~054，072，077，078，080，083

走私　383

租借土豆地　032

租金　008，030~035，038~040，065，067~070，116~122，124，127~130，132~141，143，145，146，150，152，162~167，172~178，182，188，189，194，195，202，208，212，222，230，231，245，249，250，252~254，256，263，268，275，291，294，298，299，360，362~365，367，376，381

租赁　026，032，033，035，115~119，124，126~133，135，136，138，140~143，145~147，150，151，164，170，181，182，191，195，230，275，342，376

租期　008，009，032，113，115，116，122，124，127，128，130，132，137，138，141，142，146~151，181，253，376

- 447 -

人名索引

A

埃德蒙·斯宾塞　231

埃里克·阿尔奎斯特　007，087，294，363，377

埃里克·霍布斯鲍姆　197，368

埃里克·琼斯　276

埃莉诺·克劳福德　014，015，118，235，278，301

艾萨克·巴特　384

爱德华·韦克菲尔德　008，085，231，233，245，254，268，280，291

安斯利·科尔　013，019，041，051，077，078，098，099，246，261，291

奥利弗·罗宾逊　281，282

奥斯卡·汉德林　339

奥斯汀·伯尔克　014，015，028

奥特威　242，257，287，301，303，305，377

B

巴罗　286

芭芭拉·索洛　109，123，137，149，173~175

班菲尔德　294

保罗·乌赛丁　312

贝克特　172

比奇诺　245，267

波利特·斯克洛普　057

伯特伦·哈金森　291~294

C

查尔斯·比安科尼　259，285

查尔斯·范斯坦　153，263

D

但·厄舍　311

E

恩斯特·恩格尔　325

F

弗兰克·刘易斯　152

弗朗索瓦·佩鲁　263

G

古斯塔夫·博蒙特　013，016，019，116，267，268，282，283，291

H

哈维·莱宾斯坦　298

K

康奈尔　015，045，047，048，057，071，076，084，088，098，109，110，151，174，201，202，234，

- 448 -

235，246，309，381

L

雷蒙德·克罗蒂　124

里查德·纳尔逊　157，158

路易斯·卡伦　022，041，084，201，217，268，301

罗伯特·艾伦　284

罗伯特·鲍德温　385

罗伯特·凯恩　210，251，297

罗伯特·威廉·弗格尔　209

罗纳德·麦金农　218，219，226，252，381

M

马克·布洛赫　368

约·雷·麦克库洛赫　116，174，227，268，269，277

O

欧文·费雪　392

P

彼得·特明　149

Q

乔尔·莫克尔　352

乔纳森·皮姆　054，120，267，282，285

乔治·奥布莱恩　057

乔治·格兰瑟姆　150

乔治·康沃尔·刘易斯　152，171，176，271，285，287，337

乔治·刘易斯·史密斯　271

S

塞缪·克拉克　027，170，173，174，195

斯坦利·莱博格特　060

T

托马斯·奥尼尔　353，390

托马斯·坎贝尔·福斯特　008，013，014，016，041，054，120，174，229，233，267，278，282，285，291，381

托马斯·罗伯特·马尔萨斯　005，045，056~064

W

威廉·布莱克尔　057，221，223，227，255，280，326

威廉·哈里斯·克劳福德　014，015，118，235，278，301

威廉·泰伊　223，227，292

X

西奥多·舒尔茨　390

Y

亚当·史密斯　016
亚历克西斯·托克维尔　006，092，189
亚瑟·杨格　016，084，151，224，245，261，267，296，326
约翰·哈吉纳尔　051，054，097
约翰·罗素　383，389
约瑟夫·李　047

Z

詹姆斯·唐纳利　009，151

地名索引

A

阿尔马郡　135，141，184，215，255，273，277，377
阿尔斯特省　017，021，026，029，032，034，085，091，129，140，174，180~184，186，187，326，327，329，377
安特里姆郡　126，141，174，185，279，288

B

班布里奇　239
贝尔法斯特　003，021，099，211~213，237~240，242，257，285，295

D

大运河　246
德罗赫达　289，341
蒂珀雷里郡　175，180，182，184，186~188，198，259
都柏林　008，013，014，023，029，032，034，035，091，099，110，127，203，229，240，242，246，249，268，275，280，285，286，289，301，305，338，358，359，364
多尼哥郡　046，054，273，378

F

芬兰　362，368
弗马纳郡　034，141，283

G

戈尔韦郡　134，185，227，273，368
国王郡　184，198，377

H

皇后郡　100，186，275
皇家运河　246

J

基尔代尔郡　013，029，184
基尔肯尼郡　181，186

索 引

K

卡里克弗格斯　239

卡洛郡　034，100

卡文郡　034

凯里郡　100，193，273

康诺特　017，019，021，026，027，029，032，034，035，037，038，040，050~052，055，059，060，099，108，110，124，125，178，179，181~183，185~189，221，234，246，273，274，288，324，328，356，357，359，377，386，392

科克郡　009，023，034，046，255，283

克莱尔郡　015，187，232

L

朗福德郡　034

劳斯郡　225，297，345

利默里克郡　187，224，228，229，280，392

利特里姆郡　178，184，215，364

伦敦德里郡　140，184，336

伦斯特省　017，026，028，029，034，182，186，187，198，329

罗斯康芒郡　100，184，189，292

M

梅奥郡　021，025，032，034，042，151，184，185，220，229，359，392

密斯郡　085，178

明斯特省　017，021，026，029，034，179~182，187，188，198

莫纳亨郡　034

S

斯莱戈郡　288

苏格兰　005，031，041，053，059，060，110，116，117，233，236，237，238，241，259，260，262，263，285，292，295，300，302，338，341，344，363，367，368，378，380，385，388，391

T

泰伦　358，359

唐郡　184，255，280

W

威克洛郡　025，026，032，184

韦克斯福德郡　041，198，283

韦斯特米斯郡　013

沃特福德　198，203，288，341，358，364

致　谢

在这本书的研究和写作过程中,我欠了太多"债"。首先,我要感谢西北大学科研委员会(Northwestern University Research Committee)在早期为本项目提供的经济资助;其次,感谢国家科学基金会(The National Science Foundation)慷慨地为本项目提供了大部分所需的科研资金(批准号:SOC 78-06710);最后,感谢约翰·西蒙·古根海姆基金会(The John Simon Guggenheim Foundation)发给我的这笔奖学金,让我最终完成了这本书。本书仅代表我个人的观点,并不代表这些为我提供了资金支持的机构。

我在此声明,我将再版之前撰写过的文章中的部分内容。《爱尔兰和荷兰的工业化与贫困》(《跨学科史学期刊》1980年第10卷第3期,第429~458页,麻省理工学院出版社1980年出版);《致命的真菌:爱尔兰饥荒对人口的短期影响的计量经济学调查》(《人口经济学研究》1980年第2卷,第237~277页,JAI出版社1980年出版);《马尔萨斯模型和爱尔兰历史》(《经济史期刊》1980年第40卷第1期,第159~166页,经济史协会1980年出版)。

此外,我要感谢我的科研助理们。得益于他们的勤奋努力,本书的量化研究工作才得以顺利完成。能够获得如此一批富有才华和责任心的助理的支持，实在是我的荣幸。他们总是身兼多职，既要充当读者，也要充当我的顾问，有时还要对我的一些尚不成熟的想法进行可行性检验。在这个项目的早期，迈克·韦克斯（Michael Waks）帮助我构建了数据基础。路易斯·布莱尼亚斯基（Louis Bryniarski）、贾克琳·吉耶（Jaclyn Gier）、南希·克罗克（Nancy Kroc）和詹妮特·雷迪（Janet Reddy，西北大学）、克里斯·桑德（Chris Sanders，斯坦福大学）、马里安·贝克尔女士（都柏林大学）等也在不同的项目阶段为我提供了支持和帮助。尤其是保罗·扎瓦（Paul Zawa）和埃弗丽娜·泽鲍尔（Evlyne Seebauer），他们两个帮助我"驯服"了西北大学的计算机，还帮着我进行我并不擅长的散文理解。巴芭拉·卡尔尼女士编辑并修改了最后一版的手稿。我的秘书——安·罗斯女士，完成了大部分将手稿录入电脑的工作，表现了即使是在伊利诺伊州的犹太之母斯科基[1]也极少见的勤奋和奉献精神。

  我要感谢的同事和朋友非常多，他们来自四个大洲。我最要感谢的是都柏林大学学院（University College, Dublin）的科马克·格拉达博士（Dr. Cormac Ó Gráda）。在这本书的整个写作过程中，我有幸借鉴了他对爱尔兰经济史的广泛认识。在我访问爱尔兰期间，我从与大卫·迪克森博士（Dr. David Dickson）、已逝的格林教授（Pro.E.R.R.Green）、高德斯特罗姆博士（Dr.J.M.Goldstrom）的交谈中受益良多。都柏林经济社会研究所，特别是布伦丹·道林先生和他的家人对我表示了热烈的欢迎。由布里奇特·道兰女士主管的爱尔兰皇家学院图书馆和都柏林国家图书馆的工作人员为我提供了所需的书籍和期刊。国家图书馆馆长阿尔夫·麦克·洛克莱恩先生在关键时刻向我提供了急需的帮助。莱斯利·克拉克森博士（Dr. L.A. Clarkson）慷慨地为我提供了一套由他和高德斯特罗姆博士合编的尚未正式出版的"康

---

[1] 斯科基（Skokie）坐落于伊利诺伊州，是一个以犹太人为主的地区，其中有大量犹太人是大屠杀的幸存者。

奈尔纪念文集"。我在西北大学经济系的同事们用他们的理解和见解丰富了这项研究。他们中的许多人贡献了重要的想法，有时候，他们也推翻了我的一些想法，在这里特别要感谢卡尔·德施韦尼茨（Karl DeSchweinitz）、格雷戈里·邓肯（Gregory Duncan）、杰拉尔德·戈德斯坦（Gerald Goldstein）、罗伯特·戈登（Robert J. Gordon）、克雷格·哈基奥（Craig Hakkio）、乔纳森·休斯（Jonathan Hughes）和阿巴·施瓦茨（Aba Schwartz）。洛约拉大学（Loyola University）的路易斯·凯恩（Louis Cain）和西北大学的伊丽莎白·霍夫曼（Elizabeth Hoffman）阅读了整篇手稿，并给了我非常多有价值的评论，我无法想象如果没有他们，我将犯下多少不可原谅的错误。埃里克·琼斯，原西北大学教授，现任职于墨尔本拉特罗布大学（Latrobe University），多年来一直给我提供莫大的支持和鼓励。

在斯坦福的这一年里，我从保罗·大卫（Paul A. David）和沃伦·桑德森（Warren C. Sanderson）取之不尽、用之不竭的思想中获得了许多真知灼见。如果没有他们和他们的学生大卫·韦尔（David Weir）和汤姆·穆罗茨（Tom Mroz），这本书的人口统计部分将永远完成不了。斯坦福大学的两位访问学者雅各布·梅策（Jacob Metzer）和弗兰克·刘易斯（Frank Lewis）阅读了前几个章节，并提出了许多好建议。此外，我还要感谢埃里克·阿尔奎斯特（Eric Almquist）、鲁文·布伦纳（Reuven Brenner）、詹姆斯·唐纳利（James Donnelly）、斯坦利·恩格尔曼（Stanley Engerman）、斯特凡诺·费努阿特（Stefano Fenoaltea）、金·麦奎德（Kim McQuaid）、弗雷德里克·米什金（Frederic Mishkin）、尤金·萨文（N.Eugene Savin）、舒尔茨（T.W.Schultz）、加文·赖特（Gauin Wright）和哈罗德·赖特（Harold R.C.Wright）。

1982年6月写于伊利诺伊州埃文斯顿

图书在版编目(CIP)数据

饥饿的爱尔兰：1800-1850年历史解读/(美)乔尔·莫克尔(Joel Mokyr)著；白彩全，赵雨潼，冯晨译. -- 北京：社会科学文献出版社，2020.9（2023.3重印）
（量化经济史经典译丛）

书名原文：Why Ireland Starved: A Quantitative and Analytical History of the Irish Economy, 1800-1850

ISBN 978-7-5201-7404-6

Ⅰ.①饥⋯ Ⅱ.①乔⋯ ②白⋯ ③赵⋯ ④冯⋯ Ⅲ.①经济史－研究－爱尔兰－1800-1850 Ⅳ.①F156.294.1

中国版本图书馆CIP数据核字（2020）第201177号

·量化经济史经典译丛·

饥饿的爱尔兰：1800~1850年历史解读

著　　者 / ［美］乔尔·莫克尔（Joel Mokyr）
译　　者 / 白彩全　赵雨潼　冯晨

出 版 人 / 王利民
责任编辑 / 高　雁
责任印制 / 王京美

出　　版 / 社会科学文献出版社·经济与管理分社（010）59367226
　　　　　地址：北京市北三环中路甲29号院华龙大厦　邮编：100029
　　　　　网址：www.ssap.com.cn

发　　行 / 社会科学文献出版社（010）59367028
印　　装 / 北京虎彩文化传播有限公司

规　　格 / 开　本：787mm×1092mm 1/16
　　　　　印　张：29.25　字　数：386千字
版　　次 / 2020年9月第1版　2023年3月第2次印刷
书　　号 / ISBN 978-7-5201-7404-6
著作权合同登记号 / 图字01-2019-1985号
定　　价 / 98.00元

读者服务电话：4008918866

版权所有 翻印必究